DAS GROSSE AYURVEDA ERNÄHRUNGSBUCH

HANS H. RHYNER UND KERSTIN ROSENBERG

DAS GROSSE AYURVEDA ERNÄHRUNGSBUCH

GESUND LEBEN

UND GENUSSVOLL ESSEN

MIT ÜBER 100 REZEPTEN

INHALT TEIL I: RICHTIG ESSEN – AUS LIEBE ZU SICH SELBST

INHALT TEIL II: DIE AYURVEDA-KÜCHE

आयुर्वेद

HANS H. RHYNER
KERSTIN ROSENBERG

RICHTIG ESSEN -
AUS LIEBE ZU SICH SELBST

Dhanvantari - Schutzpatron der Ayurveda

Vorwort zur 7. Auflage

Eine gesunde Ernährung bedeutet in der Ayurveda, dass jeder Mensch seiner persönlichen Konstitution und Lebensweise entsprechend seine Nahrung auswählen und zubereiten sollte. Je nachdem, wie Ihr Stoffwechsel arbeitet, können Sie die unterschiedlichsten Speisen besser oder schlechter verdauen. Das Sprichwort „Du bist, was du isst", ist bei uns sehr bekannt. In der Ayurveda sagen wir „Du bist, was du verdaust", denn je nach Konstitutionstyp kann die Verwertung von Nahrungsmitteln sehr unterschiedlich sein und damit können im schlimmsten Fall die wertvollsten Speisen den Verdauungstrakt nahezu unverdaut wieder verlassen.

Viertausend Jahre ist es her, dass Caraka, ein führender Arzt auf dem indischen Subkontinent, festgestellt hat: „Wenn du krank bist, hast du zwei mächtige Probleme: Zum einen schwebt dein Leben, sobald du die Hilfe eines Arztes in Anspruch nehmen musst, in größter Gefahr, denn jede medizinische Intervention ist mit beträchtlichen Risiken verbunden. Zum zweiten sind alle deine materiellen Mittel in Gefahr, denn die Wiederherstellung der Gesundheit – falls denn überhaupt möglich – ist mit nicht kalkulierbaren Kosten verbunden." Die Lösung, die Caraka vorgibt: „Investiere deine Zeit und dein Geld in deine Gesundheit!"

Heute rückt die Gesundheitsverantwortung immer näher zum Individuum – zu uns allen. Selbst wenn wir den besten Arzt der Welt für eine ganze Stunde konsultieren, bleiben wir immer noch 23 Stunden am Tag auf uns selbst gestellt. Von den Politikern können wir keine Hilfe erwarten, denn sie haben auf Grund der Kostenexplosion im Gesundheitswesen schon längst resigniert und begnügen sich mit dem hilflosen Versuch, mit ein paar Eimern Wasser das Buschfeuer einzudämmen. Ist die Schlacht verloren? Nein, denn wir haben 1000 Möglichkeiten pro Jahr, uns gesund und frisch zu ernähren – denn so oft essen wir durchschnittlich im Jahr. Die Nahrung ist der Lieferant für frische Lebensenergie. Darum nennen wir sie Lebensmittel – Mittel zum Leben. Dazu ein Zitat aus den ayurvedischen Klassikern:

Die Nahrung bildet den vitalen Atem aller Lebewesen.
Ausstrahlung, Fröhlichkeit, eine gute Stimme, Leben, Vorstellungskraft,
Glück, Zufriedenheit und Immunkraft hängen alle von ihr ab.[1]

1 *Caraka Samhita, Sutrasthana, Kapitel 27, Vers 349*

Das bekannte Zukunftsinstitut (Frankfurt/M. und Wien) bezeichnet die „Gesundzufriedenheit“ als die nächste Stufe des Megatrends Gesundheit. Wir Menschen des 21. Jahrhunderts verbrauchen mehr Energie als je zuvor. Die klassische Frau-Mann-Rollenverteilung hat ausgedient. Statt eines Kontinuums von Kindheit, Jugend, Familien- und Berufsleben bis zum Lebensabend stehen heute oft mehrere Durchstarts an: Neue Lebenspartner, Berufe, Aufenthaltsorte oder Länder. Das verbrennt enorm viel Lebenskraft. Und deshalb spielt die Ernährungsweise aktuell eine noch bedeutendere Rolle als zuvor.

Aber wie bitte soll sich jemand im Dschungel der unzähligen Diät-Arten und Ernährungs-Gurus auskennen? Hinzu kommt der überzogene Glaube an Nahrungsunverträglichkeiten und Allergien, so dass kaum mehr etwas zum Essen übrigbleibt. Diese kollektive Ernährungsneurose hat – wie ich in meiner Praxis täglich feststelle – teilweise bedrohliche und traumatisierende Ausmaße angenommen. Dabei ist Essen das Einfachste und Natürlichste überhaupt. Wir müssen zurück zur Einfachheit.

Ayurveda versteht das Konzept *Desha* oder *Heimat* als einen zentralen Faktor. Die Grundnahrungsmittel sollen aus der Region stammen. Im Appenzellerland, wo ich seit 25 Jahren praktiziere, stammen die Grundnahrungsmittel hauptsächlich aus der Milchwirtschaft. Es gab vor 100 Jahren schlichtweg keine Alternative, denn Ackerbau war kaum möglich. Wanderte man eine Stunde hinunter ins Rheintal, herrschte dort im fruchtbaren Schwemmland der Ackerbau vor. Die Speisen unterschieden sich von Tal zu Tal.

Blick ins Rheintal

Wir verzehren Nahrungsmittel, die unser Körpersystem nicht kennt und deshalb häufig nicht verträgt. Es ist doch unsinnig, angeblich so gesundes Tofu zu verspeisen, wenn das Soja aus gerodeten Regenwaldgebieten des Amazonas stammt. Die Suche nach mehr Lebensenergie beginnt beim Bauern im Dorf oder auf dem Marktplatz in der Stadt. Führende Ernährungsexperten wie Werner Lampert oder die bekannte Köchin Sarah Wiener propagieren Regionalität als wichtigen Faktor für gesunde und schmackhafte Ernährung. Wenn wir von regionalen Nahrungsmitteln sprechen, kommen auch Großmutters Rezepte zum Zug. Die Kunst liegt darin, aus dem Verfügbaren auf einfache Art und Weise eine leckere Alltagskost zu zaubern.

Einfach ist es auch, die Nahrung und ihre gewünschten Eigenschaften auf die Esserin und den Esser einzustellen. Es leuchtet ein, dass deftige Speisen nicht zu heutigen Menschen passen – oder nur dann, solange diese einer deftigen Tätigkeit nachgehen. So war es früher in Nordeuropa eine Frage des Überlebens in der Winterzeit, ohne Zentralheizung, ohne wind- und kälteabweisende Hightech-Faser-Bekleidung und bei langen Aufenthalten im Freien, hitzeproduzierendes Schweinefleisch zu

Verkostung regionaler Bio-Produkte aus der Steiermark

Ayurveda-Menü aus heimischen Produkten: Kartoffelsuppe, Hirse-Zucchini-Auflauf mit Fenchel-Kürbis-Gemüse, Birnen-Chutney und Koriander-Joghurt-Dip, Karotten-Halva als Dessert

konsumieren. Trotz völlig geänderter Lebensumstände liegt der Fleischkonsum heute eher höher als früher. Die übermäßige Hitze produziert Übersäuerung im ganzen Organismus, und anstatt den Esser wie einst vorm Erfrieren zu schützen, verbrennt ihn die Hitze.

Die gleichen Prinzipien gelten auch für den Einsatz von Ayurveda in Europa. Mango, Basmati-Reis, Kokosnüsse oder Palmzucker mögen ab und zu für Abwechslung sorgen, gehören aber nicht in die Alltagsküche. Das sollte den frischen, saisonalen und regionalen Nahrungsmittel vorbehalten sein. Auch auf dem indischen Subkontinent sind die regionalen Küchen extrem vielfältig. In meiner Zeit in Bombay führte ich ein stadtbekanntes vegetarisches Restaurant. In der Küche arbeiteten 45 Köche und Gehilfen. Eine Gruppe kochte nur Marwari- (Rajasthan-) und Gujerati-Küche, eine andere bereitete südindische Speisen wie Idli, Dosa und Samber zu, wieder eine andere Gruppe kochte Northwest Frontier Küche, also Kashmiri- und Punjabi-Speisen. Dann hatte ich zwei seltene Experten aus Kalkutta, die mit der Bengali- und der kolonialen Küche vertraut waren.

Deshalb in aller Deutlichkeit – was Sie in Händen halten, ist nicht ein indisches Kochbuch. Wir nutzen allerdings die raffinierten Techniken des indischen Subkontinents in Verbindung mit regionalen Nahrungsmitteln sowie das ayurvedische Modell der Anpassung auf die individuelle Grundstruktur. Das Resultat sind strahlende Gesichter von „gesundzufriedenen" Esserinnen und Essern.

OM TAT SAT

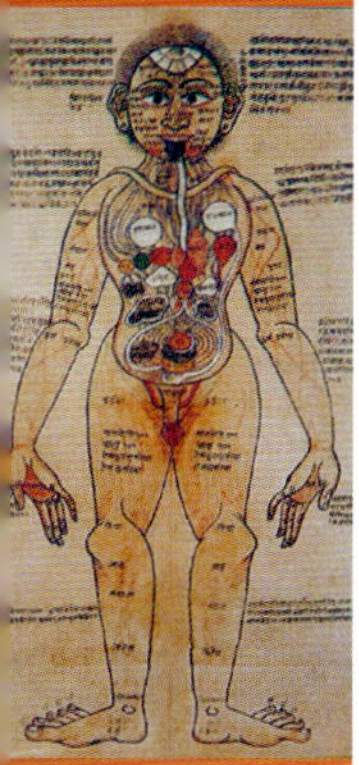

2. Die individuelle Konstitution

Die drei Bioenergien Vata, Pitta und Kapha sind verantwortlich für die Bildung von sieben unterschiedlichen Konstitutionen. Es bestehen drei Typen mit je einer vorherrschenden Bioenergie, ein Vata-, Pitta- oder Kapha-Mensch. Bei den drei dualen Konstitutionen teilen sich jeweils zwei Bioenergien die Vorherrschaft – der Vatapitta- der Pittakapha- oder der Vatakapha-Typus. Schließlich existiert noch eine Konstitution, der Tridosha-Typus, bei der alle drei Bioenergien gleichmäßig vorhanden sind. Diese individuellen Strukturen entstehen zur Zeit der Befruchtung, werden bestimmt durch genetische Faktoren der Eltern und können sich auf Grund der Ernährungs- und Lebensweise der Schwangeren etwas verändern. Von Geburt an bis zu unserem letzten Atemzug bleibt die Grundkonstitution die gleiche und steht für den natürlichen Zustand. Das bedeutet, dass die vorherrschenden Dosha der individuellen Konstitution dem Organismus keinen Schaden zufügen.[2]

Das ist seit über 2000 Jahren die herrschende Auffassung unter Ayurveda-Ärzten und das wird sich auch in den nächsten paar Tausend Jahren nicht ändern. Ich möchte das hier klar und deutlich ausdrücken, weil bei Vorträgen, Kuren und in meiner Praxis immer wieder die Frage gestellt wird: „Ich habe schon so viele Testfragen beantwortet, aber ich habe meistens in zwei Spalten gleich viele Punkte. Wie kann ich dann eine klare Konstitution haben?“ Die Antwort lautet: Es gibt eben sieben und nicht wie oft fälschlicherweise angenommen nur drei Grundtypen in der Ayurveda. Meine Aufzeichnungen zeigen sogar, dass die klare Mehrheit der Menschen eher den dualen Konstitutionstypen zugeordnet werden kann.

Wie kommt Ayurveda zu dieser Einteilung? Sie wurde auf Grund genauer Naturbeobachtung erstellt. Die gleichen Kräfte wirken im Äußeren wie im Inneren. Sturmartige Winde bewirken Bewegung; Hitze und Feuer Umwandlung, Wasser Fruchtbarkeit und Erde Stabilität. Damit all diese Kräfte überhaupt wirken können, brauchen sie eine weitere Form von Energie, nämlich Raum. So ergeben sich fünf klar differenzierbare Elementarpartikel:

1. Raum
2. Wind
3. Feuer
4. Wasser
5. Erde

2 *Astanga Samgraha von Vagbhata, Sharirasthana, Kapitel 8, Vers 2*

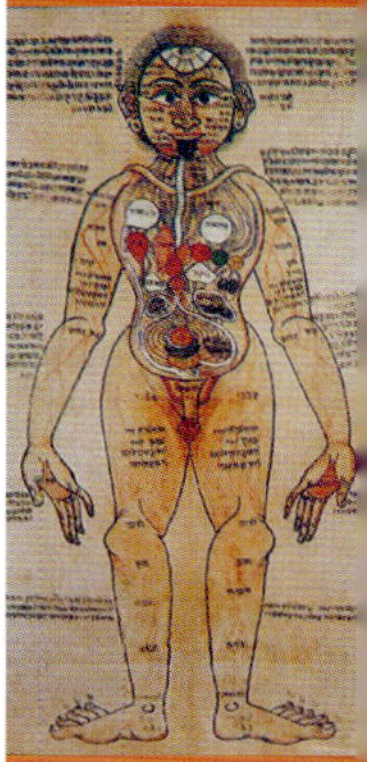

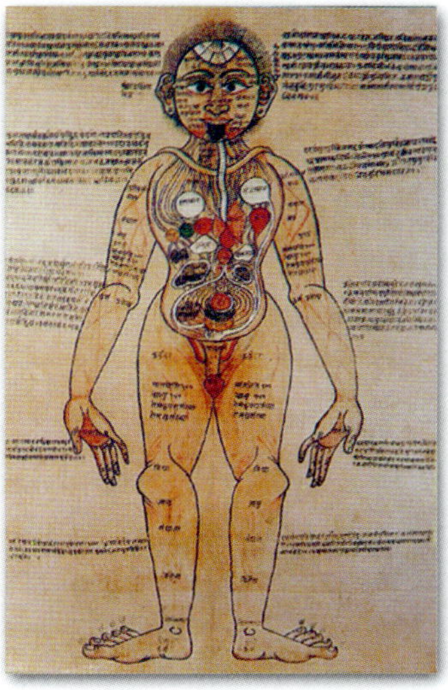

7 Konstitutionstypen

3 Singuläre Typen

Vata Pitta Kapha

3 Duale Typen

Vata-Pitta Pitta-Kapha Vata-Kapha

1 Tridosha-Typ

Vata-Pitta-Kapha
zu gleichen Teilen

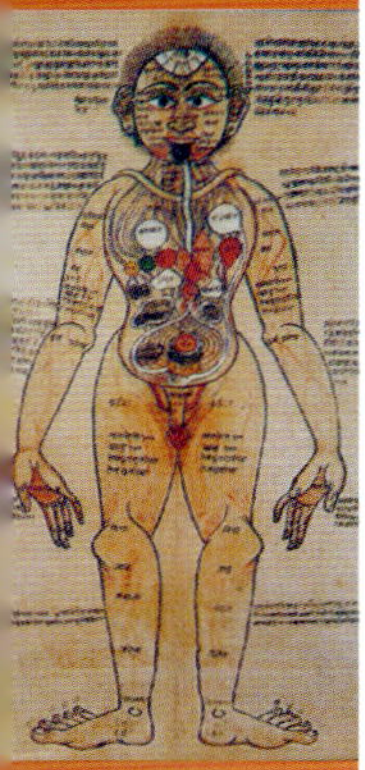

Das sind die Bausteine unserer wahrnehmbaren Welt, aus denen sich auch unsere Körper zusammensetzen. Auf die Frage, warum die Ayurveda-Wissenschaftler gerade fünf „große unsichtbare Partikel", so die wörtliche Übersetzung des Sanskritbegriffes, entdeckt haben, lautet die fast banale Antwort: Weil wir nur fünf Sinne haben.[3]

Diese Beobachtungen beruhen auf subjektiver und sinnlicher Basis. Aber auch philosophisch ergibt sich ein klarer Zusammenhang, denn jede wahrnehmbare Information kann nur von unseren fünf Sinnesorganen stammen. Erfahrbares Wissen ist immer subjektiv und kann nur mittels der Sinne festgestellt werden. Hätten wir mehr als fünf Sinne, würden wir auch mehr Elemente entdecken. Die Korrelation der Sinne mit ihrer Umwelt hat auch für die modernen Naturwissenschaftler an Bedeutung gewonnen. Viele große oder ganz minutiöse Ereignisse finden im Universum statt, ohne dass wir sie wahrnehmen können. Und immer hat es ganz besondere Menschen gegeben, welche dank ihrer übersinnlichen Wahrnehmung die Barriere der fünf Sinnesorgane überschreiten konnten.

Caraka, einer der antiken Gründerväter der Ayurveda, stellte die Hypothese der Wechselbeziehung der fünf Elementarpartikel mit den fünf Wahrnehmungsfähigkeiten vor 3500 Jahren auf. Danach können Sie Ihre Umwelt nicht direkt wahrnehmen, sondern leiten sie von der Art Ihrer Sinnesempfindung ab. Bei jeder der fünf Sinnesfakultäten wie Sehen, Hören, Riechen, Schmecken und Tasten herrscht eine bestimmte Art der Elementarpartikel vor (siehe Tabelle nächste Seite). Das ergibt sich aus dem Fakt, dass sich auch die Sinnesorgane aus Partikeln zusammensetzen. Obwohl eigentlich alle Partikel in einem Organ vorhanden sind, wird es immer von einem dominiert. So können die einzelnen Sinne nur solche Objekte wahrnehmen, welche ähnliche Eigenschaften besitzen, die im betreffenden Sinnesorgan vorherrschen. Darum kann zum Beispiel der visuelle Sinn, der von Feuer-Partikeln dominiert wird, Feuer (Licht, Farbe und Form) wahrnehmen.

3 Caraka Samhita, Sutrasthana, Kapitel 8, Vers 14

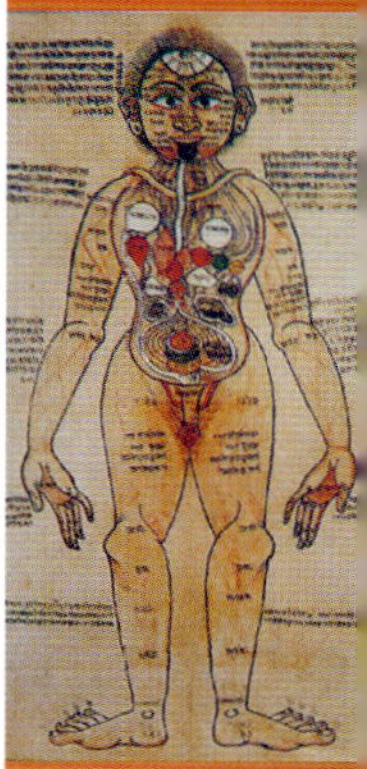

Wahrnehmung	Organe	Was wahrgenommen wird	Vorherrschende Partikel	Eigenschaften
Hören	Ohren	Schall	Raum	leicht, minutiös, weich, glatt
Tasten	Haut	Berührung	Wind	leicht, minutiös, trocken, rau, kalt
Sehen	Augen	Licht, Form und Farbe	Feuer	leicht, minutiös, trocken, heiß, klar, scharf
Schmecken	Zunge	Geschmack	Wasser	kalt, weich, mobil, flüssig, ölig, schleimig
Riechen	Nase	Geruch	Erde	schwer, hart, grob, solide, kompakt

Die bereits erwähnten natürlichen Eigenschaften der einzelnen Elementarpartikel sind in der letzten Spalte aufgelistet. Diese Eigenschaften bilden im Zusammenhang mit der Umsetzung der Partikellehre auf die Bioenergien (Vata, Pitta und Kapha) das A und O der ayurvedischen Arbeitsthese, nämlich dass ein Überschuss der einen oder anderen Bioenergie wirkungsvoll reguliert werden kann, indem man Nahrung zuführt, die entgegengesetzte Eigenschaften besitzt.

Der Schritt von den fünf Elementarteilchen zu den drei Bioenergien ist leicht nachvollziehbar. In einem lebenden Organismus können wir beobachten, dass drei klar differenzierbare Kräfte wirken.

1. **Vata:** Zum einen sehen wir das Prinzip der Bewegung, d. h. die korrelative und kommunikative Wirkkraft, mittels derer ein Körperteil Einfluss auf einen anderen ausübt und die den Körper als Teil oder Ganzes bewegt.

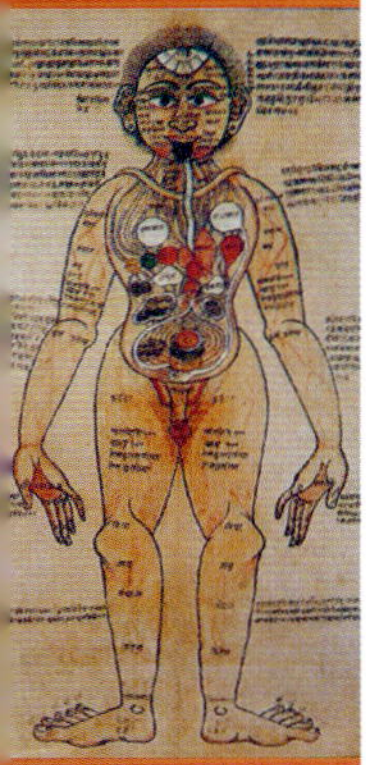

2. Pitta: Dann existiert das Prinzip der Umwandlung, die substanzielle und metabolische Wirkkraft, welche biochemische Veränderungen verursacht.

3. Kapha: Als Drittes haben wir das Prinzip der Struktur, die aufbauende und erhaltende Wirkkraft, welche gegen den Verschleiß durch Bewegung und gegen Überhitzung schützt.

VATA	PITTA	KAPHA
PRINZIP DER BEWEGUNG	PRINZIP DER UMWANDLUNG	PRINZIP DER STRUKTUR
NORMALE FUNKTION: Enthusiasmus, Ein- und Ausatmen, Bewegung, Kreislauf, Beseitigung der Abfallprodukte	NORMALE FUNKTION: Sehvermögen, Verdauung, Temperatur, Hunger, Durst, Weichheit, Ausstrahlung, Glücksgefühl und Intelligenz	NORMALE FUNKTION: Öligkeit, Zusammenhalt, Stetigkeit, Gewicht, Fruchtbarkeit, Potenz, Kraft, Ausdauer, Geduld und Begierdelosigkeit
EIGENSCHAFTEN: kalt, leicht, trocken, rau, mobil, penetrierend, klar	EIGENSCHAFTEN: heiß, leicht, leicht ölig, flüssig, penetrierend, sauer, scharf	EIGENSCHAFTEN: kalt, schwer, feucht, schleimig, unbeweglich, weich, süß

Kommen wir jetzt aber zurück auf Ihre Sinneswahrnehmung. Jeder von uns ist ein Naturwissenschaftler, und das Betätigungsfeld, über das niemand wirklich besser Bescheid wissen kann als wir selbst, ist unser eigener psychosomatischer Organismus. Hier zählt einzig die eigene subjektive Wahrnehmung. Sinnlichkeit bedeutet nicht willkürlich auch Unwissenschaftlichkeit. Im Gegenteil, die Ayurveda-Ärzte haben aus ihr eine These entwickelt, mittels der Ihre Empfindungen objektiv nachvollzogen werden können.

Deshalb lautet die wichtigste Botschaft der Ayurveda an Sie: „Schöpfen Sie wieder Vertrauen in Ihre eigenen Sinnesempfindungen. Sie erspüren das Gleichgewicht oder Ungleichgewicht in Ihrem Organismus lange, bevor der fortschrittlichste Apparat

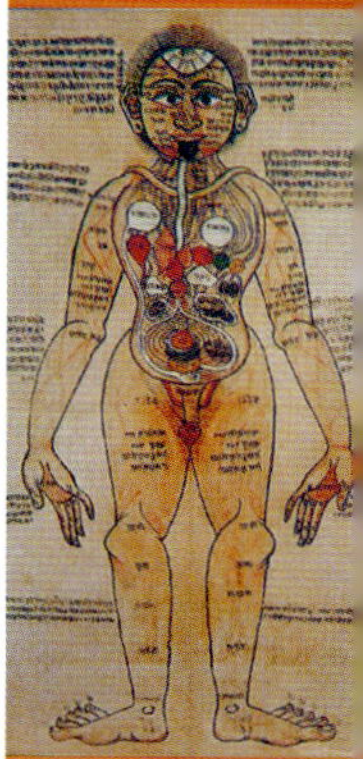

ausschlagen kann. Sie brauchen eigentlich gar keine gescheiten Tabellen, Bücher oder angeblich allerneusten Diäten, denn Sie wissen genau, wann und ob Ihnen etwas gut tut oder schlecht bekommt!“

Nun haben wir aber schon lange verlernt, auf unsere Empfindungen zu achten und deshalb benötigen wir Hilfestellung, bis die Sinneswahrnehmung wieder ein Teil von uns wird. Das gilt sowohl für den Fall, dass Sie gesund sind, wie auch bei Störungen. Zum Beispiel ist die natürliche Reaktion beim Auftreten von Fieber, dass Sie Ihre Nahrungsaufnahme stark reduzieren. Das ist genau das Richtige. Es gibt zwar auch Erkrankungen wie Diabetes oder gewisse Allergien, wo falsche Signale vom Körper ausgesendet werden. Aber das sind Ausnahmen, die zu merken sind. Die recht einfache Hilfestellung, die Ihnen Ayurveda bieten kann, ist das Wissen um Ihre körperliche Grundkonstitution. Die anfangs erwähnten sieben Grundkonstitutionen basieren auf dem Fakt, ob eine, zwei oder alle drei Bioenergien in Ihrem Körper dominieren, und zeigen seine Reaktionsbereitschaft auf externe Faktoren und ihm zugeführte Nahrungsmittel.

Lernen Sie nun anhand des nachfolgenden Tests, welchen Grundtypus Sie besitzen. Bitte beachten Sie aber, dass wenn Sie zur Zeit nicht im gesunden Gleichgewicht sind, sich das Ergebnis zu Gunsten Ihres Ist-Zustandes verschiebt. Es kann auch eine große Hilfe sein, diesen momentanen Zustand zu bestimmen, um dann gezielte Maßnahmen zu ergreifen, um wieder ins Gleichgewicht zu kommen. Wenn Sie aber Ihre Grundkonstitution herausfinden möchten, dann sollten Sie die Fragen längerfristig betrachtet beantworten. Das bedeutet, dass wenn Sie seit einigen Wochen eher unter Durchfällen leiden, normalerweise aber eher Probleme mit Verstopfung haben, Sie zur Konstitutionsbestimmung den normalen Zustand wählen. Weiter können auch Medikamente wie Betablocker, Kortisone oder Psychopharmaka das Ergebnis beeinflussen.

Aus den oben genannten Gründen rate ich Ihnen, diesen Test viermal im Jahr durchzuführen: je einmal in der kalten und heißen Jahreszeit, im Frühjahr und Herbst. So erhalten Sie ein ausgewogenes Ergebnis und können sich darauf verlassen, dass Sie am Ende wirklich Ihre Grundkonstitution ermittelt haben.

Für jede Frage können Sie eine oder zwei und nur in wirklichen Ausnahmefällen auch drei Antworten ankreuzen. Zum Schluss zählen Sie zusammen, wie viele Fragen Sie in den einzelnen Spalten beantwortet haben.

Fragen zu:	1. Spalte	2. Spalte	3. Spalte
Körperbau	leicht, schlank, hochgewachsen oder sehr klein	ebenmäßige Körperstrukturen, mittlerer Körperbau	gut entwickelt, breit, differenzierte Strukturen, lange Arme und Beine
Haut	trocken, kühl, Venen gut sichtbar	glatt, warm, rosa, häufig Akne, Sommersprossen	weich, feucht, kühl, hell, rein, Venen kaum sichtbar
Haar	trocken wie Stroh, nicht sehr dicht	fein, seidig, frühes Ergrauen, eher hoher Haaransatz	dick, weich, ölig, dicht, tiefer Haaransatz
Nägel	schmal, dünn, unregelmäßig	dünn, weich, mittel, regelmäßig	dick, breit, regelmäßig
Augen	unstet, trocken, schmal	durchdringend, lichtempfindlich, mittlere Größe	stetig, feucht, groß, ruhig, glänzend
Zähne	unregelmäßig, klein	regelmäßig, mittel	regelmäßig, groß
Appetit	variabel	gut	mäßig
Isst am liebsten ...	ölig, heiß, süß, sauer und salzig	süß, bitter, herb und kühl	scharf, bitter, herb, heiß und trocken
Durstgefühl	mittel	stark	wenig
Stuhlgang	unregelmäßig, hart, Blähungen, nicht jeden Tag	ein- oder mehrmals pro Tag, weich, starker Geruch	regelmäßig, gut geformt, hell, etwas träge
Urin	leichtes Gelb oder bräunliche Farbe	mittel bis stark gelb, starker Harngeruch	kaum Farbe oder milchig trüb

Schweiß	kaum	stark mit Geruchsbildung	oft kalter Schweiß, geringer Geruch
Schlaf	minimales Schlafbedürfnis, leicht, eher Durchschlafprobleme	mittleres Schlafbedürfnis, geht spät zu Bett, nicht abstellen können	tief, starkes Schlafbedürfnis, ungestört
Libido	wechselnd stark oder schwach	mittel, aber intensiv	stark und ausdauernd
Körpergewicht	gering	mittel	groß
Auffassungsgabe	schnell	gut	langsam
Stimme	rau, dünn	hoch, laut	melodiös, ausgeprägt
Gedächtnis	gutes Kurzzeitgedächtnis	mittel	sehr gutes Langzeitgedächtnis
Nervosität	öfters	manchmal	kaum
Selbstbewusstsein	schwankend	gut	sehr gut
Toleriert schlecht ...	kaltes und windiges Wetter	Hitze	feuchtkalte Witterung
Mentale Eigenschaften	begeisterungsfähig, sensibel, kreativ	temperamentvoll, kritisch, begabt	schwer aus der Ruhe zu bringen, tolerant
Resultat			

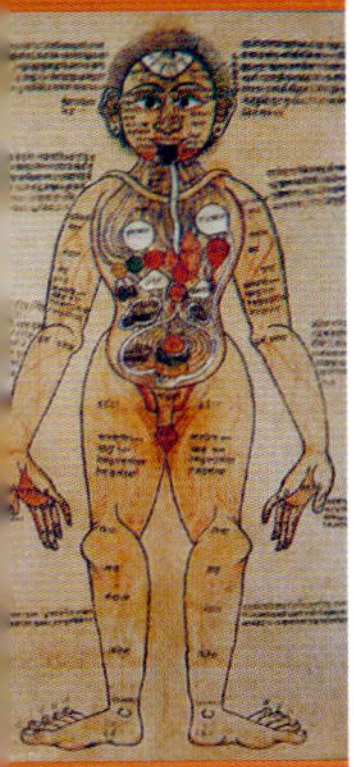

Nun kommen wir zur Lösung des Rätsels. Finden Sie heraus, welchem dieser sieben Typen Sie angehören. Sie erfahren auch, was die Stärken und Schwächen dieser Menschengruppen sind. Jede für Sie zutreffende Antwort ergibt einen Punkt. Zählen Sie in jeder Spalte die angekreuzten Antworten zusammen. Vergleichen Sie zum Schluss die Resultate und achten Sie darauf, in welcher Spalte oder in welchen Spalten Sie am meisten Punkte gesammelt haben.

2.1. Die drei dualen Konstitutionstypen

In der Praxis treffen wir diese drei Konstitutionen am häufigsten an. Leider behandeln die über hundert Ayurveda-Bücher auf dem deutschen Buchmarkt diese Typen kaum, sondern geben nur Empfehlungen betreffend Ernährung oder Lebensstil für die drei singulären Typen ab. Das führt zu einer großen Unsicherheit unter den Lesern, mit der ich täglich konfrontiert werde.

Natürlich besitzen jeder Mensch und jeder lebende Organismus alle drei biologischen Faktoren Vata, Pitta und Kapha, sonst würden die körperlichen Abläufe nicht funktionieren. Bei der Bestimmung der Konstitution geht es aber darum, die vorherrschenden Bioenergien zu bestimmen. Bei manchen Menschen liegen die drei Bereiche recht nah beieinander, bei anderen sehr weit auseinander.

Die dualen Konstitutionstypen zeichnen sich durch das Zusammengehen von zum Teil recht unterschiedlichen Elementen aus, wodurch eine mittlere Immunität entsteht. Wir können bei den dualen Typen die fehlenden Elementarpartikel klar erkennen, und diese gilt es dem Organismus zuzuführen, damit ein Gleichgewicht entstehen kann. Bei Vata-Pitta-Konstitutionen fehlt Kapha *(Wasser und Erde)*, bei Pitta-Kapha fehlt Vata *(Raum und Wind)* und bei Vata-Kapha fehlt Pitta *(Feuer)*.

Sie haben in Spalte 1 und 2 genau die gleiche Punktezahl oder nicht mehr als zwei Punkte Unterschied. In Spalte 3 haben Sie eine deutlich geringere Punktezahl:

Sie sind ein **Vata-Pitta-Typ**. Hier finden die Elementarpartikel von Wind und Feuer zusammen. Was passiert bei einem Waldbrand, wenn gleichzeitig ein Föhnsturm herrscht? Es ist unmöglich, ihn unter Kontrolle zu bekommen! Sie sind der unkontrollierbare Waldbrand-Typ, ein Mensch, der extrem intensiv lebt, der die Kerze an beiden Enden anzündet, um dann fasziniert zu beobachten, wie ihm geschieht.

Sie lieben es, alles zu geben, bis zur völligen Erschöpfung oder noch schlimmer,

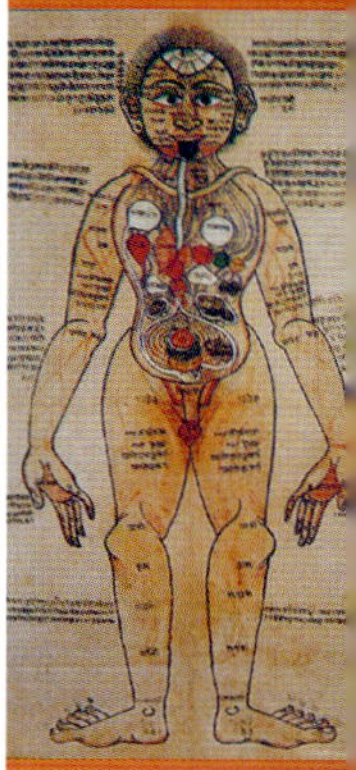

bis Sie wirklich nicht mehr hochkommen. Ihr ausgeprägter Wille ignoriert alle Warnsignale des Körpers. Das vom Wind extrem provozierte Feuer konsumiert im Nu alle Reserven. So handeln Sie auch in der Liebe und mit Ihren Emotionen. Das könnte von Ihren Partnern ausgenützt werden. Sie brauchen deshalb einen verantwortungsvollen Partner, der möglichst viel vom Wasser-Element in seiner Konstitution besitzt.

Geduld ist ein Fremdwort für Sie. Wie kann man auch Zeit haben, wenn die Emotionen brennen. Sie sind gleich irritiert, wenn Ihr Partner zu lange braucht. Auf Grund der Empfindsamkeit, ja oft auch Überreizung, sind Sie rasch stimuliert. Sie wünschen maximale Intensität, laufen aber Gefahr, wegen Ihrer feinen körperlichen Struktur, der die schweren Elementarpartikel von Wasser und Erde komplett abgehen, körperlich sehr schnell überfordert zu sein. Gehen Sie nicht an Ihre Leistungsgrenze! Versuchen Sie, Ihr hitziges und sensibles Gemüt zu besänftigen, und essen Sie unbedingt, soviel und oft Sie können.

Sie haben in Spalte 2 und 3 genau die gleiche Punktezahl oder nicht mehr als zwei Punkte Unterschied. In Spalte 1 haben Sie eine deutlich geringere Punktezahl.

Sie sind ein **Pitta-Kapha-Typ**. Hier stoßen die beiden Antagonisten Feuer und Wasser aufeinander. Es ist sehr praktisch, die Feuerwehr im Hause zu haben. So kann nichts anbrennen. Aber die Versuchung, Feuer zu entzünden und dann zu löschen, ist groß. So haben Sie auch oft schon Ihren Partner und Ihr Umfeld verwirrt. Im Vertrauen auf Ihre robuste Konstitution und Ausdauer schnellen Sie zuerst mutig vor, machen dann aber oft einen Rückzieher. Auch ihre Gefühle sind einmal heiß und einmal kalt. Ihre Partner und Familienmitglieder sind stark gefordert. Sie wissen oft nicht, was sie denn jetzt wieder angestellt haben, dass Sie überreagieren oder Sie etwas ansonsten Aufregendes völlig kühl lässt. Ihr Partner muss sehr flexibel sein und unbedingt Feuer (Pitta) in seiner Konstitution haben.

Sie sind beständig, wenn man Ihnen Treue und Verständnis entgegenbringt. Kompromisse sind nicht nach Ihrem Geschmack. Sie planen Ihr Leben gerne mittel- und langfristig und geben sich nicht mit Übergangslösungen zufrieden. Sie brauchen ein schön eingerichtetes Zuhause, um richtig funktionieren zu können. Regelmäßige körperliche Betätigung ist ein „Muss" für Sie. Auch Atemübungen, welche das fehlende Windelement in Ihrem Organismus wieder auffüllen, sind äußerst wichtig. Ölige und fettige Speisen sind reines Gift für Sie. Halten Sie sich auch unbedingt von salzigen und sauren Speisen zurück.

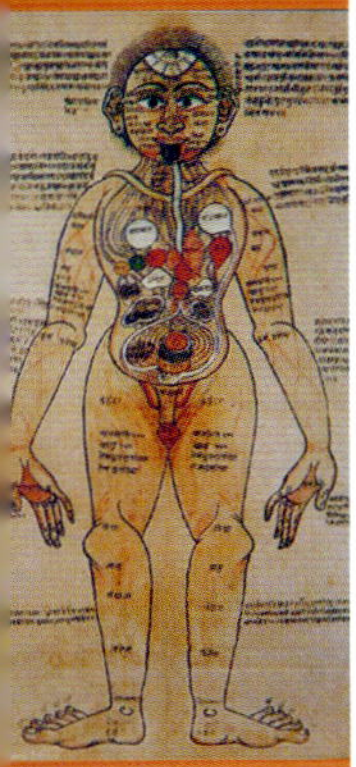

Sie haben in Spalte 1 und 3 genau die gleiche Punktezahl oder nicht mehr als zwei Punkte Unterschied. In Spalte 2 haben Sie eine deutlich geringere Punktezahl.

Sie sind ein **Vata-Kapha-Typ**. Hier finden die leichten Elemente Äther und Wind mit den schweren, Wasser und Erde, zusammen. Die Regenzeit in Indien fällt mir dazu ein. Der vom Wind gepeitschte Dauerregen wühlt Erde und Meer auf, und explosionsartig erscheint die Natur im üppigsten grünen Gewand.

Sie sind eher groß und athletisch gebaut: Bewegung und Ausdauer gehen eine ideale Verbindung ein. Sie sind sehr feinfühlig und sensibel, obwohl Ihnen das niemand zutraut, und entsprechend unerwartet für Ihr Umfeld fallen oft Ihre Reaktionen aus. Sie besitzen einen mächtigen Bewegungsdrang und messen gerne Ihre Kräfte.

Achtung: Vata und Kapha sind beide kalte Elemente! Sie brauchen die Wärme nicht nur, sie ist absolut lebensnotwendig für Sie.

Wenn Vata überhand nimmt, sind Sie etwas gehemmt, schüchtern und ängstlich. Wenn Kapha stärker wird, kann das zu Lethargie führen. Gefühlskälte und ein Mangel an Nestwärme und wohliger Behaglichkeit in Ihrem Zuhause haben eine lähmende Wirkung auf Sie und müssen auch aus gesundheitlichen Gründen unbedingt vermieden werden.

Wenn Sie einmal keine Zeit für Ihr Ausdauertraining haben, müssen Sie sofort die Nahrungsmenge reduzieren. Das feurige Element, welches in Ihrer Konstitution fehlt, müssen Sie aus externen Quellen schöpfen. Konsumieren Sie deshalb nur warme Speisen und Getränke. Kaltes kann geradezu lähmende Wirkung auf Sie ausüben.

2.2. Die drei singulären Konstitutionstypen

Sie sind leichter auszumachen als die gemischten Typen, da die Eigenschaften der vorherrschenden singulären Faktoren offensichtlich wirken. Ihre Immunität ist etwas geringer. Häufigere gesundheitliche Störungen bedeuten aber nicht automatisch eine Verminderung der Lebensqualität. Weil an solche Störungen meistens das vorherrschende Element in Ihrer Konstitution beteiligt ist, können diese relativ leicht wieder ausgeglichen werden.

Innerhalb dieser Gruppe besitzen die Kapha-Typen eine geringfügig höhere, die Pitta-Typen eine mittlere und die Vata-Typen die geringste Widerstandskraft. Auch hier geht es lediglich um Tendenzen, die für die Gesundheitsvorsorge wichtig sind. Meine praktische Erfahrung zeigt, dass Kapha-Menschen wohl weniger oft krank werden. Doch wenn sie unter Beschwerden leiden, dann sind diese eher von chroni-

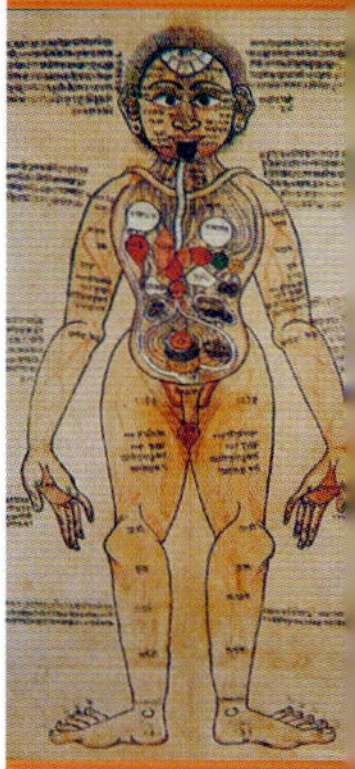

scher Natur. Sie sehen, es lohnt sich in jedem Fall, etwas für die Gesundheit zu tun. Jeder Mensch besitzt seine unveränderlichen Merkmale und mit diesen kann jeder sein Glück erreichen und seine Lebensmission erfüllen.

Sie haben in Spalte 1 die größte Punktezahl. In Spalte 2 und 3 haben Sie deutlich weniger Punkte.

Sie sind ein **Vata-Typ**. Die leichten Elemente Wind und Äther sind bei Ihnen sehr ausgeprägt. Sie sind von feiner Struktur, sehr sensibel und begeisterungsfähig. Auf keinen Fall möchten Sie auf die eiffelturmhohen Wogen Ihrer Empfindungen verzichten – um nichts in der Welt. Nein, Sie unternehmen alles, damit Ihr Leben absolut chaotisch und faszinierend unberechenbar bleibt. Alle Eindrücke dieser Welt scheinen gleichzeitig auf Sie loszustürmen. Das führt dazu, dass Sie manchmal Probleme haben, zu sich selbst zu finden.

Sie sind kreativ, lieben das Okkulte und hassen Kälte. Ihr Liebesleben bewegt sich zwischen den extremen Positionen von Maßlosigkeit und Askese. Wie gefährlich das ist, mussten Sie in Ihrem Leben sicher schon erfahren. So fad das klingen mag, aber Sie müssen um Ihrer körperlichen und psychischen Gesundheit willen wirklich etwas gemäßigter und weniger luftig handeln. Denn obwohl Liebe und Lust primär mit Gefühlen zu tun haben, so werden sie letztlich auf körperlicher Ebene ausgelebt. Das schaffen Sie niemals ohne Hilfe der Elemente Erde, Wasser und Feuer. Ihr Körpergewebe ist nicht so stark ausgeprägt wie bei anderen Konstitutionen. In Ihrer Beziehung brauchen Sie in erster Linie Wärme.

So wie der Wind nie Ruhe findet, so sieht es auch in Ihrem Leben aus. Regelmäßigkeit und Kontinuität müssen deshalb fest in Ihrem Tagesablauf eingeplant sein, sonst verzetteln Sie sich. Manchmal sehnen auch Sie sich nach Ruhe und Geborgenheit. Meditative Übungen sind sehr wichtig, um den wandernden Geist zu besänftigen. Austrocknende Speisen wie Müsli oder Trockenfrüchte gehören von Ihrem Speisezettel verbannt. Tanken Sie genügend warme und nährende Getränke. Heißes Wasser oder Kräutertees sind zu leicht für Sie. Besser sind Milch und Malzgetränke.

Sie haben in Spalte 2 die größte Punktezahl. In Spalte 1 und 3 haben Sie deutlich weniger Punkte.

Sie sind ein **Pitta-Typ**. Die Feuerpartikel herrschen in Ihrer Konstitution vor. Sie sind ein Hitzkopf! Vor Konflikten scheuen Sie nicht zurück. Nein, lieber schüren Sie das Feuer und provozieren Konflikte, denn nichts empfinden Sie als fader, als wenn es

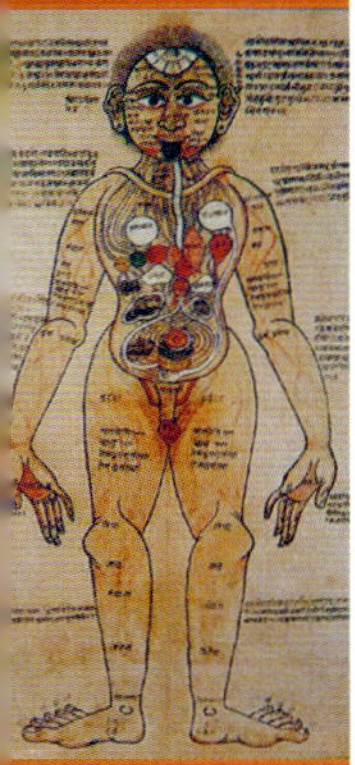

nicht funkt um Sie herum. Kräftemessen ist legal, solange niemand dabei zu ernstem Schaden kommt. Hitze mögen Sie nicht vertragen. Ihre Rhetorik ist bewundernswert. Sie sollten aber auch den anderen zuhören und berechtigte Kritik nicht als persönliche Beleidigung empfinden. Ein guter Freund oder Partner kann so schnell zum Feind werden. Auch Ihr Partner sollte zumindest einen Anteil von Pitta in der Konstitution besitzen, denn hier ist ein Typ, der mit seinesgleichen gut auskommt. Natürlich funkt es dann ganz gewaltig in der Beziehung, aber wie gesagt, das brauchen Sie. Ihr dominierendes Feuer konsumiert im Nu alle Ihre Energiereserven. Sorgen Sie rechtzeitig für Nachschub. Längeres Fasten ist aus diesem Grund für Sie nicht empfehlenswert.

Pitta-Menschen brauchen regelmäßig Streicheleinheiten, vor allem Lob: „Du bist mein Held und Beschützer. Du bist einfach großartig!" oder „Du bist meine Jeanne d'Arc! Es ist einzigartig, wie du dich für uns einsetzt."

Sie sind praktisch veranlagt, unternehmungslustig und kritisch, oft auch zu kritisch mit sich selbst. Sie sind die/der ideale Krisenmanager/in und werden praktisch mit jeder Situation fertig. Aber auch die besten Krieger werden einmal müde und müssen sich regenerieren. Luxus und Genuss sind die Art von Kompensation, die Sie lieben. Auch beim Essen brauchen Sie Geschmacksvielfalt. Sie sind ein Gourmet. Trotzdem, fettige, fermentierte und in Öl gebackene Speisen sowie Saures greifen Ihre Gesundheit stark an.

Atemübungen und Yoga können die große Hitze in Ihrem Körper kühlen und die aggressiven Neigungen besänftigen.

Sie haben in Spalte 3 die größte Punktezahl. In Spalte 1 und 2 haben Sie deutlich weniger Punkte.

Sie sind ein **Kapha-Typ**. Aus dem Zusammenspiel von Wasser und Erde entsteht diese Konstitution. Sie sind der Fels von Gibraltar und bieten jedem Schutz vor den wilden Stürmen des Lebens. Ihr Chef liebt Sie und nutzt Ihre Belastungsfähigkeit voll aus. Ihre Kollegen ärgern sich, dass Sie scheinbar durch nichts aus der Ruhe zu bringen sind. Auf die Frage, welche Jahreszeiten Ihnen denn am liebsten sind, lautet Ihre Antwort „alle". Dieser Effekt entsteht auf Grund Ihrer Toleranz, sowohl gegen Hitze wie auch Kälte.

Obwohl Sie Ihrer Ansicht nach nicht viel essen, kämpfen Sie ständig mit Gewichtsproblemen. Sie brauchen viel Bewegung, nicht nur körperlich, sondern auch im emotionalen Bereich. Stimulierende, erotisierende Sexualität und das, sooft Sie wollen, ist zwar anstrengend, aber eine wahre Medizin für Sie.

Überwinden Sie Ihre Lethargie, und vermeiden Sie auf jeden Fall Tagesschlaf. Bei

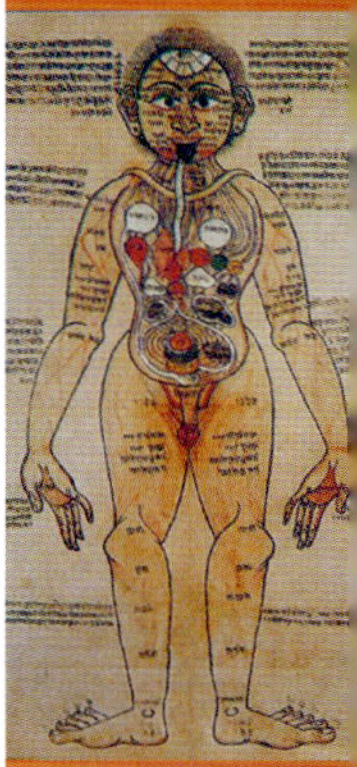

allem, was Sie unternehmen, sollten Sie darauf achten, dass Sie das Wind- und Feuer-Element vermehren. Leichte, warme, stimulierend gewürzte Kost ist ideal für Sie. Lassen Sie alles, was nach „schwer“ aussieht, stehen. So bleiben Sie in Bewegung.

2.3. Die einzigartige Tridosha-Konstitution

Neben den drei dualen und den drei singulären Konstitutionstypen existiert noch ein dritter Typus. Das ist nicht eine Gruppe, sondern hier existiert nur ein Typus, die Tridosha-Konstitution. Das bedeutet wörtlich „die Konstitution, die sich zu gleichen Anteilen aus den drei Bioenergien zusammensetzt“. Das ist nicht der Archetypus, den wir alle anstreben, sondern lediglich eine der sieben Möglichkeiten, von denen alle ihr gesundes Gleichgewicht kennen.

Sie haben in allen Spalten genau gleich viele Punkte oder höchstens einen Punkt Unterschied.

Sie gehören zu der eher selten anzutreffenden **Tridosha-Konstitution**. Sie sind eine sehr ausgeglichene Person. Das gilt sowohl für Ihre anatomischen wie physiologischen Strukturen. Sie pflegen aber auch eine sehr ausgewogene Lebensweise. Daraus ergibt sich eine hohe Immunität. Sie sind ein Mensch, der selten im Leben krank wird. Die klassische Ayurveda-Literatur weist jedoch darauf hin, dass bedingt durch ungünstige planetarische, jahreszeitliche oder klimatische Einflüsse auch Sie aus dem Gleichgewicht geraten können. Das bedeutet, Ihre Beschwerden sind eher schicksalhafter Natur.

Sie gelten in Ihrem sozialen Umfeld als vorbildliche Person, sowohl im Beruf wie auch im Privatleben. Diese Rolle ist nicht immer leicht und kostet manchmal übermenschliche Kräfte. Treffen Sie deshalb vorsorgliche gesundheitliche Maßnahmen und planen Sie auch genügend Zeit für Regenerationspausen ein.

Ein Partner, der eine betont singuläre Konstitution besitzt, kommt für Sie kaum in Frage. Das würde Sie aus der Bahn werfen. Zu Ihnen passt ein Partner mit der gleichen Konstitution. Doch wenn man die seltenste aller Naturen besitzt, ist dieser Partner nicht leicht zu finden.

Für jemanden, der sein Leben höheren menschlichen Idealen widmen möchte, ist diese Konstitution ein wirkliches Geschenk des Himmels.

Sushruta empfiehlt für Sie eine ausgewogene Ernährung, die alle sechs Geschmacksrichtungen enthalten sollte.

3. Die Nahrung

„Speisen und Getränke, deren Aussehen, Geruch, Geschmack und Berührung die Sinne erfreuen und die entsprechend den Prinzipien von Ayurveda verzehrt werden, schaffen die vitale Essenz aller Lebewesen. Der gesunde Effekt solcher Nahrungsmittel kann von jedem Individuum direkt wahrgenommen werden.“[1]

Natürliche Nahrungsmittel aus Ihrer Region, quasi Speisen zum Anfassen, sich mit den Augen daran erfreuen, riechen und schmecken – essen mit allen Sinnen empfiehlt Ihnen Ayurveda. Probieren Sie das einmal bei Tiefkühlnahrung oder bei anderen industriell verarbeiteten Gerichten aus. Was für ein frustrierendes Erlebnis. Trotz verrücktem Werbeaufwand, der zudem Sinnlichkeit vermitteln soll, will sich Ihr Herz nicht so richtig dafür erwärmen. Und das ist gut so. Warum sollen Sie diesen Wahnsinn finanzieren? 80 % des Verkaufpreises solcher Produkte geht in Verpackung und Werbung. Aber nicht genug damit. Sie werden gleich zweimal von den gleichen Konzernen für dumm verkauft. Erst einmal wird argumentiert, dass man Ihnen das Kartoffelschälen und die ganze Mühe abnimmt und das Produkt ja genauso gesund sei und hervorragend schmecke wie frische Ware. Dann aber lesen Sie die Verkaufsargumente der gleichen Firma auf ihrem Nahrungsergänzungsmittel. Da klingt es dann ganz anders. Die moderne Ernährung sei oft nicht in der Lage, alle notwendigen Mikronährstoffe zu liefern, und deshalb sei der Verzehr dieses Nahrungsergänzungsmittels dringend empfohlen.

Die Verantwortung für die Nahrungsauswahl abzugeben beschert Ihnen beträchtliche Risiken. Jedes Mal, wenn Sie die Schwelle eines Restaurants oder einer Kantine überschreiten oder vorbereitetes Essen im Supermarkt erwerben, begeben Sie sich auf fremdes Territorium. Sicher ist es oft unvermeidlich. Trotzdem, verlassen Sie sich auch hier auf Ihre Sinne und Ihren Verstand – und handeln Sie danach. Das Gleiche tun Sie auch auf dem Bauernmarkt. Niemand kauft unreife oder faule Tomaten.

Das oben genannte Zitat, es ist immerhin schon 3 500 Jahre alt, weist Ihnen den Weg zum gesunden Essen und Trinken. Der erste Eindruck kommt über Ihre Sinne. Dann sollen Sie Ihren Verstand einsetzen. Dazu hilft Ihnen das in diesem Teil beschriebene Wissen über die Wirkungsweise der Nahrungsmittel. Über sich selbst haben Sie ja schon Ihren Grundtypus erfahren. Nun können Sie die zwei Kandidaten zusammenbringen. Welche Nahrungsmittel sind für meinen jetzigen Zustand kompatibel, d. h., was ist die ideale Ergänzung, um ins Gleichgewicht zu kommen oder ein bestehendes Gleichgewicht beizubehalten?

1 Caraka Samhita, Sutrasthana, Kapitel 27, Vers 2

3.1. Auf den Spuren der Elementarpartikel

Jeder Mensch ist ein begabter Physiker und in der Lage, die vorherrschenden Partikel in seiner Nahrung genau zu bestimmen. Leider haben wir heute wenig oder kein Vertrauen in die eigene Sinneswahrnehmung. Aber unser Geschmackssinn ist so akkurat, dass er als wissenschaftliches Instrument bezeichnet werden kann. Rufen Sie sich in Erinnerung, wie viele verschiedene Arten von Wasser Sie in Ihrem Leben schon gekostet haben. Bis zu 200 verschiedene Geschmackswahrnehmungen von Wasser können Sie durchaus differenzieren. Sie haben sicher auch Ihr Lieblingswasser und andere, die Sie überhaupt nicht ausstehen mögen.

Wenn Sie einen beinahe neutralen Geschmack wie den des Wassers so differenziert wahrnehmen können, dann sind Sie auch in der Lage, unzählige Geschmacksvariationen festzustellen, so wie Sie mit Ihren Augen unendlich viele Farbnuancen wahrnehmen. Schöpfen Sie neues Vertrauen in Ihr Geschmacksorgan, und beginnen Sie die Nahrung zu kosten und nicht einfach zu schlucken.

Ihr Geschmackssinn verrät Ihnen genau, welche Partikel in Ihrer Nahrung vorherrschen. Die gleichen Elementarpartikel, die Ihre individuelle Konstitution ausmachen, bestimmen nämlich auch die Konstitution der Speisen.

Sie sind wieder einmal völlig hitzig. Sie könnten aus der Haut fahren. Wenn nun Ihre Nahrung auf Grund der vorherrschenden Feuerpartikel auch noch erhitzend wirkt, dann wird dies das Fass zum Überlaufen bringen. Das ist die denkbar ungünstigste Verbindung: Feuer trifft auf Feuer!

Wie nehmen Sie dieses Feuer in der Nahrung wahr? Dann nämlich, wenn ein scharfer, salziger oder saurer Geschmack vorherrscht. Sie brauchen in so einer Situation aber Nahrungsmittel, die das Feuer unter Kontrolle bringen können. Der größte Feind von Feuer ist von jeher Wasser. Damit bekämpfen die Feuerwehren seit Jahrtausenden die Feuersbrünste und werden dies wohl auch in Zukunft so halten. Kühlende Speisen, die viel Wasser enthalten, sind jetzt ideal für Sie. Das sind insbesondere Nahrungsmittel mit vorherrschend süßem Geschmack. Süß ist Wasser, süß sind Speisen mit vielen Kohlehydraten wie Reis, Nudeln, Brot, aber auch süß schmeckende Früchte und magere Desserts.

Sie können mit Hilfe Ihres Geschmackssinnes die vorherrschenden Partikel Ihrer Nahrung feststellen, denn es ist kein Zufall, dass ein Nahrungsmittel einen süßen Geschmack hat. Er kann nur entstehen, wenn die Wasserpartikel dominieren.

3.2. Die sechs Geschmacksrichtungen (Rasa)

In der Ayurveda unterscheiden wir sechs verschiedene Geschmacksrichtungen. Jede von ihnen entsteht durch die Präsenz einer Kombination von zwei vorherrschenden Elementen.

Geschmacksrichtung (Rasa)	Vorherrschende Elementarpartikel	Wirkung	besänftigt	vermehrt
süß (madhura)	Wasser und Erde	schwer, kühlend, befeuchtend, stark nährend, eliminiert Winde, Urin und Darminhalt	Pitta und Vata	Kapha
sauer (amla)	Erde und Feuer	erhitzend, austrocknend, nährend, eliminiert Winde, Urin und Darminhalt	Vata	Pitta und deutlich weniger Kapha
salzig (lavana)	Wasser und Feuer	erhitzend, klebrig, schwer, eliminiert Winde, Urin und Darminhalt	Vata	Pitta und im Übermaß Kapha
scharf (katu)	Feuer und Wind	erhitzend, leicht, austrocknend, behindert das Eliminieren von Winden, Urin und Darminhalt	Kapha	Pitta und Vata
bitter (tikkta)	Wind und Raum	leicht, kühlend, rau, nicht klebrig, austrocknend, behindert das Eliminieren von Winden, Urin und Darminhalt	Kapha und Pitta	Vata
herb (kashaya)	Wind und Erde	austrocknend, kühlend, schwer, behindert das Eliminieren von Winden, Urin und Darminhalt	Pitta und Kapha	Vata

Wie Sie im ersten Teil erfahren haben, entsteht der Geschmackssinn durch die Wirkungsweise des Wasserelementes. Feuerpartikel allein hätten keinen Geschmack, aber in Kombination mit dem Wasserelement entsteht die saure Empfindung. Es ist auch nicht zwangsläufig, dass die Elementarpartikel immer alle ihre Eigenschaften manifestieren. Das wird beim salzigen Geschmack sehr deutlich, denn Wasserpartikel wirken kühlend und Feuerpartikel erhitzend. Soll das bedeuten, dass der salzige Geschmack kühlend und erhitzend wirkt? Nein, die Wirkung von salziger Nahrung auf den Organismus ist eindeutig erhitzend. Die Feuerpartikel manifestieren ihre Hitzequalität und die Wasserpartikel ihre Klebrigkeit.[2]

Interessant ist weiter, dass der süße, saure und salzige Geschmack auf Grund der eher schweren Elemente eine nach unten gerichtete Bewegung im Organismus bewirken. Sie drücken nach unten und bringen Luft, Fäkalien und Urin aus dem Körper heraus. Im Gegensatz dazu führt die Einnahme von generell scharfen, bitteren und herben Nahrungsmittel zur Behinderung der Beseitigung dieser Substanzen, denn die Bewegung der leichten Elemente ist nach oben gerichtet. Nachfolgend zeige ich die guten und schlechten Auswirkungen der einzelnen Geschmacksrichtungen auf den Organismus. Jeder braucht Nahrung mit allen sechs Geschmacksrichtungen, und so fördern sie alle, im richtigen Maß genossen, Ihre Gesundheit. Es ist das Übermaß, die Einseitigkeit sowie das Nicht-Berücksichtigen der eigenen Konstitution bei der Ernährungsweise, die das gesunde Gleichgewicht stören und Krankheiten verursachen.

3.2.1. Der süße Geschmack

„Speisen und Getränke mit überwiegend süßem Geschmack sind nahrhaft. Als solche vermehren sie alle Körpergewebe, angefangen von Plasma-, Blut-, Muskel-, Fett-, Knochen-, Knochenmark-, Nerven- und Fortpflanzungsgewebe sowie die Lebenserwartung.“[3]

Damit wäre das Rätsel endlich gelöst, warum die Menschen heute viel älter werden. Eine gut nährende und regelmäßige Ernährungsweise verlängert zweifelsohne das Leben. Komischerweise gilt heute alles, was süß schmeckt, als ungesund. Zum Glück isst man es trotzdem. Ohne schlechtes Gewissen würde es uns noch viel besser schmecken und bekommen!

Mit „süß“ ist hier nicht Schokolade gemeint, sondern alle Kohlehydrate, Proteine und Fette. Selbst Fleisch, eine extrem nährende Substanz, hat grundsätzlich einen stark süßen Geschmack. Sämtliche Grundnahrungsmittel besitzen primär einen süßen Geschmack, und das hat seinen guten Grund. Wir essen, weil wir verbrauchte Energie ersetzen müssen, und Süßes besitzt den stärksten Gewebe vermehrenden Effekt. Es wirkt wie

2 Cakrapani's Kommentar zu Caraka Samhita, Sutrasthana, Kapitel 26, Vers 40

3 Caraka Samhita, Sutrasthana, Kapitel 26, Vers 42

ein Anabolikum, und so greifen Menschen in jeder Epoche, Kultur und Gesellschaftsschicht primär zu süßen Nahrungsmitteln, d. h. zu Grundnahrungsmitteln.

Der nächste Satz von Caraka ist sehr bezeichnend: „Süßes wirkt besänftigend auf die sechs Sinne."

Wir wissen von fünf Sinnen: Hören, Tasten, Sehen, Schmecken und Riechen. Wo bitte ist Nummer sechs? Der sechste oder Supersinn ist die Psyche. Sie kann nicht nur die Sinnesobjekte via Sinnesorgane wahrnehmen, sondern auch sich selbst. Dann kann sie Vergangenheit, Gegenwart und Zukunft wahrnehmen, während die Sinne nur den Moment feststellen können. Darum gilt die Psyche als Supersinn.

Die Sinne und die Psyche werden ruhig und ausgeglichen durch Nahrung mit süßem Geschmack. Solche Nahrungsmittel wirken antidepressiv, lindern aggressives Verhalten, Wut, Eifersucht, Nervosität und Unruhezustände.

Möchten Sie Ihre Partnerin oder Ihren Partner besänftigen, so hilft eine Schachtel der süßesten Leckereien immer. Sogar der süße Duft von Rosen beschwichtigt ein aufgeregtes Gemüt.

„Nahrung mit süßem Geschmack fördert Wachstum, Kraft und einen schönen Teint, besänftigt Vata und Pitta und den Effekt von giftigen Stoffen. Sie lindert den Durst und ein brennendes Gefühl, bewirkt gesunde Haut, gesundes Haar und eine attraktive Stimme."

Wenn die Bioenergien Vata und Pitta überhand nehmen, dann sollen Sie unbedingt süße Speisen und Getränke zu sich nehmen. Wenn Sie beide Faktoren in Ihrer Konstitution haben, wie beim Vata-Pitta-Typen, sollen Sie darauf bedacht sein, dass Sie genügend Nahrungsmittel mit diesem Geschmack in Ihrer täglichen Diät haben.

Ein attraktiver und gesunder Teint und ebensolche Haare sind nur mit Hilfe von süßen Speisen möglich. Oft beklagen sich Patienten mit Störungen im Essverhalten oder mit Untergewicht oder Anämie über Haarausfall und Akne. Hier können Medikamente wenig helfen, wenn nicht die Ernährungsgewohnheiten radikal umgestellt werden. Hitzegefühle im Körper sowie Austrocknen der Haut und der Schleimhäute können entstehen, wenn zu wenig Speisen mit süßem Geschmack in der täglichen Nahrung enthalten sind.

„Der süße Geschmack bringt Stabilität, stoppt Gewichtsverlust und Schwindsucht. Seine Eigenschaften sind beruhigend, belebend, nährend, kalt, schwer und salbungsvoll. Dieser Geschmack ist sehr wichtig für gesunde Organe wie Nase, Mund, Hals, Zunge, Lippen und lindert epileptische Anfälle."

Erde und Wasser, also die schweren Partikel, dominieren in jedem Nahrungsmittel, bei dem wir den süßen Geschmack vorwiegend wahrnehmen. Solche Speisen bringen uns zurück auf den Boden, verbinden uns wieder mit den festen Strukturen.

Als Resultat wird unser Schlaf ruhig und tief, Körper und Geist finden Ruhe, um sich zu regenerieren. Hitzige Köpfe kühlen sich ab, und frische Energie wird dem Körper zugeführt. Als Erwachsene müssen wir zwar nicht mehr wachsen, aber jeden Tag verbrauchen wir vitales Körpergewebe, das wieder ersetzt werden muss. Womit, wenn nicht mit guten, frischen und süßen Speisen?

Wir wissen in Europa nur noch von Medienberichten oder von unseren Großeltern, was Hunger ist. Wenn er herrscht, breiten sich Krankheiten wie Tuberkulose und viele andere epidemieartig aus. Organe wie Nase, Lippen, Gaumen und Rachen leiden als Erstes bei Wasser- und Nahrungsmangel.

Selbst neurologische Störungen wie Epilepsie können durch Nahrung mit süßem Geschmack gelindert werden, denn damit wird die außer Kontrolle geratene Windenergie besänftigt. Jede Art von Reisen verstärkt die Bioenergie Vata, woraus wir schließen können, dass Reisen epileptische Anfälle provozieren können. Jeder Reisende muss die verstärkte Vata-Energie mittels warmen Getränken und süßen Speisen besänftigen.

Von allen Geschmacksrichtungen spielt die süße die allerwichtigste Rolle, da sie die stärkste anti-aging Kraft besitzt. Heute wird der Zucker dämonisiert, während er früher als das köstlichste aller lebensverlängernden Mittel galt. Dieser Meinung sind auch alle Ayurveda-Experten, wie aus dem oben aufgeführten Zitat klar erkenntlich ist. Warum denken dann so viele gescheite Menschen so schlecht über den Zucker? Weil ein Zuviel davon wirklich schlechte Auswirkungen auf Ihre Gesundheit hat. Auch das bestätigt Caraka wie folgt:

„Trotz allen positiven Eigenschaften von Nahrung mit süßem Geschmack darf diese nicht einseitig oder im Übermaß eingenommen werden. Das führt zum Überschuss der Bioenergie Kapha, was wiederum Zustände wie Fettleibigkeit, Lethargie, Schweregefühl, übermäßiges Schlafen, Appetitverlust, Faulheit, Weichheit des Gewebes, Reduktion des Stoffwechsels, abnormales Wachstum der Muskeln im Mund und Halsbereich, Dysurie (Harnbeschwerden), Husten, Koryza (Schnupfen), Schlaffheit des Darmes, Fieber mit Obstipation (Verstopfung), Erbrechen, Verlust der Sinneswahrnehmung und Stimme, Diabetes, Skrofulose (tuberkulöse Haut- und Lymphknotenerkrankung bei Kindern), Lymphadenitis (Lymphknotenentzündung), Elephantiasis (durch Lymphstauung bedingte Verdickung des Haut- und Unterhautzellgewebes), Pharyngitis (Rachenentzündung), Verkleben der Gefäße und Konjunktivitis (Bindehautentzündung des Auges) zur Folge hat.“

Es gilt auch hier, wie bei allem im Leben, das richtige Maß zu finden. Ihre individuelle Konstitution bildet den Grundtenor dazu. Dann muss diese mit der Zeitqualität, d. h. dem Alter, der Jahreszeit und Ihrem Jetzt-Zustand, abgestimmt werden.

Das hört sich kompliziert an, ist es aber nicht. Ihre Sinne machen diese Analyse blitzschnell für Sie und geben Ihnen klar und deutlich zu verstehen, worauf Sie gerade Lust haben und was Sie genau brauchen. „Ich brauch jetzt was Süßes!“, brüllt Ihnen unüberhörbar die innere Löwin zu. Wenn Sie nicht Gefahr laufen wollen, von dieser zornigen Raubkatze aufgefressen zu werden, dann essen Sie schleunigst etwas Gutes. Ein Schokoriegel ist wahrscheinlich die schlechtestmögliche Wahl, kann aber immer noch besser sein, als nichts zu essen. Aber es gibt so viele köstliche Speisen mit vorherrschend süßem Geschmack, die wirklich alle Bedürfnisse und Situationen abdecken können.

Nehmen wir als Beispiel einen starken Überschuss von Vata an: Hier sind gut nährende, warme, süße und saftige Speisen angesagt. Das kann ein Teller heiße Pasta sein, verfeinert mit einer Sahnesauce, eine warme Vanillecreme gesüßt mit Rohrzucker oder ein süß-saures, warmes Kompott mit reichlich Rohrzucker.

Auf der anderen Seite der Skala haben wir die Kapha-Konstitutionen oder Kapha-Ansammlungen. Auch sie sollen süße Speisen verzehren können. Als Süßstoff eignet sich dazu Honig. Das Problem mit dem Honig ist, dass er nicht erhitzt werden sollte. Sie können ihn deshalb nicht zum Kochen verwenden. Sie können ihn aber nach der Zubereitung in noch warme Speisen geben (nicht über 60 °C). Eine gut gewürzte Rotweinbirne mit Honig gesüßt und warm serviert ist ein gutes Beispiel für ein Kapha-Dessert. Selbstverständlich kommt kein Sahnehäubchen obendrauf. Zur Grundversorgung mit Kohlehydraten eignet sich ein Trockenreis oder eine „Pasta asciutta“, was ja „trockene Teigwaren“ bedeutet. Zur Verfeinerung und Stimulation von Agni können Sie etwas schwarzen Pfeffer und ein paar Tropfen Sesamöl darübergeben.

Bleiben uns noch die Pitta-Leute oder eine Ansammlung von Pitta. Der süße Geschmack wirkt wie die Feuerwehr, schnell und zuverlässig. Nur darf das Süße nicht fettig sein. Schokolade und fettige Cremetorten sind hier völlig fehl am Platz. Pudding und Cremes, die alle gut gesüßt sind und kalt serviert werden können, eignen sich vorzüglich. Auch ein Fruchtsalat mit vorwiegend süßen Früchten kommt in Frage. Reis, Teigwaren und andere Getreide können mit einer süß-bitteren Soße serviert werden. Saure, scharfe, salzige und ölige Zutaten sind prinzipiell ungeeignet, können aber in reduzierten Mengen durchaus toleriert werden.

Sie sehen, ohne den süßen Geschmack läuft nichts im Leben. Sie wissen, das ist nicht ein Freipass für den großen Ansturm auf die Süßwarenläden. Alle Grundnahrungsmittel besitzen primär diesen süßen Geschmack: Wasser, Weizen, Reis, Fleisch, Milchprodukte, Hülsenfrüchte und Fette. Ihre Wirkung ist durchweg gewebevermehrend. Ohne sie kann kein Organismus existieren.

3.2.2. Der saure Geschmack

Wie Sie aus der Tabelle (Seite 29) ersehen können, setzt sich der saure Geschmack hauptsächlich aus Erde und Feuerpartikeln zusammen. Die Wirkung von sauren Speisen und Getränken ist entsprechend: „Nahrungsmittel mit saurem Geschmack stimulieren den Appetit und tragen zur Schmackhaftigkeit der Speisen bei. Der Körper wird dadurch genährt und energetisiert. Der Geist wird aufgeweckt und die Sinnesorgane werden gestärkt.“[4]

Interessant scheint mir hier der Zusammenhang zwischen sauren Speisen und ihrer Wirkung auf die Sinnesorgane und die Psyche. Beide werden gekräftigt, und ihre Wahrnehmungsfähigkeit nimmt zu. Ein genüssliches Essen ist daher nur möglich, wenn die verschiedenen Geschmacksrichtungen im Menü enthalten sind. Fade, eintönige Speisen stumpfen Ihre Sinne ab, und bald schon können Sie nicht mehr wahrnehmen, was Sie überhaupt essen. Aber auch auf anderen sinnlichen Gebieten nimmt Ihre Wahrnehmungsfähigkeit stark ab. Mit Ayurveda wollen wir genau das Gegenteil erreichen. Alles Bemühen geht dahin, die Sinneswahrnehmung zu verstärken. Ihre Lebensqualität, Lebensfreude, Gesundheit und Immunität nehmen bei einem sinnlichen und bewussten Lebensstil stark zu. Das kann aber zu Konfliktsituationen in Ihrem Umfeld führen, wenn Sie nicht mehr bereit sind, einfach alles so herunterzuschlucken, was Ihnen vorgesetzt wird. Machen Sie sich deshalb keine Vorwürfe. Jeder hat ja das Recht und die Möglichkeit, bewusster zu leben. Der Rest des Universums wird sich arrangieren.

Nahrung mit saurem Geschmack ist ideal bei Vata-Zuständen und für Vata-Konstitutionen, denn die Bioenergie Vata wird durch Saures stark gedämpft. Wenn Sie also ein starkes Verlangen nach sauren Speisen verspüren, dann haben Sie wahrscheinlich einen Vata-Überschuss. Aber Vorsicht, saure Speisen sind extrem schlecht in den ersten sieben Monaten einer Schwangerschaft. Hier dürfen Sie Ihrem Drang nicht nachgeben. Zum Glück gibt es einige Ausnahmen von der Regel, d. h. saure Nahrungsmittel, welche die Feuerkraft nicht vermehren. Der Granatapfel und die Amla-Frucht sind die beiden löblichen Ausnahmen.

Die Verdauungskraft wird durch Saures stark verbessert. Mit Verdauungskraft meine ich nicht die Ausscheidung, sprich Stuhlgang, sondern die Stoffwechselkapazität, schwere Nahrungsmittel zu verdauen. Sie alle kennen die stark saure Preiselbeersauce, die mit der am schwersten zu verdauenden Fleischart, dem Rindfleisch, serviert wird. Caraka teilt Rindfleisch den nicht verträglichen Nahrungsmitteln für den menschlichen Organismus zu.

Sushruta, der Vater der ayurvedischen Chirurgie, empfiehlt Speisen mit vorwie-

4 *Caraka Samhita, Sutrasthana, Kapitel 26, Vers 43/2*

gend süßem Geschmack als Erstes zu verzehren, was nicht zwangsläufig bedeutet, dass Sie zu Beginn das Dessert verspeisen, sondern wie die Italiener zuerst einen Teller Pasta, also die kohlehydratreiche Getreidespeise, einnehmen. Auf Grund der Schwere der süßen Speisen muss nun etwas folgen, das den Appetit wieder in Schwung bringt. Was kann das besser als etwas Sauer-Salziges?

Die ideale Speisenfolge aus ayurvedischer Sicht sieht daher wie folgt aus:

1. Gang: Pasta, Reis, süße oder salzige Mehlspeisen

2. Gang: Eine saure Suppe, die gut gewürzt sein darf, ein kleiner Salat mit saurer Soße, ein Chutney

3. Gang: Die Proteinlieferanten wie tierische Eiweiße, Joghurt, Soja oder andere Produkte aus Hülsenfrüchten und Gemüsebeilagen

4. Gang: Ein leichtes Dessert für Vata- und Pitta-Konstitutionen oder Buttermilch, eine sauer-scharf gewürzte wässerige Linsenbrühe für Kapha-Typen.

5. Ein Digestif wie frisch gepresste Säfte aus Artischocke, Löwenzahn, Brennnessel, falls bei den vorangegangenen drei Gängen nichts Bitteres dabei war. Prinzipiell sollte dieser Digestif antagonistische Eigenschaften zur Hauptmahlzeit besitzen.

Ich kann mich gut erinnern, wie in den Mittagspausen der Stiftungsratssitzungen des ARCI (Ayurveda Research Centre International, Bangalore) Prof. Mahadev Shastri sich immer zuerst genüsslich über die Süßspeisen hermachte und mir dabei jedes Mal eine Standpauke über die Speisefolge nach Sushruta gehalten hat.

In Indien wird meist die sauer-würzige Linsensuppe gleich mit dem Reis vermischt und eingenommen. In vielen Gegenden wird davor aber eine kleine Süßspeise eingenommen. Auch in meiner Praxis empfehle ich Klienten mit schwachem Verdauungsfeuer (Agni) diese Speisenfolge mit gutem Erfolg. Sie sollten deshalb aber nicht plötzlich Ihre Ernährungsgewohnheiten auf den Kopf stellen. Eine andere wichtige Ayurveda-Regel besagt nämlich, dass Sie lange Gewohnheiten nicht unmittelbar umstellen sollten, selbst wenn diese ungesund sind.

„Heilpflanzen und Speisen mit saurem Geschmack nähren das Herz", sagt Caraka weiter. Damit meint er wahrscheinlich die Blut verdünnende Wirkung, denn Saures verflüssigt Schleim. Dadurch wird die Nährstoffversorgung der Herzmuskulatur gewährleistet.

Zudem bewirkt Saures auch eine Zunahme der Speichelabsonderung in der Mundhöhle und die Sekretion der Schleimhäute im Allgemeinen. Die Nahrung wird dadurch gut befeuchtet und besser verdaut. In der heißen Jahreszeit nimmt man gerne saure Speisen und Getränke zu sich, denn dieser Geschmack wirkt erfrischend, ist leicht, erhitzend und schmierend.

Menschen mit vorherrschendem Pitta in ihrer Konstitution müssen sehr umsichtig mit sauren Substanzen umgehen. In kleinem Maß können auf Grund der leichten und erhitzenden Eigenschaften von Saurem Kapha-Konstitutionen vom sauren Geschmack profitieren. Im Übermaß kommt aber die schwere Eigenschaft der Öligkeit eher zum Tragen, und so können Wasseransammlungen im Gewebe entstehen. Deshalb können saure Speisen nur eingeschränkt für Kapha-Typen empfohlen werden.

Der Typ, der am stärksten von sauren Speisen und Getränken profitiert, ist Vata. Aber auch Vata-Konstitutionen sollten nicht ausschließlich Nahrungsmittel mit saurem Geschmack zu sich nehmen, denn saure Speisen sind nur leicht nährend. Das genügt nicht bei extremen Vata-Zuständen wie Auszehrung, Gewichtsverlust oder Erschöpfung. Zudem nährt der saure Geschmack nur die ersten sechs Gewebearten (Dhatu). Das Fortpflanzungsgewebe (Shukradhatu) wird nicht aufgebaut, sondern durch zu viel Saures geschädigt. Die Spermazahl kann dadurch drastisch abnehmen, und Frauen sollten bei einem Kinderwunsch unbedingt saure Speisen vermeiden. Insbesondere Ananas und Papaya sind sehr schädlich. Letztere ist zwar nicht sauer, aber die Ausnahme davon, dass süße Früchte nicht erhitzend wirken. Ausgereifte Papayas sind zuckersüß und extrem erhitzend. Ananas und Papaya werden in ländlichen Gegenden als „die Pille danach" und zur Geburtseinleitung eingesetzt. Ein Abgang des Fötus tritt schon ab Einnahme von 150 ml frischem Ananassaft ein.

Saure Nahrungsmittel vermehren Pitta, verflüssigen Kapha und besänftigen Vata. Ein Übermaß an Saurem ist für alle Menschen schädlich. Ein zu starker Durst kommt auf, das Zahnfleisch wird extrem empfindlich, Augen und Haut sind stark irritiert, die Qualität des Blutes leidet und die Muskeln werden abgebaut. Wenn das Blut von schlechter Qualität ist, führt das außerdem zu verschiedenen Erkrankungen der Haut. Es können Furunkel entstehen, und selbst eine kleine Wunde oder ein Insektenstich kann eitrig werden. Der Heilungsprozess nach Verletzungen, Frakturen, Verbrennungen oder nach operativen Eingriffen kann empfindlich gestört werden. Ein Gefühl des Brennens entsteht im Hals, in der Brust und in der Herzgegend.

Wenn Sie entzündete Gelenke haben oder irgendwo im Körper ein entzündlicher Prozess im Gange ist, sollten Sie gänzlich auf saure Speisen und Getränke verzichten.

3.2.3. Der salzige Geschmack

Ein Zuviel an Salz in Speisen kann alle anderen Geschmacksempfindungen annullieren. Entsprechend wichtig ist es für Sie, seine positiven und negativen Auswirkungen zu kennen. In letzter Zeit ist sehr viel Bewegung und Aufklärung über Salz passiert. Dabei muss man in Kauf nehmen, dass Natursalz als Wunderheilmittel gegen alle Beschwerden angepriesen wird. Das ist die Reaktion auf die staatliche Monopolmacht, die per Verordnungen und Gesetze dafür sorgt, dass mündige Bürger bis heute zwangsmedikamentiert werden. Eine extreme Position schafft den ebenso extremen Gegenpol. Dabei muss ich unweigerlich an das Salzmonopol im kolonialen Indien denken, das Mahatma Gandhi unterlief. Was für ein Leid musste die indische Bevölkerung ertragen. Wie viele Menschen in Europa auf Grund von unsinniger Zugabe von Jod und Fluor ins Speisesalz Krankheit erdulden müssen, zeigt keine Statistik. Klar ist nur, dass die Vorsorgemaßnahme mehr Menschen schadet als nützt. Bei der heutigen flächendeckenden Gesundheitsvorsorge liegt eine Früherkennung von Kropf durchaus im Rahmen des Möglichen. Weil die Tiere mit jodhaltigem Salz gefüttert werden und die Nahrungsmittelindustrie auch nur solches verwenden darf, ist es für keine Frau und keinen Mann nachvollziehbar, wie viel Jod sie oder er pro Tag konsumiert. Jod ist in der Milch, im Joghurt, im Brot, in den Teigwaren, in Fleischprodukten, in Salatsaucen, einfach überall. Zudem sind alle Speisesalze industriell verarbeitet, sprich denaturalisiert worden und können vom Organismus deshalb nicht optimal aufgenommen werden. Ja, es kann sogar eine Autoimmunisierung in Gang setzen.

Wie Sie aus den folgenden Ausführungen erkennen können, hat natürliches Salz sehr wichtige Aufgaben in unserem Organismus zu bewerkstelligen. Aber es ist nicht ein Allheilmittel und die einseitige oder übermäßige Nutzung wird unweigerlich auch negative Folgen zeitigen.

„Medikamente und Nahrungsmittel mit überwiegend salzigem Geschmack bewirken einen Konzentrationsausgleich (Osmose), beseitigen Obstruktionen in den Gefäßen sowie Ansammlungen im ganzen Körper, sind krampflösend und appetitanregend, eliminieren Blähungen, Fäkalien und Urin, fördern die Durchlässigkeit und Absonderungen, verflüssigen Kapha und besänftigen Vata und machen die Organe weich und geschmeidig. Erst das Salz macht das Essen wirklich schmackhaft und bildet die grundlegende Ingredienz der täglichen Nahrung.

Trotz all dieser guten Eigenschaften, wenn im Übermaß oder einseitig genossen, bewirkt Salz starke Pitta-Störungen, Verschlechterung der Blutqualität, übermäßigen Durst, Ohnmacht, Hitzewallungen, Muskelatrophie, Zahnausfall, chronische Haut-

erkrankungen, eingeschränkte Sinnesfunktion, vorzeitige Faltenbildung, Ergrauen der Haare, Haarausfall, Verminderung der Blutgerinnung, Gicht und allergische Hautreaktionen."[5]

Allem Guten steht ebenso viel Negatives entgegen. Das ist wie die Geschichte des ambitionierten Asketen und Jünger Shivas. Nach langen harten Jahren der Entsagung erschien schließlich Shiva und fragte ihn, was er sich denn wünsche und warum er solche Mühsal auf sich genommen habe.

„Alles, was ich berühre, soll zu Gold werden", rief er aus.

„So sei es", sagte Shiva und entschwand.

Der Asket kehrte in die Stadt zurück, kaufte sich einen riesigen Palast mit Pflastersteinen, die er unterwegs durch seine Berührung in Gold verwandelt hatte. Er lud seine gesamte Familie und alle seine alten Freunde ein, schenkte ihnen jede Menge Gold und setzte sich mit ihnen an die reichlich gedeckte Tafel, um zu speisen. Aber oh Schreck, alles, was er anfasste, wurde sofort und unwiderruflich zu Gold und so konnte er weder seinen Hunger noch Durst stillen.

„Ach was bin ich bloß für ein Tor! Hätte ich doch meinen Wunsch genauer ausgedrückt, sodass nur auf meinen ausdrücklichen Wunsch oder durch ein Sprüchlein etwas zu Gold werde!" Völlig verzweifelt und entnervt griff er sich dabei an den Kopf und verwandelte sich sogleich in eine Säule aus Gold.

Salz ist so wertvoll wie Gold, aber nur im richtigen Maß. Verwenden Sie auch in der gegenwärtigen Steinsalzeuphorie nicht zu viel davon. Es könnte Ihnen schaden! Ayurveda betrachtet das natürliche Steinsalz als vorzüglich, insbesondere Menschen mit vorherrschendem Pitta und Kapha sollten es verwenden. Für Pitta, weil es keine stark erhitzende Wirkung besitzt, und für Kapha, weil es nicht zu schwer ist. Vata-Konstitutionen können auch ein Meersalz mit höherem Wasseranteil gut vertragen. Die Wirkung der verschiedenen Salzarten können Sie der „Liste der Lebensmittel und ihrer Wirkung" (Seite 68) entnehmen.

3.2.4. Der scharfe Geschmack

Die ersten drei Geschmacksrichtungen süß, sauer und salzig besitzen alle eine Vata dämpfende und gleichzeitig eine Kapha vermehrende Wirkung. Bei den nächsten drei, nämlich scharf, bitter und herb, verhält es sich genau umgekehrt. Sie besänftigen Kapha und vermehren Vata. Sie haben erfahren, dass Saures und Salziges Kapha verflüssigen können. Aus dem Gewebe und dem Körper eliminieren sie das überschüssige Kapha aber nicht. Es entfalten nicht immer alle Eigenschaften einer

5 Caraka Samhita, Sutrasthana, Kapital 26, Vers 43/3

Substanz gleichwertig ihre Wirkung. Ausschlaggebend für diese Einteilung ist die Tatsache, dass süß, sauer und salzig das Gewebe vermehren, während scharf, bitter und herb es reduzieren.

Den scharfen Geschmack kennen wir vor allem von Gewürzen wie Paprika, Chili, Ingwer, Galgant, schwarzem Pfeffer und Senfsamen. Daneben gibt es auch scharfe Gemüsesorten wie Meerrettich, Knoblauch, bestimmte Zwiebelarten und Radieschen. Die feurige Kraft ist nicht zu übersehen. Die Wind-Energie heizt den Feuerpartikeln kräftig ein. Beides sind leichte Elemente, und so besitzt dieser Geschmack stark Kapha senkende Wirkung. Mit Hilfe der oben genannten Gewürze können selbst an sich Kapha vermehrende Nahrungsmittel auch für Kapha-Konstitutionen verträglich gemacht werden.

Wenn bei Ihnen in der Konstitution eher Kapha dominiert und Sie abnehmen wollen, dann müssen Sie zusätzlich zur Reduktion der Menge auch sehr scharf würzen. Wenn aber eher Pitta in Ihrer Konstitution vorherrscht, dann ist das keine gute Idee, denn das würde dabei mehr Hitze in Ihrem Körper produzieren, als es Ihre Pitta-Natur vertragen kann. In diesem Fall können Sie aber milde würzen, deutlich weniger essen und die dabei immer noch entstehende Hitze mit reichlichem Wasserkonsum zwischen den Mahlzeiten kompensieren. Die empfohlenen Ernährungsweisen für die sieben Konstitutionen finden Sie in Kapitel 4 (Seite 78).

„Scharfe Speisen halten den Mundraum sauber, fördern die Verdauungskraft und helfen im Absorbieren der aufgenommenen Nahrung. Sie bewirken Sekretion durch die Nase und schärfen die Sinneswahrnehmung, heilen Krankheiten wie Darmträgkeit, Urtikaria (Nesselfieber) und chronische Bindehautentzündung, unterstützen die Beseitigung von klebrigen Abfallprodukten im Allgemeinen und bei Öl- und Schwitztherapien, wo solche Schlacken vermehrt anfallen, und bewirken, dass Speisen schmackhaft werden. Scharfe Nahrung beseitigt Jucken, hemmt das übermäßige Wachstum von Geschwüren, ist keimtötend, korrodiert das Muskelgewebe, löst Verklumpungen im Blut und andere Ansammlungen, reinigt die Passagen und besänftigt Kapha. Scharfes ist leicht, erhitzend und ölig.“[6]

Obwohl scharfe Nahrungsmittel wie Ingwer keine eigentlich abführende Wirkung besitzen, lösen sie doch die klebrigen Schlacken und Abfallprodukte des Körpers so weit auf, dass diese dann leichter eliminiert werden können. Selbst Ablagerungen in den Arterien werden wirksam beseitigt. Ich war ziemlich überrascht, als ich bei einer Gesundheits-Messe in Kalifornien auf Chili in Kapseln gestoßen bin, das als bestes Mittel für Ablagerungen in den Herzkranzgefäßen und als Herztonikum angepriesen wurde. Warum nicht einfach die Speisen damit würzen? Das schmeckt vorzüglich, hat die gleiche Wirkung, reinigt dazu noch Ihre Mundhöhle und Sie müssen keine Kapseln schlucken.

6 Caraka Samhita, Sutrasthana, Kapital 26, Vers 43/4

Die keimtötende Wirkung von scharfen Gewürzen ist wichtig, wenn Sie in der heißen Jahreszeit oder in heißen Ländern tierische Nahrungsmittel zubereiten oder verzehren wollen.

Sie haben sich vielleicht schon einmal gefragt, warum in südlichen Ländern schärfer gegessen wird als im kühlen Norden. Wenn der scharfe Geschmack so viel Feuer enthält, wäre es doch viel angebrachter, im Norden schärfer zu speisen als im heißen Süden. Dazu muss ich Ihnen gleich eine Gegenfrage stellen: Warum sitzen in der Mittagszeit an einem heißen Sommertag in München alle im Biergarten und essen nicht wie gewohnt ihre deftigen bayerischen Speisen? Die Hitze raubt uns den Hunger. Auch das erscheint unlogisch. Die Hitze im Äußeren sollte doch auch unsere innere Hitze vermehren. Nicht direkt, sie vermehrt das Pitta und Pitta setzt sich zwar mehrheitlich aus Feuerpartikeln zusammen, enthält aber auch Wasserpartikel. Salzsäure ist feurig und doch flüssig, unsere Magensäure auch. Wenn also Pitta in unserem Körper vermehrt wird, dann vermehrt sich auch das Wasserelement. Sushruta sagt dazu: „Wenn du einen Eimer kochendes Wasser auf ein Feuer schüttest, erlischt es." So verhält es sich mit unserem biologischen Feuer in der Sommerhitze, umso mehr noch, wenn es eine feuchte Hitze ist. Als Retter des Verdauungsfeuers eignen sich scharfe und saure Speisen. In der Kälte wirkt ein anderer Effekt. Sushruta bringt dazu wieder einen interessanten Vergleich: „Das Feuer im Lehmofen entwickelt mehr Hitze als ein Feuer im Freien. Die kalten Winterwinde umschließen den feurigen Menschenkörper wie Lehm und provozieren auf diese Weise mehr Hitze im Körper."

Wir alle kennen diesen Effekt. Eher deftige Speisen, die wir in der warmen Jahreszeit gar nicht vertragen, verdauen wir in der kalten Jahreszeit ohne Mühe. Hinzu kommt, dass wir uns ja einen Winterspeck zulegen sollen, so wie wir auch wärmere Kleidung tragen. Scharfe Speisen reduzieren das Gewebe und wirken deshalb genau entgegengesetzt. Sie haben eine stark Kapha senkende Wirkung und sind deshalb nicht geeignet für die kalte Jahreszeit oder nördliche Länder. Damit wäre diese Frage sicher geklärt.

„Trotz allen guten Eigenschaften sollte der scharfe Geschmack nicht einseitig oder im Übermaß genossen werden, denn in diesem Fall zerstört er wegen seines erhitzenden Effektes nach der Verdauung (Vipaka) die Manneskraft. Die Potenz (Virya) von scharfen Speisen und Medikamenten kann zum Verlust des Bewusstseins, zu Ohnmacht, Erschöpfung, Asthma, Abmagerung, Ohnmacht, Schwindel, Erstickungsgefühlen, Brennen im Hals, zur Produktion von großer Hitze und Durst und zur Reduktion der Körperkraft führen. Wegen der vorherrschenden Feuer- und Windpartikel können auch Symptome wie Tremor, bohrende und stechende Schmerzen in den Beinen, Händen und Rücken auftreten."[7]

7 Caraka Samhita, Sutrasthana, Kapital 26, Vers 43/4

Scharfe Speisen eignen sich für Menschen mit vorherrschendem Kapha in ihrer Konstitution. Ihr Stoffwechsel muss so richtig angeheizt werden. Schärfer würzen kann grundsätzlich jeder Konstitutionstyp, wenn das biologische Feuer (Agni) geschwächt ist und wenn sich Schlacken (Ama) im Magen-Darm-Trakt befinden. Ansonsten sollten besonders Pitta-Menschen besonders vorsichtig mit scharfen Gewürzen und Nahrungsmitteln umgehen. Die leichte Qualität von scharfen Speisen wirkt sich auch ungünstig auf die luftigen Vata-Konstitutionen aus. Auch sie sollten nur in besonderen Fällen wie bei Appetitlosigkeit oder bei Ansammlungen von unerwünschten Stoffwechselnebenprodukten (Ama) zu scharfer Nahrung greifen.

3.2.5. Der bittere Geschmack

„Bittere Medikamente und Speisen haben an und für sich keinen guten Geschmack. In Verbindung mit anderen Nahrungspartikeln werden sie aber zu Delikatessen. Ihr Beitrag zur Gesundheit ist, dass sie antitoxisch und keimtötend wirken. Sie beseitigen Ohnmachtsanfälle, Brennen, Jucken, Durst, Fieber und schwere Hautkrankheiten einschließlich Lepra. Sie fördern eine feste Haut und Muskeln, sind appetit- und verdauungsfördernd, reinigen die Muttermilch, bewirken ein Austrocknen von Wasseransammlungen, reduzieren Fett, Muskelfett, Knochenmark, Lymphe, Eiter, Schweiß, Urin, Fäkalien, Pitta und Kapha. Bittere Sachen sind kalt, leicht und salbungsvoll."[8]

Bittere Gewürze sind Kurkuma, Dill, Koriandersamen, Ajwan, Stinkasant und Heilpflanzen wie Schafgarbe, Tausendgüldenkraut, Löwenzahn oder Gemüse wie Artischocke, Chicorée und Bittergurke. Der bittere Geschmack gehört zu jeder Mahlzeit. Nur so können Pitta und Kapha im Zaum gehalten werden. Für Frauen sind bittere Speisen sehr wichtig, unabhängig von ihrer Konstitution. Die feinen Gefäße der weiblichen Brust bleiben durchlässig, und so vermeiden Sie Knötchenbildungen. Bei stillenden Müttern, die zu viel Milch entwickeln, was zu Entzündungen und schmerzhaften Zuständen führt, kann mit bitterer Nahrung Abhilfe geschaffen werden. Auch im Bereich der Gebärmutter und Eierstöcke verringert sich die Bildung von Zysten, Verklebungen und Myomen.

Alle, die Probleme mit der Leber oder Galle haben, profitieren von Nahrung mit bitterem Geschmack, denn es gibt nichts, das die Leber mehr stärkt und besser regeneriert als bittere Substanzen. Deshalb spielen sie eine herausragende Rolle beim Fettstoffwechsel. Wenn die Leber gut funktioniert, bleibt das Blut frei von Schlacken, und das ist wiederum ausschlaggebend für eine schöne, gesunde Haut. Wenn selbst die schwerste aller Hautkrankheiten, Lepra, mit bitteren Heilpflanzen und Nahrung

8 *Caraka Samhita, Sutrasthana, Kapital 26, Vers 43/5*

geheilt werden kann, so gilt das umso mehr für Akne, Neurodermitis oder Psoriasis.

Sie können nicht jedes Mal zur Lymphdrainage gehen, wenn Sie einen Lymphstau haben. Aber Sie können jeden Tag bittere Substanzen zu sich nehmen, wenn Sie unter solchen Problemen leiden. Ein Gläschen frisch gepresster Saft aus Artischocke, Löwenzahn und ein Cocktail aus bitteren Kräutern, eine viertel bis halbe Stunde nach Ihrer Hauptmahlzeit eingenommen, wird nicht nur Ihr ganzes Lymphsystem rein halten, sondern beseitigt auch überschüssiges Fett und Ödeme.

Größere Mengen bitterer Substanzen sind vor allem für Vata-Konstitutionen schlecht verträglich, obwohl gut verträglich für Pitta- und Kapha-Typen.

„Auf Grund ihrer austrocknenden, nicht klebrigen Eigenschaften wirken bittere Nahrungsmittel im Übermaß oder einseitig genossen Gewebe vermindernd. Dabei werden die Gefäße rau und Kraft wie Ausdauer reduziert. Sie bewirken Schwindel, Gewichtsverlust und verschiedene Krankheiten, die mit einem Überschuss von Vata in Zusammenhang stehen.“[9]

Wind und Raum sind die beiden leichtesten Partikel und kombinieren sich in einem lebendigen Organismus zu Vata. Darum soll Bitteres von Vata-Naturen gezielt und nur in Maßen genossen werden. Bittere Kräutertees wirken deshalb gut bei Leber- und Galleproblemen, die mit Pitta in Zusammenhang stehen, aber sie sind nicht geeignet bei Krämpfen im Dickdarmbereich. Dort helfen süß-saure Kräutertees, Salzlauge oder ein Öleinlauf besser.

3.2.6. Der herbe Geschmack

Es bleibt noch die letzte der sechs Geschmacksrichtungen zu diskutieren: Der herbe, adstringierende oder zusammenziehende Geschmack. Wie sein Name schon andeutet, ist er nicht sehr beliebt. Oft wird er mit dem bitteren Geschmack verwechselt.

Was genau ist adstringierend? Sie nehmen etwas in den Mund und in Sekundenschnelle ist Ihr Speichel absorbiert, verschwunden, und die Mundhöhle scheint sich förmlich zusammenzuziehen. Es gibt nicht viele Nahrungsmittel, die primär einen herben Geschmack besitzen. Sie können das Herbe bei Gewürzen finden oder als so genannten sekundären Geschmack. Eine Substanz mag primär bitter sein und sekundär zusammenziehend. Den primären Geschmack nehmen wir zuerst und überwiegend wahr, während der sekundäre sich diskret im Hintergrund hält. Die Banane ist ein schönes Beispiel dafür. Wenn sie reif ist, ist der Geschmack überwältigend süß und wir können das herbe Element kaum wahrnehmen. Wenn sie unreif ist, verhält es sich umgekehrt. Wir nehmen zuerst die zusammenziehende Eigenschaft wahr und

9 Caraka Samhita, Sutrasthana, Kapital 26, Vers 43/5

müssen uns mit einem sekundären süßen Geschmack zufrieden geben. Eine Mostbirne ist eine verbreitete einheimische Frucht mit herbem Geschmack, der bei nicht ganz reifen Früchten noch offensichtlicher ist.

Herb ist keine gute Geschmacksrichtung für Menschen mit überwiegendem Vata in ihrer Konstitution oder bei Vata-Störungen, hingegen sehr notwendig, um Pitta und Kapha zu besänftigen. Es gibt sehr viele Heilpflanzen mit adstringierendem Geschmack und eher wenige Nahrungsmittel. Obwohl dieser Geschmack nicht sehr populär ist, gehört er trotzdem zum täglichen Speiseplan.

„Nahrungsmittel und andere Substanzen mit herbem Geschmack wirken beruhigend und verstopfend. Sie absorbieren Körperflüssigkeiten, sind blutstillend, bewirken Festigkeit und Druck auf verletzte Körperteile (fördern Heilung, Zusammenwachsen) und sind trocken, kalt und schwer.“[10]

Erde- und Windpartikel verursachen die Qualitäten des herben Geschmackes. Einhalt gebieten, einer weiteren Ausbreitung entgegenwirken, das sind die wichtigsten Eigenschaften eines Adstringens. Sie kommen im medizinischen Bereich oft zum Einsatz. Bei Durchfall helfen Heilkräuter mit diesen Eigenschaften. Das kann ein Schwarztee, eine nicht ganz reife Banane, Pulver aus der getrockneten grünen Fruchthülle oder Rinde der Walnuss, Ashoka (Saraca indica) oder Arjuna-Rinde (Terminalia Arjuna) sein. Der herbe Geschmack fördert das Zusammenwachsen von Frakturen und Wunden.

Wegen seiner starken Wirksamkeit soll der herbe Geschmack in mäßiger Dosierung eingenommen werden. Das bedeutet bei Nahrungsmitteln kaum eine Gefahr, bei Medikamenten jedoch schon. Entsprechend werden folgende unerwünschten Wirkungen von Caraka beschrieben:

„Adstringens besitzen wunderbare Heilwirkungen. Im Übermaß oder einseitig eingenommen, bewirken sie Trockenheit im Mund, Herzstörungen, Blähbauch, Behinderung beim Sprechen (durch Austrocknen des Halses und Mundes), Zusammenziehen von Gefäßen, Dunkelfärbung der Haut und Zerstörung der Manneskraft. Sie werden nur langsam verdaut und behindern so die körperlichen Ausscheidungen. Sie bewirken Abmagerung, Reduktion der Leistungsfähigkeit, Durst, Steifigkeit, Spasmen, Konvulsionen, ja sogar Hemiplegie oder andere Lähmungserscheinungen im Gesichtsbereich.“

„Wenn alle Geschmacksrichtungen zusammen oder in Kombinationen richtig dosiert werden, bewirkt das Glück und Gesundheit für alle Lebewesen. Andererseits können sie ebenso harmvoll für jeden sein. Ein weiser Mensch soll die Geschmacksrichtungen gezielt und in idealer Menge einsetzen und erntet dabei die besten Resultate.“[11]

Rasa oder die sechs Geschmacksrichtungen spielen eine primäre Rolle bei der

10 Caraka Samhita, Sutrasthana, Kapital 26, Vers 43/6

11 Caraka Samhita, Sutrasthana, Kapitel 26, Vers 44

Ernährung. Die ausgeprägte Differenzierung ist auf die Anwesenheit verschiedener Elementarpartikel zurückzuführen. Entsprechend reagiert der Körper völlig unterschiedlich: Manchmal mit einer Aversion, manchmal mit einer Inklination auf ein und dasselbe Nahrungsmittel.

Caraka zeigt eine interessante Liste, welche die relative Superiorität der Geschmacksrichtungen in Bezug auf wichtige Eigenschaften (Guna), die eine Substanz besitzt, aufzeigt.[12] Sie bildet eine gute Hilfe, um die Wirkungsweise von Rasa (Geschmack) klarer verstehen zu können. Beschrieben werden drei gegensätzliche Paare von Eigenschaften (Guna) und verschiedene Geschmacksrichtungen, welche diese Eigenschaft vermehren.

Eigenschaften (Guna)	Geschmack mit starker Wirkung	Geschmack mit mäßiger Wirkung	Geschmack mit schwacher Wirkung
einfettend	süß	scharf	bitter
austrocknend	herb	sauer	salzig
erhitzend	salzig	sauer	scharf
kühlend	süß	herb	bitter
schwer	süß	herb	salzig
leicht	bitter	scharf	sauer

Die Wirkung der einzelnen Geschmacksrichtungen (Rasa) auf die drei Bioenergien Vata, Pitta und Kapha lässt sich aus obiger Tabelle wie folgt ableiten:

Bioenergie (Dosha)	stark reduzierender Geschmack	gut reduzierender Geschmack	mäßig reduzierender Geschmack
Vata	salzig	sauer	süß
Pitta	bitter	süß	herb
Kapha	scharf	bitter	herb

12 *Caraka Samhita, Sutrasthana, Kapitel 26, Verse 53-56*

Die als mäßig reduzierend aufgelisteten Eigenschaften wirken auf Grund ihrer schweren Qualität vor allem besänftigend auf die einzelnen Dosha, während die unter gut und stark reduzierend gelisteten die entsprechenden Bioenergien aus dem Körper eliminieren. Darum beseitigen sie die angesammelten Bioenergien wirksamer. Diese Tabelle ist von enormer Wichtigkeit, wenn die Bioenergien effektiv reduziert werden sollen. Es gibt immer wieder Menschen, die einen extremen Hang zu bestimmten Speisen verspüren.

- Bei einem Zustand von erhöhtem Vata wie Erschöpfung, extreme Sensibilität oder starken Stimmungsschwankungen wird der Drang nach Salzigem und Saurem fast unwiderstehlich.
- Ein Brennen, große Hitze, gerötete Augen und ein erhitztes Gemüt sind untrügliche Zeichen für zu viel Pitta im Körper. Den natürlichen Ausgleich suchen Sie dann in Speisen und Getränken mit süßem und bitterem Geschmack.
- Ein starkes Jucken, Appetitlosigkeit, Wasseransammlungen und Lethargie weisen auf zu viel Kapha-Energie hin. Der Drang zu scharfen und bitteren Speisen wird stärker, denn der Körper sucht nach Ausgleich.

3.3. Weitere Faktoren für die Wirkungsweise der Nahrung

Die Vielfältigkeit der Natur kennt keine Grenzen. Eine Arbeitsthese mit sechs wichtigen Geschmacksvariationen kann nicht alle Wirkungsmechanismen der Nahrung erklären. In der ayurvedischen Kunde der Substanzen (Dravyaguna) sind aber auch die Abweichungen genau erklärt. Weitere aktive Prinzipien wie Eigenschaften (Guna), Potenz (Virya), der Effekt nach der Verdauung (Vipaka), Wirkung (Karma) und spezielle, nicht direkt erklärbare Wirkungsweisen (Prabhava) sind sehr wichtig in der Pharmakologie und Pharmazie. Bei der täglichen Ernährung spielen viele dieser Faktoren eine untergeordnete Rolle. Aber bei der Empfehlung von Spezialdiäten kann

das Wissen über diese Faktoren wichtige Hinweise liefern und die Heilung wesentlich beeinflussen. Deshalb werde ich in diesem Abschnitt auf die wesentlichen Regeln und Abweichungen eingehen.

Die Klassiker der Ayurveda nennen einen überzeugenden Grund, warum das Wissen der anderen Faktoren für Fachleute unumgänglich ist: „Wenn Nahrungsmittel mit gegensätzlichen Qualitäten kombiniert werden, dann wird die stärkere über die schwächere siegen. So kommt es auch, dass der Geschmack nach der Verdauung (Vipaka) die Wirkung von Geschmack (Rasa) annulliert, die Potenz (Virya) annulliert sowohl den Geschmack wie auch die Wirkung nach der Verdauung (Rasa und Vipaka) und die spezifische Wirkung (Prabhava) annulliert alle.“[13]

Die Grundregel lautet also: Die stärkste Geschmacksrichtung (Rasa) wird die schwächeren nicht nur geschmacklich übertönen, sondern auch in ihrer Wirkung auf den Organismus. Falls die Wirkung nach der Verdauung (Vipaka) unterschiedlich zu der des Geschmackes ist, dann wird diese überwiegen. Dasselbe gilt für die Potenz (Virya). Sie überwiegt, wenn unterschiedlich zu Rasa und Vipaka. Schließlich kann auch Prabhava oder die auf Grund der anderen Faktoren nicht direkt erklärbare Wirkung alle anderen überlagern. Wenn Sie sich im nächsten Abschnitt die Ausnahmen betreffend den Geschmack anschauen, so entstehen diese nicht willkürlich, sondern können entsprechend diesem Zitat erklärt werden.

3.4. Ausnahmen und Besonderheiten betreffend den Geschmack (Rasa)

Die Reihenfolge der Auflistung der Geschmacksrichtungen, d. h. süß, sauer, salzig, scharf, bitter und adstringierend, besitzt eine tiefere Bedeutung. Bhava Mishra sagt dazu, dass der nachfolgende Geschmack immer schwächer ist als der vorangegangene. Sauer wirkt weniger dominierend als süß, und bitter ist schwächer als scharf.[14]

Sie haben gehört, dass die Geschmacksrichtungen süß, sauer und salzig die Bioenergie Vata besänftigen. Das ist nicht immer der Fall. Wenn Nahrung mit solchen Geschmacksrichtungen Eigenschaften wie austrocknend, leicht und kalt besitzt, dann tritt die Vata besänftigende Wirkung nicht oder nur eingeschränkt ein. Gleichermaßen verhält es sich mit süß, bitter und herb, die alle Pitta senken. Wenn solche Nahrung mit Qualitäten wie penetrierend, erhitzend und leicht ausgestattet sind, so kommt die Pitta besänftigende Wirkung nicht zum Tragen. Die Kapha beruhigende Wirkung von scharfen, bitteren und herben Speisen wird eingeschränkt oder annulliert, wenn diese Speisen Eigenschaften wie ölig, schwer und kalt aufweisen.[15]

Hier die wichtigen Ausnahmen von der Regel:

- Süße Substanzen bewirken generell eine Zunahme von Kapha. Ausnahmen davon sind alter Reis, alter Weizen, Gerste, grüne Linsen (Mung), Honig, Kristallzucker (Kandis) und Fleisch von Tieren aus Wüstenregionen.

- Saure Früchte vermehren normalerweise Pitta mit Ausnahme von Amalaki (Emblica officinalis) und Granatapfel.

- Salz besitzt eine negative Auswirkung auf die Augen mit Ausnahme von Steinsalz.

- Scharfe Speisen sind nicht aphrodisisch und vermehren Vata mit Ausnahme von langem Pfeffer (Piper longum), Ingwer, Knoblauch.

- Bittere Nahrungsmittel vermehren Vata und sind nicht aphrodisisch, außer Guduci (Tinospora cordifolia) und die Wurzelknollen der Haarblume (Trochosanthes dioica).

- Substanzen mit herbem Geschmack wirken kühlend und blutstillend, außer Almend (Terminalia chebula).

13 *Bhavaprakasha, Purvakhanda, Mishra Prakarana, Prabhava*

14 *Bhavaprakasha, Purvakhanda, Mishra Prakarana, Rasa*

15 *Bhavaprakasha, Purvakhanda, Mishra Prakarana, Rasa*

3.5. Der Effekt nach der Verdauung (Vipaka)

Vipaka entspricht dem Effekt, den die verzehrte Nahrung nach ihrer Verdauung besitzt. Während der Geschmack von Nahrung durch das Geschmacksorgan unmittelbar wahrgenommen wird, kann der Effekt nach der Verdauung nur durch seine Wirkung auf die einzelnen Bioenergien Vata, Pitta oder Kapha festgestellt werden.[16] Trotzdem gibt es eine einfache Regel, wonach vom vorherrschenden Geschmack auch auf den zu erwartenden Effekt nach der Verdauung (Vipaka) zu schließen ist.

- Nahrungsmittel mit vorwiegend süßem oder salzigem Geschmack besitzen einen „süßen Effekt nach der Verdauung".
- Nahrungsmittel mit einem vorwiegend saueren Geschmack besitzen in der Regel auch einen „saueren Effekt nach der Verdauung".
- Nahrungsmittel, die bitter, scharf oder herb sind, besitzen einen „scharfen Effekt nach der Verdauung".

Effekt nach der Verdauung (Vipaka)	Eigenschaften	Wirkung auf Bioenergien	Wirkung auf Gewebe	Wirkung auf Abfallprodukte
süß	einfettend und schwer	vermehrt Kapha	vermehrt alle Gewebe	fördert Ausscheidung
sauer	einfettend und leicht	vermehrt Pitta	vermindert Fortpflanzungsgewebe	fördert Ausscheidung
scharf	austrocknend und leicht	vermehrt Vata	vermindert Fortpflanzungsgewebe	behindert Ausscheidung

Auf Grund der relativen Absehbarkeit der Wirkungsweise des Effektes nach der Verdauung (Vipaka), der meistens konform mit den Eigenschaften der Geschmacksrichtungen verläuft, müssen Sie bei Ihrer täglichen Ernährung nicht dringend darauf achten. Die Abweichungen der Wirkung der Geschmacksrichtungen können jedoch damit erklärt werden.

16 Caraka Samhita, Sutrasthana, Kapital 26, Vers 66

3.5. Die Dynamik der Nahrung (Virya)

Virya ist die dynamische Kraft, durch die ein Nahrungsmittel wirksam wird. Sie kann unmittelbar nach Kontakt mit dem Mundraum, wie z. B. die erhitzende Dynamik von schwarzem Pfeffer, oder indirekt bei der Verdauung wahrgenommen werden, wie die erhitzende Wirkung auf den Organismus nach dem Konsum von Meeresfrüchten.

In der klassischen Literatur werden zwei Arten von Dynamik der Nahrung (Virya) beschrieben. Die eine Expertengruppe, angeführt von Sushruta und Vagbhata, nennt acht verschiedene Arten der Dynamik:

1. schwer (guru)
2. leicht (laghu)
3. kühlend (shita)
4. erwärmend (ushna)
5. einsalbend (snehana)
6. austrocknend (ruksha)
7. weich (mridu)
8. scharf (tikshna)

Auch das sind drei unmittelbar antagonistische Paare. Die letzten beiden sind nicht exakt gegensätzlich, doch scharf (tikshna) vermehrt Pitta, während weich (mridu) Pitta besänftigt. Ich teile eher die Ansicht von Caraka, der diese Einteilung zur Kenntnis nimmt, aber sich dann auf zwei Potenzen (Virya) beschränkt:

1. erhitzend (ushna Virya)
2. kühlend (shita Virya)

Diese beiden Faktoren genügen eigentlich, um die Wirkungsmechanismen von Speisen auf den Organismus zu beschreiben. In der Praxis haben sich diese bewährt, und selbst in unseren Breitengraden weiß jeder, dass Blutwurst und Sauerkraut stark erhitzende Potenz (Virya) besitzen, und deshalb sollten solche Speisen nur in der kalten Jahreszeit verzehrt werden.

„Im weiteren Sinn repräsentiert die Dynamik (Virya) jenen Aspekt von Nahrungsmitteln, durch den diese ihre Wirkung entfalten können. Die Wirkung (Karma) ist abhängig von der Dynamik (Virya)."[17]

Wie kann die Potenz der Nahrung bestimmt werden? Auch dazu existiert eine Regel von Caraka[18]:

- Nahrungsmittel mit süßem Geschmack (Rasa) und süßem Geschmack nach der Verdauung (Vipaka) besitzen eine kühlende Dynamik (shita Virya).
- Nahrungsmittel mit saurem und scharfem Geschmack (Rasa) und saurem und scharfem Geschmack nach der Verdauung besitzen eine erhitzende Dynamik (ushna Virya).

Diese Feststellung ist sehr wichtig, denn sie regelt die Ausnahmen. Die Dynamik kann nicht alleine auf Grund der Geschmacksrichtung bestimmt werden, obwohl es auch dafür eine Regel gibt, nämlich dass diejenigen Geschmacksrichtungen, die Feuerpartikel in sich tragen, natürlicherweise auch eine erhitzende Dynamik (Virya) haben und die übrigen eine kühlende. Das bedeutet, dass grundsätzlich der saure, scharfe und salzige Geschmack in der Mehrheit der Fälle eine erhitzende Dynamik (Virya) besitzt. Süß, bitter und herb dagegen besitzt eine kühlende Dynamik. Vagbhata stuft salzige Speisen als am stärksten, sauer als stark und scharf als erhitzend ein. Dagegen sind süße Speisen stärker kühlend als herbe und herbe stärker kühlend als bittere.[19]

Diese Äußerung ist sehr wichtig für die Ernährungsberatung. Scharfe Speisen können deshalb durchaus einem Pitta-Typen verordnet werden, wenn sich Schlacken (Ama) in seinem Magendarmtrakt befinden oder der primäre Stoffwechsel (Jatharagni) geschwächt ist.

„Feuer und Kälte durchdringen das ganze Universum. Deshalb sagen die Weisen, dass es nur zwei Arten von Dynamik (Virya) gebe: heiß und kalt. Die erhitzende Dynamik besänftigt Vata und Kapha, vermehrt Pitta und bewirkt frühzeitiges Altern. Die kühlende Dynamik erhöht Vata und Kapha, aber reduziert Pitta wirkungsvoll. Andere sagen, dass die erhitzende Dynamik Schwindel, Durst, Erschöpfung, Schwitzen, Brennen und schnelle Verdauung bewirke, während die kühlende Dynamik belebend und beruhigend wirke, die Körperausscheidungen behindere sowie Blut und Pitta reinige."[20]

Leben im Universum wie auch im Mikrokosmos Mensch ist nur möglich, wenn ein harmonischer Ausgleich der beiden Energien, Hitze und Kälte, stattfindet. Hitze allein, aber auch Kälte allein machen Leben unmöglich. Diese beiden dynamischen Kräfte müssen deshalb auch bei der täglichen Ernährung optimal angepasst werden.

3.7. Die spezielle Wirkung (Prabhava)

Die Definition der speziellen Wirkung lautet wie folgt: „Wo bei zwei Substanzen Übereinstimmung betreffend Geschmack (Rasa), Geschmack nach der Verdauung (Vipaka) und Dynamik (Virya) herrscht, jedoch eine völlig unterschiedliche Wirkung beobachtet werden kann, wird der dafür verantwortliche Faktor als die spezielle Wirkung (Prabhava) bezeichnet."[21] Dieser spezielle Effekt wird bei folgenden Beispielen sehr deutlich:

- Milch und Ghee (eingesottene Butter) haben beide einen süßen Geschmack (Rasa) und eine kühlende Potenz (Virya). Ghee verbessert den Appetit und die Verdauung. Milch hingegen besitzt diese spezielle Qualität (Prabhava) nicht.

- Knoblauch hat einen scharfen Geschmack (Rasa) und scharfe Potenz (Virya), ist ölig und schwer und müsste deshalb Vata und Kapha vermehren – er besänftigt sie aber.

Wenn Geschmack (Rasa), Potenz (Virya) und Geschmack nach der Verdauung (Vipaka) die Wirkung einer Substanz nicht erklären können, so ist es der spezielle pharmakodynamische Effekt. Er kann alle anderen Wirkweisen übertreffen.

17 *Caraka Samhita, Sutrasthana, Kapitel 26, Vers 65*
18 *Caraka Samhita, Sutrasthana, Kapitel 26, Vers 45*
19 *Astanga Samgraha, Sutrasthana, Kapitel 17, Vers 14*
20 *Bhavaprakasha, Purvakhanda, Mishra Prakarana, Virya*
21 *Caraka Samhita, Sutrasthana, Kapital 26, Vers 67*

3.8. Die Eigenschaft (Guna) und Wirkung (Karma) von Nahrung

Eigenschaft und Wirkung sind unzertrennlich. Ein Attribut, das von einer Substanz nicht getrennt werden kann, aber keine eigenständige Wirkung besitzt, wird als Eigenschaft (Guna) bezeichnet. Eigenschaft (Guna) bildet die Grundlage für die Wirkung (Karma) und die Wirkung (Karma) ist der Grund für das Wissen über die Eigenschaft (Guna). Das hört sich geradezu philosophisch an. Einfacher ausgedrückt: Jeder weiß, Buttercremetorte ist schwer. Warum? Aus Erfahrung. Nach einer bereits üppigen Mahlzeit essen wir zum Dessert ein mächtiges Stück köstlicher Cremetorte. Wir werden lethargisch, die Glieder schwer wie Blei, im Magen scheint nichts mehr vorwärts zu gehen. Die fettige Cremetorte war zu schwer, stellen wir dann fest. Diese Eigenschaft hatte die Torte aber schon vor dieser Feststellung. Zur Entfaltung kam es erst nach dem Verspeisen. Das bedeutet nichts anderes, als dass Wissen über die Eigenschaft auch Wissen über seine Wirkung bedeutet.

Es existieren unzählige Eigenschaften von Nahrungsmitteln oder Medikamenten. Der Einfachheit halber beschränken wir uns in der Ayurveda auf zehn Paare gegensätzlicher Eigenschaften.

schwer (guru)	leicht (laghu)
kühlend (shita)	erhitzend (ushna)
einsalbend (snigdha)	austrocknend (ruksha)
glatt (shlakshna)	rau (khara)
dickflüssig (sandra)	dünnflüssig (drava)
weich (mridu)	hart (kathina)
immobil (sthira)	mobil (sara)
fein (sukshma)	grob (sthula)
schleimig (pichchila)	reinigend (vishada)
scharf (tikshna)	dumpf (manda)

Vagbhata meint dazu, dass die am stärksten wirkenden Eigenschaften (Guna) wie schwer und andere auch als Dynamik (Virya) bezeichnet werden, während die übrigen einfach als Eigenschaften (Guna) gelten.[22]

22 Astanga Samgraha, Sutrasthana, Kapitel 17, Vers 44

Schauen wir uns die acht dynamischen Eigenschaften deshalb etwas genauer an:

Schwer (guru)

- bedeutet wörtlich „schwer zu verdauen"
- bewirkt Schwere im Körper, den Abfallprodukten (Mala) und in den Gefäß-Systemen (Shrota)
- reduziert die Verdauungskapazität (agnibala)
- prinzipiell beherrscht von Erdepartikeln (Prithivi) und sekundär von Wasserpartikeln (Jala)
- reduziert Vata, erhöht Kapha
- wirkt Gewebe vermehrend (brimhana)
- ist in allen Speisen mit süßem Geschmack präsent, z. B. in schwarzen Linsen und in Milchprodukten

Leicht (laghu)

- bewirkt Leichtigkeit im Körper
- reduziert alle Gewebe (langhana)
- reduziert Kapha und erhöht Vata
- wirkt wundheilend (lekhana)
- klärt die Gefäß-Systeme (Shrota) von ihren Stoffwechselabfallprodukten (Mala)
- leicht zu verdauen, beseitigt Übersättigung, ist appetitfördernd
- bewirkt Enthusiasmus und Wachsamkeit
- primär von Raumpartikeln (Akasha) und sekundär von Wind- (Vayu) und Feuerpartikeln (Tejas) beherrscht
- präsent in Nahrungsmitteln mit vorherrschend bitterem Geschmack (tikta Rasa)
- leistet gute Dienste bei Fieber, Diabetes, Schlacken (Ama), Tumoren
- bei Nahrungsmitteln wie Reisflocken, Mung-Linsen, Wachtelfleisch zu finden oder mittels Würzen zu erreichen

Kühlend (shita)

- beseitigt brennendes Gefühl und übermäßige Hitze im Körper
- besänftigt das Gemüt
- reduziert Pitta, erhöht Vata und Kapha
- vermehrt alle Körpergewebe (Dhatu) und die Urinmenge
- reduziert die Beweglichkeit
- wirkt blutstillend (stambhana), verstopfend, schweißhemmend und ausgleichend (shamana)
- setzt sich exklusiv aus Wasserpartikeln (Jala) zusammen
- Wassermelonen, Sandelholz, Sarsaparille und kaltes Wasser wirken kühlend (shita)

Erhitzend (ushna)

- vermehrt Hitze im Körper und reduziert Flüssigkeit in den Geweben (Dhatu)
- vermehrt Pitta, reduziert Vata und Kapha
- wirkt ausleitend (shodana)
- fördert die Ausscheidung von Urin, Fäkalien und Schweiß
- bewirkt Schwindel, Ohnmacht, Durst, Brennen, Schwäche
- exklusiv aus Feuerpartikeln (Tejas) bestehend
- Nahrungsmittel wie schwarzer Pfeffer, getrockneter Ingwer, Chili, Paprika besitzen diese Eigenschaft

Einsalbend (snigdha)

- hält die Haut weich und geschmeidig
- exklusive Eigenschaft bei vorherrschenden Wasserpartikeln (Jala)
- vermehrt Kapha und Pitta und reduziert Vata
- macht die Körpergewebe (Dhatu) kompakt und stark
- macht die Gefäß-Systeme (Shrota) weich und durchlässig
- angesammelte Bioenergien (Dosha) werden aufgeweicht. Ölbehandlungen werden deshalb als Vorbehandlung bei Pancakarma eingesetzt
- wirkt ausgleichend (shamana) und ist aphrodisisch (vajikarana)
- Ghee, Öl, Fette, Knochenmark sind einsalbende Substanzen

Austrocknend (ruksha)

- absorbiert, bewirkt Trockenheit und Festigkeit der Gewebe
- empfohlen bei Übergewicht und Fettleibigkeit
- wird beherrscht von Windpartikeln (Vayu)
- vermehrt Vata am stärksten, reduziert Kapha und Pitta
- Nahrungsmittel wie Gerste, rote Bohnen, Almend (Terminalia chebula) besitzen diese Eigenschaften

Scharf (tikshna)

- scharf wie eine Rasierklinge, aber auch schnell wirkend wie der Schnitt der Klinge
- wird beherrscht von Feuerpartikeln (Agni oder Tejas)
- besitzt eine ausleitende Wirkung (shodana)
- erhöht Pitta und besänftigt Vata und Kapha
- scharfe Substanzen bewirken eine Reduktion der Körpergewebe
- reduziert Klebrigkeit (lekhana)
- kann Brennen und Fäulnis verursachen
- Nahrungsmittel, die scharf schmecken und erhitzende Wirkung besitzen, sind meist auch scharf, wie schwarzer Pfeffer oder alte Schnäpse

Weich (mridu)

- eine fühlbar weiche Eigenschaft, das Gegenteil von hart (kathina)
- Gewebe wie Muskeln (Mamsa) oder Fett (Meda) sowie Organe wie Leber, Herz und Darm sind weich (mridu)
- vermehrt Muskel- und Blutgewebe
- die Kapazität, den Körper weich zu machen (halten)
- wird beherrscht von Wasser- (Aap oder Jala) und Raumpartikeln (Akasha)
- besänftigt Pitta und etwas weniger auch Vata, vermehrt Kapha
- reduziert Brennen, Hitzegefühl und Fäulnis
- macht die Abfallprodukte (Mala) weich, so dass sie besser ausgeschieden werden
- saftige und süße Früchte wie Melonen und Bananen

Während die Eigenschaften (Guna) eine statische Energie darstellen, ist die Wirkung (Karma) eine kinetische Kraft. Einige Nahrungsmittel und Medikamente wirken lokal, andere generell. Die Wirkung (Karma) kann entsprechend ihrem Einfluss auf Systeme, Organe, Krankheiten, Bioenergien (Dosha), Gewebe (Dhatu) oder Stoffwechselnebenprodukte (Mala) eingeteilt werden.[23]

1. Wirkung auf das Nervensystem
2. Wirkung auf die Sinnesorgane
3. Wirkung auf die Atemwege
4. Wirkung auf den Magendarmtrakt
5. Wirkung auf das Lymphsystem
6. Wirkung auf den Kreislauf
7. Wirkung auf die Leber
8. Wirkung auf die Milz
9. Wirkung auf die weiblichen Fortpflanzungsorgane
10. Wirkung auf die männlichen Fortpflanzungsorgane
11. Wirkung auf das urologische System
12. Antipyretika
13. Wirkung auf die Körpergewebe
14. Zielgerichtete Wirkung
15. Wirkung auf die Dosha

Nachfolgend habe ich einige der wichtigen Wirkungen (Karma) und ihre Bedeutung auf den Organismus aufgelistet. Dazu habe ich Nahrungsmittel, Gewürze und Heilpflanzen als Beispiele für die entsprechende Wirkung angegeben.

- Appetitanregende Substanzen (Dipana) vermehren Hunger und besitzen scharfen, sauren oder salzigen Geschmack (Rasa), eine erhitzende Wirkung (ushna Virya), scharfe (tikshna), erhitzende (ushna) und leichte (laghu) Eigenschaften (Guna) und sind beherrscht von Feuer- und Windpartikeln (Tejas und Vayu Mahabhuta). Beispiele sind Ingwer, Chili, schwarzer Pfeffer, Zitrone und Limone.

23 Vaidya V. M. Gogte in Pharmacology & Therapeutic Uses of Medicinal Plants

- Schlackenlösende Nahrungsmittel (Amapacana) verbrennen Schlacken und Toxine (Ama): Ingwer, Kreuzkümmel, schwarzer Pfeffer, langer Pfeffer, Papaya, Kurkuma.

- Ausleitende Substanzen (samshodana) eliminieren angesammelte Bioenergien (Dosha) und Schlackenstoffe aus dem Körper. Sie sind bitter und scharf; erhitzend, scharf wirkend und leicht. Beispiele dafür sind Weihrauch, Myrrhe, schwarzer Pfeffer.

- Besänftigende Nahrungsmittel und Medikamente (samshamana) normalisieren gestörte Bioenergien (Dosha), ohne diese zu eliminieren. Sie sind weich, salbend und kühlend wie Ghee, Banane, Kokos.

- Verdauungsfödernde Naturalien (anulomana) sind erhitzend und salbend. Sie lassen die Abfallprodukte wie Fäkalien reifen und bringen diese heraus: Knoblauch, Stinkasant, Kampfer, Minze, Alkohol, Almend (Terminalia chebula).

- Abführende Mittel (sransan) sind von milder purgierender Wirkung. Sie sind bitter, scharf oder süß, schnell wirkend, erhitzend und beseitigen angesammeltes Vata, Pitta und Kapha aus dem Dünn- und Dickdarm: Das sicherste Mittel dazu ist Rizinusöl. Senna wirkt etwas drastischer und sollte nur zusammen mit Ingwer oder Koriander eingenommen werden, um mögliche Bauchschmerzen zu verringern.

- Auskratzende Mittel (lekhana) eliminieren angesammelte Bioenergien (Dosha) und Abfallprodukte (Mala), indem diese zuerst ausgetrocknet werden. Sie reinigen auch die feinsten Gefäß-Systeme und reduzieren das Fettgewebe: heißes Wasser, Honig, Kalmus, Ajwan, Schieferöl (Shilajit), Myrrhe (Guggulu), Triphala und Eisenoxyde (Loha Bhasma).

- Schleimlösende Substanzen (chedana) lösen klebrige Ansammlungen, Schleim und Bioenergien (Dosha) auf: schwarzer Pfeffer, Stinkasant, Zimt, Nelken, Süßholz, Zedernholz und Thymian.

- Einhaltende Mittel (sthambana) vermehren die Bioenergie Vata, indem sie ihre Bewegung hindern, und beseitigen Schlacken (Ama) nicht. Sie wirken kühlend, austrocknend, zusammenziehend und stoppen Durchfälle: Akazie, Kutaja (Holarrhena antidysenterica), Dhataki (Woodfordia floribunda).

- Gefäßverstopfende Nahrungsmittel (abhishyandi) behindern den Fluss in den Gefäßen und vermehren Kapha. Sie sind schwer, ölig und klebrig wie Joghurt.

- Berauschende Mittel (madikari) bewirken Abnormalität im Zentralnervensystem wie Alkohol, Morphium, Cannabis.

- Aphrodisische Nahrungsmittel (vajikarana) wie Sahne, Ghee, Honig, Mandeln und Safran stärken die Liebeskraft.

- Anti-aging Substanzen (vayahsthapan) wirken verjüngend und zögern den Alterungsprozess hinaus: Amla-Früchte, frische Trauben, Amrita (Tinospora cordifolia), Almend (Terminalia chebula), Brahmi (Bacopa monniera).

3.9. Was ist ein Grundnahrungsmittel?

Es bedeutet erstens frische sowie frisch zubereitete Speisen und zweitens echte Grundnahrungsmittel. Diese beiden Punkte möchte ich Ihnen näher erläutern, denn sie beinhalten für alle Esser gültige Regeln, unabhängig von der Konstitution.

3.10. Fischers Fritz fischt frische Nahrung

Bauernmärkte und Direkteinkauf beim Produzenten erfreuen sich wieder zunehmender Beliebtheit. Denn frische Nahrungsmittel schmecken nicht nur besser, sie sind auch gesünder. Warum?

1. Sie stammen aus der unmittelbaren Region:
Darum werden sie vom Organismus besser akzeptiert. Die Chance einer Autoimmunreaktion wird deutlich verringert, und Allergien nehmen entsprechend ab. Die Nahrungsmittel vertragen das Klima und helfen uns, dieses auch zu vertragen. Essen und Esser wachsen auf der gleichen Scholle auf. Leider sind einige Menschen irregeführt und glauben, eine ayurvedische Diät bedeute, jeden Tag Basmati-Reis zu essen. Das ist völlig falsch, absurd und gesundheitsschädigend. Dieser schmackhafte Edelreis wächst nämlich nur im Norden des indischen Subkontinents, und Millionen von Südindern haben noch nie ein Korn davon gegessen. Sicher können solche Speisen ab und zu genossen werden wie auch ein paar Erdbeeren aus Südafrika im Winter. Aber sie gehören keinesfalls auf den täglichen Speiseplan. Wenn Sie gerne regelmäßig Reis essen, dann wählen Sie eine Sorte, die auch bei uns gedeiht. Das an den Südhängen der Alpen gelegene Piemont oder das Tessin produzieren vorzügliche Reissorten, die Sie sicher besser vertragen werden. Der Hauptgrund, warum diese fehlerhafte Annahme in die ayurvedischen Ernährungsbücher neueren Datums gerutscht ist, wird wohl sein, dass Basmati-Reis eigentlich erst gegessen wird, wenn er sieben Jahre gereift hat, und Caraka sowie andere Autoren den Verzehr von frischem Reis verbieten. Getreide, Hülsenfrüchte, Honig und Ghee bilden nämlich die Ausnahmen von der Frische-Regel. Sie sollen sechs Monate, besser ein Jahr oder länger eingelagert werden. Das macht diese Nahrungsmittel leichter verdaulich. Heute ist es selbst in Indien praktisch unmöglich, siebenjährigen Basmati-Reis zu erwerben. Ich kann mich aber noch gut an den herrlichen Duft wirklich alten Basmati-Reises erinnern.

2. Regionale Nahrungsmittel stehen vorwiegend saisonal zur Verfügung:
So essen Sie die Früchte des Feldes dann, wenn sie von Ihrem Körper dringend gebraucht werden. Früher wurden größere Tiere ausschließlich in der kalten Jahreszeit geschlachtet. Es standen keine Tiefkühlhäuser oder Kühlschränke zur Verfügung, um die schnell verderbende Ware aufbewahren zu können. Fleisch erzeugt extrem starke Hitze im Körper und ist deshalb für die Kälte, nicht aber für die Sommerhitze geeignet. Auch saure Früchte erzeugen Hitze und sollten deshalb vor allem im Winter konsumiert werden. Es ist völlig unsinnig, wenn Sie im Sommer literweise Orangen- oder Grapefruitsaft trinken. Ihr Körper wird dadurch nicht gekühlt, sondern die Hitze und damit auch die Übersäuerung nehmen noch zu! Ausnahmen bilden lediglich Früchte wie Amalaki (Emblica officinalis) und Granatapfel.

3. Frische Nahrungsmittel besitzen eine starke Lebenskraft oder Aura:
Die Chinesen nennen diese Energie Chi. In der Ayurveda gebrauchen wir ein sehr ähnliches Wort dafür: Chiva. Im Yoga heißt diese spezielle Energie Prana oder Lebensatem. Auch im vorchristlichen Europa und im Alten Testament finden wir Ausdrücke wie Lebensatem, Odem und ähnliche. Diese Lebenskraft – und nicht Nährstoffe, Vitamine oder Mineralien – bildet den allerwichtigsten Bestandteil jeglicher Nahrung! Es ist diese Energie, die primär Lebenskraft und Ausstrahlung verleiht. Aber niemand spricht gerne darüber, obwohl es sich um das Wertvollste der Nahrung handelt. Das hat seine guten Gründe, denn es gibt kein Nahrungsmittel, das durch die Mühlen der Nahrungsmittelindustrie gelaufen ist, das diese Kraft noch enthält. Da liegt der Hund begraben. Die Industrie hat ein berechtigtes Interesse, uns Nahrung zu verkaufen, die veredelt oder irgendwie prozessiert wurde. Das bringt Geld, schafft Arbeitsplätze, macht die Speisen haltbar, ansehnlich und spart Zeit für den Konsumenten. Gewisse Prozesse können sogar patentiert werden, und so kann die lästige Konkurrenz fern und die Preise hoch gehalten werden. Dann verdienen die Verpackungs- und Werbebranchen sowie die Medien tüchtig mit, und so könnte die Liste der Argumente beliebig erweitert werden, wenn da nicht am Ende dieser langen Kette Sie, der Esser, stünden. Sie zahlen nämlich gleich zweimal, zuerst für die angepriesene Ware und dann mit Ihrer Gesundheit. Was also werden Sie in Ihrem Supermarkt um die Ecke finden, das Sie mit gutem Gewissen essen können? Frisches biologisches Gemüse, frisches artengerecht erzeugtes Muskelfleisch, Getreide, frische biologische Milchprodukte, Früchte, Hülsenfrüchte, frisch gepresste Öle und reiner Honig – alles aus Ihrer Region. Das sind Beispiele für Nahrungsmittel mit sehr hoher Lebenskraft. Weil diese subtile Lebenskraft auf drei verschiedene Arten auf die Psyche eines Menschen wirkt, wird sie durch die drei psychischen Faktoren (Triguna) bezeichnet. Diese sind (1) Reinheit

(Sattva), (2) Leidenschaft (Rajas) und (3) Unwissenheit (Tamas). Es ist sehr wichtig, diese Faktoren zu differenzieren, denn im Übermaß genossen, führen auch gewisse frische Nahrungsmittel zu Problemen. Das gilt für Nahrung mit sehr stark leidenschaftlichem (Rajas) oder trägem (Tamas) Anteil. Sie reduzieren Ihre Psychoimmunität und werden mittel- und langfristig auch krankhafte Veränderungen im Körper verursachen. In erster Line greifen sie aber die Psyche an.

Die Tabelle ordnet die wichtigsten Nahrungsmittel den entsprechenden psychischen Faktoren zu.

Psychische Faktoren	Eigenschaften	Nahrungsmittel
Sattva Harmonie	rein, in sich selbst ruhend, einträchtig, hell, einklanglich und leicht. Sie führt zu akuter Wahrnehmung und bewusster Lebensführung.	Getreide wie Weizen, Dinkel, Einkorn, Vierkorn, Reis, süße Früchte, Gemüse, das über der Erde wächst, wie grünes Gemüse, Mung-Bohnen, frische grüne Erbsen, frische Milchprodukte wie Milch, Sahne, Butter, Ghee, Frischkäse (Topfen, Hüttenkäse usw.), Gewürze wie Basilikum, Koriander, Fenchel, Dill, Kurkuma und Süßmittel wie Honig und Kandiszucker.
Rajas Leidenschaft	feurig, brillant, ruhelos, motivierend, ehrgeizig, ich-bezogen, aktiv und motiviert. Wenn überzeugt, wird eine Rajas-Person bewusst leben.	Getreide wie Gerste, Roggen, Buchweizen, saure Früchte und Papaya, Knoblauch, Zwiebeln, Chili, Pfeffer, Ingwer, fermentierte Produkte, Buttermilch, Käse, Linsen, frisches Muskelfleisch von kleinen Tieren, frischer Fisch und frische Eier, frisch gepresste Öle (wenn in Maßen genossen), Jaggery (eingekochter Zuckerrohrsaft), Ahornsirup, Birnendicksaft.
Tamas Trägheit	träge, stumpf, unmotiviert, dunkel, phlegmatisch, apathisch, drückend, faul, unsensibel. Kann nicht differenzieren und lebt völlig unbewusst.	Grundsätzlich alle Nahrungsmittel, wenn im Übermaß konsumiert; alle Speisen, die vor mehr als 8 – 12 Stunden zubereitet oder lange warm gehalten wurden, Konserven- und Tiefkühlkost, in Öl gebackene Speisen, fettiges Fleisch, Fleisch von großen Tieren (Rind usw.), Wurstwaren, Gepökeltes, alter reifer Käse, Fett und Öl, weißer raffinierter Zucker, künstliche Süßstoffe.

Jeder Mensch auf dieser Welt braucht Nahrung, die alle drei Faktoren (Sattva, Rajas und Tamas) enthält, wobei aber Leidenschaft (Rajas) und Trägheit (Tamas) immer mittels Faktor Harmonie (Sattva) in Schach gehalten werden müssen.

Welche Speisen vermehren die Liebeskraft und Lust? Das können Sie nun leicht an Hand dieser These von den psychischen Faktoren feststellen. Natürlich sind es Nahrungsmittel mit leidenschaftlichen Eigenschaften. Sattva sollte dabei aber immer die Oberhand behalten können, denn die liebe Leidenschaft alleine gerät zu oft außer Kontrolle, wie wenn den Gefühlen des Partners keine Bedeutung zugemessen wird oder nur die eigene Befriedigung zählt oder die Aggressivität Oberhand gewinnt. Das sind typische Anzeichen von zu viel Leidenschaft (Rajas).

Wenn Ihr Partner übersieht, dass Sie ein neues Kleid, schöne Unterwäsche oder die Haare anders tragen, dann leidet er unter einem Überschuss an Trägheit (Tamas). Sie müssen das nicht einfach so hinnehmen. Überprüfen Sie, wie oft Sie Speisen aufwärmen, in die Mikrowelle stellen, wie viele Fertiggerichte, Tiefkühl- oder Konservennahrung Ihr Partner konsumiert und wo Ihre Nahrungsmittel herkommen. Der Faktor Unwissenheit (Tamas) fällt nicht einfach so vom Himmel. Sie können direkten Einfluss nehmen und ihn reduzieren. Dank dem hier vermittelten Wissen müssen Sie solche Zustände nicht einfach hinnehmen oder sich nach einem neuen Partner umsehen. Versuchen Sie zuerst die Ernährung umzustellen. Dazu gehören Nahrungsmittel auf den Tisch, die nur so von Leidenschaft (Rajas) und Harmonie (Sattva) strotzen, und Sie werden sehen, bald schon finden Sie das Funkeln in seinen oder ihren Augen wieder, das Sie so lange vermisst haben.

4. Frische Nahrungsmittel sind ökologisch:

Der letzte und nicht unbedeutende Vorteil von frischer Nahrung ist, dass sie aus Ihrer direkten Umgebung stammt. Weite Transportwege, welche die Umwelt belasten, entfallen, und so haben Sie nicht nur ein reines Gewissen, sondern auch eine saubere Atemluft. Ein großer Unsinn sind Supermärkte mit exotischen Nahrungsmitteln. Wien ist voll mit solchen Läden, die afrikanische, chinesische oder indische Nahrungsmittel anbieten. Es ist verständlich, aber nicht gesund, dass Emigranten aus fernen Ländern ihre gewohnte Küche nicht aufgeben wollen. Ein Besuch in einem dieser Geschäfte ist ernüchternd. Da türmen sich Konserven und industriell verarbeitete Nahrungsmittel. Der Anteil frischer Lebensmittel ist völlig unbedeutend. Entsprechend fahl sind die Gesichter der Menschen, welche diese Produkte konsumieren. Auch Emigranten aus fernen Ländern tun mit Bedacht auf ihre Gesundheit gut daran, möglichst frische regionale Nahrungsmittel zu konsumieren. Ich habe in all meinen Jahren in Indien keine St. Galler Bratwurst mit Rösti oder Zürcher Geschnet-

zeltes verspeist, obwohl beides im Restaurant des Oberoi-Hotels angeboten wurde. Das Gleiche rate ich Ihnen, wenn Sie selbst in fremde Länder reisen. Mein Englischprofessor brachte uns in der ersten Lektion bei: „Act in Rome as the Romans do!"

3.11. Grundnahrungsmittel – die Bausteine für Ihre Gesundheit

Es klapperten die Mühlen an rauschenden Bächen - klipp, klapp nicht mehr. Brot war unser Grundnahrungsmittel. Die Körner wurden sorgsam aufbewahrt und bei Bedarf frisch gemahlen und weiterverarbeitet. Das zweite Grundnahrungsmittel, die Proteine, stammte je nach Region aus der Milchwirtschaft oder dem Ackerbau in Form von Hülsenfrüchten oder zum Teil auch aus Kleintierhaltung und Fischerei. Die Fette, das dritte Grundnahrungsmittel, stammten in den hügeligen oder alpinen Regionen auch aus der Milchwirtschaft, z. B. in Form von Butterfett und in Gegenden mit Ackerbau von Kürbis-, Flachs- oder Rapsöl.

Das sind die Bausteine, aus denen der menschliche Körper entsteht. Gemüse und Früchte sind keine Grundnahrungsmittel, besitzen geringeren Nährwert, aber bereichern unsere Kost und liefern wichtige Mikronährstoffe.

Wichtig ist die Geschichte mit den Grundnahrungsmitteln vor allem für die Vielzahl der Menschen, die heute kaum oder möglichst wenig Fleisch konsumieren wollen. Sie lassen das Fleisch, den Lieferanten des Grundnahrungsmittels Protein, einfach weg, essen weiter wie bisher und verzichten in vielen Fällen auch auf Milchprodukte. Das geht natürlich nicht sehr lange gut. Deshalb finden viele ungesunde Vegetarier den Weg in meine Praxis. Und dabei hört man doch immer, wie gesund Gemüse und Früchte seien. Ja, sie sind gesund, aber bitte nicht als Ersatz für Grundnahrungsmittel.

Schauen Sie in die traditionsbewussten Küchen, die wenig oder kein Fleisch konsumieren. In Indien essen Vegetarier täglich ein- bis zweimal Linsengerichte und Joghurt. In Südamerika gibt es Bohnen in jeder Form, und unsere Großeltern haben mit Linsen- und Bohnengerichten sowie mit Milchprodukten die fleischlosen Tage ausgefüllt.

Warum brauchen Sie hochwertige Proteine? Weil alle neurophysiologischen Prozesse ohne diese gar nicht möglich sind. Je mehr Kopfarbeit Sie leisten, desto höher ist Ihr Bedarf an hochwertigen Proteinverbindungen. Sie erwarten erstklassige Leistung von Ihrem psychosomatischen Organismus und ernähren sich im besten Fall drittklassig. Das geht nicht lange gut. In Indien sagt man, dass Milch Nahrung für das Gehirn sei, und deshalb wird jede Mutter dafür sorgen, dass ihr Kind beim Lernen genügend heiße Milch trinkt. Wenn die Milch möglichst heiß konsumiert wird, kann

kaum eine Verschleimung entstehen. Wenn jemand dafür anfällig ist oder Kapha in ihrer oder seiner Konstitution vorherrscht, kann die Milch während des Kochens mit etwas Kardamom, Nelken, Zimt, Ingwer, Kurkuma oder Safran vermischt werden.

Milchallergien entstehen oft, weil Ihre Verdauung und Ihr Immunsystem nicht lesen können. Auf der Packung steht zwar Milch. Aber drin ist ein entrahmtes, pasteurisiertes und homogenisiertes Produkt, dessen Ausgangserzeugnis einmal Kuhmilch war. Die molekulare Struktur ist verändert. Der Organismus kann es nicht als Milch erkennen und reagiert mit Abwehr auf dieses künstliche Produkt.

Vegetarier müssen besonders darauf achten, dass Sie täglich frische Milchprodukte wie heiße Milch, Joghurt, Sahne, Frischkäse (Hüttenkäse, Quark oder Topfen) oder Hülsenfrüchte zu sich nehmen und dass sie mit frischen und kalt gepressten Ölen Ihre Speisen verfeinern. Der Rest ist Geschmackssache.

Auch für die Fleischesser gilt die gleiche Regel der auch bei uns bekannten Nahrungspyramide:

- An die erste Stelle und in größter Quantität gehören Kohlehydrate in Form des Grundnahrungsmittels „Getreide". Sie bilden den Brennstoff für die Zellen.

- Dann folgen in deutlich geringerer Menge die Proteine, entweder aus tierischer Nahrung oder von Hülsenfrüchten.

- Die Spitze der Pyramide bilden hochwertige Fettsäuren, die nicht erhitzt werden sollen (außer Ghee) und vor dem Verzehr mit den Speisen vermischt werden können.

- Gemüse und Früchte sind keine Grundnahrungsmittel. Sie gehören aber auf Grund ihrer wertvollen Mikronährstoffe und zur geschmacklichen Vielfalt täglich auf den Speiseplan. Rohe Früchte eignen sich ideal als Zwischenmahlzeit und können in gekochter Form oder in kleinen Mengen auch in die Hauptmahlzeit integriert werden.
  Weder Früchte noch Gemüse sollen Ihre Grundnahrungsmittel ersetzen!

3.12. Essen im richtigen Maß

Alle klassischen Autoren messen der Quantität der Nahrung größte Bedeutung zu. Caraka meint, dass selbst frische, der eigenen Konstitution entsprechende Nahrung, wenn zu viel oder zu wenig konsumiert, zu Gift wird. Auch der umgekehrte Fall kann eintreten, d. h., kleine Mengen von Gift können vom Körper toleriert werden. Auf einem großen Gesundheitskongress mit Schwerpunkt Ernährung fragte ein findiger Journalist, was ein Ernährungsexperte auf Reisen in fremden Hotels wohl so esse? Meine Antwort lautete: „Möglichst wenig!" Speisen, bei denen ich zweifle, ob ich sie verdauen kann, werde ich nur zu einem Drittel meiner normalen Verdauungskapazität einnehmen. Dafür kompensiere ich mit größeren Mengen leichter Nahrungsmittel wie frischen Früchten. Dazu empfehle ich Nahrungsergänzungsmittel wie ein gutes Multivitaminpräparat mit Mineralien. So kann der Organismus den durch das Reisen verursachten Stress und die ständig wechselnden Nahrungsangebote ausgleichen.

Hören wir, wie Vagbhata die ideale Nahrungsmenge definiert: „Die ideale Quantität ist diejenige, die kein Unbehagen im Abdomen, keine Behinderung in der Herzgegend, keinen dehnenden Schmerz an den Seiten oder Schweregefühl verursacht. Sie soll die Sinnesorgane befriedigen, Hunger und Durst stillen, sowohl morgens wie abends leicht verdaut werden können und den Körper mit Kraft, Teint, Widerstandskraft und Ausstrahlung versorgen. Sie darf keine Widerstände oder Beschwerden beim Bewegen, Reden, Sitzen, Einatmen, Ausatmen und Gehen verursachen."[24]

Von Bedeutung sind vor allem auch seine weiteren Ratschläge betreffend der Differenzierung von leicht und schwer verdaulichen Nahrungsmitteln: „Von schwer zu verdauenden Nahrungsmitteln sollte man grundsätzlich nur die Hälfte oder Dreiviertel seiner Verdauungskapazität essen, während man so viel leichte Nahrungsmittel verspeisen kann, dass keine Übersättigung entsteht. Leicht verdauliche Nahrung ist reich an Wind- und Feuerpartikeln und regt deshalb die Verdauungsaktivität stark an. Sie können aber auch die Bioenergien (von Vata und Pitta) leicht vermehren. Schwere Speisen werden von Erde- und Wasserpartikeln dominiert, was ihre Verdauung stark erschwert. Sie sollten deshalb zusammen mit verdauungsfördernden Gewürzen eingenommen werden oder in einer Phase intensiver körperlicher Betätigung."[25]

Das richtige Maß bedeutet, weder zu viel noch zu wenig zu essen. In unserer westlichen Gesellschaft denkt man meist nur an das Übermaß. Es gibt aber so viele Menschen, die genau das Gegenteil tun: Sie essen viel zu wenig und extrem unregelmäßig. Schauen wir uns einmal an, was mit Ihnen geschehen kann, wenn Sie nicht im rechten Maß essen.

24 Astanga-Samgraha, Sutrasthana, Kapitel 11, Vers 2
25 Astanga-Samgraha, Sutrasthana, Kapitel 11, Vers 3

Zu geringe Nahrungsmenge	Übermäßige Nahrungsmenge
Reduktion der Körperkraft, der Immunität, der Ausstrahlung des Teints, der mentalen Aktivität, der Intelligenz und der Funktion der Sinnesorgane. Sie produziert Verstopfung, Verlust von Fruchtbarkeit, Potenz und Libido; vermindert Lebenserwartung und Rüstigkeit, führt zu Unglück verheißenden Aktivitäten (selbstzerstörerischem Verhalten) und zur Manifestation verschiedener Arten von Vata-Erkrankungen.	Führt zu schneller Ansammlung aller Bioenergien (Dosha), die sich aus ihrem angestammten Platz heraus im ganzen Abdomen verteilen, ohne dass die Nahrung richtig verdaut worden ist. Sie bewegt sich dann im Magen-Darm-Kanal überhaupt nicht mehr und produziert dort verschiedene Krankheiten (Alasaka) oder wird zu schnell (mittels Erbrechen oder Abführen) aus dem Körper ausgeschieden (Visucika). Es entsteht der Zustand von unverdauter Nahrung oder Nahrungstoxine (Ama).

Menschen, die zu viel oder ungesunde Nahrung essen, werden zu Opfern der Wirkungsweisen von Toxinen (Ama). Das bedeutet, dass die Nahrung, die eigentlich Leben erhalten sollte, durch ihren Missbrauch (übermäßige Nahrungsmenge, schwer verdauliche Nahrungsmittel, falsche Kombinationen, Essen zur falschen Zeit usw.) toxische Qualitäten annimmt und den Esser umbringt.

Es ist eindeutig weniger schlimm, wenn Sie während des Tages einmal zu viel gegessen haben als in der Nacht. Durch die Sonneneinwirkung und Ihre Bewegung sammelt sich in den Körpergeweben (Dhatu) weniger Feuchtigkeit an und die Gefäß-Systeme (Shrota) sind etwas erweitert. So ist der Körper in der Lage leichter auszugleichen. In der Nacht sammeln sich Flüssigkeiten an und der Durchfluss ist eingeschränkt, was förderlich für die Entstehung von Ama ist.[26]

Wenn Sie deshalb abends einmal zu viel gegessen haben, sollten Sie unbedingt auf das Frühstück und auch die Mittagsmahlzeit verzichten, wenn das Schweregefühl nicht weggeht. Essen Sie grundsätzlich niemals, solange Sie die vorangegangene Mahlzeit nicht vollständig verdaut haben. Symptome für die komplette Verdauung sind, wenn Sie beim Aufstoßen keinerlei Geschmack wahrnehmen können, Sie sich leicht und energetisch fühlen und neuer Hunger einsetzt.

Die Verantwortung, die richtige Nahrungsmenge und für Sie kompatible Speisen

26 Astanga-Samgraha, Sutrasthana, Kapitel 11, Verse 40-44

zu essen, kann Ihnen niemand abnehmen. Auch der beste Leibarzt, der 24 Stunden mit seinem Herrscher verbringt, kann nur immer durch indirekte Schlussfolgerungen die Prozesse im Magendarmtrakt seines Klienten zu verstehen versuchen. Viel leichter ist, Sie hören auf die eigenen Empfindungen: „Jetzt fühle ich mich eigentlich satt! Aber ich muss den Teller noch leer essen, sonst regnet es morgen, oder es schmeckt so besonders lecker heute, oder wer weiß, wann ich wieder so etwas Feines zu essen bekomme, oder ich kann ja morgen einen Fastentag einlegen oder oder oder ..."

Sie wissen eigentlich auch ganz genau, was schwere und was leichte Speisen sind. Sie müssen nur Ihre Sinne einsetzen, auf Ihre Körpersignale hören und danach handeln.

Name	Botanische Bezeichnung	Sanskrit-Name und Gruppe	Referenz	Spezielle Wirkung bei	Wirkung auf Dosha
Ajwan (Carium) Samen	Trachyspermum ammi	Yavani	BP 1/6/II/	Blähungen, Blähbauch, Tumore im Bauchbereich, Milzerkrankungen, Wurmbefall, leicht verdaulich, verbessert Verdauungskraft, reduziert Fortpflanzungsgewebe, vermindert Kongestion des Atem- und Verdauungstraktes	VK- / P+ scharf und bitter, penetrierend, erhitzend
Aloe	Aloe vera (barbadensis)	Kumari	BP Guducyadi Varga	purgierend, gut für die Augen, verjüngend, Kräfte spendend, aphrodisisch, entgiftend, beseitigt Tumore vor allem im Bauchbereich, Vergrößerung von Leber und Milz, Kapha-Fieber, Verbrennungen, Varicellen und Hautkrankheiten	VP- / K+ bitter und süß (Rasa), kühlend (Virya), nährend (Guna)
Amla-Früchte	Emblica officinalis oder Phylantus emblica	Amalaki Haritakavarga	BP 1/6/II/	Blutungen wie Hämorrhoiden, stärkt Augen, fördert Elimination von Stuhl, Urin und Wind, Diabetes, Husten, Atemnot, Heiserkeit, Jucken, Gelbsucht, Nierensteine, Koliken, Durst, Erbrechen, Dysurie, Zurückhalten von Urin, Hautkrankheiten, abdominalen Tumoren, aphrodisierend, verjüngend	VPK = besänftigt Vata wegen seines sauren Geschmacks, Pitta wegen des süßen Geschmacks und kühlender Wirkung und Kapha wegen seines herben Geschmacks und austrocknender Wirkung
Apfel	Pyrus malus	Seva	BP Amradiphala Varga	kräftig den Körper, schwer zu verdauen, aphrodisisch	VP- / K+ süß (Rasa und Vipaka), kühlend
Aubergine	Solanum melongena	Vrintaka	BP Dhanyavarga	gleicht Vata- und Kapha-Störungen aus, aphrodisisch, fiebersenkend	VK- / leicht P+ süß (Rasa), scharf nach der Verdauung (Vipaka), erhitzend (Virya)
Banane	Musa paradisiaca	Kadali	BP Amradiphala Varga	verstopfend, schwer verdaulich, aphrodisisch, verbessert Blutgerinnung, beseitigt Hautbrennen, Hunger, Durst, Augenerkrankungen, Wunden in Lungen	VP- / K+ süß (Rasa), süß nach der Verdauung (Vipaka), kühlend (Virya), schwer, salbend (Guna)

Name	Botanische Bezeichnung	Sanskrit-Name und Gruppe	Referenz	Spezielle Wirkung bei	Wirkung auf Dosha
Basilikum	Ocimum basilicum	Barbari	BP Pushpavarga	Geschmack verbessernd, herztonisch, verbessert Stoffwechsel, leicht verdaulich, blutreinigend	KV- / P+ scharf (Rasa), kühlend (Virya), austrocknend (Guna)
Bockshornklee	Trigonella foenum-graecum	Methika	BP 1/6/II/	Post-natal, verbessert Periode, Muttermilch, Rheumatoider Arthritis, Windpocken	VK- / P+ scharf, süß, erhitzend
Buttermilch		Takra	BP Takra Varga	verdauungsfördernd, hilft bei Erkrankungen des Duodenums, öffnet (reinigt) die Gefäße (Shrota), aphrodisisch	VPK= sauer und herb (Rasa), süß nach Verdauung (Vipaka), erhitzend (Virya)
Datteln	Phoenix sylvestris	Kharjuri	BP Amradiphala Varga	schwer verdaulich, vermehrt Kraft, Samen, beseitigt Fieber, Durchfall, Hunger, Durst, Husten, Atemnot, Vergiftungserscheinungen bedingt durch Alkoholismus	VP- / K+ süß (Rasa), süß (Vipaka), kühlend (Virya), salbend (Guna)
Dill	Anethum graveolens	Shatapushpa	BP 1/6/II/	Fieber, Vata- und Kapha-Erkrankungen, Geschwüre, Bauchschmerzen, Augenerkrankungen, Schwellungen, Husten, Amenorrhöe, vermehrt Muttermilch, Blähungen (besonders bei Kindern)	VK- / P+ scharf, bitter, süß, ölig, leicht, erhitzend
Fenchel	Foeniculum vulgare	Mishreya	BP 1/6/II/	Fieber, Vata- und Kapha-Erkrankungen, Geschwüre, Bauchschmerzen, Augenerkrankungen, Schwellungen, Husten, Amenorrhöe, Schmerzen in der Vagina (Waschungen), vermehrt Muttermilch, Blähungen (besonders bei Kindern), Verstopfung	VK- / P+ scharf, bitter, süß, ölig, leicht, erhitzend
Galgant	Alpinia galganga und Alpinia officinarum	Mahabharivaca	BP 1/6/II/		VK- / P+ scharf, leicht, trocken und erhitzend

Name	Botanische Bezeichnung	Sanskrit-Name und Gruppe	Referenz	Spezielle Wirkung bei	Wirkung auf Dosha
Gelbholz	Zanthoxylum armatum	Tumburu	BP Haritakyadi Varga	wärmendes, anregendes Gewürz, das auf Milz und Magen einwirkt, blutdrucksenkend, harntreibend, Erkältung, Erkrankungen des Mundes und Zahnfleischs	VK- P+ scharf und bitter (Rasa), leicht, trocken, spitz (Guna), scharf (Vipaka), erhitzend (Virya)
Gerste	Hordeum vulgare	Yava	BP Dhanya-varga	hilft bei Geschwüren, schwarzen Hautflecken, Verschleimung, Hals- und Hautkrankheiten, Fettleibigkeit, verbessert Stoffwechsel, Intelligenz	KP- / V+ herb und süß (Rasa), scharf (Vipaka), erhitzend (Virya), austrocknend, aufbauend (Guna)
Granatapfel	Punica grantum	Dadima	BP Amra-diphala Varga	beseitigt Durst, Brennen, Fieber, schlechten Geruch von Mund, Hals, Darm; leicht verstopfend, gibt Intelligenz und Kraft	VPK- süß, sauer, sekundär auch herb (Rasa), salbend (Guna)
Gurke	Cucumis sativus	Trapusa	BP Amradi-phala Varga	beseitigt Müdigkeit, Blutungen, Brennen	PV- / K+ süß (Rasa), kühlend (Virya)
Haarblume, schlangenfruchtige	Trichosanthes kirilowii und Trichosanthes dioica	Patola	BP 1/6/II/ 385 Royal Horticultural Society 364	mögliche Wirkung gegen AIDS; blutreinigend, umstimmend, entzündungshemmend, bittertonisch, entgiftend	VPK- bitter (Rasa), leicht und trocken (Guna), scharf (Vipaka), erhitzend (Virya)
Ingwer, frisch	Zingiber officinalis	Adraka	BP 1/6/II/	Rheuma, Erbrechen, Atemnot, Heiserkeit, Bauchschmerzen, Herzkrankheiten, Wurmbefall, Hämorrhoiden, Blähungen, Verstopfung, Blähbauch, verbessert Geschmacks-empfinden, verbessert Stoffwechsel, ist aber schwerer zu verdauen und bewirkt Durchfall	VK- / P+ scharf im Geschmack (rasa), erhitzende Wirkung (virya) und süß im post-digestiven Effekt (vipaka); deshalb werden Vata und Kapha besänftigt
Ingwer, getrocknet	Zingiber officinalis	Shunti	BP 1/6/II/	Rheuma, Erbrechen, Atemnot, Heiserkeit, Bauchschmerzen, Herzkrankheiten, Wurmbefall, Hämorrhoiden, Blähungen, Verstopfung, Blähbauch, verbessert Geschmacks-empfinden, verbessert Stoffwechsel	VK- / P+ scharf im Geschmack (rasa), erhitzende Wirkung (virya), süß im post-digestiven Effekt (vipaka); deshalb werden Vata und Kapha besänftigt

Name	Botanische Bezeichnung	Sanskrit-Name und Gruppe	Referenz	Spezielle Wirkung bei	Wirkung auf Dosha
Kardamom	Elettaria cardomomum	Sukshma Ela	BP Karpuradi Varga	leicht verdaulich, beseitigt Atemnot, Blähungen, Husten, Hämorrhoiden, Dysurie	KV- / milde P+ scharf (Rasa), kühlend (Virya)
Kichererbsen	Dolichos bifloris	Kulattha	BP Dhanya-varga	reduziert Kurzatmigkeit, Husten, Schluckauf, Nierensteine	KV- / P+ süß und herb (Rasa), scharf (Vipaka), erhitzend (Virya)
Knoblauch	Allium sativum	Lasuna	BP Haritakyadi Varga		VK- / P+ bitter, süß, scharf, herb, salzig (Rasa), ölig, spitz, schwer, schleimig, mobil (Guna), scharf (Vipaka), erhitzend (Virya)
Kokos	Cocos nucifera	Narikela	BP Amradi-phala Varga	reinigt Blase, Harnwege, nährend, blutreinigend, fiebersenkend	VP- / K+ süß (Rasa), kühlend (Virya), schwer (Guna)
Koriander, frisches Kraut	Coriandrum sativum	Dhanyaka	BP 1/6/II/	Fieber, Durst, Brennen, Erbrechen, Atemnot, Husten, Gewichtsverlust, Wurmbefall, diuretisch, leicht verdaulich, verbessert Appetit	P- / VK= süß, schleimig, erhitzend und süß nach der Verdauung
Koriander, getrocknete Samen	Coriandrum sativum	Dhanyaka	BP 1/6/II/	Fieber, Durst, Brennen, Erbrechen, Atemnot, Husten, Gewichtsverlust, Wurmbefall, diuretisch, leicht verdaulich, verbessert Appetit	VPK= herb, bitter, scharf, schleimig, erhitzend und süß nach der Verdauung
Kreuzkümmel	Cuminum cyminum	Jiraka	BP 1/6/II/	Fieber, Durchfall, Tumore im Bauchbereich, Erbrechen, Entzündungen im Innenohr, Vata-Erkrankungen, verbessert Sicht, aphrodisierend, Kräfte spendend, verbessert Geschmacksempfindung und Intellekt, reinigt den Uterus, absorbiert Wasser, leicht verdaulich	VK- / P+ scharf und süß (Rasa), austrocknend und leicht (Guna), erhitzend (Virya), scharf (Vipaka)
Kuhmilch		Dugdha	BP Dugdha-varga	aphrodisisch (sehr schnell), fördert Intelligenz, anti-aging, hilft bei Heilung von Frakturen	VP- / K+ süß (Rasa), kühlend (Virya)

Name	Botanische Bezeichnung	Sanskrit-Name und Gruppe	Referenz	Spezielle Wirkung bei	Wirkung auf Dosha
Kümmel	Carum carvi	Krishnajiraka	BP 1/6/II/	Fieber, Durchfall, Tumore im Bauchbereich, Erbrechen, Entzündungen im Innenohr, Vata-Erkrankungen, verbessert Sicht, aphrodisierend, Kräfte spendend, verbessert Geschmacksempfindung und Intellekt, reinigt den Uterus, absorbiert Wasser, leicht verdaulich	VK- / P+ scharf, austrocknend, erhitzend
Kürbis	Curcurbita Pepo	Kushmanda	BP Dhanya-varga	leitet Toxine, auch Schwermetalle aus, stark nährend	KV- / P+ süß und bitter (Rasa), vermehrt Agni
Kurkuma, Gelbwurzel	Curcuma longa	Haridra	BP Haritakyadi Varga	Verdauungs-, Hautproblemen, Kreislaufstörungen, Gebärmuttertumor, Gelbsucht, Lebererkrankungen Menstruationsproblemen, Diabetes, Anämie, Geschwüre, Krankheiten des Blutes, antiseptisch, milchreinigend, verbessert den Geruchssinn, Wunden reinigend, beseitigt Ama	VP- / V+ / in geringen Menge auch VPK= bitter und scharf (Rasa), leicht, austrocknend (Guna), scharf (Vipaka), erhitzend (Virya)
Langer Pfeffer	Piper longum	Pippali	BP 1/6/II/	Husten, Atemnot, Blähbauch, Bauchschmerzen, Fieber, Lepra und andere Haut-erkrankungen, Diabetes, Hämorrhoiden, Milzerkrankungen, Rheuma, verbessert Intelligenz, Verdauung, Appetit, aphrodisierend, verjüngend, mit Honig vermischt reduziert Fett, leicht verdaulich	VK - / P+ süß nach Verdauung, milde erhitzende Wirkung, scharfer Geschmack; deshalb werden Vata und Kapha besänftigt
Linsen	Lens culinaris	Masura	BP Dhanya-varga	bei Fieber, wirkt verstopfend	KP- / V+ süß (Rasa und Vipaka), kühlend (Virya), austrock-nend (Guna)
Mandarine	Citrus sinensis	Mistanimbaphala	BP Amradi-phala Varga	hilft bei Halsbeschwerden, Vergiftungserscheinungen, Abmagerung, Appetitlosig-keit, Durst, Erbrechen	VP- / K+ süß und sauer (Rasa

Name	Botanische Bezeichnung	Sanskrit-Name und Gruppe	Referenz	Spezielle Wirkung bei	Wirkung auf Dosha
Mandel	Prunus amygdalus	Vatada	BP Amradi-phala Varga	aphrodisisch, stark nährend	VP- / K+ süß (Rasa), erhitzend (Virya), salbend (Guna)
Mango	Mangifora indica	Amra	BP Amradi-phala Varga	kann mit Milch gekocht werden; reife Frucht ist aphrodisisch, salbend, Kraft spendend, schwer zu verdauen, gut für das Herz und Haut. Appetitverlust, Fieber, Haut- und Augen-krankheiten treten auf, wenn saure Mango oder zu viel Mango verspeist werden. Ingwer und Kreuzkümmel, länger gekocht in Wasser, beseitigen solche Beschwerden	VP- / K+ süß mit leicht herbem Nachgeschmack (Rasa), kühlend (Virya)
Meersalz	Nicht gereinigtes Sodium-Chlorid	Samudra Lavana	BP Haritaki Varga	Meersalz ist schwerer zu verdauen als Steinsalz, ist appetitanregend, bewirkt einen Abgang der Winde nach unten, wirkt leicht abführend	V- / K+ / etwas weniger P+ salzig, leicht süß und bitter (Rasa), süß nach der Verdauung (Vipaka), leicht erhitzend (Virya)
Melone	Cucumis melo	Kharbuja	BP Amradi-phala Varga	diuretisch, Kräfte spendend, reinigt den Magendarmtrakt, schwer verdaulich, aphrodisisch	VP-, K+ süß (Rasa), kühlend (Virya), salbend (Guna)
Mung Dal	Phaseolus radiatus	Mudga	BP Dhanya-varga	leicht verdaulich, Wasser absorbierend, gut für Augen, reduziert Fieber	KP- / leicht V+ süß, herb (Rasa), kühlend (Virya), austrocknend (Guna)
Muskatnuss	Myristica fragrans	Jatiphala	BP Karpuradi Varga	verbessert Geschmacks-empfindung, leicht verdaulich, appetitanregend, gut für die Stimme, leicht verstopfend, beseitigt Mundgeruch, schlecht riechenden und schwarzen Stuhl, hilft bei Wurmbefall, Husten, Erbrechen, Kurzatmigkeit, Rhinitis, Herzerkrankungen und verbessert die Stimme	KV- / P+ bitter und scharf (Rasa), scharf nach der Verdauung (Vipaka), erhitzend (Virya)

Name	Botanische Bezeichnung	Sanskrit-Name und Gruppe	Referenz	Spezielle Wirkung bei	Wirkung auf Dosha
Nelken	Caryophyllus aromaticus	Lavanga	BP Karpuradi Varga	leicht verdaulich, appetitanregend, Geschmack verbessernd, gut für die Augen, blutreinigend, beseitigt Durst, Erbrechen, Blähungen, Koliken, Husten, Atemnot und Schluckauf	KP- / milde V+ bitter und scharf (Rasa), kühlend (Virya)
Orange	Citrus aurantium	Naranga	BP Amradiphala Varga	Geschmack verbessernd, leicht abführend	V- / PK+ sauer, süß (Rasa), erhitzend (Virya)
Pfirsich	Pyrus communis	Amritaphala	BP Amradiphala Varga	leicht verdaulich, aphrodisisch	VPK- süß (Rasa und Vipaka)
Reis	Oryza sativa	Shali	BP Dhanyavarga	diuretisch, milde verstopfend und verringert Quantität von Stuhl, leicht verdaulich, Kräfte spendend, aphrodisisch	P- / leicht VK+ süß und herb (Rasa), kühlend (Virya), salbend (Guna)
Rote Bohnen	Phaseolus aconitefolius	Makushta	BP Dhanyavarga	bei Fieber und Wurmbefall, wirkt verstopfend, leicht verdaulich	KP- / V+ süß (Rasa und Vipaka)
Safran	Crocus sattivus	Kumkuma	BP Karpuradi Varga	beseitigt Kopfschmerz, Geschwüre, Würmer, Erbrechen, sehr gut für die Regulierung der Haut, hilft bei Hautflecken im Gesichtbereich	VPK- bitter (Rasa), scharf und salbend (Guna)
Salz aus Binnenland-Salzseen	Raffiniertes Sodium-Chlorid	Sakambhariya Lavana	BP Haritaki Varga	leicht verdaulich, wirkt abführend, erhöht die Feuchtigkeit und blockiert dadurch die Gefäße (Shrota), ist ähnlich in der Wirkung mit raffiniertem Salz	V- / PK+ salzig (Rasa), sehr erhitzend (Virya), scharf nach der Verdauung (Vipaka), fein und penetrierend (Guna)
Schwarzer Pfeffer	Piper nigrum	Marica	BP 1/6/II/	Atemnot, Bauchschmerzen, Wurmbefall, geringer Appetit, schleimlösend	VK- / P+ scharf, erhitzend, penetrierend, austrocknend
Schwarzkümmel	Nigella sativa	Kalika	BP 1/6/II/	Fieber, Durchfall, Tumore im Bauchbereich, Erbrechen, Entzündungen im Innenohr, Vata-Erkrankungen, verbessert Sicht, aphrodisierend, Kräfte spendend, bessert Geschmacksempfindung und Intellekt, reinigt den Uterus, absorbiert Wasser, leicht verdaulich	VK- / P+ scharf, austrocknend, erhitzend

Name	Botanische Bezeichnung	Sanskrit-Name und Gruppe	Referenz	Spezielle Wirkung bei	Wirkung auf Dosha
Sellerie, Samen	Apium graveolens	Ajamoda	BP 1/6/II/	Augenkrankheiten, Wurmbefall, Schluckauf, Erbrechen, Blasenschmerzen, verbessert Verdauungskraft, herzstärkend, blutdrucksenkend, Kräfte spendend, aphrodisierend, leicht verdaulich, produziert Hitze im Körper	VK- / P+ scharf, penetrierend, erhitzend
Sellerie, Wurzel und Kraut	Apium graveolens	-		Pfarrer Künzle bezeichnet Sellerie als harntreibend, heilsam gegen Nierengrieß, Blasen und Nierensteine, aber warnt vor zu intensiver Anwendung bei Herzschwäche; Ayurveda bezeichnet interessanterweise die Samen als herzstärkend	VK- / P+
Sesam	Sesamum indicum	Tila	BP Dhanya-varga	kräftigend, anabolisch, vermehrt Muttermilch und Samen, gut für Augen, Zähne, Haare, Haut und Knochen, reduziert Fäkalien und Urin	VPK= scharf, bitter, süß und herb (Rasa), scharf und süß nach der Verdauung (Vipaka), erhitzend (Virya), schwer, salbend (Guna)
Spinat	Spinacia oleracea	Palakya	BP Shaka-varga	blutreinigend, anti-toxisch, beseitigt Krankheiten mit Pitta, Kapha und Rakta (Blut)	PK- / V+ kühlend (Virya)
Steinsalz	Sodium-Potassium-Chlorid	Saindhava Lavana	BP Haritaki Varga	Appetit anregend, verbessert Geschmackswahrnehmung, ist gut für die Augen	VPK ausgleichend, wenn mäßig konsumiert salzig und süß (Rasa), ölig und fein (Guna), kühlend (Virya)
Stinkasant	Ferula assa-foetida	Hingu	BP 1/6/II/	Blähungen, Kolik, Bauchschmerzen, Verstopfung, Ruhr, Keuchhusten, Bronchitis, Fieber, fördert Eisprung, reinigt Uterus, verbessert Peristaltik, Appetit, Tumore im Bauchbereich, Reiz mindernd	VK- / P+ bitter, scharf, leicht, ölig, erhitzend

Name	Botanische Bezeichnung	Sanskrit-Name und Gruppe	Referenz	Spezielle Wirkung bei	Wirkung auf Dosha
Urad Dal	Phaseolus mungo	Masa	BP Dhanya-varga	schwer verdaulich, leicht abführend, nährend, aphrodisisch, diuretisch, vermehrt Brustmilch, Fettgewebe; hilft bei Hämorrhoiden, Gesichtslähmung, Kurzatmigkeit, Bauchschmerzen	V- / PK+ süß (Rasa und Vipaka), schwer, salbend (Guna)
Wacholderbeeren	Juniperus communis	Hapusa davya	BP Haritakyadi Varga	Dysmenorrhö, Amenorrhöe, 10-15 Beeren über den Tag verteilt für 4-6 Wochen bei Magenbeschwerden, bei Krankheiten des Zwölffingerdarms, Magendarm-Tumoren, Koliken, stimuliert Nerven, Asthma, Hämorriden, Bronchitis	VK- / P+ bitter und scharf (Rasa), schwer, austrocknend, spitz (Guna), scharf (Vipaka), erhitzend (Virya)
Wachskürbis	Benincasa hispida und cerifera	Kushmanda Shakavarga	BP 1/6/II/ The Royal Horticultural Society	Vergiftung durch Quecksilber, Schlangenbiss oder toxischen Pflanzen (frischer Saft); Epilepsie, Asthma, Lungenentzündung, Schluckauf, Husten, Harnverhaltung, innere Blutungen (Frucht), Diabetes (Rinde), Bandwurm (Samen)	
Walnuss	Juglans regia	Akshota	BP Amradiphala Varga	nur in kleinen Mengen genossen, wenn mit bitter-süß-herbem Geschmack günstig auf alle Dosha	PK- / V= bitter, süß, herb
Weintrauben	Vitis vinifera	Draksha	BP Amradiphala Varga	leicht abführend, gut für Augen und Stimme, stärkend, anabolisch, hilft bei Gelbsucht, Gicht, Fieber, Atemnot, Dysurie, Brennen, Fieber, Abmagerung, Alkoholismus	PV- / K+ süß, sauer, sekundär auch herb, süß nach Verdauung (Vipaka), kühlend (Virya)
Weizen	Triticum sativum	Godhuma	BP Dhanya-varga	aphrodisisch, stärkend, heilend, leicht abführend, verbessert Haut, beseitigt Geschwüre, verleiht Stabilität	PV- / K+ süß (Rasa), kühlend (Virya)

Name	Botanische Bezeichnung	Sanskrit-Name und Gruppe	Referenz	Spezielle Wirkung bei	Wirkung auf Dosha
Yoghurt		Dadhi	BP Dadhi-varga	gibt Kraft und ist aphrodisisch, appetitanregend	V- / PK+ süß, sauer, leicht herb (Rasa), sauer nach Verdauung, erhitzend (Virya)
Ziegenmilch		Ajadugdha	BP Dugdha-varga	leichter verdaulich, kann alle Krankheiten bessern, insbesondere Diarrhöe, Tuberkulose, Husten	VPK= süß, herb, bitter (Rasa)
Zimt	Cinnamomum zeylanicum	Dalcini	BP Karpuradi Varga	wohlriechend, aphrodisisch, Kräfte spendend, beseitigt Mundtrockenheit und Durst	VP- / milde K+ süß, bitter (Rasa)
Zitrone	Citrus limon	Jambhira	BP Amradi-phala Varga	beseitigt Verstopfung, Bauchschmerzen, Husten, Übelkeit, Erbrechen, Durst, schlechten Mundgeruch, Würmer, Bakterien, Herzstechen und Ama	VK- / P+ Sauer (Rasa), erhitzend (Virya)
Zwiebel	Allium cepa	Palandu	BP Haritaki Varga	Die Zwiebel ist ähnlich in ihrer Wirkung wie der Knoblauch, stärkt und vitalisiert, ist aber nicht leicht zu verdauen.	V- / KP+ süß im Geschmack (Rasa) und nach der Verdauung (Vipaka), milde erhitzend (Virya)

4. Harmonische Ernährung für jede Konstitution

Eine gesunde Ernährung bedeutet in der Ayurveda, dass jeder Mensch seiner persönlichen Konstitution und Lebensweise entsprechend seine Nahrung auswählen und zubereiten sollte. Je nachdem, wie Ihr Stoffwechsel arbeitet, können Sie die unterschiedlichsten Speisen besser oder schlechter verdauen. Das Sprichwort „Du bist, was du isst", ist bei uns sehr bekannt. In der Ayurveda sagen wir „Du bist, was du verdaust", denn je nach Konstitutionstyp kann die Verwertung von Nahrungsmitteln sehr unterschiedlich sein und damit können im schlimmsten Fall die wertvollsten Speisen den Verdauungstrakt nahezu unverdaut wieder verlassen.

Das Ziel einer harmonischen Ernährung ist es, mit jeder Mahlzeit neue Lebensenergie zu gewinnen und das Essen dabei mit allen Sinnen zu genießen. Völlegefühl, Blähungen, Müdigkeit nach dem Essen oder Sodbrennen sind nur einige Anzeichen dafür, dass der Verdauungsvorgang unvollständig war und Ihren Organismus eher belastet als unterstützt hat.

So gibt es in der Ayurveda eine Fülle von individuellen und allgemeinen Ernährungsempfehlungen, die uns helfen können, mehr Gesundheit, vitale Lebensenergie und neue Freude am Essen zu erlangen.

In der Ayurveda sagen wir: „Der Appetit ist der beste Indikator für die Gesundheit", und die für ihre Konstitution optimale Ernährung erkennen Sie daran, das Sie die Speisen besonders wohl tuend im Duft, Geschmack und Aussehen empfinden und sich direkt nach dem Essen angenehm genährt und gut aufgebaut fühlen. So benötigt eine ausgewogene Konstitution keine spezielle Diät oder strenge Ernährungsregeln, an die sie sich täglich zu halten hat. Im Gegenteil, eine vielseitige, ausgewogene und wohl schmeckende Ernährung stärkt und erfreut den Körper, die Psyche und alle Sinne.

Befindet sich Ihre *Dosha*-Konstitution jedoch im Ungleichgewicht, so ist der Geschmack kein zuverlässiger Ratgeber. Je nachdem, welche Ihrer Grundenergien aus dem Lot geraten ist, kann dies ungesunden Heißhunger und Gelüste zur Folge haben. Das erhöhte *Dosha* dominiert nun nicht nur das persönliche Energiegleichgewicht, sondern regiert auch unser Essverhalten.

So stelle ich sehr oft fest, dass sich Menschen mit einem erhöhten *Vata-Dosha* vornehmlich zu Rohkosternährung und strenger vegetarischer Kost mit stark reinigendem Charakter hingezogen fühlen. Doch dies kann im gesteigerten Maße die *Vata*-Störung noch erhöhen. Warme Suppen und saftig zubereitete Gemüsegerichte, wie wir sie z. B. zur Winterzeit lieben, wären hier eine sehr viel bessere Ausgleichskost.

Oder Menschen mit einem erhöhten *Pitta-Dosha* bevorzugen scharfes Essen, pflegen regelmäßigen Alkohol- und Kaffeegenuss. Dabei wirkt dies erhitzend und regt die Säurebildung im Stoffwechsel an. Dies erhöht dann das *Pitta* noch mehr, was starkes Schwitzen, Hautrötungen und Entzündungsprozesse zur Folge haben kann. Sehr viel empfehlenswerter wären frische Salate, grüne Gemüse und kühle Getränke, wie wir sie z. B. im Sommer lieben.

Die so genannten *Kapha*-Konstitutionen lieben Käse, Milchprodukte und Süßigkeiten, wenn sie sich in einer erhöhten Kapha-Phase befinden. Dass dies Gewichtszunahme, Verschleimung und Trägheit zur Folge haben kann, stört sie in diesem Moment nur wenig. Doch essen sie eine Zeit lang gut gewürzte Speisen mit scharfen und anregenden Kräutern, so stellen sie fest, dass ihnen diese Speisen nicht nur hervorragend schmeckten, sondern ihnen auch eine völlig neue Lebensqualität verleihen.

Was wir aus diesen Phänomenen ersehen können ist: Befinden wir uns mit unserer Konstitution im Gleichgewicht, so nehmen wir automatisch und mit großer Freude Speisen ein, die für unser inneres und äußeres Wohlbefinden zuträglich sind.

Ist unser natürliches *Dosha*-Gleichgewicht hingegen gestört, so werden wir von der jeweils angesammelten *Dosha*-Kraft zum falschen Essen verleitet. Und dies verstärkt die jeweilige Störung auf empfindliche Weise.

Aus diesem Grunde benötigen wir zu Beginn einer Ernährungsumstellung das Wissen und die Regeln, um die richtige Ernährung für die eigene Konstitution *Prakriti* und Verdauungstätigkeit *Agni* zu finden.

Erst nach einer Weile können wir uns dann auf unsere wieder belebten Instinkte verlassen und unsere natürlichen Vorlieben als Richtungsweiser für eine harmonische und energiespendende Nahrung nutzen.

Das grundlegende Prinzip der konstitutionsgerechten Ayurveda-Ernährung beruht auf dem Ausgleich der übermäßigen Eigenschaften.

Jedes *Dosha* manifestiert sich im Organismus durch bezeichnete Eigenschaften wie leicht, schwer, kalt, warm, trocken, feucht usw. Sind Sie von Natur z.B. ein *Pitta*-Typ, so sind die Eigenschaften, *Gunas*, von Wärme, Weichheit, Säure und Schärfe in Ihnen relativ ausgeprägt. Die tägliche Ernährung dient nun zum Ausgleich dessen und schenkt ihnen mit kühlender, süßer und beruhigender Nahrung alles, was Sie für ein harmonisches Verdauungsfeuer benötigen.

Eines der wichtigsten Therapeutika für eine harmonische Ernährungsabstimmung ist der Einsatz der richtigen Geschmacksrichtung, *Rasa*. Für jede *Dosha*-Konstitution werden Gewürze, Gemüse und Früchte nach ihrem spezifischen Geschmack ausgewählt und auf individuelle Weise zubereitet. So nutzen wir die täg-

liche Ernährung als Heilmittel und Ausgleichstherapie für die körperliche und geistige Gesundheit.

In der ayurvedischen Ernährungstherapie sprechen wir von sechs Geschmacksrichtungen, *Rasas*, in die alle Nahrungsmittel, Kräuter und Gewürze eingeteilt werden.

Jeder Geschmack setzt sich aus verschiedenen Elementen zusammen und verfügt über spezielle Qualitäten und Heilwirkungen. Die *Doshas* werden entsprechend der ihnen zugeordneten Geschmacksrichtungen verstärkt bzw. vermindert. Somit ist der bewusste Einsatz der verschiedenen Geschmacksrichtungen eine der wichtigsten Maßnahmen der konstitutionsgerechten Ernährung und Pflanzentherapie.

Weitere Faktoren, welche über unser Wohlbefinden bestimmen, sind unter anderem das Lebensalter, die Jahreszeit, belastende Umweltfaktoren und emotionale Stresssituationen.

Die sechs Geschmacksrichtungen mit ihrer Wirkung auf die Doshas (+ erhöht / - vermindert)

Geschmack	Vata	Pitta	Kapha
süß	–	–	+
sauer	–	+	+
salzig	–	+	+
scharf	+	+	–
bitter	+	–	–
zusammenziehend	+	–	–

Entscheidend für den Erfolg einer Ernährungsumstellung ist die langsame Verwirklichung der neuen Ernährungsregeln. Versuchen Sie nicht, alle von uns empfohlenen Regeln sofort in die Praxis umzusetzen, sondern begnügen Sie sich mit kleinen Schritten.

Nach meiner Erfahrung ist es bis jetzt noch fast niemandem gelungen, sein Leben von heute auf morgen komplett umzustellen. Im Gegenteil, eine Rosskur ist meist nur von kurzer Dauer und verleitet nach einiger Zeit dazu, wieder in die alten Ernährungs- und Lebensstrukturen zurückzufallen.

Nehmen Sie sich für jede Woche zwei oder drei neue Ernährungsgewohnheiten vor, und genießen Sie die neue Fülle Ihres ayurvedischen Speiseplans. Mit Ayurveda können Sie nicht nur auf einige Ihrer altgeliebten (doch schädlichen) Gewohnheiten verzichten, sondern eine neue, mindestens ebenso genussvolle Ernährungsweise hinzugewinnen.

Die richtige Ernährung unterstützt den Menschen in seiner persönlichen Entwicklung auf körperlicher, geistiger und seelischer Ebene. Sie schenkt uns, was wir für ein gesundes Wachstum benötigen, und befreit den Einzelnen von unnötigem Ballast.

Viele Menschen können jedoch ihre individuelle Konstitution nicht so akzeptieren, wie sie ist, und versuchen mit einer ausgewählten Ernährungs- und Lebensweise ein anderer zu werden, als sie vom Ursprung her sind. Sehr zum Leidwesen vieler Frauen und Männer, die z. B. trotz anhaltender Diät immer noch nicht die schlanke Figur bekommen haben, die sie sich wünschen, stellen wir immer wieder fest, dass man aus einem Goldfisch nun einmal keinen Kanarienvogel machen kann.

Erwarten Sie deshalb keine Wunder von der ayurvedischen Ernährung, sondern betrachten Sie sie als bereichernde Ergänzung Ihres Lebens zur natürlichen Unterstreichung des persönlichen Konstitutionstyps.

Eine konstitutionsbestimmte Ernährung wird in der Ayurveda auf die körperliche Konstitutionsausprägung, die psychische Konstitutionsausprägung sowie die individuelle Funktionsweise des Stoffwechsels abgestimmt. Ebenso spielen die persönliche Lebensweise und die Belastungssituationen im Alltag eine große Rolle, um die optimale Ernährungsweise zusammenzustellen.

Wenn in einem Menschen die Konstitutionsprägung und sein Lebensstil eindeutig auf ein *Dosha* zu definieren sind, so ist eine Ernährungsberatung einfach. Doch meistens gilt es viele verschiedene Komponenten und *Dosha*-Einflüsse zu berücksichtigen, und damit ist die richtige Ernährungsform wie ein Mosaik, in das auf ganzheitliche Weise die differenzierten Bedürfnisse des Menschen, seines Verdauungstraktes, seiner körperlichen und emotionalen Anlagen verwoben sind.

Die wenigsten Menschen lassen sich einem eindeutigen Konstitutionstyp zuordnen, sondern sind eine faszinierende Mischung aus *Vata*, *Pitta* und *Kapha*. Die so genannten Mischtypen passen zwar in die üblichen Konstitutionsbestimmungs-Fragebogen nicht so gut hinein, erfreuen sich aber einer sehr vielseitigen Persönlichkeitsstruktur auf körperlicher und geistiger Ebene. Wenn auch Sie eher ein Mischtyp sind, kann sich das in einer unterschiedlichen Prägung Ihrer körperlichen und psychischen Anlagen ausdrücken. Das heißt z. B., Ihr Körper entspricht von seiner Statur und Funktionsweise her dem *Kapha*-Typen und Ihr Geist und Ihre Persönlichkeit sind sehr *Vata* geprägt. In diesem Falle wären Sie ein *Kapha-Vata*-Typ. Ebenso ist es

möglich, dass sich zwei *Doshas* gleichmäßig mischen: Sie haben die Statur eines *Pitta*-Typs, die Hände, Haare und Haut von *Vata*, die Verdauung von *Pitta* und Beschwerden von *Vata* und *Pitta*. Dann würde man Sie als *Vata-Pitta*-Typ bezeichnen.

Besonders interessant ist es, wenn die körperlichen und psychischen Konstitutionsanteile unterschiedlich ausgeprägt sind. Dann benötigen Sie z. B. sehr viel leichte und frisch gekochte Nahrung mit einer scharfen Geschmackskomponente für Ihre körperlichen Bedürfnisse, und damit Ihre Psyche ebenfalls gut genährt wird, werden süße und nahrhafte Nahrungsmittel empfohlen und in den Speiseplan integriert.

Die Ayurveda lehrt uns eine Ernährungsweise, welche das physische wie psychische Wohlbefinden stärkt. Jeder Konstitutionstyp neigt zu bestimmten Beschwerden und hat spezifische Eigenschaften und Neigungen, welche sich in dem konstitutionstypischen Lebensstil und in den Ernährungsgewohnheiten widerspiegeln. Diese richtig zu interpretieren und liebevoll in Harmonie zu bringen ist die Kunst der ganzheitlichen Ernährungslehre.

Ziel der ayurvedischen Ernährung ist es, die Tridoshas ins individuelle Gleichgewicht zu bringen und das Agni zu stärken. So bestimmt jeder Mensch mit der Auswahl, Zusammenstellung und Zubereitungsart seiner Speisen selbst über die Vermehrung oder Verminderung der Dosha-Anteile in seinem Körper.

Bei der konstitutionsbestimmten Ernährungseinteilung ist es unerheblich, ob ein Dosha von Natur aus ständig erhöht ist oder nur kurzzeitig durch eine Störung aus dem Gleichgewicht geraten ist. Die spezielle Dosha ausgleichende Kost sollte so lange praktiziert werden, bis die diesbezüglichen Symptome verschwunden sind.

Empfehlenswerte Eigenschaften und Geschmacksrichtungen für die Doshas

	Vata	Pitta	Kapha
guna	leicht, warm, weich, feucht, beruhigend	kühl, mild, weniger gekocht, schwer	leicht, warm, trocken, anregend
rasa	süß, salzig, leicht sauer, leicht scharf	süß, bitter, zusammenziehend	scharf, bitter, zusammenziehend

4.1. Individuelle Ernährungsempfehlungen für die Vata-Konstitution

Menschen mit einer dominanten Vata-Konstitution sind echte Feinschmecker. Sie verfügen über einen ausgesprochen feinen Gaumen und können die Qualität der Speisen sehr gut wahrnehmen. Diese Gabe ermöglicht es der Vata-Konstitution, energiereiche und bekömmliche Speisen intuitiv auszuwählen und damit den Körper zu stärken und den Geist zu befriedigen. Und da das gesamte Vata-Verdauungssystem und der Stoffwechsel eher von empfindlicher und unbeständiger Natur sind, ist eine bewusste Ernährung für diesen Konstitutionstypen ganz besonders wichtig, um Verdauungsstörungen, Blähungen und Verstopfung zu vermeiden.

Ein ausgepägtes Vata macht sich oft durch einen unregelmäßigen Appetit und eine tief greifende Abneigung gegen Routine in den Ernährungs- und Lebensgewohnheiten bemerkbar. Das Verdauungsfeuer arbeitet meist unausgeglichen und schwankend, das heißt, manchmal können nahezu alle Speisen gut resorbiert werden, zu anderen Zeiten treten starke Blähungen und Koliken, ein aufgedunsener Bauch und eine wechselhafte Verdauung (meist mit Verstopfung verbunden) als Folge eines zu schweren Essens auf. Der Stuhl ist in diesem Fall dunkel, trocken und schwer. Wir sind innerlich sehr angespannt, fühlen uns unwohl und ausgelaugt, frieren leicht und haben keine Kraft. Häufig treten Schlafstörungen, Nervenreizungen sowie Verspannungen und Schmerzen im Gliederbereich auf.

Die wichtigsten Eigenschaften einer Vata ausgleichenden Ernährung lassen sich mit den Begriffen warm, befeuchtend, nährend, beruhigend, befriedigend und erdend beschreiben. Warme Speisen, Eintopfgerichte und einfache, mild gewürzte Mahlzeiten wirken nun besonders wohl tuend.

Ist das Vata durch eine Störung oder konstitutionsbedingt erhöht, kann der Körper durch eine vitalstoffreiche und leicht verdauliche Kost neue Kraft gewinnen und sich stabilisieren. Vorraussetzung für ein gutes Verdauungssystem ist allerdings eine ruhige und beständige Lebensweise. Stress, innere Anspannung und Ängste blockieren den gesamten Stoffwechselprozess und müssen, um eine langfristige Verbesserung des Gesamtzustandes zu gewährleisten, abgebaut werden.

Da das persönliche Wohlbefinden einer Vata dominierten Persönlichkeit sehr stark vom Zustand des Nervenssystems bestimmt wird, sind eine harmonische Atmosphäre, regelmäßige Mahlzeiten und die Möglichkeit, den persönlichen Wünschen genügend Zeit und Raum zu gewährleisten, grundlegend für jeden Vata-Typ.

So ist eine ruhige und bewusste Atmosphäre während der Mahlzeiten bei einer Vata-Erhöhung die Grundvoraussetzung für aktive Verdauungssäfte. Eine angenehme Hintergrundmusik und entspannende Gesellschaft beim Essen können hier sehr

unterstützend wirken, sie helfen die Lebenskraft der Speisen umzusetzen und Blähungen zu vermeiden. Gönnen wir uns eine kleine Mittagsruhe oder eine entspannende Verdauungspause nach der Hauptmahlzeit, so verhindern wir damit einen raschen Energieabfall und Stoffwechselstörungen, die sich sonst als toxische Ablagerungen (Vata-Ama) besonders in den Gelenken bemerkbar machen werden.

Je höher das Vata ist, umso schwächer wird Agni, das Verdauungsfeuer. Alle frisch zubereiteten Speisen sind reich an Lebensenergie, Prana, und wirken besonders stimulierend für den Vata betonten Stoffwechsel. Eine ausgewogene Mahlzeit sollte immer frisch zubereitet sein und aus überwiegend saftig gekochten Gemüsen, fein geschroteten Getreiden und milden Gewürzen bestehen.

Besonders empfindlich ist das Vata-System im Winter, am Nachmittag und bei windiger, rauer Witterung. Hier sollten alle schwer verdaulichen Nahrungsmittel wie z. B. Hülsenfrüchte, Kohl, Pilze, Paprika, rohe Zwiebeln nur in geringem Maße den Speisen zugefügt werden, da sonst der sensible Organismus überfordert und überreizt wird. Auch alle chemischen Nahrungsmittelzusätze, Geschmacksverstärker und Emulgatoren stören Vata stark, und es ist besser, sie grundsätzlich zu meiden.

Statt dessen sind warme und salzige Brühen, eingeweichte Trockenfrüchte, Nüsse, Samen und erwärmende Gewürze wie Anis, Fenchel, Zimt oder Ingwer besonders aufbauend und harmonisierend.

Bei Bedarf können auch süße Früchte, beruhigende Kräuter- und Gewürztees mit Honig und/oder Milch sowie eine warme Milch mit Honig zwischen den Mahlzeiten eingenommen werden, um dem labilen Vata-Stoffwechsel neue Energie zuzuführen.

Anne

Die Konstitution und Lebensweise von Anne zeichnet sich durch viele Vata-Eigenschaften aus. Sie ist sehr schlank, agil und lebhaft, hat eine sehr trockene Haut mit Ekzembildung und leidet oft unter Blähungen. Trotz ihres jungen Alters von 28 Jahren fühlt sie sich oft ausgelaugt, kraftlos und hat Schmerzen in den Gelenken. Doch dies ist für sie kein Grund, ihr aktives Leben ein wenig ruhiger zu gestalten. Anne lebt alleine, arbeitet als Sekretärin in einem großen Unternehmen (im Großraumbüro), hat viele Freunde, Hobbys und Aktivitäten. Sie reist für ihr Leben gern, liebt es, mit ihren Freunden ins Restaurant zu gehen, und beschäftigt sich eingehend mit moderner Kunst.

Als Anne mich zu einer ayurvedischen Beratung konsultierte, klagte sie vor allem über ihre starke Unruhe und Nervosität, innere Ängste und ein schwaches Immunsystem. Ständig wurde sie krank und litt unter leichten Infektionserkrankungen, Blasenentzündungen oder starken Kopfschmerzen.

Nach einem eingehenden Gespräch wurde Annes Problematik sehr schnell klar.

Aufgrund ihrer körperlichen Eigenschaften und ihres bewegten und stressvollen Lebenswandels war ihr Vata sehr erhöht. Die starke Geräuschkulisse, Konkurrenzkampf und Mobbing an ihrem Arbeitsplatz, wechselhafte Beziehungen und eine unstete Lebensweise nagten täglich an ihrer inneren und äußeren Stabilität. Auf meine ersten Empfehlungen reagierte Anne sehr negativ. Die Vorschläge, mehr Abende zu Hause zu verbringen, um die erschöpften Kräfte wieder zu regenerieren, und statt ständigem Auswärts-Essen doch auch einmal selbst zu kochen, lösten fast eine Panik in ihr aus: Was soll ich denn zu Hause mit mir anfangen, da werde ich ja verrückt.

Erst nach einem längeren Gespräch erkannte Anne die Problematik ihrer Konstitution. Als Vata-Typ braucht sie viel geistige Anregung und Kommunikation. Diese nährt ihren kreativen und flexiblen Geist. Statt immer in verrauchten Kneipen zu sitzen, kann sie ihren Wunsch nach Gesellschaft und Austausch auch in einem Malkurs oder einem gemütlichen Abend mit Freunden bei einem leckeren Essen zu Hause zum Ausdruck bringen.

Damit Vata-Menschen genügend Kraft und Stabilität in ihrem (oft aufreibenden) Leben haben, sind einige regelmäßige Gewohnheiten unablässig. So ist es sehr wichtig für Anne, dass sie an ihrem Arbeitsplatz viel heißes Wasser trinkt (statt Kaffee) und sich bei warmen Ölbädern von ihrem beruflichen Stress erholt. Sie sollte jeden Abend eine schöne Gemüsesuppe essen und spätestens gegen 22.30 Uhr zu Bett gehen.

All dies konnte Anne leicht in ihrem Alltag umsetzen. Durch die ayurvedische Ernährung angeregt, entwickelte sie sich zu einer hervorragenden Köchin und hat nun viel Freude am kreativen Umgang mit den exotischen Speisen und Gewürzen. Insgesamt fühlt sie sich ausgeglichener und zentrierter. Dies drückt sich auch durch ihre kraftvoll-dynamische Ausstrahlung, verbesserte Gesundheit und schöne Haut aus.

Konstitutionsbezogene Speiseplanempfehlungen für Vata

Frühstück

Das Frühstück ist die wichtigste Mahlzeit für Vata, da wir am Morgen über den Energiestatus des ganzen Tages bestimmen. Warmer Getreidebrei aus Reis- oder Weizenflocken mit etwas Ghee und Vollrohrzucker, gebackene Bananen oder gedünstete Birnen, auch Trockenfrüchte, frische süße Früchte wie Trauben, Mango oder Papaya sind empfehlenswert. Heiße Milch mit Safran, Kardamom und Zucker ist ebenfalls ein sehr gutes Vata-Frühstück, gesetzt den Fall, sie wird alleine eingenommen. Als einzige Ausnahme können aufbauende Rasayanas wie Ashwaganda oder Chayawanprush mit der Milch eingenommen werden.

Mittagessen
Ein leicht verdauliches Mittagessen mit viel Reis, milden Gemüsen wie z. B. Karotten, Fenchel, Auberginen und Zucchini ist sehr zu empfehlen. Ein süßes Dessert und ein fruchtiges Chutney runden die vollwertige Mahlzeit auf nährende und beruhigende Weise ab. Verzichten Sie auf zu viel tierisches Eiweiß, und meiden Sie alle Hülsenfrüchte außer Mungbohnen und Urad Dal. Ebenso kann Salat nicht so gut verdaut werden und sollte nur in kleinen Mengen genossen werden.

Abendessen
Eine warme Suppe nährt Leib und Seele von Vata am Abend. Dazu können Kartoffeln, Teigwaren, süße Gemüse mit beruhigenden Gewürzen und etwas Ghee gegessen werden.

Sonstiges
Für Vata ist Naschen zwischendurch erlaubt, da Sie aufgrund ihres labilen Agnis öfters essen dürfen. Erlauben Sie sich am Vormittag noch eine kleine Obstmahlzeit, und nehmen Sie am Nachmittag in aller Ruhe einen guten Chai mit einem kleinen Keks, Trockenfrüchten oder eine leckere Reiswaffel mit Butter und Honig ein.

4.2. Individuelle Ernährungsempfehlungen für die Pitta-Konstitution

Ist in einer Konstitution das Pitta ausgeprägt, so ist das Verdauungsfeuer von Natur aus stark und stabil und die betreffende Person besitzt viel Energie, Lebenskraft und eine robuste Gesundheit. So vertragen diese Menschen nahezu alle Speisen auf vorzügliche Weise und können die Ernährungs- und Verdauungsprobleme anderer auf gar keine Weise nachvollziehen und verstehen. Das einzige Ernährungsproblem, das sie kennen, ist ständiger Hunger und schlechte Laune, wenn das Essen nicht schnell genug verfügbar ist.

Ein erhöhtes Pitta führt kurzzeitig zu einem zu starken Agni, aber langfristig werden die Verdauungssäfte ebenso geschwächt wie bei allen anderen Dosha-Störungen, da nun die Hitze aus dem Verdauungstrakt in die Haut wandert und der vermehrte Wasseranteil des Pittas das Agni schwächt.

Leiden wir unter Pitta-Störungen, so drückt sich dies zuerst durch starkes Schwitzen, eine rote Gesichts- und Hautfarbe sowie ein gereiztes Gemüt aus. Der Stoffwechsel übersäuert, und es können Beschwerden im Magen-Darm-Trakt, Sodbrennen und Kopfschmerzen auftreten. Die betreffende Person fühlt sich oft „wie im Feuer", sie ist voll innerer Spannung und ungezügelter Kraft, neigt zu Nervosität und emotionalen Ausbrüchen.

Im Sommer, zur Mittagszeit und bei großer Hitzeeinwirkung reagieren wir besonders sensibel auf Pitta erhöhende Faktoren. Befinden wir uns dann noch zusätzlich in einer beruflich oder privat angespannten Situation und lasten große Verantwortung oder Entscheidungen auf uns, so werden wir von der kraftvollen Feuerenergie leicht verzehrt.

Kalte, bittere und süße Nahrungsmittel bieten nun den idealen Ausgleich und schenken Kraft und Gelassenheit. Vermeiden wir nun auch noch die scharfen und sauren Speisen, so wird sich die positive Wirkung unmittelbar im Hautbild und im allgemeinen Wohlbefinden zeigen.

Ist Pitta durch eine Störung oder konstitutionsbedingt erhöht, so muss das Verdauungssystem wieder beruhigt und der Stoffwechsel entsäuert werden. Als sehr wirkungsvoll zur Stabilisierung des Agnis hat sich die Gewohnheit, die Nahrung gut zu kauen und einzuspeicheln, gezeigt. Der Genuss von Ghee, dem ayurvedischen Butterfett, ist ebenfalls ein wertvolles Therapeutikum, das die Speisen nicht nur sehr schmackhaft macht, sondern auch das Pitta reduziert.

Alle sauren Früchte und Gemüse, sehr salzige Speisen wie Käse oder Fertigprodukte und Essig, Alkohol, Kaffee, Fleisch und andere säuernde Speisen sollten unbedingt vermieden werden. Statt dessen sind alle Wurzelgemüse wie Kartoffeln, Karotten und Sellerie sowie viel Blattgemüse und -salate zu bevorzugen.

Um die bei einer Pitta-Störung oft aus dem Gleichgewicht geratenen Emotionen zu harmonisieren, ist ein tägliches Bewegungstraining zur produktiven Umsetzung aller überschüssigen oder unkoordinierten Energien sehr sinnvoll. Pitta-Menschen lieben Sport und können sehr viel Kraft daraus gewinnen. Bewusste Atemübungen, Singen und Tanzen gleichen ebenfalls die angespannte Gemütslage aus.

Marlis

Marlis arbeitet als Geschäftsführerin in einem Modeunternehmen. Sie leitet 120 Näherinnen und hat auf der Führungsebene fast ausschließlich mit Männern zu tun. Die täglichen Herausforderungen ihres aufreibenden Jobs machen ihr Spaß und motivieren sie, immer noch bessere Leistungen zu bringen. Sie kann sehr gut delegieren und hat keine Probleme, sich gegenüber ihren männlichen Kollegen durchzusetzen.

Auf der privaten Ebene allerdings kommt Marlis oft an ihre Grenzen. Sie ist verheiratet und hat zwei Kinder im Alter von 14 und 16 Jahren. Als Powerfrau fällt es ihr sehr schwer, eine harmonische Beziehung zu gestalten. Ihrem natürlichen Pitta-Temperament entsprechend, will sie auch als Chef ihrer Familie auftreten und ist oft ungeduldig und fordernd. Doch ihr Mann und ihre Kinder wollen keinen Chef, sondern wünschen (und brauchen) eine liebevolle Partnerin und Mutter. Ebenso leidet Marlis unter starken körperlichen Beschwerden, die unter beruflicher Anspannung noch stärker werden. Seit einigen Jahren hat sie eine chronische Entzündung im Dünndarm, verbunden mit starken Gallenbeschwerden. Am Wochenende hat sie regelmäßig Migräneanfälle, und ihre Augen sind oft müde und brennen.

Um Marlis hier zu helfen, ist eine strenge Diät erforderlich. Sie sollte alle sauren Speisen wie Zitrusfrüchte, Beeren und Tomaten strengstens vermeiden, auf Alkohol und Kaffee verzichten und auch kein Fleisch essen.

Sehr gut sind für sie alle grünen Blattgemüse, süße Wurzelgemüse und leichte Salate. Sie darf nur mild gewürzte Speisen zu sich nehmen und muss auf Joghurt und Käse wenn möglich verzichten.

Marlis befolgte ihren Ernährungsplan mit großem Eifer und Disziplin. Sie stellte ihren ganzen Tagesablauf auf die ayurvedischen Gesundheitsempfehlungen ein und konnte sehr schnell eine große Verbesserung in ihrem Gesundheitszustand feststellen.

Mit dem ayurvedischen Wissen um die psychischen Aspekte ihrer Konstitution lernte sie, ihre starke Kraft neu zu definieren, und gewann an menschlicher Wärme, Gelassenheit und Weiblichkeit.

Konstitutionsbezogene Speiseplanempfehlungen für Pitta

Frühstück
Pitta ist bereits am Morgen sehr hungrig und hat starke Verdauungssäfte. Empfohlen werden Waffeln oder Getreidebrei aus Haferflocken, Dinkel und Weizen. Dazu Ghee, Süßmittel und gedünstete Früchte. Doch auch ein Vollkorntoast mit Butter und Honig oder ein paar Nüsse sind erlaubt. Warme Milch mit Safran, Kardamom und Rasayana-Kräutern schenkt Energie für den ganzen Tag.

Mittagessen
Das Mittagessen ist die wichtigste Mahlzeit für einen Pitta-Typ, denn hier bekommt er alle Aufbaustoffe, die sein kraftvoller Organismus braucht. Viel Salat, Hülsenfrüchte, süße und bittere Gemüse sowie vollwertige Getreideprodukte sind eine gute Grundlage für ein kräftigendes Pitta-Mittagessen. Der Nachtisch ist ein Pitta-Therapeutikum und darf bereits zu Beginn der Mahlzeit gegessen werden.

Abendessen
Am Abend sind alle Wurzelgemüse, Kartoffeln und Getreide besonders hilfreich, um den Körper zu nähren und zu entsäuern.

Sonstiges
Unterstützen Sie Ihren Körper mit einem regelmäßigen Bewegungsprogramm am Morgen oder Nachmittag. Das schenkt Ihnen innere Ruhe, Gelassenheit und Freude.

4.3. Individuelle Ernährungsempfehlungen für die Kapha-Konstitution

Kapha-Menschen verfügen über ein enormes Harmoniebedürfnis und sind bereit, für den täglichen Frieden viel wegzustecken. Leider kompensieren Sie innere Unruhe, Stress oder Überlastung mit zu viel Essen, sodass der Nahrungsüberschuss ihr Kapha-Dosha leicht aus dem Gleichgewicht geraten lässt.

Ist das Kapha im Dosha-Gefüge vorherrschend, so sind der Stoffwechsel und die Verdauung eher träge und das Agni schwach. Die Nahrung wird nur langsam verdaut, und wir fühlen uns müde, träge und antriebslos. Das Leben verliert seinen Glanz, und eine tiefe Schwermut nimmt überhand. Diese düsteren Gedanken und Gefühle können dann wieder am besten mit leckerem Essen vertrieben werden, und das Kapha erhöht sich weiter. In dieser Spirale bildet der Körper durch mangelnde Bewegung und Ausscheidung ein Übermaß an Ama – es kommt zu Übergewicht, aufgeschwemmtem Körpergewebe und starker Verschlackung.

Im Frühling und am frühen Morgen ist das natürliches Kapha besonders ausgeprägt, und wer kennt nicht die Schwere einer Frühjahrsmüdigkeit oder die Schläfrig-

keit nach einem ausgiebigem Frühstücksbüffet. Um das zu vermeiden, empfiehlt Ayurveda zum Ausgleich von Kapha eine leichte und anregende Kost, die den ganzen Organismus wieder in Schwung bringt.

Alle Nahrungsmittel mit einer scharfen, leichten, trockenen, bitteren und erhitzenden Komponente sind jetzt besonders gut und schenken dem phlegmatischen Kapha-Organismus neue Energie und Lebenskraft.

Die Mahlzeiten sollten appetitanregend mit viel Gemüse und aromatischen Gewürzen und Kräutern zubereitet und unter Berücksichtigung der leicht verdaulichen Kombinationen zusammengestellt werden. Alle Milchprodukte und tierischen Eiweiße wie Fleisch, Eier oder Käse belasten das Verdauungssystem im hohen Maße und führen unweigerlich zur Verschleimung und Gewichtszunahme. Deshalb sollten bei einem starken Übermaß an Kapha alle eiweißreichen Speisen am besten ganz gemieden oder ohne Kohlenhydrate und Fette gegessen werden.

Kapha symbolisiert durch sein Wasser- und Erdelement die Kraft der tiefen Gefühle und der emotionalen Stabilität. So liegt die Ursache für Kapha erhöhende Lebens- und Ernährungsgewohnheiten oft in der Psyche begraben. Die Sehnsucht nach Nähe und Liebe, Einsamkeit und mangelndes Selbstwertgefühl führen oft zu kompensierenden Verhaltensformen, die das körperliche Kapha ansteigen lassen.

Hier helfen nur ganzheitliche Empfehlungen, durch die der emotionale Aspekt im Positiven genährt wird und der Körper damit seine Schutzbarrieren wieder abbauen kann. Sanfte Trockenmassagen, ein tägliches Bewegungsprogramm und anregende Gesellschaft wecken den trägen Kapha-Organismus aus seinem Tiefschlaf und beugen dem inneren Phlegma, der Gewichtszunahme und der Neigung zu Depressionen vor.

Helmut

Helmut ist ein sehr sympathischer Mann von 52 Jahren. Er ist ein sehr fröhlicher und geselliger Mensch, der sich sehr stark für karitative Zwecke und in einer ausgiebigen Vereinsarbeit engagiert. Mit großer Begeisterung verbringt er seine Freizeit in seinem Schrebergarten oder mit seinen vielen Bekannten beim Wandern oder im Verein.

Sein gemütliches Heim verfügt über eine sehr gut ausgestattete Küche und einen exzellenten Weinkeller.

Der kalte und graue Spätherbst und Winter sind für Helmut sehr trübe Jahreszeiten, in denen er oft an Erkältungskrankheiten, Müdigkeit, Schwermut und Antriebslosigkeit leidet. Seine körperlichen Aktivitäten sind gleich null, er verbringt den ganzen Tag an seinem Schreibtisch oder zu Hause im Fernsehsessel. Durch körperliche oder geistige Aktivitäten fühlt er sich nun überlastet und möchte am liebsten den ganzen Tag in Ruhe gelassen werden, um zu lesen, zu schlafen oder vor dem Fernseher zu sitzen.

Die kulinarischen Freuden im Leben spielen für Helmut eine sehr wichtige Rolle. Er liebt gutes Essen, und es gibt für ihn nichts Schöneres als mit guten Freunden ein üppiges Mahl mit dem passenden Wein zu genießen. Oder sich an einem gemütlichen Nachmittag mit etwas zum Knabbern und zum Naschen auf dem Sofa zu entspannen.

Am Anfang war es recht schwer, Helmut für eine neue Ernährungsform zu motivieren. Er litt zwar unter seinem leichten Übergewicht, seinem Schweregefühl und chronischer Verschleimung in der Stirnhöhle und im Bronchialbereich, doch er hing auch sehr an seinen alten Lebens- und Ernährungsgewohnheiten.

Am leichtesten war es, ihn für die ayurvedischen Gewürze zu begeistern, die sein Agni stärkten und seinem ganzen Körper neue Leichtigkeit und Vitalität schenkten. Der regelmäßige Genuss von Ingwer, Chili, Pfeffer, Bockshornkleesamen, Kurkuma und Hing tat ihm sichtlich gut und schmeckte ihm vorzüglich. So startete er seinen neuen Tag mit einem ayurvedischen Ingwertee und vermied ein schweres Frühstück. Zu allen Mahlzeiten verwendete er spezielle Gewürzmischungen, die sein Essen nicht nur geschmacklich verbesserten, sondern auch eine hervorragende Wirkung auf sein Verdauungs- und Ausscheidungssystem zeigten.

Als zweiten Schritt setzte er die Gewohnheit um, nur noch dann zu essen, wenn er wirklich hungrig war, und auf den Nachtisch zu verzichten. Und nachdem auch diese Hürde genommen war, konnte er durch die richtige Auswahl und Zubereitung seiner Speisen all seine Beschwerden beseitigen und gewann neue Freude und Dynamik für seine vielseitigen Interessen.

Konstitutionsbezogene Speiseplanempfehlungen für Kapha

Frühstück

Das Frühstück sollte so spät wie möglich eingenommen oder ganz vermieden werden. Ein heißes Ingwerwasser, eine Reiswaffel oder ein kleiner Gerstenflockenbrei genügt dem trägen Kapha-Agni als Starter in den Tag.

Mittagessen

Verwenden Sie die verdauungsanregenden Gewürze der ayurvedischen Küche, und bevorzugen Sie alle bitteren und herben Gemüse. Etwas Reis, Hülsenfrüchte und ein scharfes Chutney runden Ihr Mittagsmahl ab. Verzichten Sie auf den Nachtisch, und machen Sie statt dessen nach dem Essen einen kleinen Verdauungsspaziergang.

Abendessen

Das optimale Abendessen besteht aus Getreide und Gemüse. Bratlinge oder Eintöpfe mit Hirse, Gerste, Mais und Quinoa mit allen Arten von Gemüse sind besonders empfehlenswert.

Sonstiges

Vermeiden Sie alle Zwischenmahlzeiten, und essen Sie nach 20.00 Uhr nichts mehr. Ihr etwas träger Kapha-Stoffwechsel wird es Ihnen danken.

4.4. Vata-Pitta

Menschen mit einer Vata-Pitta-Konstitution sind wie geschaffen für den modernen Lifestyle. Sie sind attraktiv und lebendig, besitzen einen wachen Geist und können sehr gut kommunizieren. Im Idealfall paaren sich die positiven Eigenschaften des Vata mit seiner Bewegungsfreude, Kreativität und schnellen Auffassungsgabe mit der Zielstrebigkeit, Intelligenz und Führungsqualität des Pitta. Der Körper ist schlank und sportlich, die Haare fein und weich, und die ganze Persönlichkeit strahlt eine vitale Kraft und positive Dynamik aus.

Leider mischen sich aber nicht nur die positiven Eigenschaften der Doshas. Im Gegenteil, viele Menschen mit einer Vata-Pitta-Konstitution leiden im Störungsfall unter der Disharmonie beider Körperenergien, was sich häufig in Nervosität und Unruhe (Vata), innerer Anspannung und Reizbarkeit (Pitta), Schlafstörungen, Kopfschmerzen, Hautunreinheiten und einem empfindlichen Magen äußert. Der Vata-Pitta-Typ setzt sich durch seine persönlichen Verhaltensstrukturen gerne selbst unter Druck: Durch den Vata-Anteil ist er sehr innovativ und sprüht vor neuen Ideen und Veränderungswünschen. Nun will der Pitta-Anteil all diese neuen Ansätze auch perfekt und erfolgreich umsetzen. Und dies führt auf Dauer unweigerlich zu Stress – der Hauptursache für alle Vata-Pitta-Probleme!

So ist es für Menschen mit einem ausgeprägten Luft- und Feuer-Anteil sehr wichtig, einen Ausgleich zu ihrer geistig-intellektuellen Aktivität zu finden. Alle künstlerischen Tätigkeiten wie Musizieren und Malen sind besonders geeignet, da hier normalerweise ein natürliches Talent und eine hohe Begabung vorliegen. Ebenso wichtig ist ein regelmäßiges Sportprogramm. Der Vata-Pitta-Typ braucht sein tägliches Fitness-Training, geht Radfahren oder joggen. Erst dann fühlt er sich wirklich wohl in seiner Haut.

Aber auch der Wunsch nach einer gesunden und spirituell ausgerichteten Lebensweise kann sehr ausgeprägt sein. Die kosmische Verbindung des Vata zu den spirituellen Lebensaspekten und die Disziplin und Klarheit des Pitta sind die optimale Grundlage, um eine regelmäßige Meditation umzusetzen.

Die Ernährung eines Vata-Pitta-Typen ist stark abhängig von seiner Umgebung und seinem Lebensstil. Je nachdem, welcher Dosha-Anteil überwiegt, sollte dieser mit einer ausgleichenden Ernährungsform wieder besänftigt werden.

Am besten werden alle süßen und vitalstoffreichen Speisen vertragen, denn diese sind für Vata und Pitta gleichermaßen gut. Süße Früchte wie Trauben, Bananen, Äpfel und Mango, süße Gemüse wie Karotten, Kürbis und Kartoffeln, Nüsse, Getreide, Milch und Sahne nähren und befriedigen Körper und Geist.

Die sauren und scharfen Speisen und Gewürze werden in der Regel weniger gut vertragen und sollten vom Speiseplan weit gehend gestrichen werden. So ist z.B. eine scharfe Tomatensuppe mit Chili und Meerrettich kein geeignetes Abendessen für einen Vata-Pitta-Typen. Statt dessen sollte lieber eine schöne Kürbissuppe mit Ingwer und Koriander gewählt werden.

Entscheidend bei der Auswahl der richtigen Speisen sind immer die Menge und die Kombination. So ist z.B. ein bisschen Joghurt sehr gut für Vata, da es den Körper befeuchtet, aber in zu großer Menge blockiert es die Körperkanäle, Shrotas, und wirkt übersäuernd, was dann Pitta stören kann.

Die wichtigsten Eigenschaften für eine Vata-Pitta ausgleichende Ernährung sind süß, nährend, stabilisierend und energiespendend. Wärmende, befeuchtende und leicht pikante Speisen sind immer dann gut, wenn der Vata-Anteil zu hoch wird. Leicht kühlende, bittere und rohe Speisen können immer dann gut verwertet werden, wenn die Pitta-Kraft den Stoffwechsel dominiert.

Anja

Seit ihrer Kindheit führt Anja ein sehr abwechslungsreiches Leben. Ihre Eltern arbeiteten für viele Jahre im Ausland, und sie besuchte internationale Schulen in USA, Afrika und Europa. Auf diese Weise lernte Anja viele verschiedene Kulturen kennen und spricht fünf Sprachen fließend. Doch statt ihre viel versprechende Karriere in einem international tätigen Pharmakonzern voranzutreiben, entschied sich Anja als 32-Jährige Frau, nochmals mit einem Kunststudium zu beginnen. Heute führt sie eine große Galerie in London, verkehrt mit Künstlern und Kunstliebhabern aus der ganzen Welt und hat sich als Expertin für moderne Malerei bereits einen Namen in der Kunstszene gemacht.

Auch als 45-Jährige ist Anja eine ausgesprochen attraktive Frau, die auf sehr schöne Weise die Vata- und Pitta-Anteile ihrer Konstitution zum Ausdruck bringt. Sie ist groß

und schlank, hat sehr zarte Hände und Gelenke und eine weiche, rosige Haut mit Sommersprossen. Ihr rötliches Haar ist sanft gelockt, und ihre grünen Augen verfügen über ein durchdringendes Strahlen. Sie ist sehr dynamisch und liebt ihr bewegtes Leben, in dem sie vielen Menschen begegnen kann und ihre künstlerischen Neigungen mit ihrem guten Geschäftssinn vereint.

Nur in ihrem Privatleben hat Anja große Probleme. Bis heute hat sie noch keinen festen Partner fürs Leben finden können, und spätestens nach zwei bis drei Jahren ging bis jetzt jede Liebesbeziehung in die Brüche. Ihr sprunghaftes Wesen, ihre etwas exzentrische Lebensweise und ihre Neigung zu Eifersucht und Jähzorn bilden eine große Herausforderung für ein enges Zusammenleben, der sie bis jetzt nicht gewachsen war.

Anja leidet sehr unter der Angst vor dem Alter. Sie ist äußerst bedacht auf ihre gepflegte und jugendliche Erscheinung. Aus diesem Grund konsultierte Sie mich auch im Rahmen einer Ayurveda-Beratung. Sie schilderte ihre hohe Motivation für eine ganzheitliche Anti-Aging-Kur nach ayurvedischen Prinzipien und erwähnte auch ihre massiven Wechseljahrsbeschwerden wie Hitzewallungen, Hormonschwankungen, übermäßige Monatsblutungen und sporadische Depressionsschübe, die bereits im 43. Lebensjahr begannen.

In unserer ersten Konsultation konnte ich Anja sehr gut verdeutlichen, dass sie auf Grund ihrer Vata-Pitta-Konstitution und ihrer Vata betonten Lebensweise von Kindheit an eine ganz natürliche Anlage zu den von ihr genannten Wechseljahrsbeschwerden hat. Ein ayurvedisches Aufbauprogramm zur Verjüngung, Regeneration und Zellerneuerung würde nicht nur ihrer Schönheit dienen, sondern auch ihr körperliches und emotionales Wohlbefinden fördernd unterstützen. Die ausgewählten Nahrungsmittel, Gewürze und Kräuter ihres Speiseplans waren allesamt süßer, nährender und vitalisierender Natur, wie es dem Rasayana – der ayurvedischen Verjüngungslehre – entspricht. Besonders angenehm empfand Anja das neue ayurvedische Frühstück aus einem leckeren Getreidebrei mit gedünsteten Früchten, Trockenfrüchten und etwas Zimt. Dies schenkte ihr Frische und Energie für den ganzen Tag. Ebenso bevorzugte sie Nüsse, Samen und süße Früchte als Zwischenmahlzeit und trank jeden Abend eine große Tasse warme Milch mit einer ayurvedischen Kräutermischung.

Anja stellte schon nach kurzer Zeit fest, dass ihr Vata-Pitta ausgleichendes Verjüngungsprogramm nicht nur die körperlichen Wechseljahrssymptome linderte, sondern sie auch viel ausgeglichener, ruhiger und entspannter machte. Nun konnte sie den zweiten Schritt in ihrer notwendigen Lebensumstellung vollziehen und auf alle für sie belastenden Substanzen wie Kaffee, Alkohol, saure Speisen und Käse verzichten. Sie lernte, ihr Leben mit mehr Gelassenheit zu gestalten und ihre großen Fähigkeiten im Bereich von Kreativität und Kommunikation auch im Privatleben erfolgreich umzusetzen.

Konstitutionsbezogene Speiseplanempfehlungen für Vata-Pitta

Frühstück

In der Regel haben Sie morgens einen guten Appetit und recht starke Verdauungssäfte. Bevorzugen Sie ein warmes und leichtes Frühstück, da nun das kalte Element in Ihnen stärker ausgeprägt ist als zu anderen Tageszeiten. Ein schöner Getreidebrei aus Hafer-, Dinkel- oder Reisflocken mit Trockenfrüchten, Vollrohrzucker und ein wenig Zimt ist genau der richtige Start. Doch auch ein Toastbrot mit Honig oder Fruchtaufstrich, gedünstete Früchte und eine Tasse heiße Milch mit Safran, Kardamom und Vollrohrzucker stellen ein sehr gutes Frühstück dar.

Mittagessen

Das Mittagessen ist bei Ihnen Pitta dominiert, und so sollten Sie einen schönen Salat oder etwas zarte Rohkost aus Fenchel, Karotte, Gurke, Radieschen oder frischen Sprossen einnehmen. Ebenso wichtig ist das süße Dessert. Ein cremiger Mandelpudding, Kokosflan oder Grießhalva zerschmelzen auf der Zunge und schenken innere Zufriedenheit, Entspannung und Kraft. Für den Hauptgang des ayurvedischen Vata-Pitta-Menüs werden frische Gemüse mit Pasta, Kartoffeln oder Getreide gereicht. Mindestens vier Mal pro Woche sollten Sie auf einen hohen Eiweißanteil in ihrer Nahrung achten und Hülsenfrüchte (Mung Dal oder rote Linsen), Nüsse oder Geflügel zum Mittagessen verzehren.

Abendessen

Zum Abendessen sollten Sie vor allem auf den Ausgleich Ihres Vata-Anteils achten und mit einer warmen, kräftigen Suppe beginnen. Anschließend können leichte Pasta-Gerichte sowie Kartoffeln und Gemüse gegessen werden. Brot, Butter und vegetarische Aufstriche runden die Mahlzeit ab.

Sonstiges

Vata-Pitta-Typen haben oft großen Hunger und brauchen kleine Zwischenmahlzeiten, um den langen, aktiven Tag gut zu überstehen. Ein zweites Frühstück gegen 10.30 bis 11.00 Uhr mit z. B. Reiswaffeln, Kräuterquark und Nüssen oder frischen Früchten ist empfehlenswert. Ebenso darf am Nachmittag eine Teepause mit (gesunden) Kuchen, Keksen oder Trockenfrüchten eingenommen werden. Meiden Sie Kaffee, trinken Sie lieber Kräutertee oder Getreidekaffee.

4.5. Vata-Kapha

Menschen mit einer Vata-Kapha-Konstitution sind äußerst interessante Persönlichkeiten, die immer wieder neue Überraschungen offenbaren. Die ausgeprägte Dominanz der gegensätzlichen Elemente Luft, Erde und Wasser zeigt sich in vielschichtigen Eigenschaften auf der körperlichen und psychischen Ebene. Zum einen schenkt der Vata-Anteil die Leichtigkeit, Kreativität und Unbeständigkeit. Das kann sich z. B. in einem schlanken Körperbau, schneller Sprechweise und innerer Unruhe zeigen. Der Kapha-Anteil hingegen zeigt sich durch Schwere, Stabilität und Feuchtigkeit. So kann z. B. die Haut sehr dick sein, zu Wasseransammlungen und Cellulitis neigen, oder die Person ist stark auf Sicherheit und Traditionen bedacht. Die Variationen, wie sich Vata und Kapha äußern, sind unbegrenzt, und mit einer konstitutionsausgleichenden Ernährung müssen wir immer wieder die innere Mitte der gegensätzlichen Eigenschaften finden.

Grundlage für eine harmonische Ausrichtung der individuellen Ernährungs- und Lebensweise ist der Mangel am Feuer-Element. Denn Vata und Kapha sind gleichermaßen kalt und benötigen anregende Wärme durch gekochte Speisen und scharfe Gewürze. Ingwer, Pfeffer und Muskat gehören genauso auf den täglichen Speiseplan wie frisch zubereitete Gemüsegerichte und Eintöpfe.

Der Stoffwechsel, Agni, ist nicht besonders belastungsfähig, und ungesunde Lebensgewohnheiten, wie zu viel, zu spät und zu schwere Nahrung essen, führen unweigerlich zu Verdauungsstörungen und Energiemangel.

Menschen mit einer Vata-Kapha-Konstitution sind sehr gesellig, beliebt und kommunikativ. Denn der Vata-Anteil ist offen, neugierig und liebt das Gespräch, während Kapha sehr fürsorglich, sozial und einladend ist. Die ideale Mischung für ein spannendes Gespräch und gute Freundschaft. Am liebsten werden Beziehungen bei einem guten Essen gepflegt und Gespräche mit einem schönen „Kaffeeklatsch" verbunden. So ist Essen weitaus mehr als die Einnahme von Nahrung. Vielmehr ist es ein energetisches Bindeglied zwischen Menschen und eine Brücke zur Kommunikation. Leider äußert sich die Freude am Essen auch in Form von Übergewicht. Viele Vata-Kapha-Typen, deren Kapha sich vor allem auf körperlicher Ebene manifestiert, leiden unter zu viel Gewicht und versuchen immer die mentale Vata-Erhöhung durch eine Extraportion der Lieblingsspeise auszugleichen. Solange der Geist sich nun noch in Überaktivität befindet, ist es recht schwierig, das Gewicht zu reduzieren, da nun der Stoffwechsel mehr auf Beruhigung und Stabilität geeicht ist. Die Wechselwirkung von

Entspannung und Gewichtsreduktion lässt sich für übergewichtige Vata-Kapha-Typen am besten im Urlaub erleben. Im genießerischen Nichtstun am warmen Palmenstrand purzeln ohne großes Zutun die Pfunde fast von allein, während in der Hektik des Alltags die strengsten Diäten nur wenig Erfolg zeigen.

Hier hilft nun am besten eine stoffwechselanregende Ernährung mit vielen Gewürzen, Kräutern und leichten Gemüsen. Ebenso sinnvoll ist die Integration eines sanften Bewegungsprogramms wie Yoga oder Tai Chi, um den Geist aktiv zu entspannen und den Körper mit Leichtigkeit und Dynamik zu unterstützen.

Marlene

Marlene lebt als Hausfrau mit drei Kindern auf einem großen Bio-Bauernhof. Sie ist sehr fleißig und ausdauernd. Von morgens um 6.00 Uhr bis abends um 20.00 Uhr arbeitet sie im Haushalt, auf dem Hof und kümmert sich fürsorglich um ihren Mann und ihre Kinder im Alter von 5, 10 und 13 Jahren. Da ihr Mann vor einigen Jahren einen Sportunfall hatte und seitdem an einer Gehbehinderung leidet, hat sie sich daran gewöhnt, auch die schwere Arbeit in der Landwirtschaft zum Teil ohne fremde Hilfe zu bewältigen.

Marlenes großes Problem ist ihr starkes Übergewicht. Bei einer Größe von 1,65 m bringt sie fast 80 kg auf die Waage und leidet sehr an den Fettpolstern, die ihren ganzen Körper umhüllen. Doch trotz ihrer kräftigen Statur ist Marlene eine gut aussehende Frau. Sie hat kräftige, dunkelbraune Haare, einen sinnlichen Mund, schöne Zähne und Augen. Ihre Körperformen sind üppig, aber weiblich, und außer ihren schmalen Handgelenken und langen Fingern weist sie fast nur körperliche Kapha-Eigenschaften auf.

Doch warum sie bei ihrer aktiven Lebensweise und auch gesundheitsbewussten Ernährung ein so starkes Übergewicht hat, blieb für uns alle erst einmal ein Rätsel. Natürlich naschte Marlene auch einmal etwas Süßes, aß zum Frühstück manchmal ein Brötchen zu viel und liebte es, bei Kaffee und Kuchen in der großen Bauernküche mit Familienmitgliedern und Freunden zusammenzusitzen. Doch all dies erschien mir bei dem ausführlichen Anamnesegespräch nicht ausreichend, um diese Gewichtsproblematik auszulösen. Allerdings viel mir auf, dass Marlene auf den zweiten Blick sehr viele Vata-Anteile besaß. Sie sprach sehr schnell und teilweise unzusammenhängend. Während unseres Gesprächs gestikulierte sie wild mit den Händen und zappelte auf ihrem Stuhl wie ein kleines Kind. Als ich sie nach ihrer Kindheit fragte, erzählte sie, dass sie als Kind zwar immer kräftig gebaut, aber nicht unbedingt dick gewesen sei. Sie war sehr temperamentvoll und hatte viele Hobbys und Interessen.

Leider könnte sie all diese Dinge, die ihr früher so viel Freude bereitet haben, nicht mehr ausüben. Die Verantwortung und Arbeitsbelastung für den Hof, die Tiere, die Kinder und nun auch ihren leicht behinderten Mann ließen ihr keine Zeit, um ihre alten

Beschäftigungen wieder aufzunehmen. Mit großer Leidenschaft hatte sie früher altes Kunsthandwerk gepflegt, getöpfert, Wolle gesponnen, gefärbt und wunderschöne Teppiche gewebt. Als Schülerin hatte sie sogar an Ausstellungen teilgenommen und auf Kunsthandwerkermärkten ihre Einzelstücke verkauft.

Die kreative Beschäftigung fehle ihr sehr, und trotz ihres ausgefüllten Tagewerks fühle sie sich heute oft unausgelastet und gelangweilt. Um sich über diese innere Leere hinwegzutrösten, würde sie manchmal mit heimlichen Fress-Attacken reagieren, bei denen sie so viel isst, bis ihr übel wird.

All dies zeigte an, dass Marlene eine typische Kapha-Vata-Frau war. Ihr Kapha-Anteil schenkte ihr körperliche Stabilität und mentale Kraft, um die harte Arbeit und große Verantwortung für das Leben ihrer Familie zu tragen. Doch ihr geistiger Vata-Anteil wünschte sich mehr Leichtigkeit, Selbstverwirklichung und Freude im kreativen Schaffen. Die ausgeprägte Kapha-Störung ihres Körpers (das Übergewicht) basierte zum einen auf ihrer Kapha betonten Ernährung, die trotz Bionahrung zu viel Fleisch vom eigenen Hof, gutbürgerlicher Küche mit Sahnesoße und Mehlschwitze sowie regelmäßigen Kaffeerunden mit selbst gemachten Blechkuchen, Stückchen und Waffeln aufwies. Zum anderen führte aber auch ihr ungelebtes Vata zu dem Ungleichgewicht, da sie im geistigen Bereich keine Möglichkeit hatte, die Leichtigkeit, Kreativität und Lebensfreude ihrer Persönlichkeit zum Ausdruck zu bringen.

Das ganzheitliche Ayurveda-Programm zum Konstitutionsausgleich und zur Gewichtsreduktion von Marlene basierte auf einem umfangreichen Ernährungsplan mit vorrangig warmen, leichten und anregenden Mahlzeiten und regelmäßigen Massagen mit Seidenhandschuhen, Gazesäckchen und Kräuterpulvern zur Gewebsentgiftung und -straffung.

Marlene aß nun drei warme Mahlzeiten am Tag und bevorzugte alle bitteren Blattgemüse, Gerste, Reis und Hirse. Sie integrierte die ayurvedischen Gewürze wie Ingwer, Kurkuma, Bockshornklee, Hing und Chili in ihren Speiseplan und konnte schon nach kurzer Zeit einen ständigen Gewichtsverlust feststellen. Damit bei dieser Kapha reduzierenden Ernährung ihr Vata nicht in die Höhe schießt, musste sie sehr viel warmes Wasser trinken, die bitteren Gemüse mit Vata ausgleichenden Gewürzen wie Ingwer, Nelke, Muskat und Basilikum würzen und sehr kalte Speisen meiden.

Der wichtigste Aspekt ihrer Ayurveda-Therapie bestand allerdings in der psychischen Betreuung und der Unterstützung ihrer geistigen Vata-Konstitution. Marlene erkannte, dass sie bei der Unterdrückung ihrer persönlichen Wünsche und Neigungen nur verlieren konnte. Nach einiger Überwindung von Zweifeln, Schuldgefühlen und Ängsten stellte sie eine Haushaltshilfe ein und nutzte die ihr nun zur Verfügung stehende Zeit für ihr kreatives Kunsthandwerk. Sie richtete sich eine kleine Werkstatt ein und stellte eigene Wolle und Kleidungsstücke her. Bereits nach einem halben Jahr konnte sie damit

so viel verdienen, dass das Gehalt der Haushaltshilfe mit ihrem Hobby finanziert wurde. Die kreative Arbeit machte ihr so viel Spaß, dass sie über den ganzen Nachmittag und Abend das Essen völlig vergaß und sich ihre geistige Vitalität immer deutlicher auch im Körpergewicht spiegelte. Nach einem Jahr hatte Marlene ohne allzu große Anstrengung 12 kg abgenommen und fühlt sich jetzt als etwas mollige Kapha-Vata-Frau sehr wohl. Sie hat ihrer Kunsthandwerkstatt einen kleinen Laden zugefügt und gibt regelmäßig Kurse und Seminare in den alten Techniken der Wollverarbeitung und Kleiderherstellung. Daneben versorgt sie weiterhin liebevoll ihre Familie und den Hof.

Konstitutionsbezogene Speiseplanempfehlungen für Vata-Kapha

Frühstück

Am Morgen ist der Stoffwechsel oft noch träge und alle Körperfunktionen laufen erst langsam an. Trinken Sie deshalb am Morgen einen anregenden Tee mit Ingwer, Süßholz und Pfeffer, und nehmen Sie nur ein leichtes Frühstück zu sich. Am besten ist gegen 9.00 Uhr ein Reiscraker mit etwas Ghee und Honig oder ein Getreidebrei aus Gerste oder Reis. Herzhafte Brotaufstriche, Misosuppen oder gedünstete Früchte können den Speiseplan variieren. Schwere Vollkornbrote sollten unbedingt gemieden werden.

Mittagessen

Zum Mittagessen empfiehlt sich ebenfalls eine warme Mahlzeit mit viel leicht verdaulichen Gemüsen. Anregende Gewürze und frische Kräuter machen den Körper besonders fit und schenken Frische und Vitalität. Im Grunde können Sie alles essen, nur nicht zu viel, da Ihr Agni leicht überfordert ist. Essen Sie den Salat am besten nach dem warmen Hauptgang, dann wird er besser verdaut.

Abendessen

Aufgrund der Vata-Kapha-Konstitution sind Sie am Abend oft müde und regenerationsbedürftig. So ist der Wunsch nach einem leckeren Abendessen und einem guten Glas Wein oft sehr ausgeprägt. Und wenn dies vor 19.30 Uhr gelingt, lässt sich dagegen auch nichts einwenden. Vermeiden sie Eier und Fisch am Abend, da diese den Körper kühlen und schwer machen. Und ab 22.00 Uhr sollten Sie sich langsam zur Ruhe begeben, denn der Schlaf vor Mitternacht ist für Sie der wichtigste!

Sonstiges

Es ist für die Vata-Kapha-Konstitution typisch, am Nachmittag ein kleines Energieloch zu verspüren. Ein anregender Kräutertee oder auch einmal ein Yogi-Tee mit Milch oder ayurvedischer Kaffee kurbelt jetzt die erschöpften Kräfte wieder richtig an.

4.6. Pitta-Kapha

Wenn es eine Power-Konstitution gibt, dann ist es die Pitta-Kapha-Konstitution. Mit einer schier unerschöpflichen Energie verfolgen dieses Menschen unbeirrt ihre Ziele und lassen sich durch (fast) nichts aufhalten. Der Körper erfreut sich einer sehr guten Gesundheit und Ausdauer. Belastungen durch zu viel Arbeit, falsches Essen und Stress machen sich erst nach vielen Jahren Raubbau bemerkbar. Und der Geist ist ebenfalls von Klarheit und Ruhe, Scharfsinn und Geduld, Zielstrebigkeit und Gelassenheit geprägt.

So verfügen sehr viele charismatische Persönlichkeiten aus dem politischen und wirtschaftlichen Leben über eine Pitta-Kapha-Konstitution, was ihnen hilft, das anstrengende Manager-Leben mit vielen Reisen, unregelmäßigen Mahlzeiten und anstrengendem Konkurrenzkampf heil zu überstehen.

Die Verdauung und der Stoffwechsel eines Pitta-Kapha-Menschen sind so unkompliziert, dass sie sich erst dann über ihre Ernährung Gedanken machen, wenn irgendetwas aus dem Lot geraten ist. Und dies hängt meistens mit einer Magenproblematik zusammen, die sich nach einigen Jahren Raubbau mit den körpereigenen Reserven einstellen kann. Magendrücken, Magenbrennen, Mykosen oder Übersäuerung treten nun auf und fordern diese unverwüstliche Konstitution auf, den Lebensstil nicht nur nach den ehrgeizigen Zielen zu gestalten, sondern auch mit den eigenen Bedürfnissen abzustimmen.

Hervorragend werden alle bitteren Gemüse und frischen Kräuter vertragen. Der bittere Geschmack von Chicorée, Radicchio, Artischocke, Spinat und Löwenzahn nimmt die Säure und Hitze von Pitta und die Schwere von Kapha und wirkt somit für beide dominanten Doshas gleichermaßen wohltuend. So sollten jeden Tag mindestens ein grünes Gemüse und ein großer Salat auf dem Speiseplan stehen. Weniger gut hingegen sind alle sehr salzigen Speisen, da diese zu Wasseransammlungen und Reizungen führen können.

Ansonsten benötigt der Pitta-Kapha-Typ keine Schonkost. Nahezu alle Nahrungsmittel können gut verdaut werden, mit Ausnahme von sehr sauren oder schleimenden Milchprodukten. Auch kleine Mengen Alkohol, Kaffee oder schwarzer Tee können in der Regel gut vertragen werden.

Neben einer guten Ernährung sollte ein Pitta-Kapha-Typ ein wenig auf seine Umgangformen mit anderen Menschen achten. Mit seiner eigenen Ross-Natur neigt er dazu, die eigenen Grenzen zu überwinden, und erwartet dies auch von anderen. Das heißt, dass er auf Mitarbeiter, Familienmitglieder und Partner oft einschüchternd oder dominierend wirkt und Erwartungen hat, die einfach zu hoch sind. Das Unverständnis für die Bedürfnisse und Leistungsgrenzen seiner Mitmenschen kann den Umgang mit ihm erschweren und macht ihn etwas realitätsfremd und einsam.

Um dem vorzubeugen, sollte man sich angewöhnen, regelmäßig über die eigenen Empfindungen und Einschätzungen zu kommunizieren und das Urteil des Gesprächspartners ernst zu nehmen. Und das kann auch beim Essen eine große Rolle spielen. Denn nur weil man selbst zu allen Tageszeiten über ein hervorragendes Verdauungssystem verfügt, heißt dies noch lange nicht, dass dies für alle anderen auch so sein muss.

Stefan

Stefan kam in der Pubertät mit einer starken Akne zu mir. Als 15-Jähriger war er groß und kräftig gebaut, sehr sportlich und gut entwickelt. Seine kurzen blonden Haare waren dicht und fein, sein Gesichtsausdruck äußerst intelligent und sein ganzes Verhalten wach, interessiert und zuvorkommend. Die gesamte Hals-, Kinn- und Wangenpartie war von dicken, roten und mit weißem Talg gefüllten Pusteln bedeckt. Die Haut war geschwollen und schmerzte bei Berührung. Von seiner Sportlehrerin hatte er von mir gehört und kam nun mit der Bitte, ich sollte ihm einen Ernährungsplan gegen seine Hautbeschwerden zusammenstellen. Er war bereit, alles zu tun, auch wenn es ihm schwer fallen würde.

Zu Beginn war ich über Stefans persönliche Reife und Vernunft sehr erstaunt, doch dann begriff ich, dass er als Pitta-Kapha-Typ genau wusste, was er wollte und worauf er sich einließ. Er hatte bereits im Vorfeld über Ayurveda gelesen, eine Freundin seiner Mutter befragt, die eine Kur auf Sri Lanka gemacht hatte, und seine persönliche Motivation überprüft. Während unserer angeregten und lustigen Konsultation erklärte ich Stefan die hormonellen Vorgänge in seinem Körper, die zu der Akne führten und zeigte ihm auf, dass er als Pitta-Kapha-Konstitution nun einen starken Reinigungs- und Veränderungsprozess durchmache. Von daher könnte ich ihm keine wirkliche Erfolgsgarantie geben, wäre mir jedoch sicher, dass er mit einer konstitutionsbezogenen Ernährungsumstellung gute Fortschritte machen könnte.

Von Natur aus machte Stefan viele Dinge schon sehr gut. Er war sportlich sehr aktiv und engagierte sich sowohl im Schwimmverein als auch in der Leichtathletik. Der Umweltschutz lag ihm sehr am Herzen, und aus diesem Grund verabscheute er Tierversuche und Massentierhaltung. Soweit es ging, verzichtete er auf Fleisch und aß statt dessen viel Käse.

Als ich ihm erklärte, dass alle sauren Milchprodukte wie Joghurt, Käse, Buttermilch und Kefir für ihn als Pitta-Kapha-Typen besonders schädlich seien, war er sofort einsichtig und wollte wissen, was er ansonsten noch meiden müsse. Nachdem die Liste immer länger wurde und ich ihm alle sauren Früchte, Tomaten, weißen Zucker sowie die salzigen Speisen streichen musste, war er etwas ratlos. Doch als ich ihm dann sagte, dass für ihn die bitteren Speisen wie Salat, Blattgemüse, grüne Gemüse, frische Kräuter usw. ein wahres Heilmittel seien, hatte er gleich gute Ideen, wie er das in seinem Speiseplan zu Hause umsetzen könnte. Speziell für seine Akne riet ich ihm noch zu stoffwechselanregenden Gewürzen wie Ingwer, Knoblauch und Kurkuma und gab ihm einige ayurvedische Tipps für die Hautpflege.

Mit der Zielstrebigkeit des Pittas und der Ausdauer des Kaphas begann Stefan die ayurvedischen Empfehlungen in die Tat umzusetzen und konnte bald eine Linderung seiner Akne erfahren. Angeregt durch die exotischen Gewürze und vielseitigen Ernährungsvorschläge der Ayurveda begann er sogar zu kochen und zeigte seiner Familie, wie man Ghee, Dal und Chutneys auf ayurvedische Art zubereitet.

Konstitutionsbezogene Speiseplanempfehlungen für Pitta-Kapha

Frühstück

Es ist sehr gut möglich, dass Sie bereits am Morgen einen guten Appetit verspüren. Tun Sie sich jetzt keinen Zwang an, sondern beginnen Sie den Tag mit einem leckeren Honigbrötchen, frisch gebackenen Waffeln oder einem Grießbrei. Trockenfrüchte und ein paar Nüsse können das Frühstück ergänzen.

Auch ein Obstteller mit frischen Früchten der Saison kann genau das Richtige für Sie sein.

Mittagessen
Bitte nehmen Sie das Mittagessen nicht zu spät ein, und legen Sie besonders großen Wert auf eine große Portion Salat mit frischen Kräutern und wenn möglich ein paar Keimlingen. Würzen Sie Ihre Gemüse und Getreide mit Kurkuma, Ingwer und Bockshornklee, und achten Sie darauf, mindestens ein grünes Gemüse (Spinat, Mangold, Zucchini o. ä.) zu jeder Mahlzeit zu essen. Ein kleiner Nachtisch darf Ihr üppiges Mittagsmenü abrunden.

Abendessen
Als Pitta-Kapha-Typ dürfen Sie die obligatorische Ayurveda-Suppe am Abend auch einmal ausfallen lassen. Vielmehr sind nun wieder die bitteren und natürlich süßen Nahrungsmittel gefragt. Gedünsteter Chicorée mit einem leckeren Kartoffelgratin, Artischocken mit Avocado-Dip oder einfach nur ein leckeres Brot mit vegetarischen Brotaufstrichen und ein bisschen gegrilltes Gemüse aus dem Backofen sind nur ein paar Beispiele für ein gutes und schnelles Essen, mit dem Pitta und Kapha im Gleichgewicht unterstützt werden können.

4.7. Vata-Pitta-Kapha

Sollten Sie eine so genannte Sama-Dosha-Konstitution besitzen, die sich nahezu aus den gleichen Anteilen aller Elemente zusammensetzt, so gehören Sie zu den wenigen Auserwählten, die mit einem großen natürlichen Gleichgewicht in Körper und Geist geboren wurden.

Die meisten Menschen entwickeln im Laufe ihres Lebens Störungen aus einem Ungleichgewicht der drei Doshas, wie z. B. die Schlafstörungen des Vata, die Reizbarkeit des Pitta und die Wasseransammlungen des Kapha. Doch nur wenige Menschen haben von Grund auf alle Doshas im Positiven gleichmäßig verteilt, was zu einer sehr stabilen und begünstigten Persönlichkeitsstruktur führt.

Eine ausgewogene Tridosha-Konstitution macht sich dadurch bemerkbar, dass es keine extremen Konstitutionseigenschaften gibt. Körper, Geist und Seele sind wirklich

im Gleichgewicht und alle Eigenschaften und Funktionsweisen in ausreichendem Maße vorhanden. So verfügen die meisten Tridosha-Typen über einen mittleren Körperbau, eine normale unkomplizierte Haut und einen guten Stoffwechsel. Auf der psychischen Ebene haben sie die Kreativität und schnelle Auffassungsgabe von Vata, die charismatische Ausstrahlung und Zielstrebigkeit von Pitta und die Sanftheit und Gelassenheit von Kapha.

Dementsprechend einfach ist es auch, sich gesund und konstitutionsgerecht zu ernähren. Solange extreme Lebensgewohnheiten oder Ernährungsfehler vermieden werden, ist so gut wie alles erlaubt. Sobald jedoch durch äußere Störfaktoren oder einseitige Lebensweise ein Dosha unnatürlich erhöht wird, gerät die sonst so ausgewogene Tridosha-Konstitution aus dem Gleichgewicht und muss nun durch eine kurzzeitige Diät mit den klassischen Ernährungsempfehlungen zum Dosha-Ausgleich wieder zur ursprünglichen Verteilung zurückfinden.

Der Schwerpunkt der täglichen Tridosha-Ernährung liegt auf ihrer Vielseitigkeit. Mit jeder Mahlzeit werden alle drei Doshas genährt, und möglichst alle Geschmacksrichtungen sollten verwendet werden. Entsprechend dem natürlichen Biorhythmus des Verdauungsfeuers Agni dient das Frühstück der täglichen Entgiftung und Kapha-Ausleitung, das Mittagessen wird dem starken Feuer angepasst und das Abendessen gleicht Vata und Kapha aus. Um alle Sinne gleichermaßen zu befriedigen, sollte ein Chutney die Mahlzeit abrunden und Tridosha gerecht machen. Das Mischungsverhältnis von Rohkost und Gekochtem liegt optimalerweise bei einem Drittel rohen und zwei Dritteln frisch gekochten Speisen.

Nikole

Nikole studiert Medizin und interessiert sich sehr für Ayurveda. Sie hat schon einige Seminare und Fortbildungen in diesem Bereich besucht und strebt eine fundierte Zusatzausbildung als Ayurveda-Ärztin an.

Trotz intensiver Beschäftigung mit der Materie ist es Nikole bis jetzt nicht gelungen, ihren Konstitutionstyp eindeutig festzustellen. Sie verfügt weder über besondere Körpermerkmale noch über schwer wiegende Krankheiten, durch die sie sich einer Dosha-Konstellation zuordnen könnte. Bei den verschiedenen Persönlichkeitsbeschreibungen entdeckt sie immer wieder neue Ähnlichkeiten und Anteile. So hat sie z. B. die Haut, die Gesichtszüge und die Verdauung von Vata, den Körperbau und die Haare von Pitta und die Fingernägel, Zähne und Schlafgewohnheiten von Kapha. Ihre geistigen Eigenschaften sind ebenfalls sehr ausgewogen: Sie kann sehr gut lernen und hat ein ausgezeichnetes Kurzzeitgedächtnis, das ihr beim Medizinstudium sehr zugute kommt. Sie neigt jedoch auch dazu, sich große Sorgen zu machen, und gerät leicht in Hektik. Besonders

schlimm sind ihre Prüfungsängste, die sie die ganze Nacht nicht schlafen lassen. All dies spricht für ihre Vata betonten Persönlichkeitsanteile.

Ihr Pitta tritt jedoch hervor, wenn sie mit einem spricht. Nikole hat eine sehr faszinierende Art zu sprechen, sie ist klug, charmant und einnehmend. Alles, was sie sagt, wirkt vernünftig, wohlüberlegt und klar. Sie kann sehr gut delegieren und übernimmt in den Arbeitsgruppen an der Uni gerne die Führung. In Diskussionen ist sie gut vorbereitet und setzt sich mit ganzer Seele für ihre persönlichen Interessen ein.

Nikoles Kapha-Anteile kommen im liebevollen Umgang mit Menschen zu Tage. Sie kann sich sehr mütterlich für andere Menschen engagieren und ist ihren Bekannten eine treue und liebenswerte Freundin. Im Krankenhaus strahlt sie im Umgang mit Patienten Ruhe und Fürsorglichkeit aus. Sie kocht sehr gerne für sich und andere und hat sich trotz begrenzter finanzieller Mittel als Studentin eine sehr gemütliche und einladende Wohnung eingerichtet.

Als ich Nikole auf einem Seminar kennen lernte, fragte sie mich ganz verzweifelt, ob ich ihr nicht sagen könne, was für eine Dosha-Dominanz sie nun habe. Mit der Antwort, dass sie eines der seltenen Exemplare sei, bei denen sich die drei Doshas in nahezu gleicher Dominanz mit ihren besten Eigenschaften verteilt haben, hatte sie nicht gerechnet. Ich riet ihr, noch besser auf die Signale und Bedürfnisse ihres Körpers zu hören, um festzustellen, welches ihrer Doshas nun eine erhöhte Aufmerksamkeit und eventuell ausgleichende Maßnahmen benötigt. Besonderes Augenmerk sollte sie auf ihr Vata-Dosha legen, da dies durch ihre jetzige Lebensweise besonders belastet sei.

Konstitutionsbezogene Speiseplanempfehlungen für Vata-Pitta-Kapha

Frühstück

Genießen Sie mit einem leichten Frühstück den guten Start in den Tag. Von Reiswaffeln mit Butter und Honig, Getreidebrei, leichtem Toastbrot oder selbst gebackenen Waffeln, solange Sie am Morgen nicht zu viel essen, können Sie ruhig verschiedene Frühstücksvariationen ausprobieren. Auch frische Früchte, gedünstete Früchte und Trockenobst sind am Morgen sehr gut verträglich.

Mittagessen

Ein großer Salat, ein warmes Hauptgericht und ein geschmacksintensives Chutney sind hier besonders wichtig. Von Ihrer Konstitution her können Sie sehr gut als Vegetarier leben, da eine reine Ernährung Ihrem geistigen und spirituellen Wachstum sehr gut tut.

Essen Sie also nicht zu viel Fleisch oder vermeiden Sie es ganz. Statt dessen sind Nüsse, Hülsenfrüchte und ein wenig Milchprodukte sehr zu empfehlen.

Abendessen

Je nachdem wie viel Hunger Sie am Abend haben, sollten Sie Ihre Mahlzeit nach den persönlichen Bedürfnissen zum Ausgleich des Tages gestalten. Sehr gut ist es, einfach einmal nur Gemüse mit Ghee zu essen. Doch auch Getreide, Kartoffeln, Teigwaren, Suppen und Brot sind sehr empfehlenswert.

Konstitution	wichtigste Eigenschaften der Ernährung	Gewürze
Vata	leicht verdaulich, warm, nährend, süß, salzig, keine schwer verdaulichen und kalten Speisen	Kreuzkümmel, Nelke, Ingwer, Knoblauch, Safran, Hing
Pitta	kühlend, knackig, süß, bitter, energiespendend, keine sauren und scharfen Speisen	Kardamom, Koriander, Minze, Kurkuma, Fenchel
Kapha	leicht, warm, trocken, scharf, bitter, anregend, keine Milchprodukte, keine fetten und süßen Speisen	Chili, Pfeffer, Ingwer, Kurkuma, Methi, Senfsamen
Vata-Pitta	süß, nährend, stabilisierend, regelmäßig, keine zu scharfen Speisen	Kreuzkümmel, Koriander, Safran, Kardamom, Fenchel
Vata-Kapha	warm, leicht sauer, leicht scharf, leicht verdaulich, keine kalten Speisen oder zu viel Rohkost	Ingwer, Nelke, Zimt, Hing, Kreuzkümmel, Basilikum
Pitta-Kapha	bitter, herb, keine Milchprodukte	Kurkuma, Koriander, Methi
Vata-Pitta- Kapha	vielseitig, alle Geschmacksrichtungen	Ingwer, Kreuzkümmel, Basilikum, Kardamom, Safran

5. Jeder is(s)t anders - individuelle Ernährung für den aktiven Stoffwechsel

Um etwas zu verbrennen, braucht es Feuer. Auch unsere Nahrung wird verbrannt, um in Nährstoffe und Abfallprodukte gespalten zu werden. Für diesen lebensnotwendigen Vorgang ist unser Verdauungsfeuer, Agni, verantwortlich. Wie ein echtes Feuer verbrennen die Verdauungsfunktionen von Agni unsere Speisen. Und dieses Feuer kann je nach Konstitution oder Lebensweise eher groß oder klein, beständig oder wechselhaft sein. Die Qualität und Beschaffenheit unseres Verdauungsfeuers, Agni, bestimmen unseren individuellen Stoffwechsel und haben einen elementaren Einfluss auf unsere persönlichen Ernährungsempfehlungen.

Agni, das Verdauungsfeuer, wird von Pitta produziert und hat seinen Hauptsitz im Oberbauch und in der Leber, aber als „Lebensfeuer" ist es auch in jeder Zelle vorhanden. Dieses Feuer ist für alle Lebensfunktionen unentbehrlich, und wir müssen es hüten wie das „Ewige Licht" an einem Altar. Agni gibt dem Körper seine Wärme und hilft mit seiner Hitze, aufgenommene Speisen aufzuschließen und Krankheitserreger zu verbrennen. Es hat also eine zentrale Bedeutung für alle Stoffwechsel- und Lebensprozesse, was oft erst dann auffällt, wenn es aus dem Gleichgewicht gebracht ist. Seine Eigenschaften sind: heiß, trocken, leicht, klar, wohlriechend und rein.

Durch Agni stehen den verschiedenen Körpergeweben alle Nährstoffe zur Verfügung, Toxine werden ausgeschieden, der Geist wird klar und diszipliniert und der gesamte Körper strahlt Frische, Vitalität und innere Schönheit aus. Damit Agni aber in einem harmonischen Maß entstehen kann, ist wiederum ein Gleichgewicht zwischen den Doshas erforderlich. Ist dieses Gleichgewicht nicht vorhanden, wird Agni nachhaltig geschwächt, was zur Folge hat, dass selbst die edelsten Speisen den Verdauungstrakt nahezu ungenutzt passieren können. Die typischen Symptome eines zu schwachen Agnis sind Blähungen, Aufstoßen, schlechte Verdauung, geistige Ermüdung, schweres Erwachen und eine schlechte Haut. All dies zeigt einen Mangel an Verdauungskraft und schlechte Auswertung der Nährstoffe an.

Der Grundsatz der ayurvedischen Ernährungslehre lautet: Jeder is(s)t anders.
Der Grund dafür sind die verschiedenen Funktionsweisen des Verdauungsfeuers, Agni. Je nachdem, ob der Mensch ein starkes, schwaches oder schwankendes Agni hat, wird seine optimale Ernährungsweise zusammengestellt. Die Beschaffenheit des Agni hängt von der Dominanz der Doshas in uns ab und wird automatisch mit einer konstitutionsbezogenen Ernährung ausgeglichen. So haben Menschen mit einem hohen

Vata-Anteil meist ein schwankendes und labiles Agni, Kapha-Menschen ein stabiles, aber kleines Agni und Pitta-Typen ein recht starkes und oft überhitzes Verdauungsfeuer.

Toxische Ablagerungen, so genannte Schlacken, sind ebenfalls das Produkt eines schwachen Agnis. Im Ayurveda bezeichnen wir Schlacken als Ama, was so viel heißt wie „ungekocht". Das Verdauungsfeuer ist zu klein oder zu schwach, um die Nahrungsmittel vollständig zu verbrennen, und lagert nun die unverwerteten Abfallprodukte in den Körpergeweben ab. Dies geschieht vor allem, wenn wir das Verdauungssystem mit zu viel Nahrung, mit zu schwerer Nahrung und Nahrung zur falschen Zeit überlasten.

Ama ist das klebrige, übelriechende und schwere Abfallprodukt, das unseren Körper maßgeblich belastet. Ähnlich wie an einer zu früh erlöschten Feuerstelle angekohlte Holzreste oder unverbrennbare Materialien liegen bleiben, so verbleiben auch die unverdauten Nahrungssubstanzen, Ama, in unserem Organismus und können nicht über den Verdauungstrakt ausgeschieden werden. Dieser „Müll" wandert nun in die Körpergewebe, vorrangig ins Fettgewebe und in die Gelenke, und verschlackt unseren Körper. Um uns von Ama wieder zu befreien, müssen wir Agni richtig anfeuern, um die unverbrannten Ablagerungen nochmals zu verwerten und anschließend auszuscheiden.

Ob wir abgelagerte Stoffwechselschlacken haben oder nicht, lässt sich vor allem an den Eigenschaften von Ama erkennen. Denn Ama macht sich bemerkbar durch einen üblen, fauligen Geruch, durch klebrige und zähe Körpersekrete und seine Schwere. Immer wenn Sie mit Blähungen oder Mundgeruch konfrontiert sind, die einen fauligen, gärigen oder sehr unangenehmen Geruch aufweisen, so wissen Sie, dass dies ein Anzeichen für Ama im Körper ist. Ebenso zeigen ein schmieriger schwerer Stuhl und ein weißlich klebriger Zungenbelag das Vorhandensein von Ama an.

Die Grundlage für unsere persönliche Gesundheit und unser Wohlbefinden ist die Reinheit des Körpers. Durch eine falsche Ernährungs- und Lebensweise können sich alle Doshas im Körper vermehren. Nach einer gewissen Zeit manifestieren sich die gestörten Bioenergien als Körpersäfte und werden in den verschiedenen Körpergeweben eingelagert. Das angesammelte und degenerierte Vata, Pitta oder Kapha verursacht nun die unterschiedlichsten Krankheiten. Neben dem Ungleichgewicht der Doshas ist die Ansammlung von Ama die zweite Krankheitsursache im Körper. In der ayurvedischen Medizin unterscheidet man sehr genau zwischen Krankheiten mit Ama und Krankheiten ohne Ama. Denn alle Krankheiten, an denen Ama beteiligt ist, wie z.B. Rheuma, Akne oder Darmpilze, lassen sich vor allem durch eine Agni anregende Diät wirkungsvoll therapieren. Wird eine Krankheit hingegen nur durch eine Dosha-Störung hervorgerufen, so sind auch manuelle Therapien

und Ausleitungstechniken notwendig, um das verlorene Gleichgewicht wiederherzustellen.

In einer Ama abbauenden Diät wird der Stoffwechsel durch anregende und heiße Substanzen wie z. B. Chili, Ingwer und Pfeffer verstärkt, und damit findet eine intensive Entschlackung des Verdauungstrakts und der Körpergewebe statt. Ebenso wirkungsvoll sind Schwitzkuren und kurzzeitiges Fasten.

Um Agni grundlegend zu stärken, helfen vor allem enzymreiche Nahrungsmittel wie bittere Blattgemüse und Salate, scharfe Gewürze und ein verdauungsfördernder Trunk aus starkem Ingwerwasser mit Kreuzkümmel, Salz und Rohrzucker. Auch die harmonische Zusammenstellung der Speisen und das Einhalten der nötigen Verdauungszeiten sind für ein schwaches Agni wesentliche Voraussetzungen, um die Nahrung ausreichend zu verwerten.

Allgemeine Ernährungsempfehlungen zum Ausgleich von Agni

- kleine Mahlzeiten essen
- gründlich kauen und einspeicheln
- kurzzeitiges Fasten
- auf kalte und trockene Nahrungsmittel verzichten
- am Morgen 1-2 Tassen Ingwerwasser trinken
- 10 Minuten vor einer schweren Mahlzeit einen Agni-Trunk einnehmen
- vermehrtes Schlucken von Speichel vor dem Essen verstärkt die Bildung von Verdauungsenzymen
- Atemübungen und ein anregendes Bewegungsprogramm vor dem Essen
- frischer gehackter Ingwer mit Salz (1 MS bei Vata-Symptomen)
- frischer Koriander oder Petersilie mit ein wenig schwarzem Pfeffer stärkt das Agni
- Sauna und Schwitzkuren

5.1. Die Verdauungsfunktionen von Agni

Agni ist verantwortlich für unseren gesamten Verdauungsvorgang und die vollständige Verwertung unserer Nahrung. Aus ayurvedischer Sicht nähren wir mit jeder Mahlzeit auch die Doshas in uns, die aus der Nahrung heraus gebildet werden.

Viele gesundheitliche Beschwerden und Befindlichkeitsstörungen hängen direkt mit unserem nicht richtig arbeitenden Verdauungs- und Verwertungssystem zusammen. Ist Agni gestört, so hat dies nicht nur Verdauungsstörungen wie z. B. Blähungen, Völlegefühl, Müdigkeit nach dem Essen oder Sodbrennen zur unmittelbaren Folge, sondern auch geistige Trägheit, ein gestörter Zellstoffwechsel, Hautbeschwerden und Gewebsveränderung können daraus resultieren.

Je nach Beschaffenheit der Ausscheidungen und der Art der Verdauungstätigkeit und Beschwerden können wir erkennen, welche Nahrungsmittel gut verstoffwechselt werden und welche den Organismus belasten. Ebenso können Dosha-Störungen anhand des Stuhls und der Befindlichkeit während des Essens analysiert werden.

Eine ausgeglichene Kapha-Verdauung und eine gute Kohlenhydratverstoffwechslung zeigen sich in der ersten Verdauungsphase während des Essens. Haben wir einen guten Appetit und fühlen wir uns während des Essens wohl, so ist die Kapha-Energie im Gleichgewicht und die erste Verdauungsphase im Mund und von der Speiseröhre zum Magen läuft ungestört. Müdigkeit und Appetitverlust während des Essens zeigen eine Kapha-Störung, ein schwaches Agni und mangelhafte Enzymbildung der Speichelsekrete an. Für diesen gesamten Verdauungsvorgang der Nahrungsaufnahme und Anverdauung ist Jathar-Agni verantwortlich, das durch langsames Essen und gründliches Kauen, eine begrenzte Nahrungszufuhr und eine warme, gut angefeuchtete Nahrung gestärkt wird.

Die Pitta-Verdauung findet im Magen, Zwölffingerdarm und Dünndarm statt und beinhaltet eine gute Eiweißverwertung und Säureneutralisierung. Magenbrennen, Sodbrennen, saures Aufstoßen und Heißhunger nach Süßigkeiten direkt nach dem Essen sind typische Symptome eines gestörten Pitta-Stoffwechsels und führen langfristig zu Übersäuerung, Shrota-Blockaden und mangelhaften Dhatus. Die hier tätigen Verdauungsfunktionen werden von Buth-Agni gesteuert, das für die Spaltung der fünf Elemente aus der Nahrung verantwortlich ist. Durch die Beachtung der richtigen Nahrungsmittelkombinationen und die Verwendung von stoffwechselanregenden Gewürzen wird dieser Aufspaltungsprozess erleichtert.

Vata sitzt im Dickdarm und ist für die Entsaftung und Ausscheidung der Nahrung verantwortlich. Unmäßiges Essen, Blähungen, Völlegefühl sowie ein Energieabfall mit Heißhunger, Müdigkeit und geistiger Schwere etwa eine Stunde nach dem Essen

sind die kurzfristigen Auswirkungen einer gestörten Vata-Verdauung. Langfristig entstehen auch Verstopfung und Immunschwäche. Parallel dazu arbeiten die Gewebsfeuer, Dath-Agnis, die den Zellstoffwechsel in jedem Körpergewebe steuern. Notwendig für den aktiven Gewebeaufbau ist vor allem eine entspannende Verdauungsphase nach dem Essen, damit sich die Feuerenergie im Verdauungstrakt sammeln kann, die Nahrungssubstanzen gut resorbiert werden und anschließend in neue Körpergewebe umgesetzt werden können.

Agni und seine Funktionen

Jathar-Agni
ist verantwortlich für den ersten Kontakt zur aufgenommenen Nahrung, der Anverdauung, und befindet sich im Magen und reicht bis zum Ende des Dünndarms

Funktionen:

- Primäre Avasthapaka- und sekundäre Vipaka-Verdauung aller Arten von Nahrung
- Trennung von Nährstoffen und Abfallprodukten Sara-Kitta-Vibhajana
- Kontrolle der Sekretion
- Systemische Kontrolle über andere Arten von Agni
- Kontrolle über alle Pitta-Arten
- Indirekte Regulation von Quantität und Qualität der Körpergewebe Dhatu

Buth-Agni
(Agni für die fünf großen Elemente)
hat seinen Sitz in der Leber

Funktionen:

- Die fünf Buth-Agni werden durch Jathar-Agni stimuliert und aktivieren Cakrapani.
- Während sie die Elemente (Mahabhuta) der Nahrungsmittel zersetzen, rufen sie die entsprechenden Eigenschaften und spezifischen Eigenschaften (Hörbarkeit, Tastbarkeit, Sichtbarkeit, Geschmack und Geruch, wahrnehmbar durch die fünf Sinne) hervor.

Dhatu-Agni
(Agni für die sieben Hauptgewebe)
ist verantwortlich für den Gewebestoffwechsel und die Bildung von Gewebematerial Asthayi-Dhatu

Funktionen:

- Die von den Buth-Agni zur Verfügung gestellten Stoffwechselprodukte werden von jedem Gewebe durch ein spezifisches Dhatvagni in die Substanzen umgewandelt, die es benötigt.
- Durch die Resorption werden die Produkte/Elemente der Elemente-Agni katalysiert, es entstehen die Grundessenzen der sieben Körpergewebe Dhatus.

5.2. Unterstützende Maßnahmen für jede Verdauungsphase

Um den Kapha-Stoffwechsel zu unterstützen, sollten alle bitteren und leicht scharfen Speisen bevorzugt werden. Die Mahlzeit sollte immer mit einer warmen, flüssigen und mit Ingwer, Kreuzkümmel, Pfeffer, Kurkuma und etwas Salz angereicherten Speise begonnen werden. Das gründliche Einspeicheln und Kauen der Nahrung ist für die Kapha-Verdauung besonders wichtig. Atem- und Bewegungsübungen vor dem Essen stärken das Agni, ebenso das Vermeiden von kalten Getränken bzw. Flüssigkeiten generell eine halbe Stunde vor dem Essen.

Die Mahlzeiten sollten nicht zu groß sein (ca. zwei Handflächen voll), wenig süß sein und in Abständen von mindestens vier Stunden eingenommen werden. Ein heißer Yogi-Tee mit etwas Milch, Rohrzucker, Ingwer, Zimt und Kardamom ist der ideale Nachtisch und ersetzt Süßspeisen aller Art.

Um den Pitta-Stoffwechsel in sein Gleichgewicht zurückzuführen, ist es sehr wichtig, alle sauren und scharfen Speisen zu meiden. Die Mahlzeiten sollten regelmäßig und nicht zu spät eingenommen werden, da übermäßiger Hunger die Pitta-Produktion fördert.

Am besten beginnt man die Mahlzeiten mit süßen und/oder kühlenden Speisen und bevorzugt alle bitteren Gemüse und Salate sowie die süßlichen Wurzelgemüse. Langsames Essen, gründliches Einspeicheln und das Vermeiden von falschen Lebensmittelkombinationen, Kaffee, Alkohol und sauren Milchprodukten helfen Säureüberschüsse zu vermeiden und Pitta zu reduzieren. Heißhunger nach Süßigkeiten ist ein

Merkmal für mangelhafte Säurebildung und Eiweißspaltung im Magen. Hier helfen ein enzymreicher Ananassaft oder ein kleiner Schluck Weißwein vor dem Essen sowie eine große Portion Salat mit etwas Zitronensaft-Dressing.

Für den Vata-Verdauungstrakt sind die innere Ruhe und entspannte Atmosphäre beim Essen von großer Wichtigkeit, denn nur in einem entspannten Zustand unseres Nervensystems kann die Nahrung wirklich verdaut werden. Besonders bei Blähungen und Energieabfall nach den Mahlzeiten ist es empfehlenswert, vor und nach dem Essen eine kleine Ruhepause von ca. 10 Minuten einzulegen und dem Körper Zeit zu geben, die Verdauungsenergie zu sammeln. Sport, Stress und Ärger während und nach dem Essen sind unbedingt zu meiden. Ebenso sollten alle sehr kalten, bitteren und harten Nahrungsmittel gemieden werden. Frisch gepresste Rohkostsäfte mit etwas warmem Wasser, Weizenkeimöl und Hefeflocken gemischt sind eine wertvolle Alternative zu Salat oder Rohkost. Gewürze wie Ingwer, Ajwan, Zimt und Nelke wirken beruhigend und verdauungsfördernd zugleich und ergänzen jede Mahlzeit.

5.3. Praktische Ernährungsregeln für eine effiziente Verdauungskraft

Die ayurvedische Ernährung legt großen Wert auf die richtige Art der Nahrungseinnahme und Herstellung, um eine reibungslose Verdauungs- und Stoffwechseltätigkeit zu gewährleisten. Unsere Speisen sollten mit Agni anregenden Gewürzen und auf leicht verwertbare Weise zubereitet werden. Hier spielen neben Ingwer, Chili, Hing und Kreuzkümmel auch das richtige Brat- und Kochfett Ghee eine große Rolle.

Ebenso entscheidend ist die Menge unserer Nahrung, die richtige Zusammenstellung der verschiedenen Lebensmittel innerhalb einer Mahlzeit und der Zeitpunkt der Einnahme.

Essen wir zu viel, so wird das Verdauungs- und Enzymsystem überfordert und es entsteht ein Übermaß an Kapha. Agni wird geschwächt und Ama kann entstehen. Um dies zu vermeiden, sollte während einer Mahlzeit der Magen nicht mehr als zu zwei Dritteln gefüllt werden. Dies entspricht ungefähr der Speisebrei-Menge, die in zwei Handflächen hineinpasst.

Nehmen wir unsere Mahlzeiten ein, ohne dass die vorherige vollständig verdaut ist, so wird unser Verdauungssystem stark belastet und es entstehen unverdaute Nahrungsmittelrückstände, Ama, die den Organismus regelrecht verschlacken. Warten wir hingegen fünf Stunden nach jeder Hauptmahlzeit, bevor wir die nächsten Speisen zu uns nehmen, so können die Nahrungsmittel ungestört verdaut werden und ein Höchst-

maß an lebendiger Kraft freisetzen. Sehr geeignete Zwischenmahlzeiten, die man auch bei dem kleinen Hunger zwischendurch genießen darf, stellen frische Früchte, Trockenobst und Reiswaffeln dar. Diese leichten Snacks können unbedenklich auch bereits nach zwei bis drei Stunden gegessen werden und belasten den Verdauungsapparat nicht.

Ebenso schädlich für Agni wirken sich die falschen Kombinationen von Nahrungsmitteln innerhalb einer Mahlzeit aus. Denn unsere Verdauungsorgane können immer nur für bestimmte Nahrungsmittelgruppen ein passendes Verdauungsmilieu bilden, um die gesamte Lebensenergie freizusetzen. Beachten wir diese gut verträglichen Nahrungsmittelkombinationen nicht, so entstehen bereits im Magen Gärungs- und Fäulnisprozesse, die zu Ama, Übersäuerung und Prana-Verlust, führen. Bereits die ayurvedischen Klassiker sprechen ausführlich über die giftige Wirkung von Milch in Kombination mit Fisch, Fleisch oder Zitrusfrüchten sowie die schwere Verdaulichkeit von antagonistischen Nahrungsmittelzusammenstellungen von sehr sauren Nahrungsmitteln (wie allen Eiweißprodukten, Joghurt, Käse, Eier, Fleisch usw.) mit den süßen Kohlenhydraten wie Getreide, Teigwaren und Kartoffeln. Befindet sich Jathar-Agni in einem schwachen Zustand, so sollten Fisch, Fleisch und Milchprodukte lieber mit Reis und Gemüse kombiniert werden anstatt, wie bei uns üblich, mit Kartoffeln, Teigwaren oder anderen Getreidearten.

Frische Früchte sind am besten verträglich, wenn sie ganz alleine genossen werden, und sollten keinesfalls als Dessert nach einer ausgiebigen Hauptmahlzeit gereicht werden. Dies führt zu starken Gärungsprozessen im Bereich der Kapha-Verdauung und kann Müdigkeit, Blähungen und Schweregefühl nach dem Essen zur Folge haben.

Die klassische Ayurveda-Ernährung berücksichtigt automatisch die richtige Zusammenstellung der Nahrungsmittel und hat damit die asiatische Esskultur geprägt. Im europäischen Kulturraum blicken wir jedoch auf einige sehr ungünstige Ernährungsgewohnheiten zurück, die sich auch in der Gesundheit des Einzelnen widerspiegeln. Die Vorliebe für Tomaten mit Käse, Kartoffeln mit Fisch, Teigwaren mit Fleisch und Joghurt mit Obst führt zu gravierenden Störungen der gesamten Stoffwechselfunktionen, bildet Ama und ist unter anderem die Ursache für Übersäuerung, Magenbeschwerden, Hautprobleme und Übergewicht. Gelingt es uns, diese ungünstigen Nahrungsmittelkombinationen gegen bessere zu ersetzen, so können wir mit jeder Mahlzeit auf sehr einfache Weise unsere Vitalität, Lebensfreude und Gesundheit fördern.

Wichtige Ernährungsempfehlungen gegen Ama

1. Essen Sie langsam und kauen Sie gründlich.
2. Überlasten Sie Ihren Magen nicht. Optimal ist es, wenn Sie ihn zu einer Mahlzeit nur zu zwei Dritteln füllen und ein Drittel für eine aktive Verdauung frei bleibt. Die Hälfte der Magenfüllung sollte aus fester Nahrung bestehen und ein Viertel aus saftig-flüssiger Nahrung (z. B. Suppe, saftiges Gemüse usw.).
3. Trinken Sie während des Essens keine kalten Getränke.
4. Essen Sie in regelmäßigem Rhythmus, und beachten Sie die richtigen Verdauungszeiten. Nach einer Hauptmahlzeit sollten Sie fünf Stunden warten, Früchte und Zwischensnacks benötigen ca. zwei Stunden zur Verdauung.
5. Achten Sie auf die richtige Kombination der Nahrungsmittel innerhalb einer Mahlzeit.

Die richtigen Nahrungsmittelkombinationen

1. Essen Sie frische Früchte nur alleine.
   Sehr gut können alle süßen oder sauren Früchte auch zusammen gegessen werden. Die Melone ist durch ihren hohen Wassergehalt eine Ausnahme und sollte ausschließlich nur mit anderen Melonen, aber nicht mit süßen oder sauren Früchten kombiniert werden.
   Die Zitrone darf mit allen Nahrungsmitteln zusammen gegessen werden, außer Joghurt, Milch, Gurke und Tomate.
2. Nehmen Sie Milch nur alleine zu sich.
   Sehr gut eignet sie sich als Frühstück oder vor dem Schlafengehen. Bevorzugen Sie unbehandelte Vorzugsmilch, und meiden Sie homogenisierte Milch. Sehr gut verträglich ist die von Natur aus etwas schwere und schleimige Milch, wenn Sie diese erhitzen, etwas aufschäumen und mit Kurkuma, Ingwer, Kardamom oder Muskatnuss verfeinern. In der aufbauenden Rasayana-Ernährung dürfen Sie die Milch auch mit Getreide, Trockenfrüchten oder Nüssen kombinieren, aber keinesfalls mit Fisch, Fleisch oder Eiern. Ebenso sollte Milch getrennt von Bananen, Melonen, sauren Früchten, Joghurt, Hefebrot und Kitchari (Reis-Dal-Suppe) eingenommen werden.

3. Essen Sie Joghurt nicht zusammen mit Milch, sauren Früchten, Melonen, Banane, Mango, Fisch, Käse oder Getreide.
4. Trennen Sie Eiweiß und Kohlenhydrate voneinander.
   Alle süßen und stärkenden Nahrungsmittel wie Getreide und Öle können hervorragend mit Hülsenfrüchten, Gemüse und Salat verdaut werden, sollten aber nicht gemeinsam mit Milchprodukten, Fisch, Fleisch oder Eiern verzehrt werden. Zu den optimalen Lebensmittelkombinationen zählen:
   - Getreide, Fette, Hülsenfrüchte, süße Gemüse (wie Kartoffel, Karotte, Rote Bete), Gemüse, Salat, Süßmittel
   - Milchprodukte, Nüsse, Samen, Gemüse, Salat, Reis
   - Fisch, Gemüse, Salat, Reis
   - Fleisch, Gemüse, Salat, Reis
   - Eier, Gemüse, Salat, Reis
5. Meiden Sie besonders antagonistische Nahrungsmittelkombinationen:
   - Honig und Ghee zu gleicher Menge
   - Eier mit Milch, Joghurt, Melone, Käse, Früchten und Kartoffeln
   - Milch mit Fisch, sauren Früchten, Rettich oder Wassermelone
   - kalte Getränke mit fettigem Essen
   - kalte Speisen mit sehr heißen Speisen (z. B. Eis mit heißen Beerenfrüchten)

6. Die richtige Zeit – Essen im Zyklus der Natur

In der Ayurveda wird Gesundheit als ein Zustand der dynamischen Harmonie der inneren und äußeren Kräfte betrachtet. Wir sind der ständigen Bewegung der uns beeinflussenden Zyklen wie Tagesrhythmus, Jahreszeiten, hormoneller Zyklus, Mond- und Lebensphasen unterworfen. All diese Zyklen beeinträchtigen die Dominanz unserer Doshas stark und haben auch einen unmittelbaren Einfluss auf unsere Stoffwechsel- und Verdauungsfunktionen.

In den vorherigen Kapiteln haben wir bereits die grundlegenden Aspekte der individuellen Ayurveda-Ernährung besprochen. Je nach Konstitution und Stoffwechsel sollte jeder Mensch seine Nahrung nach den individuellen Bedürfnissen auswählen, einnehmen und zubereiten. Hinzu kommt aber noch, dass wir auch auf die äußeren Einflüsse der Tages- und Jahreszeit Rücksicht nehmen müssen, um unsere körperlichen Kräfte optimal zu nutzen. Je nachdem, wie die einzelnen Kräfte in uns verteilt sind, reagieren wir unterschiedlich auf die unser Wohlbefinden bestimmenden Einflüsse. So benötigt beispielsweise ein Pitta-Typ im Sommer ein anderes Abendessen als im Winter. Oder eine Kapha-Konstitution sollte in der Kindheit auf andere Ernährungsregeln achten als im hohen Alter.

Je besser wir uns selbst mit unseren Bedürfnissen kennen, umso subtiler können wir auf die verschiedenen Zyklen unseres Lebens einwirken und in Harmonie mit der Natur leben.

6.1. Der Tageszyklus

Über den Tag verteilt, sind die einzelnen Doshas unterschiedlich ausgeprägt. So verfügen wir zu bestimmten Uhrzeiten über ausgeprägte Verdauungskräfte, sind eher schläfrig oder kreativ. Entsprechend der individuellen Dosha-Konstitution reagieren wir unterschiedlich auf die Biorhythmen des Tages, sodass z. B. eine Kapha-Konstitution am Abend um 21.00 Uhr sehr müde ist und der Vata-Typ erst so richtig munter wird.

Jeder Mensch hat in sich eine eigene Agni-Uhr, die seinen Appetit, seinen Stoffwechsel und seine Verdauungsvorgänge bestimmt. Je nachdem, wie das persönliche Verdauungsfeuer, Agni, arbeitet, haben wir zu bestimmten Tageszeiten besonders viel

Appetit oder leiden zu einer anderen Uhrzeit unter Müdigkeit, Blähungen oder Heißhunger.

Die ayurvedische Ernährungslehre beschreibt die einzelnen Verdauungsphasen des Stoffwechsels Agni sehr präzise und gibt uns damit einen wirkungsvollen Fahrplan für einen reibungslosen Verdauungsprozess.

Insgesamt verfügen wir über einen täglichen Verdauungsrhythmus mit sechs verschiedenen Phasen, in denen unsere verschiedenen Körperfunktionen und Stoffwechselprozesse besonders gut zum Ausdruck kommen.

Wechselnde Verdauungsphasen im Tagesrhythmus		
Uhrzeit	Dosha	Agni
6.00 - 10.00 Uhr (7.00 - 11.00 Uhr)	Kapha	schwaches Agni
10.00 - 14.00 Uhr (11.00 - 15.00 Uhr)	Pitta	starkes Agni
14.00 - 18.00 Uhr (15.00 - 19.00 Uhr)	Vata	schwankendes Agni
18.00 - 22.00 Uhr (19.00 - 23.00 Uhr)	Kapha	schwaches Agni
22.00 - 2.00 Uhr (23.00 - 3.00 Uhr)	Pitta	starkes Agni
2.00 - 6.00 Uhr (3.00 - 7.00 Uhr)	Vata	schwankendes Agni

Der Tag beginnt aus ayurvedischer Sicht mit einer inneren Reinigungsphase in den frühen Morgenstunden vor Sonnenaufgang. Von 2.00 Uhr bis 6.00 Uhr ist das Vata-Dosha besonders ausgeprägt und unsere Resorptions- und Ausscheidungsorgane sind sehr aktiv. Im Organismus werden Nährstoffe in die notwendigen Gewebe und Organe transportiert, und Abfallstoffe, Malas, werden verdichtet und in den Ausscheidungsorganen manifestiert.

Das starke Vata in den frühen Morgenstunden schenkt uns einen meditativen und spirituell nährenden Start in den Tag. Unser Geist ist offen und nimmt die Elemente Äther und Luft in sich auf. Wir stehen in engem Kontakt zu unserem feinstofflichen Körper und sind besonders feinfühlig für die lebensspendenden Kräfte aus Luft und Atmosphäre.

Als negative Auswirkung können auch Schlafstörungen, Albträume und Angst-

zustände durch ein überhöhtes Vata ausgelöst werden. In diesem Fall wacht der Betroffene zwischen 2.00 und 4.00 Uhr regelmäßig auf und wird von unangenehmen Eindrücken geplagt. Um diesem abzuhelfen, sind warme Ölbäder, eine Fußmassage mit Ghee und ein Schlummertrunk aus warmer Milch mit Vollrohrzucker, Muskat und Kardamom zu empfehlen.

Als eine der wichtigsten Rasayana-Empfehlungen zur Verjüngung wird eine Mußestunde zum Sonnenaufgang in der Natur empfohlen. Doch auch regelmäßige Meditationen in den frühen Morgenstunden klären den Geist und schaffen Ruhe, Klarheit und Kraft auf allen Ebenen.

Der optimale Zeitpunkt, um aus den Federn zu kriechen, ist individuell unterschiedlich. Doch wenn möglich, sollten Sie nicht später als 6.00 Uhr im Sommer und 7.00 Uhr im Winter aufstehen, um noch den Tag in der morgendlichen Dynamik und Leichtigkeit des Vatas zu beginnen. Nach dem Aufstehen befreit sich der Körper von seinen Abfallprodukten, Malas. Das heißt, jeder Morgen beginnt mit einem Gang auf die Toilette, um Darm und Blase zu entleeren. Ebenso unterstützt die ayurvedische Morgenroutine den ganzheitlichen Reinigungsvorgang des Stoffwechsels Agni.

Je später wir frühstücken, umso besser aus ayurvedischer Sicht. Denn zwischen 6.00 und 10.00 Uhr ist das Kapha-Dosha dominant und damit sind die Verdauungssäfte schwach. Ein schweres Frühstück mit Brötchen, Eiern, Wurst, Käse oder Frischkornbrei belastet den gesamten Organismus und macht uns träge und schwer.

Das ayurvedische Frühstück ist eine kleine und leichte Mahlzeit mit gekochten Getreideflocken, gedünsteten Früchten oder etwas Reiswaffel mit Honig. Es hilft dem Körper in seiner natürlichen Ausscheidungsphase und unterstützt die tägliche Entschlackung. Alle Kapha erhöhenden Nahrungsmittel werden gemieden oder nur in sehr kleinen Mengen als Ausnahme genossen.

Essen Sie frühestens ab 8.00 Uhr oder noch besser erst um 9.00 bis 9.30 Uhr, und kurbeln Sie Ihren Stoffwechsel vorher mit heißen Getränken an. Vermeiden Sie jedoch schwarzen Tee oder Kaffee, da diese Getränke am Vormittag intensiv säuernd wirken. Sehr gut sind ein bis zwei Tassen abgekochtes Wasser und ein bis zwei Tassen Ingwerwasser am Morgen, um den individuellen Reinigungsprozess zu unterstützen.

Von 10.00 bis 14.00 Uhr ist Pitta-Zeit und dies heißt, dass unser Agni in der Regel gut brennt und wir als Mittagessen ein nährendes, vollwertiges und vielseitiges Menü genießen können. Steht die Sonne im Zenit am Himmel, so hat auch unser inneres Feuer seinen Höhepunkt erreicht. Die Aufnahme- und Resorptionsfähigkeit des Verdauungssystems ist nun besonders gut und ein starker Appetit breitet sich aus. Die guten Verdauungssäfte lassen uns selbst schwere und kalte Nahrungsmittel gut verdauen und schenken viel Energie für den restlichen Tag.

Aus diesem Grunde wird in der Ayurveda immer zur Mittagszeit die Hauptmahlzeit eingenommen, und alle eiweißreichen Speisen wie Hülsenfrüchte, Fleisch, Fisch, Milchprodukte usw. können gut verwertet werden. Ebenso sind Salat, Rohkost und Vollkornprodukte am Mittag besser verdaulich und dienen nun dem starken Verdauungsfeuer als geeignetes Brennmaterial.

Auch alle schwerer verdaulichen Nahrungsmittel können besser umgesetzt werden als zu einer anderen Tageszeit. Einen ausgeprägten Pitta-Typen erkennt man unter anderem daran, dass er zur Mittagszeit sehr hungrig wird und dann auch sehr ungeduldig und aggressiv auf sein Essen wartet. Ist er jetzt etwas kleines Süßes, fühlt er sich sofort besänftigt, und er kann in aller Ruhe sein wohlverdientes Mittagessen einnehmen.

Laut Ayurveda sollte ein vollständiges Mittagsmenü alle sechs Geschmacksrichtungen und eine ausgewogene Auswahl sich in ihren Eigenschaften ergänzender Speisen enthalten.

Ein klassisch ayurvedisches Mittagsmahl enthält

- ungewürzten Reis
- Gemüse
- scharfes Chutney, welches alle Geschmacksrichtungen enthält
- Salat und Rohkost (ca. ein Viertel Anteil)
- Hülsenfrüchte oder Milchprodukte oder tierisches Eiweiß
- einen kleinen süßen Nachtisch

Typische Verdauungsstörungen nach dem Mittagessen entstehen durch zu viel Essen und die falsche Kombination der Nahrungsmittel. In beiden Fällen überkommt uns eine bleierne Müdigkeit und der Heißhunger nach Süßem unmittelbar nach dem Essen. Achten Sie darauf, dass Sie Ihren Magen nicht mehr als zu drei Viertel füllen, und essen Sie langsam und genüsslich. Für die richtige Zusammenstellung der Speisen ist es wichtig, dass die sehr süßen und sauren Speisen nicht unmittelbar zusammen gegessen werden und dass die schweren Nahrungsmittel ebenfalls alleine genossen werden. Konkret heißt dies, dass alle Eiweiße nicht untereinander und nicht mit Kohlenhydraten gemischt werden und dass frische Früchte und Milch nur jeweils alleine gegessen werden.

Wenn Sie nach dem Essen Lust auf Süßes verspüren, obwohl sie eigentlich schon satt sind, so zeigt dies, dass der saure Geschmack nicht gut verdaut wird. Die Resorp-

tionsfähigkeit im Magen- und Dünndarmbereich ist vermindert, und die Nahrung kann nur mangelhaft in die Elemente und Bausteine aufgespalten werden. Der Pitta-Verdauungsprozess ist gestört und die Enzymtätigkeit vermindert.

Um dies zu beheben, bedarf es einer leicht verdaulichen Nahrungsmittel-Auswahl mit einer Betonung auf den scharfen und bitteren Geschmack. Meiden Sie den Genuss von schweren Eiweißen wie Fleisch, Fisch oder Eier, und bevorzugen Sie Hülsenfrüchte, besonders Mungbohnen, und Geflügel. Das wichtigste ist, als Beilage für die sauer-verdauten Eiweiße immer nur Reis und keine anderen Kohlenhydrate wie Kartoffeln, Teigwaren oder andere Getreidesorten zu reichen. Denn die Süße der Getreide vermindert die sauren Verdauungssäfte im Magen und behindert die vollständige Aufschlüsselung der Nahrungssubstanzen. Ein Spritzer Zitronen- oder Limonensaft und ein kleiner Schluck Wein können ebenfalls die sauren Verdauungssäfte anregen und damit die Eiweißverdauung verbessern.

Ein anderes Verhalten beim Mittagessen ist für all diejenigen empfehlenswert, die unter zu viel Pitta leiden und mit Sod- und Magenbrennen, Durchfall und saurem Aufstoßen zu kämpfen haben. Hier sollten alle Eiweiße (außer Hülsenfrüchte) und sauren Speisen wie Tomaten, Zitrusfrüchte, Alkohol erst einmal gemieden werden. Die Mahlzeit wird vor allem aus süßen und bitteren Nahrungsmitteln zusammengestellt und mit genügend Fett zubereitet. Kartoffeln, Wurzelgemüse, Spinat und bittere Salate sind ein wahres Wundermittel gegen die Übersäuerung des Verdauungstrakts und können die Beschwerden unmittelbar lindern. Ebenso wirkungsvoll sind die Gewürze Kardamom, Fenchel und Kurkuma, die in keinem Pitta ausgleichenden Essen fehlen sollten. Da ein Pitta-Überschuss ebenfalls Agni vermindert, führen die Überhitzung und Reizung des Verdauungstraktes langfristig zu den gleichen Beschwerden wie alle anderen Verdauungsstörungen auch: Der Körper bildet Stoffwechselschlacken, Ama, und die Zellerneuerung arbeitet schlecht. Daraus resultieren dann Energiemangel, Müdigkeit, Übergewicht und Krankheiten aller Art.

Nach dem Mittagessen sollten Sie Ihrem Magen mindestens fünf Stunden Pause gönnen und ihm die Zeit geben, die eingenommene Mahlzeit vollständig weiterzuleiten.

Das Einhalten der Verdauungszeiten (fünf Stunden bei Hauptmahlzeiten und zwei bis drei Stunden bei Frühstück und Snacks) wird in der Ayurveda als eine der Hauptregeln gegen Schlackstoffbildung und Verdauungsstörungen angesehen.

Sollte Sie jedoch gegen 16.00 Uhr wieder der Heißhunger auf eine Tasse Kaffee und ein Stückchen Kuchen überfallen, so zeigt Ihnen dies an, dass Sie sich nun auf dem Höhepunkt Ihrer nachmittäglichen Vata-Phase befinden. Von 14.00 bis 18.00 Uhr erlebt der Organismus wieder eine Vata-Zeit, in der wir oft mit Müdigkeit, Nervosität und Essgelüsten reagieren, um die innere Leere, die Vata mit sich bringt, zu

füllen. Die Verdauungskraft ist in dieser Zeit sehr schwankend und kann Energie nur schlecht speichern. Deshalb reagieren wir besonders anfällig auf übermäßigen Stress und können uns schlecht konzentrieren.

Um Vata am Nachmittag positiv zu stärken, ist es sehr ratsam, einen wärmenden und süßen Tee zu trinken. Traditionell bereitet man einen Masala-Chai zu, ein Gewürztee mit Ingwer, Nelke, Kardamom und Zimt, verfeinert mit Milch und Palmzucker. Als Energiepusch kann auch noch etwas schwarzer Tee zugefügt werden.

Wer den Masala-Chai nicht mag oder wem die Zubereitung etwas aufwändig erscheint (siehe Rezept Seite 287), der kann als Ersatz auch einen beruhigenden Kräutertee mit Johanniskraut, Melisse, Fenchel und Damiana einnehmen.

Falls Sie nicht wirklich sehr großen Hunger haben, sollten Sie von den gängigen Naschereien am Nachmittag absehen. Und wenn Sie etwas essen möchten, so sind eingelegte Trockenfrüchte und Nüsse eine gute Alternative zu Kuchen, Schokolade und Plätzchen.

Das Abendessen ist eine besonders wichtige Mahlzeit, um den Körper in einen entspannten Ruhezustand zu führen. Normalerweise nehmen wir unser Abendessen während der Kapha-Phase zwischen 18.00 Uhr und 22.00 Uhr ein. Da jetzt unsere Verdauungskraft rapide sinkt, sollten wir uns bemühen, ein frühes Abendessen einzunehmen. Alle Nahrungsmittel, die später als 20.00 Uhr eingenommen werden, führen unweigerlich zu Kapha-Störungen und rauben dem Organismus seine vitale Energie.

Besonders gut werden am Abend alle leichten und wärmenden Speisen gegessen. So ist eine warme, cremige Suppe einem kalten Salat weitaus vorzuziehen, und leichte Getreide (wie Reis, Hirse, Quinoa o. ä.) und mild gewürztes Gemüse runden die nährende Abendmahlzeit ab.

Die größten Ernährungsfehler passieren meiner Erfahrung nach am Abend. Lassen erst einmal der Stress und die Anspannung des Tages nach, versuchen wir oft, die großen Anstrengungen mit schnellen Energieträgern aufzufüllen.

Ab abends um 21.00 Uhr futtern wir munter Süßigkeiten, salziges Gebäck usw. in uns hinein und verhindern damit die körperliche Erneuerung und den Gewebeaufbau.

Meines Erachtens resultiert dieses Verhalten aus einem emotionalen Kapha-Mangel. Pflegen wir doch viel zu wenig unsere Bedürfnisse nach Ruhe, Harmonie, Entspannung und sicherer Zufriedenheit. Wenn wir uns nun in der abendlichen Kapha-Zeit befinden und unsere Tatkraft rapide abnimmt, liegt es an uns, ob wir den Zustand von wohliger Entspannung mit einem guten Buch auf unserem Kuschelsofa genießen und dabei unser Kapha nähren und von den Mühen des Tages ausgleichen oder ob wir unsere erschöpften Lebensreserven weiter vorantreiben und uns mit abendlichen Aktivitäten, Hausarbeit, Steuererklärungen usw. auslaugen.

Um uns vor unkontrolliertem Essen in den späten Abendstunden zu schützen, helfen alle entspannenden und emotional nährenden Ausgleichstherapien wie ein schönes Ölbad mit ätherischen Essenzen (Muskatellersalbei, Grapefruit oder Ylang-Ylang), eine sanfte Ölmassage mit Johanniskrautöl, ein entspannter Spaziergang oder ein paar Yoga-Asanas. Ebenso wirkungsvoll sind schöne Musik, Literatur und entspannte menschliche Begegnungen, um den emotionalen Hunger zu stillen und damit Heißhunger-Anfällen vorzubeugen.

Das abendliche Naschen ist besonders schädlich, da es das Verdauungssystem belastet und die Agni-Kraft in der mitternächtlichen Pitta-Phase schwächt. Denn von 22.00 bis 2.00 Uhr werden wir wieder von einer Pitta aktiven Zeit bestimmt, die besonders für unsere Zellerneuerung und den Gewebeaufbau von größter Wichtigkeit ist. Wie auch zur Mittagszeit ist Agni während der Pitta-Zeit sehr stark und leistungsfähig. Dies können wir durch den ansteigenden Appetit ab 22.30 Uhr spüren. Doch die ayurvedischen Regeln raten von dem Genuss von Nahrungsmitteln während der nächtlichen Pitta-Phase unbedingt ab! Denn nun sind vor allem unsere Dhatu-Agnis aktiv, das heißt, aus den am Tage eingenommenen Speisen werden neue Zellen und Gewebe gebildet. Der Körper erneuert und verjüngt sich und profitiert von den positiven Ernährungsgewohnheiten des Tages. Um diesen Aufbauprozess zu leisten, ist es notwendig, dass der Verdauungstrakt nicht durch gerade eingenommene Speisen belastet wird, denn dann muss Agni im Magen verdauen und kann nicht gleichzeitig in den Geweben aufbauen.

Wenn wir uns dieses Bild vor Augen halten, fällt es uns oft nicht mehr schwer, auf unsere „Betthupferl“ zu verzichten und frühzeitiger ins Bett zu gehen, mit der Gewissheit, am Morgen voller neuer Lebensenergie und Vitalität in den Tag starten zu können.

Die optimale Zeit, sich zur Ruhe zu begeben, wird in der Ayurveda mit dem Ende der Kapha-Phase, also gegen 22.00 Uhr, benannt. Jetzt hat der Körper noch eine gute Bettschwere, und im Schlaf vor Mitternacht findet er ein Höchstmaß an erneuernder Kraft. Ebenso können die aufbauenden Stoffwechselprozesse in den Gewebefeuern am besten während eines völlig entspannten Zustands ausgeführt werden.

Der tägliche Dosha-Kreislauf schließt sich wieder mit der frühmorgendlichen Vata-Phase von 2.00 bis 6.00 Uhr, in der die gewonnene Lebensenergie in den einzelnen Körperregionen verteilt wird und die entstandenen Abfallprodukte verdichtet und entsorgt werden. Und wenn es Ihnen gelingt, zu der in der Ayurveda empfohlenen Zeit schlafen zu gehen, wird das frühe Aufstehen während der Vata-Zeit sicherlich auch kein Problem.

Das wichtigste für einen harmonischen Rhythmus sind Ihre eigene Beobachtung und Bewusstwerdung der sich abwechselnden Doshas und Agni-Funktionen. Erkennen

Sie Ihre wahren, über den Tag hin verteilten Bedürfnisse und achten Sie auf die ayurvedischen Empfehlungen, was Sie für einen gesunden Stoffwechsel und kraftvollen Erneuerungsprozess benötigen. Nicht die Uhr sollte Ihren Tag bestimmen, sondern Ihr inneres Lebensfeuer mit seiner Verdauungskraft.

6.2. Der Jahreszyklus

In der klassischen Ayurveda wird das Jahr in sechs Jahreszeiten aufgeteilt, indem die durch das Klima hervorgerufenen Dosha-Einflüsse sehr präzise beschrieben werden. Wenn wir bei unserer hiesigen Jahreszeiteneinteilung bleiben möchten, würde man aus ayurvedischer Sicht sagen, dass Kapha zur kalten und feuchten Zeit besonders aufgeprägt ist, also im späten Winter und Frühjahr, Pitta im heißen Sommer und warmen Frühherbst. Das Vata steigt zu den trockenen, windigen und kalten Jahreszeiten wie Spätherbst und Winter an.

Für die richtige Auswahl und Zubereitung der Nahrung sind das Wetter und das individuelle Befinden innerhalb einer Jahreszeit von großer Bedeutung.

Die täglichen Speisen sollten immer einen Ausgleich zu den äußeren Umständen schaffen und so den Körper in seinem inneren Gleichgewicht halten. Sind die klimatischen Verhältnisse z. B. trocken und kalt, wirken saftige und süße Speisen harmonisierend. So empfiehlt sich im Frühling eine Kapha ausgleichende Kost mit viel bitteren Gemüsen und Salaten, flüssigen Speisen und scharfen Gewürzen. Alle sehr salzigen, schweren, gebratenen und sauren Speisen sollten gemieden werden. Ebenso können Kartoffeln, Joghurt und Urad-Bohnen den Stoffwechsel bei seinem natürlichen Entschlackungsprozess im Frühjahr stören.

Im Sommer wirken alle leichten, kühlenden und feuchten Nahrungsmittel und Gewürze, wie z. B. Gurken, Melonen, Salat und Minze, als idealer Ausgleich und bestimmen den Speiseplan. Alle Lebensmittel mit einem sehr sauren, trockenen, bitteren und beißend scharfen Geschmack sollten gemieden werden, um das durch die Hitze geschwächte Agni nicht zu belasten.

Der Herbst sollte von einer Kraft spendenden und ausgleichenden Ernährung geprägt sein. Durch die starken Temperaturschwankungen und die vermehrte Nässe neigt der Körper zu Instabilität und benötigt viele Aufbaustoffe als Vorbereitung auf die auszehrende Winterzeit. Warme und vitaminreiche Nahrung sowie süße, bittere und zusammenziehende Gewürze helfen, den Stoffwechsel auszugleichen und einer Pitta- oder Vata-Störung vorzubeugen.

Im Winter kann der Organismus mit einer warmen, öligen und saftigen Nahrung das raue und trockene Klima ausgleichen. Schwere Speisen und süßliche Gewürze geben ihm die notwendige Substanz und Stabilität, um den harten Klimabedingungen gewachsen zu sein.

6.2.1. Der Frühling

Der Frühling ist die natürliche Entgiftungszeit des Körpers, denn während des Winters haben sich im Organismus viele Schlacken und Fettdepots angesammelt. Der Körper beginnt im Frühjahr die Wärme, die er im Winter speichern musste, abzugeben und sich so auf die Hitze des Sommers vorzubereiten.

Im Frühling ist im Körper das Kapha-Dosha vorherrschend, welches unter anderem in der „Frühjahrsmüdigkeit" und dem Hang zu Erkältungen seinen Ausdruck findet. Außerdem regt die Zunahme des „Kälteprinzips" die Schleimproduktion an, und das Verdauungsfeuer wird schwach. Deshalb sollte die Frühjahrs-Ernährung vorwiegend der Entschlackung und Anregung des Verdauungsfeuers dienen.

Aus diesem Grund wird bei uns wie in Indien das Frühjahr durch eine Fastenzeit eingeleitet – bei uns durch die 40-tägige Fastenzeit zwischen Karneval und Ostern, in Indien von Navrata, einer neuntägigen Fastenkur. Je nach Konstitutionstyp kann man eine reine Trinkkur oder eine Teilfastenkur absolvieren. Dafür gibt es viele verschiedene Methoden, welche individuell für jeden zusammengestellt werden. Sehr beliebt ist eine Reinigungsform, in der eine Woche kein Salz und keine süßen und keine sauren Speisen gegessen werden. Dies reduziert Kapha und wirkt sehr anregend auf den Stoffwechsel. Ebenso sind die Monate März, April und Mai die optimale Zeit, eine intensive Panchakarma-Kur zu absolvieren.

Zur Entschlackung im Frühling sind frische Kräuter und junge Gemüse eine wertvolle Hilfe. Die Natur beschenkt uns nun mit herrlichen Blattgemüsen und zarten Kräutern, die eine optimale Wirkung auf den Organismus haben. Die meisten Frühjahrspflanzen enthalten viele Bitterstoffe und fördern durch ihre zusammenziehenden Wirkstoffe den Reinigungsprozess. Dazu gehören neben den Salaten auch Wildgemüse (z. B. Löwenzahn) und frische Kräuter.

Im Frühling können wir nicht nur gut entschlacken, sondern sind auch psychisch sehr stabil und belastungsfähig. Kapha schenkt uns Ruhe, Weitsicht und Gelassenheit. Deshalb ist es sehr erfolgversprechend im Frühjahr mit neuen Aktivitäten zu beginnen, da diese von positiv kraftvoller Energie getragen werden. Anregende Speisen und scharfe Gewürze schenken uns nun die Antriebskraft, die harmonische Kapha-Kraft auch in die Tat umzusetzen. Ebenso helfen uns die regelmäßige Einnahme von Ingwer,

Bockshornklee, Basilikum und Pfeffer, übermäßige Verschleimung zu beheben, Agni zu stärken und Stoffwechselschlacken, Ama, zu vermeiden.

6.2.2. Der Sommer

Im Sommer steigt Pitta an und die natürlichen Kaloriendepots des Körpers werden automatisch verbrannt. Dadurch entsteht im Körper sehr viel Hitze und festsitzende Schlackstoffe werden freigesetzt. Dieser Verbrennungsprozess kann den gesamten Organismus etwas träge machen und Agni schwächen. Auch die Konzentrations- und Denkfähigkeit lässt in dieser Zeit nach. Von Kapha dominierte Menschen erleben den Sommer oft mit einem Schweregefühl und der Neigung zu Antriebslosigkeit, während Vata dominierte Menschen innerlich mehr zur Ruhe kommen und sich „in ihrem Element fühlen", da sich ihr oft so überreiztes Nervensystem nun erholen kann.

Wichtig ist es, bei hohen Temperaturen viel Wasser zu trinken und übermäßige körperliche Anstrengungen zu meiden. Dies ist zum einen notwendig, um dem Körper die Flüssigkeit zuzuführen, die er durch das Schwitzen ausgeschieden hat, zum anderen, um das Blut zu verdünnen.

In dem trägen und erschöpften Sommerstoffwechsel nimmt auch das Verdauungsfeuer, Agni, ab. Dieses wird nun am besten durch kühlende, saftige, frische und natürlich-süße Speisen ausgeglichen. Ein aktives Sportprogramm aktiviert ebenfalls die Verdauungskraft und leitet das überschüssige Pitta aus dem Körper aus. Nur sollten wir übermäßige Anstrengungen in allzu großer Hitze vermeiden und anschließend etwas ruhen, um den Organismus nicht übermäßig zu belasten.

In den südlichen Ländern pflegen die Menschen mittags zu schlafen und abends ihre Hauptmahlzeit einzunehmen. Dies ist in diesem Falle auch empfehlenswert, da das übermäßige Pitta in der Mittagszeit die Verdauungskraft schwächt. Aus diesem Grund darf die Hauptmahlzeit gerne auf den frühen Abend verlegt werden. Am Mittag sollte entweder nur etwas Obst und Salat oder eine leichte Suppe eingenommen werden. Von sehr sauren Speisen sollten wir im Sommer lieber absehen, da die Konstellation starkes Pitta und schwaches Agni den optimalen Nährboden für Hautbeschwerden und Entzündungen legt.

6.2.3. Der Herbst

Der Herbst ist laut Ayurveda eine sehr angenehme Jahreszeit, die sich hervorragend für Sport und Reinigungskuren eignet. Generell braucht der Körper nur relativ wenig

Nahrung, da sehr viel Lebensenergie in der Atmosphäre enthalten ist. Bei Regen, Nebel und Nässe reagiert der Körper sehr empfindlich und kann durch warme und vitaminreiche Nahrung geschützt und gestützt werden.

Besonders der Monat Oktober ist für ayurvedische Panchakarma-Kuren sehr gut geeignet und wird vor allem von Menschen mit Hautkrankheiten, Stoffwechselerkrankungen und Leberproblemen für eine intensive körperliche Erneuerung genutzt.

Der Organismus bereitet sich auf den Winter vor und speichert Hitze ab. Dies führt zu einem starken Energievolumen, kann aber auch zu Störungen des Feuer-Prinzips im Körper führen. In der westlichen Welt neigen sehr viele Menschen zu Pitta-Ansammlungen, da unsere Lebensweise von Leistungsdruck sowie geistiger und intellektueller Überaktivität geprägt ist. Ebenso lösen natürlich der starke Kaffeekonsum, Alkohol, Fleisch und saure Speisen ein Übermaß an Säure aus.

Aus diesem Grunde sollten im Herbst alle Lebensmittel, die Pitta beruhigen und einer eventuellen Übersäuerung entgegenwirken, bevorzugt werden. Anders als im Sommer ist Agni nun aber auch aktiv und stabil, sodass wir auch etwas schwer verdaulichere Speisen sehr gut verwerten können.

6.2.4. Der Winter

Der Winter ist normalerweise eine kalte und trockene Jahreszeit, in welcher die Natur von Vata dominiert wird. Unser Körper trocknet bei den unangenehmen Wetterverhältnissen des Winters von innen und von außen aus. Die Haut wird rau, spröde, kalt und empfindlich, und das Immunsystem ist labil.

Im Winter ist es ratsam, alle Vata erhöhenden Lebensmittel sowie kalte Speisen und Nahrungseinschränkungen in Form von Abmagerungsdiäten und Fastenkuren zu vermeiden, da sie das nun erhöhte Verdauungsfeuer schwächen. Auch bittere, saure und zusammenziehende Gemüse und Gewürze schwächen durch ihre Vata erhöhenden Eigenschaften den Körper. Der Körper benötigt im Winter viel Energie und Stabilität. Schwere, ölige und wärmende Speisen helfen ihm, diese zu gewinnen.

Generell lässt sich sagen, dass im Winter selbst schwere Speisen und Gerichte leichter als sonst verdaut werden können. Wir können mit Hilfe stoffwechselanregender Gewürze wie Ingwer, Nelke, Muskat, Zimt und Pfeffer die winterlichen Kohlgemüse, Nüsse, Hülsenfrüchte, Fisch und Fleisch weitaus besser verwerten als zu manch anderer Jahreszeit. Agni brennt sehr gut, was aber auch einen sehr guten Appetit zur Folge hat. So essen viele Menschen im Winter ein bisschen zu viel (und zu gut) und klagen dann über Gewichtszunahme. Mit dem Abnehmen sollte man aber

bis zur Kapha-Zeit im Frühjahr warten, da sich der Körper in den kalten Wintermonaten nur sehr ungern von seinen Reservedepots trennt und trotz strenger Diät nur sehr geringer Gewichtsverlust zu verbuchen ist.

Dem Körper ist die Vermehrung der Kapha-Substanz nur recht, da diese eine positive Auswirkung auf das Immunsystem und den Wärmehaushalt hat. Mit etwas mehr Mamsa-Fettgewebe schützen wir uns vor den auszehrenden klimatischen Einflüssen. Die Abwehrfunktionen des Körpers werden gestärkt, und wir erhalten körperliche und mentale Kraft. All dies spricht dafür, dass wir im Winter von reduzierenden Diäten und anstrengenden Reinigungskuren absehen sollten und dies lieber auf dem März verschieben.

6.3. Der Lebenszyklus

Ayurveda beschreibt drei große Lebensphasen des Menschen, in denen sich körperliche und geistige Kräfte in unterschiedlicher Ausprägung manifestieren. Entsprechend dieser Lebensabschnitte sind die Doshas auf der körperlichen Ebene in besonderer Ausprägung. Die Lebensphase bis zu 20 Jahren ist die Wachstumsphase und wird Vriddi genannt. Von 20 bis 30 Jahren befindet sich der Mensch in Yauvanam, die Jugendzeit, und von 30 bis 40 Jahren in Sampurnata, der vollkommenen Reifung. Ab 70 Jahren beginnt nun Isathani, ein langsamer Verfallsprozess.

Aus der ayurvedischen Lebensentwicklung heraus ist die Kindheit von einer Kapha-Dominanz geprägt. Selbst Kinder mit Vata- und Pitta-Konstitutionen haben in den ersten Lebensjahren weitaus mehr Kapha-Anteile als später. Der typische Babyspeck, die ständig laufende Schnupfnase und der Wunsch nach Regelmäßigkeit, Sicherheit, Geborgenheit und festen Regeln zeigen uns Kapha deutlich an. Das ausgeprägte Kapha-Dosha ist für die kindliche Entwicklung sehr wichtig, da es das Wachstum, den Zellaufbau und die gesundheitliche Stabilität unterstützt.

Die Ernährung für Kinder in diesem Kapha geprägten Zyklus sollte den nährenden und aufbauenden Aspekt des Erd- und Wasserelements unterstützen, denn dies ist für das gesunde Wachstum förderlich. Alle natürlich-süßen Speisen nähren Körper und Geist in seiner positiven Entwicklung. Besonders empfehlenswert sind süße Früchte, Wurzelgemüse, Nüsse, Butter und Milch. Leider neigen Kinder auch zu allergischen Reaktionen, Verschleimungen und anderen Kapha-Beschwerden. Dies hängt vor allem mit einer Kapha störenden Ernährung zusammen, die aus zu vielen Süßigkeiten, Fastfood, Fleisch und Milchprodukten wie Käse oder Joghurt besteht.

Wenn es sich nicht vermeiden lässt, dass Kinder diese Speisen in zu großen Mengen zu sich nehmen, dann sollten sie unbedingt mit Kapha reduzierenden Gewürzen und Kräutern kombiniert werden. Als sehr wirkungsvoll und auch geschmacklich akzeptabel (zum Teil fast geschmacksneutral) haben sich Milch und Joghurt mit etwas Kurkuma sowie Käse mit Kresse und Kümmel erwiesen. Nach dem Genuss von Süßigkeiten sollten Kinder einen anregenden Ingwertee oder Kräutertee aus Himbeerblättern, Bockshornkleesamen und Basilikum trinken. Fleisch sollte grundsätzlich nur in Kombination mit einem grünen Gemüse wie Spinat, Mangold, Bohnen, Brokkoli oder Salat gegessen werden.

Ab dem 8. Lebensjahr sinkt Kapha deutlich, und mit der Pubertät findet ein großer Wechsel der physischen und psychischen Kräfte statt. Eine starke Pitta-Lebensphase wird eingeleitet und lodert in den pubertierenden Jugendlichen auf. Unreine Haut, Jugendakne, innere Revolte und ein hitziges Temperament sind lebhafte Zeugen der ungestümen Pitta-Kraft in dieser Lebensphase.

Während der Pubertät sollten wir mit Ernährungsempfehlungen und -veränderungen äußerst sensibel umgehen. Oft entwickeln Jugendliche eine krankhafte Beziehung zu ihrer Nahrung und neigen zu Essstörungen. Dies liegt vor allem an der dramatischen Veränderung ihres Körpers. Die Hormonausschüttung, Persönlichkeitsveränderung und das körperliche Erwachsenwerden sind mit einem so starken Pitta-Schub verbunden, dass das gesamte Dosha-Gleichgewicht aus den Fugen gerät. Jugendliche können in dieser Phase ihre natürlichen Bedürfnisse nicht mehr definieren und suchen nach Idealbildern und Orientierungspositionen von außen. Die völlige Verneinung einer gesunden Lebensweise, Radikaldiäten oder noch krankhaftere Essstörungen können daraus resultieren.

Grundlegend ist es gut, wenn die Ernährung für Jugendliche vor allem Agni-stärkend und Pitta-ausgleichend gestaltet wird. Sie benötigen ein starkes Verdauungsfeuer, um ihren Reinigungs- und Transformationsprozess von einer Kapha dominanten Lebensphase in eine Pitta dominante Lebensphase zu vollziehen. Das überschüssige Kindheits-Kapha muss verbrannt und ausgeleitet werden, und dabei helfen alle anregenden, bitteren und leichten Speisen. Ebenso sollte das überschießende Pitta beruhigt werden. Dies beugt auch einer Übersäuerung, Hautproblemen und psychischen Exzessen vor. Milde Gemüsesuppen mit Fenchel, Sellerie, Kartoffeln und Karotten, alle frischen Gartenkräuter und Blattgemüse sind nun besonders empfehlenswert. Der regelmäßige Genuss von Ghee ist ebenfalls ein wertvolles Therapeutikum, welches das innere Gleichgewicht wiederherstellt.

Die Lebensmitte von 20 bis 45 Jahren ist stark von einer Pitta-Grundenergie geprägt. Zwischen dem 20. und dem 25. Lebensjahr befinden wir uns in einer äußerst

vitalen und kraftvollen Lebensphase. Der gesamte Zellaufbau funktioniert aus eigener Kraft, und wir benötigen keine besondere Unterstützung, um ausreichend Ojas zu produzieren.

Auch in den anschließenden Jahren erfreuen wir uns normalerweise starker Verdauungskräfte und einer stabilen Gesundheit.

Unsere gesunde und konstitutionsgerechte Ernährung in der Lebensmitte sollte vor allem dazu dienen, dass wir nicht all unsere Reserven unnötig verbrauchen. Leben wir nun gesundheitsbewusst, so vermeiden wir damit spätere Beschwerden im Alter.

Alle entmineralisierenden Lebensgewohnheiten wie Rauchen, der übermäßige Genuss von Alkohol, Kaffee und schwarzem Tee sowie zu viel Stress und eine unregelmäßige Lebensweise wirken nun besonders energieraubend und bewirken einen frühzeitigen Alterungsprozess.

Die so genannten Wechseljahre sind die Zeit im Leben, wo die Pitta-Dominanz von einer Vata-Dominanz abgelöst wird. Viele Menschen erleben diese Zeit als besonders anstrengend und leiden unter massiven körperlichen und psychischen Beschwerden. In der Ayurveda gibt es hervorragende Behandlungsmöglichkeiten für die vielfältige Palette der Wechseljahrsbeschwerden. Eine Vata-Pitta ausgleichende Ernährung, die Agni stärkt, ist nun besonders wichtig. Mungobohnen, Urad Dal, Weizen und Reis sind wichtige Grundnahrungsmittel und bilden die Grundlage für eine abwechslungsreiche Kost mit vielen Gemüsen, Nüssen, Früchten und eiweißreichen Produkten.

Ab ungefähr dem 60. Lebensjahr steht das Vata in seiner vollen Ausdruckskraft. Auf der psychischen Ebene schenkt uns die nun mehr betonte Luft- und Ätherenergie einen sehr guten Zugang zur geistigen Welt. Die Klarheit des Geistes, die innere Intuition und die heilerischen Kräfte zeigen sich nun in ausgepägter Form. Aus diesem Grunde wurden ältere Menschen in den alten Kulturen sehr geehrt und übernahmen die Aufgaben des Ratgebers, Heilers und Schamanen. Auf der körperlichen Ebene macht sich Vata ebenfalls bemerkbar. Die Haut wird dünner, der Körper trocknet aus und das Immunsystem ist nicht mehr so stabil. So sollte die Ernährung im Alter den Körper vor Vata-Störungen schützen und aus vielen warmen, saftigen, nährenden und natürlich süßen Speisen bestehen. Sehr gut ist es, jeden Tag eine warme Suppe zu essen, leichte Getreidegerichte zur Hauptmahlzeit einzunehmen und den Tag mit einer Tasse heißer Milch zu beginnen. Ältere Menschen haben auch einen vermehrten Bedarf an vitaler Prana-Energie und sollten deshalb bewusst auf eine vitaminreiche Ernährung achten. Besonders wertvoll sind jetzt Amalaki, Mango, Trauben und Feigen. Die gesamten Ernährungsempfehlungen des Rasayana sind speziell auf die Reifephase im Leben abgestimmt und sollten beachtet werden.

Die Zyklen der Doshas			
	Vata	Pitta	Kapha
Tageszyklus am stärksten	2.00 - 6.00 Uhr 14.00 - 18.00 Uhr Sonnenaufgang	10.00 - 14.00 Uhr 22.00 - 2.00 Uhr zur Mittagszeit	6.00 - 10.00 Uhr 18.00 - 22.00 Uhr abends, ca. 21.00 Uhr
Jahreszyklus am stärksten	Winter windiger November kalter Januar	Sommer/ Herbst heißer August	Frühling feucht-kalter März
Lebenszyklus am stärksten	Alter ab 63 Jahre	Lebensmitte 32 - 38 Jahre	Kindheit in den ersten Lebensjahren

7. Liebe geht durch den Magen – Das Leben mit allen Sinnen genießen

Das Ziel der ayurvedischen Lebensweise ist es, Gesundheit, Vitalität und Lebensgenuss miteinander zu verbinden. Ein prickelndes Lebensgefühl von unbändiger Freude und Leichtigkeit erfüllt unseren ganzen Körper und Geist. In jeder Mahlzeit nehmen wir mit sinnlicher Freude das Leben in uns auf und gewinnen neue Lebendigkeit.

Neben den wertvollen Eiweißen, Kohlehydraten, Fetten, Mineralien, Vitaminen und Enzymen enthalten unsere Lebensmittel auch die essenzielle Lebensenergie, die im Yoga Prana genannt wird. Je vitalstoffreicher und frischer unsere Speisen sind, umso mehr Lebensenergie, Prana, können wir aus ihnen gewinnen.

Wir alle können beim Einkauf die Qualität unserer Nahrungsmittel spüren: Je saftiger und knackiger die frischen Gemüse und Früchte sind, umso mehr Lebensenergie ist in ihnen gespeichert. Ein weiteres Merkmal für vitalstoffreiche Frischeprodukte sind ihr aromatischer Duft und süßlicher Geschmack.

Wenn wir über den Bauernmarkt laufen und von all den frischen und hochwertigen Lebensmitteln aus unserer Region umgeben sind, werden wir schon beim Einkaufen von der Lebensenergie, Prana, vitalisiert. Wir werden von einem harmonischen Glücksgefühl durchströmt und freuen uns bereits auf das gute Essen, das wir aus Gottes Gaben zubereiten dürfen.

Ebenso wichtig wie die hochwertige Qualität unserer Nahrungsmittel sind die liebevolle Zubereitung und die genussvolle Einnahme unserer Speisen. Mit unserer inneren Einstellung können wir die Wirkung unserer täglichen Mahlzeiten maßgeblich beeinflussen. Aus diesem Grunde werden Köche in der ayurvedischen Tradition auch als Alchimisten der Lebensenergie bezeichnet. Es liegt in ihrer Hand, Nahrungsmittel zu Heilmitteln werden zu lassen, und ihre Kunst der Zubereitung und des Würzens schenkt vitale Lebensenergie für Körper, Geist und Seele.

Dass die Liebe im Essen spürbar und schmeckbar ist, kennen wir alle: Wenn wir eines unserer Standardgerichte in Liebe zubereiten, wird es zu einer Delikatesse, kochen wir hingegen in Stress, Zeitdruck und Ärger, so wird das Essen ungenießbar.

Unsere liebevolle Einstellung und die geistige Klarheit beim Kochen gehören zu den wichtigsten Voraussetzungen der ayurvedischen Ernährungslehre. Je mehr positive Kraft der Koch in sein Essen hineingibt, umso wohlschmeckender, vitalstoffrei-

cher und besser verdaulich werden sie. Wichtiger als alle Nahrungstabellen und Ernährungsregeln ist der appetitanregende Duft, ein gutes Aussehen und eine energiereiche Zubereitungsart der Speisen, denn dies sind die Eigenschaften, die unsere Verdauungsorgane intensiv stimulieren und eine gute Resorption gewährleisten.

In der Ayurveda wird nicht nur betont, dass der Koch sich liebevoll auf die Nahrung einschwingen sollte, sondern ein großes Augenmerk liegt auch auf dem individuellen Zustand des Essers. Nur in einem positiven Gemütszustand können wir unsere Nahrung wirklich verdauen, und so sollten wir von anstrengenden Mahlzeiten unter Zeitdruck mit intensiven Gesprächen und Verhandlungen absehen. Auf diese Weise bilden wir lediglich viel unverdaute Nahrungsrückstände, Ama, die den ganzen Organismus verschlacken, aber keine neue Lebensenergie, kein Prana.

Nehmen Sie Ihre Mahlzeiten in einer bewussten und liebevollen Atmosphäre ein, und konzentrieren Sie sich während des Essens auf den Geschmack, die Wirkung und den Genuss Ihrer Speisen. Entspannen Sie sich mit jedem Bissen, und spüren Sie, wie Sie mehr und mehr genährt werden. Ein kleines Gebet oder Ritual vor dem Essen hilft uns, alle störenden Energien abzuschütteln, und stärkt die aufbauende Kraft in der Nahrung. Während des Essens sind wir ungeschützt, und alle belastenden Faktoren gelangen ungehindert in unseren Körper. Aus diesem Grunde sollten wir auch Streitgespräche, Diskussionen oder aufregende Fernsehfilme beim Essen tunlichst vermeiden.

Stress wird in der Ayurveda als Grundübel unserer Zeit betrachtet und ist die Ursache für mannigfaltige Krankheiten und Beschwerden. Das Gefährliche am Stress ist, dass wir uns darin völlig verausgaben. In der prähistorischen Zeit benötigte der Mensch Stresshormone, um für kurze Zeit immense Körperkräfte bereitzustellen, die ihn vor wilden Tieren und anderen lebensbedrohlichen Gefahren schützten. Sobald er in Gefahr war, reagierte der gesamte Organismus mit Stress und dies ließ ihn schneller laufen und stärker kämpfen als zuvor.

Heute erleben wir Stress auf der mentalen Ebene. Wir sind bedroht von Zeitmangel, Erwartungsdruck und Ängsten, die unseren Alltag bestimmen. Viele Menschen haben Stress im Beruf, sind in ihrer Partnerschaft oder Familie mit Problemen konfrontiert und mit sich selbst unzufrieden. So ist jeder Tag von Stress erfüllt, und dies führt zu körperlicher und mentaler Erschöpfung. Im Stress ist unser Nervensystem auf Hochspannung, und dies lässt auf Dauer unseren gesamten Stoffwechsel und das Immunsystem zusammenbrechen. Der Körper kann keine Lebensenergie mehr aus der Nahrung gewinnen und erfährt dadurch einen gravierenden Vitalstoffmangel. Dies wiederum führt dazu, dass die körperliche Erneuerung von Zellen und Geweben leidet. Wir leben im Stress ausschließlich von unserer Reserveenergie und altern schneller.

Laut ayurvedischer Auffassung ist die natürliche Lebenserwartung für die Spezies Mensch auf 120 Jahre angelegt. Frühere Krankheits- und Alterungsprozesse sind nur möglich, wenn der Körper durch Störfaktoren und Überbelastung nicht mehr in der Lage ist, seine Körpergewebe vollständig aufzubauen und alle Zellen zu erneuern.

Ein wichtiger Zweig der ayurvedischen Lebens- und Heilkunde ist das Wissen um die Verjüngung, Rasayana. Rasayana bedeutet übersetzt „Methode zur Verwirklichung vorzüglicher Dhatus". Es lehrt uns einen ganzheitlichen Lebensstil zur körperlichen Erneuerung und Verwirklichung eines langen und gesunden Lebens. Die aufbauenden Ernährungsempfehlungen des Rasayana dienen dazu, die erschöpften Lebensenergien wieder zu erneuern und den Körper zu stärken.

Rasayana hat aber auch ganz viel mit Liebe zu tun. Zum einen die Liebe zu sich selbst, dass wir unsere eigenen Bedürfnisse wichtig genug nehmen, um uns zu nähren und uns Gutes zu tun. Zum andern stärkt Rasayana auch die sinnliche Genussfähigkeit, die innere Schönheit und die sexuelle Kraft im Menschen. Eine Rasayana-Ernährung macht uns liebenswert und liebesfähig.

Zu den Rasayanas werden in der Ayurveda alle Nahrungsmittel, Gewürze und Substanzen gezählt, die ein Konzentrat an Lebensenergie enthalten, das Hormonsystem stimulieren und besonders aufbauend für die einzelnen Körpergewebe sind. In der klassischen Tradition werden diese Nahrungsmittel auf schonende Weise liebevoll und mundgerecht zubereitet und nach körperlicher oder geistiger Auszehrung in kleinen Mengen eingenommen. So können wir diese gehaltvollen Leckereien der Ayurveda immer dann genießen, wenn sich unsere Kräfte erschöpft haben: nach einem anstrengenden, stressvollen Arbeitstag, nach einem aufreibenden Streit oder ganz im eigentlichen Sinne der Rasayana-Küche als Aphrodisiakum nach einer sexuellen Begegnung, um die verlorenen Säfte möglichst schnell wieder zu erneuern.

Das Geheimnis der Rasayana-Ernährung liegt in ihrem Reichtum an Ojas. Als Ojas wird in der Ayurveda die feinste Lebensessenz im menschlichen Körper bezeichnet. Wenn alle Körpergewebe auf gute und gesunde Weise aufgebaut wurden, entsteht Ojas, das auch als Strahlen übersetzt wird und das den inneren und äußeren Ausdruck von Vitalität, Gesundheit und Schönheit in sich vereint. Alle essenziellen Nahrungsmittel und Verjüngungsmittel in der Ayurveda, die so genannten Rasayanas, bilden Ojas bereits während des Verdauungsprozesses und haben deshalb eine unglaublich belebende Wirkung auf den ganzen Organismus. Doch neben diesen bevorzugten Nahrungsmitteln wie z. B. Milch, Ghee, Honig, Mandeln, Cashewnüsse und Rosinen haben auch das Hormonsystem und die Funktion der Fortpflanzungsorgane einen großen Einfluss auf unsere Ojas-Bildung.

So werden in der Ayurveda das tiefe Gefühl der Verliebtheit, der Liebe und eine

erfüllte Sexualität als die beste Verjüngungskur für einen gesunden Stoffwechsel und eine vitale Zellerneuerung betrachtet. Arbeitet unser Hormonsystem auf Hochtouren und werden wir von den sanften Wogen der Liebe durchflutet, so ist unser Verdauungsfeuer, Agni, unverwüstlich und wir können nahezu alles verdauen.

Die Beziehung zwischen den Gefühlen und dem Essen ist eine wechselseitige. Mit einem guten Essen können wir gesund werden, verführen und die Liebeskraft so richtig in Wallung bringen. Durch das entfachte Feuer der Liebe und Erotik können auch sonst als ungesund geltende Nahrungsmittel auf hervorragende Weise umgesetzt werden und stören in diesem Moment den Stoffwechsel überhaupt nicht.

Demnach geht Liebe wirklich durch den Magen und ist unser bestes Heilmittel. Ein guter ayurvedischer Koch kennt die Kraft der Liebe und nutzt sie für die therapeutische Wirkung seiner Speisen. Er legt seine ganze Liebe in die von ihm zubereiteten Speisen hinein und verführt damit seinen Esser. Seine gesamte Aufmerksamkeit ist auf sehr persönliche Weise mit den Menschen, für die er kocht, verbunden. Sein Menü ist wie eine Liebeserklärung, mit der er seine Liebe zum Leben und zu den bewirteten Menschen zum Ausdruck bringt. Mit jedem Bissen ist diese Liebe spürbar und macht das Essen zu einem schmackhaften Hochgenuss, der alle Ebenen des Seins durchdringt.

In diesem Sinne ist die Zubereitung von Nahrung ein künstlerischer und kreativer Prozess. So wie der Maler in ganzer Hingabe sein Bild malt und der Bildhauer mit Liebe aus dem groben Stein eine zarte Skulptur formt, so kreiert der ayurvedische Koch ein farbenfrohes und harmonisches Menü, das Leib und Seele erfreut.

8. Der Familientisch – Praktische Ernährungsempfehlungen für Eltern, Kinder und Singles

Ayurvedische Ernährung für die ganze Familie

Ein altes Sprichwort besagt: „Ein gutes Essen hält Leib und Seele zusammen." Und tatsächlich können wir mit einer frischen, vitalstoffreichen und liebevoll zubereiteten Mahlzeit Körper, Geist und Seele nähren und auf alle Bedürfnisse und Mangelerscheinungen ganzheitlich eingehen.

Eines der größten Probleme unserer Zeit ist der Zerfall unserer Esskultur. In unserem normalen Lebensablauf ist immer weniger Raum für ein harmonisches Familienleben mit gemeinsamen Mahlzeiten. Schnelle Küche, Fertiggerichte und Restaurant-Besuche dominieren unseren täglichen Lebensrhythmus.

Doch ein wirklich gesundes Essen ist getränkt von der aufbauenden Kraft einer liebevollen Hausfrau oder eines Hausmannes, die von ganzem Herzen für ihre Liebsten eine wohlschmeckende und bekömmliche Mahlzeit zubereiten.

Viele meiner Patienten und Seminarteilnehmer/-innen sind von der ayurvedischen Ernährung begeistert und möchten sie auch gerne in ihrem Alltag mit der Familie umsetzen. Doch schon kommen die ersten Probleme auf uns zu: All das, was wir so lecker finden, kann bei unseren Kindern erst einmal auf Ablehnung stoßen! Weder Kurkuma noch Koriander oder Kreuzkümmel werden als geschmackliche Aufwertung der Speisen toleriert, alles Neue und Exotische wird eher kritisch begutachtet und verworfen.

Doch selbst wenn unsere Familie der neuen Ernährungsform sehr wohlwollend gegenüber steht, können viele Fragen entstehen. Möchten wir all die ayurvedischen Ernährungsregeln beachten, so stellen wir sehr schnell fest, dass wir nun mehr Zeit benötigen, um zu kochen, einzukaufen und ayurvedisch zu leben. Ebenso kann es sich als schwierig erweisen, allen unterschiedlichen Konstitutionen und Bedürfnissen in der Familie gerecht zu werden, und wir befürchten, nun für jeden extra kochen zu müssen.

Doch so schwierig, wie es vielleicht am Anfang erscheinen mag, ist es gar nicht, die ayurvedischen Lebensregeln in den Familienalltag zu integrieren. Im Gegenteil: Mit ein wenig Routine werden Sie nicht mehr Zeit und Aufwand in der Küche benötigen als sonst. Und durch die positive Kraft im ayurvedischen Essen werden Ihre Familienmitglieder sehr viel gesünder und ausgeglichener sein, was sich ebenfalls als

große Zeitersparnis bei zermürbenden Arztbesuchen u. ä. auszahlt. Im dritten Teil dieses Buches finden Sie spezielle Rezepte für Kinder und die ganze Familie, die Ihnen einige Ideen und Anregungen für eine Veränderung der täglichen Ernährungsgewohnheiten geben können.

Der wichtigste Grundsatz einer gesunden und vitalstoffreichen Ernährung ist es, dass wir mindestens einmal am Tag eine frisch zubereitete Mahlzeit einnehmen.

Wenn möglich, sollte dies das Mittagessen sein, denn mittags sind unsere Verdauungssäfte am stärksten und wir sollten hier die Hauptmahlzeit einnehmen. Doch wenn es aufgrund Ihrer Lebens- und Arbeitssituation nicht möglich sein sollte, können Sie dies auch unbedenklich auf den frühen Abend verlegen.

Eine Familie wird genährt von Fürsorglichkeit. Das heißt, eine Person in der Familie (die Mutter, Oma oder der Vater) übernimmt die Verantwortung für die Versorgung der einzelnen Familienmitglieder. Das tägliche Essen ist der Mittelpunkt der familiären Gemeinschaft und schenkt neue Lebenskraft, Liebe und Sicherheit mit jedem Bissen.

Aus meiner eigenen Erfahrung als Mutter von drei Kindern konnte ich immer wieder feststellen, wie wichtig es für meine Kinder ist, ein von mir speziell für sie zubereitetes Essen zu bekommen. Selbst wenn ich im Rahmen meiner Ayurveda-Seminare ein tolles Menü gekocht habe, das auch Lieblingsgerichte meiner Kinder enthielt, verweigerten sie auf Dauer doch das Essen, da ihnen die „mütterliche Nährenergie“ fehlte.

Die Rolle der Hausfrau und Mutter ist in der Ayurveda etwas Heiliges, und es gibt keine wichtigere Aufgabe in dieser Welt für eine Frau, als die Menschen, die emotional von ihr abhängig sind, mit all dem zu versorgen, was sie benötigen, um in ihre eigene Kraft und Unabhängigkeit hineinzuwachsen.

Jede Frau und jeder Mann kann eine hervorragende Köchin, ein hervorragender Koch für die Familie werden und jede gemeinsame Mahlzeit zu einem kleinen Fest werden lassen. Nach einem anstrengenden Tag kommen alle Familienmitglieder wieder zusammen und regenerieren sich gemeinsam von den Belastungen und Ansprüchen des täglichen Lebens. Während des Essens befinden wir uns in einem energetisch offenen Zustand, und wir nehmen neben den Nähr- und Baustoffen aus der Nahrung auch die Harmonie und Liebe der Atmosphäre in uns auf. Doch ebenso leicht kann es geschehen, dass sich während der Mahlzeiten die angestauten und störenden Gefühle entladen. Streit, Diskussionen und Unruhe zeichnen dann den gemeinsamen Familientisch aus, und bei vielen Familien rettet dann nur das parallel laufende Fernsehprogramm die Eskalation dieser Situation. Um den aufgeladenen Gefühlen und negativen Situationen bei Tisch vorzubeugen, ist es empfehlenswert,

mit einer kühlenden Vorspeise wie Salat oder Melone zu beginnen und erst dann den Hauptgang einzunehmen, wenn sich alle in einem entspannten Zustand befinden. Etwas Bewegung vor dem Essen, z. B. ein kleiner Spaziergang, entlädt ebenfalls die angestauten Gefühle und führt zu einem harmonischen Verdauungsprozess.

Die ayurvedische Ernährung ist so gestaltet, dass ein vollständiges Ayurveda-Menü für jede Konstitution gut verwertbar ist. Nur die Mengen und Reihenfolgen der Speisen können individuell unterschiedlich sein.

Normalerweise ist eine harmonische Ayurveda-Mahlzeit in sich so ausgeglichen, dass sie für alle Menschen gut verträglich ist. Das heißt, es ist nicht nötig, für jedes Familienmitglied etwas extra zu kochen, um seiner individuellen Konstitution gerecht zu werden, sondern jeder nimmt das gleiche Essen auf seine persönlich optimale Weise ein. Ebenso muss die ayurvedische Küche nicht immer indisch sein, sondern wir können auch sehr gut Spaghetti, Pizza und Bratkartoffeln auf ayurvedische Weise zubereiten.

Wichtig ist, dass es zur Hauptmahlzeit einen Salat oder eine Suppe und auch einen Anteil an proteinhaltigen Nahrungsmitteln wie Hülsenfrüchte, Fisch, Fleisch oder Milchprodukte gibt. Dazu passen Gemüse und Reis als wertvolle Beilage. Um das Mittagsmenü abzurunden, bedarf es noch eines Chutney und eines kleinen süßen Desserts.

Je nach Konstitution, Jahreszeit und persönlichem Befinden können jetzt mehr Salat oder gekochtes Gemüse gegessen werden, das Fleisch oder die Hülsenfrüchte als Hauptnahrungsmittel oder ganz gemieden, das süße Dessert zu Beginn oder ganz am Schluss.

Familie Lehmann

Familie Lehmann ist eine typische Tri-Dosha-Familie. Herr Lehmann ist ein kreativer und sensibler Mensch mit vielen Vata-Anteilen. Frau Lehmann ist eine typische Powerfrau mit viel Pitta und Kapha. Die beiden Kinder sind acht und 14 Jahre alt und repräsentieren ebenfalls verschiedene Konstitutionstypen. Das Mädchen Klara ist 14 Jahre und befindet sich in der Pubertät. Sie ist schlank, sportlich und leidet unter starken Hautproblemen. All dies spricht für ihre Pitta-Konstitution. Der Junge Frank ist acht Jahre und ein typischer Kapha-Mensch. Er ist ruhig, ausgeglichen, kräftig gebaut und verfügt über einen gesunden Appetit.

Wenn Frau Lehmann am Wochenende für alle ein schönes Ayurveda-Menü zubereiten möchte, berücksichtigt sie die Bedürfnisse jedes Familienmitglieds. Herr Lehmann verfügt über sehr feine Geschmackssinne und legt großen Wert auf frische Nahrungsmittel von

guter Qualität. So achtet sie darauf, stets frisches Gemüse aus der Region zu verwenden, und sie bereitet für ihren Vata-Mann ein leicht verdauliches und mildes Gemüse (wie z. B. Fenchel, Möhren, Kürbis oder Zucchini) mit wärmenden und verdauungsfördernden Gewürzen wie Ingwer, Kreuzkümmel und Nelke zu. Für ihre Kinder ist es aber auch wichtig, die notwendigen Bitterstoffe zu erhalten, um das Pitta- bzw. Kapha-Dosha gut auszugleichen. Deshalb macht sie noch zusätzlich ein Blattgemüse (z. B. Spinat, Mangold oder Chicorée) nur mit etwas Pfeffer und Salz, da ihre Kinder die ayurvedischen Gewürze nicht so sehr mögen.

Um das leckere ayurvedische Menü abzurunden, bereitet Frau Lehmann noch einen schönen Salat zu und Spaghetti mit einer Pesto-Soße aus Basilikum, Petersilie, Öl, Knoblauch und Pinienkernen. Das Dessert besteht aus einer Aprikosen-Mandelcreme und ist leicht und schnell gemacht.

Wenn sich nun die ganze Familie am Tisch versammelt hat, wird noch ein kleines Tischgebet gesprochen und es kann gegessen werden. Die Tochter Klara hat bereits seit einer Stunde großen Hunger und kann es kaum abwarten, bis es nun endlich losgeht. Um ihren Heißhunger zu stillen, nimmt sie erst einmal ein paar Löffel des süßen Desserts und isst dann eine große Portion Salat. Anschließend genießt sie ihre Spaghetti und isst auch tüchtig von den beiden Gemüsen. Am Ende verspeist sie genüsslich den restlichen Nachtisch und fühlt sich nach dem Essen wieder voller Kraft und Elan.

Ihr Bruder Frank hatte ebenfalls großen Hunger, doch kaum hat er das ganze Essen vor sich gesehen, war sein Appetit bereits etwas zurückgegangen. Um seine Verdauungssäfte wieder zu stärken, beginnt Frank mit den Spaghetti und dem Spinat. Er nimmt noch ein wenig Pfeffer und bekommt beim Essen immer mehr Lust auf die anderen Speisen. Von dem milden Gemüse nimmt er nur wenig, doch dafür isst Frank noch eine kleine Schüssel Salat als zweiten Gang. Die Mutter gibt ihm eine kleine Portion Nachtisch und vermittelt ihm liebevoll, dass er bitte nicht so viel Süßes essen soll.

Herr Lehmann hat sich schon sehr auf das gute Essen seiner Frau gefreut. Er isst mit Begeisterung die Spaghetti und das milde Gemüse, probiert auch vom Blattgemüse ein wenig und rundet sein Essen mit etwas Salat ab. Mit Genuss lässt er jeden Löffel des Desserts auf seiner Zunge zergehen, und nach dem Essen legt er sich zu einer kleinen Mittagsruhe aufs Sofa.

Frau Lehmann hat zuerst überhaupt keinen Hunger, denn durch die guten Gerüche und energiereiche Atmosphäre beim Kochen sind erst einmal alle Sinne befriedigt worden. Doch nach einer kleinen Weile stellt sich auch ihr Appetit wieder ein, und sie beginnt mit großer Freude zu essen. Da sie ein wenig auf ihre Figur achten muss, isst sie mit großer Lust von beiden Gemüsen und nimmt auch ein wenig Spaghetti. Sie liebt scharfes Essen, und das tut ihr auch gut, da ihre träge Verdauung davon angeregt wird.

Aus diesem Grunde würzt sie für sich mit etwas Pfeffer, Chili und frischem Ingwer nach und nimmt noch etwas Chutney hinzu, das sie immer vorrätig hat. Anschließend probiert sie vom Salat und gönnt sich auch ein paar Löffel Dessert. Für die Konstitution von Frau Lehmann ist es weniger zuträglich, nach dem Essen zu ruhen, aus diesem Grunde bleibt sie nach Beendigung der Mahlzeit noch etwa fünf Minuten am Tisch sitzen, unterhält sich mit ihren Kindern und macht dann einen kleinen Verdauungsspaziergang.

8.1. Ayurvedische Ernährung für Kinder

Gelingt es uns, Kinder die ersten zehn Lebensjahre gut und vitalstoffreich zu ernähren, so schaffen wir eine gesunde Lebensgrundlage für ein ganzes Leben.

Die Ayurveda-Lehre sagt, dass sich eine ausgeglichene Konstitution mehr als 20 Jahre lang Raubbau mit der eigenen Gesundheit leisten kann, bevor starke Beschwerden auftreten. Doch haben wir nur ein labiles Körpersystem, so reichen bereits wenige Fehler, um den gesamten Organismus aus dem Gleichgewicht zu bringen.

Wir alle kennen alte Menschen, die trotz ungesunder Lebensweise mit Zigarren, Süßigkeiten und viel Fleisch doch über eine unbändige Abwehrkraft auch im hohen Alter verfügen. Diese Menschen haben das Geschenk einer gesunden und kraftspendenden Jugend genossen. Trotz großer Entbehrungen, die sie in der früheren Zeit vielleicht durchleiden mussten, tranken sie keine Coca-Cola, gaben sich keinem übermäßigen Süßigkeitenkonsum hin und kannten keine Konservierungsmittel. Der Körper wurde kraftvoll und widerstandsfähig durch stetige Bewegung an der frischen Luft, reines Wasser und vitalstoffreiche Gemüse und Kartoffeln aus dem eigenen Garten. Diese einfache und doch gesunde Lebensweise in der Kindheit und Jugend hat das Fundament für ein starkes Agni, gute Dhatus und viel Ojas geschaffen, von dem der Körper noch viele Jahre zehren konnte.

So lohnt sich der Einsatz für eine natürliche und ausgleichende Ernährungsweise in der Kindheit in potenzierter Weise. Doch wir sollten die Ernährung unserer Kinder auch nicht überschätzen, eine zu strenge Ernährung macht die Kinder zum Außenseiter im sozialen Leben, und dies kann weit größere Schäden als ein kleines Eis oder ein paar Gummibärchen hervorrufen. Kinder sollten sich durch eine gesunde Ernährungsart nicht gegängelt und kontrolliert fühlen, sonst endet dies unweigerlich in Essensverweigerung und Widerstand. Kochen Sie so, wie es Ihren Kindern schmeckt, doch verwenden Sie ausgesuchte und frische Nahrungsmittel, achten Sie auf die richtigen Kombinationen und schaffen Sie Alternativen zu den

geliebten (und ungesunden) Fertigprodukten, die Sie in jeder Werbung angepriesen bekommen.

Eine gesunde Ernährung für Kinder benötigt Kreativität und Spaß am Essen. Wenn die Kinder noch klein sind, eignen sich Essensgeschichten oder Essensbilder, um eine Begeisterung für die Mahlzeit zu schaffen. Statt Kartoffeln mit Brokkoli und Karotten kochen wir Kartoffelberge im Karottenmeer und Brokkolibäume. Risi-Pisi-Reis trifft Klara-Kichererbse im großen Salat-Wald und beide müssen dort den Dschungel lichten usw.

Die ayurvedische Kinderernährung empfiehlt, auf Milchprodukte wie Joghurt, Käse und Quark weitgehend zu verzichten, um der Neigung zu Verschleimungen und Erkältungen entgegenzuwirken. Die Milch selbst kann von Kindern ab dem ersten Lebensjahr getrunken werden. Um die Milch leichter verdaulich zu machen, sollten Sie jedoch unbedingt auf eine gute Qualität achten (Vorzugsmilch). Milch ist in der Ayurveda eines der wertvollsten Nahrungs- und Heilmittel. Sie wird immer alleine und erwärmt eingenommen. Gerne können Gewürze wie Kardamom, Zimt, Ingwer oder Safran und ein bisschen Vollrohrzucker zugefügt werden.

Alle sauren Speisen wie Tomaten, Zitrusfrüchte oder Essig sind für die positive Entwicklung des Kindes nicht zuträglich und sollten möglichst reduziert werden. Der saure Geschmack wirkt blockierend auf die Körperkanäle (Shrotas), und dies fördert ebenfalls Erkältungen, Entzündungen und Hautprobleme.

Auf die typischen indischen Gewürze wie Koriander, Kurkuma, Kreuzkümmel usw. können Sie getrost verzichten, da der Stoffwechsel Agni von Kindern normalerweise sehr stark ist. Sehr viel wichtiger sind frische Kräuter wie Basilikum, Petersilie, Dill und Minze. Diese unterstützen die leichte und erfrischende Wirkung in der Nahrung, entschleimen und schenken neue Harmonie in Körper und Geist.

Wenn die Kinder dann älter werden, hat das den Vorteil, dass sie vernünftiger sind und den Sinn einer guten Ernährung verstehen können, aber auch den Nachteil, dass sie immer mehr die Möglichkeit nutzen, sich der häuslichen Ernährung zu entziehen. Beziehen Sie jetzt Ihre Kinder in die Speiseplangestaltung mit ein, und überlegen Sie gemeinsam, wie Sie Ihre Mahlzeiten gestalten und zubereiten möchten.

Wundern Sie sich nicht, wenn Ihre Schulkinder am Mittag erst einmal keinen Hunger verspüren, denn die starke Anspannung der Schule verringert die Verdauungssäfte. Erst nachdem sich das Nervensystem wieder entspannt hat, kommt der Appetit zurück!

Ältere Kinder und Jugendliche dürfen viel Salat, Rohkost und alle grünen Gemüse täglich zu sich nehmen. Dies gleicht den starken Pitta-Schub der Pubertät aus, hilft den kindlichen Kapha-Überschuss abzubauen und schenkt eine schöne Haut. Als

therapeutische Nahrungsmittel zum Hormonausgleich zeigen Mandeln, Dill, Muskat und Safran eine hervorragende Wirkung.

Meine persönliche Erfahrung hat mir gezeigt, dass Kinder mit großem Stolz darauf reagieren können, wenn sie von zu Hause ein gutes Bewusstsein für die tägliche Ernährung vermittelt bekommen. Sie erleben die liebevolle Fürsorge und kreative Ernährungsweise der ayurvedischen Küche als große Bereicherung in ihrem eigenen Leben. Mit großer Freude laden sie ihre Freunde und Freundinnen nach Hause zum Essen ein und genießen die schmackhafte Ayurveda-Küche, die auch eine positive Wirkung auf die Haut, Figur und Konzentrationsfähigkeit aufweist.

8.2. Ayurvedische Ernährung für Singles und Berufstätige

Die klassische Ayurveda-Ernährung ist nicht direkt auf die heutige, meist sehr stressbelastete Zeit übertragbar. Wenn wir alle ayurvedischen Lebensregeln befolgen wollen, stehen wir gegen 5.00 Uhr am Morgen auf und beginnen den Tag mit einem ein- bis zweistündigen Reinigungs- und Meditationsritual. Die Hauptmahlzeit wird am Mittag eingenommen, und anschließend ruhen wir ein wenig aus. Das Abendessen ist ebenfalls eine frisch gekochte und warme Mahlzeit, und gegen 22.00 Uhr gehen wir wieder schlafen.

Für viele Menschen sind diese Regeln nicht umsetzbar, da unser Lebens- und Tagesrhythmus ganz anders aussieht. Der Berufsalltag ist von Stress, Zeitdruck und Unregelmäßigkeit geprägt, und viele sind die ganze Woche auf Kantinenessen, Restaurants und Fastfood angewiesen.

Doch dies muss nicht sein! Mit ein wenig Improvisation und Kreativität können sich auch berufstätige Menschen, Singles und Restaurantliebhaber sehr gesund und konstitutionsgerecht ernähren. Wichtig hierbei ist, dass Sie Ihre eigenen Prioritäten und Möglichkeiten richtig erkennen.

Viele ungesunde Lebensgewohnheiten können ganz einfach vermieden oder ausgeglichen werden. Statt täglich einen Liter Kaffee zu trinken, ist es auch möglich, auf heißes Wasser und Kräutertee umzusteigen. Statt einem belegten Brötchen können wir auch ein wenig Rohkost, Nüsse und ein gutes Vollkornbrot mit Butter essen. Besonders wichtig ist es, auch als Single oder Beruftätiger eine frisch gekochte und vitalstoffhaltige Mahlzeit am Tag einzunehmen. Wenn Sie also am Mittag keine Zeit finden, um eine gute Mahlzeit genießen zu können, so verlegen Sie Ihre Hauptmahlzeit auf die frühen Abendstunden.

Eine gute Suppe, ein schönes Getreidegericht und frisches Gemüse versorgen Körper und Geist mit allem, was notwendig ist, um den hohen Energieverlust der Anstrengungen des Tages wieder auszugleichen. Schwere Eiweißgerichte wie Hülsenfrüchte, Fleisch oder Fisch können in den Abendstunden nur bedingt verdaut werden. Verlegen Sie diese Nahrungsmittel lieber auf das Wochenende, wenn Sie die Zeit für ein gutes Mittag-essen finden. Oder kochen Sie sich eine schöne Suppe mit roten oder gelben Linsen. Diese sind mit etwas Kreuzkümmel, Ajwan und Hing auch am Abend sehr leicht verdaulich.

Wenn es sich für Sie als sehr schwierig erweist mittags etwas Gutes zu essen zu finden, so können Sie sich auch am vorherigen Abend etwas mehr kochen und dies am nächsten Tag zum Mittagessen mitnehmen. Getreide und Gemüse können Sie zu leckeren Bratlingen formen oder zu einem guten Brotaufstrich pürieren, der mit etwas Rohkost und Brot eine vollständige Mahlzeit darstellt. Ebenso ist es möglich, am Mittag einfach nur einen Salat zu essen und dazu Nüsse, Samen und Trockenfrüchte, um am Abend das warme Hauptessen einzunehmen.

Glücklicherweise entwickeln immer mehr Firmen ein gutes Gesundheitsbewusstsein und versuchen ihre Mitarbeiter in ihrer Fitness zu unterstützen. Bei Geschäftsmeetings ist es inzwischen selbstverständlich, neben Kaffee auch Wasser oder Fruchtsäfte zu trinken, und immer mehr Kantinen bieten Salatbüffets und vegetarisches Essen an.

Bitte versuchen Sie Ihren Tag so einzuteilen, dass Sie direkt nach dem Essen keinen Stress haben. Es gibt immer etwas langweiligere Aufgaben wie z. B. Berichte lesen, Briefe sortieren, kopieren usw., bei denen wir uns weder körperlich noch geistig übermäßig anstrengen müssen. Gelingt es uns, 30 Minuten nach dem Essen einer entspannten Tätigkeit nachzugehen, so haben wir viel Energie für unser Agni bereitstellen können und werden uns am Nachmittag sehr viel leichter, vitaler und leistungsfähiger fühlen.

Menschen, die alleine leben, treffen sich mit ihren Freunden und Kollegen oft zum Essen im Restaurant. Die gemütliche Atmosphäre in den schönen Lokalitäten fördert unsere Entspannung und spart auch viel Arbeit zu Hause. Bitte achten Sie darauf, dass Sie nur in Restaurants essen, die ihre Speisen ohne Geschmacksverstärker und Mikrowelle zubereiten. Ganz besonders müssen Sie diesbezüglich in asiatischen Restaurants nachfragen oder dann, wenn das Essen so schnell auf dem Tisch steht, dass es unmöglich frisch zubereitet sein kann. Sehr gut verträglich sind qualitativ hochwertige Gerichte der italienischen, thailändischen, indischen und modernen gesundheitsbewussten Küche. Vermeiden Sie Gerichte mit übermäßig viel Käse und Sahne, denn diese verschleimen sehr stark. Besonders schädlich sind Gerichte, in denen Fleisch oder Fisch mit Sahne oder Käse gemischt werden. Diese Mischungen sind wirklich unverdaulich und bilden ein Höchstmaß an Ama. Sehr gut verdaulich

hingegen ist ein schönes Pasta-Gericht mit Pesto und frischem Gemüse, Reis mit einem asiatischen Currygericht oder einfach nur eine große Gemüseplatte.

Ein Glas guter Wein am Abend wird als Rasayana betrachtet und kann den gesamten Stoffwechselprozess unterstützen. Mehr davon wirkt allerdings wieder Dosha störend und sollte gemieden werden. Ein kleines Bier kann ein sehr wirkungsvolles Pitta-Therapeutikum darstellen, da es durch seine wertvollen Inhaltsstoffe über eine beruhigende, kühlende und bittere Wirkung verfügt. Doch auch hier entscheidet die Menge über den positiven Effekt und die Verträglichkeit.

Praktische Empfehlungen für die ayurvedische Ernährung im Berufsalltag:

- Trinken Sie täglich mindestens 1 Liter stilles Quellwasser. Sie können sich heißes Wasser in der Thermoskanne vorbereiten oder eine Flasche Wasser in Zimmertemperatur in greifbarer Nähe haben.
- Nehmen Sie sich morgens die Zeit für ein gutes Frühstück mit etwas Getreidebrei und gedünsteten Früchten, dann haben Sie genügend Energie für einen dynamischen Vormittag.
- Essen Sie als Zwischenmahlzeit und Pausensnack Nüsse, Trockenfrüchte und frische Früchte, diese versorgen Sie mit wertvollen Vitaminen, Mineralien und Aufbaustoffen.
- Essen Sie, wenn möglich, mittags immer einen großen Salat. Sie können sich auch selbst etwas Rohkost mitbringen und ein eigenes Salatdressing mit gutem Olivenöl und Balsamico-Essig zubereiten. Dies ist oft besser als Fertigsoßen und welke Blätter aus der Kantine.
- Nehmen Sie sich ein Chutney von zu Hause mit, um auch am Mittag die sechs Geschmacksrichtungen in der Nahrung einzunehmen. Dies vermeidet Heißhunger am Nachmittag.
- Vermeiden Sie hitzige Diskussionen und Geschäftsverhandlungen beim Essen, das verringert Ihre Verdauungskraft.
- Versuchen Sie, nach dem Mittagessen eine leichte Arbeit auszuführen und sich innerlich dabei zu entspannen.
- Kochen Sie sich möglichst jeden Abend eine warme Suppe oder ein leichtes Gemüsegericht. Gerne können sie am Abend auch etwas mehr vorbereiten, um dies am nächsten Mittag zu verspeisen.
- Nutzen Sie das Wochenende, um so richtig gut ayurvedisch zu kochen und den Körper mit hochwertigen Aufbaustoffen aus Hülsenfrüchten zu versorgen. Hier können Sie auch Ghee und Chutneys für die nächste Woche vorbereiten.

9. Essen als Ritual – die spirituelle Kraft unserer Nahrung

Eine gesunde und wohlschmeckende Ernährung ist die Grundlage unseres Lebens. Mit jeder Mahlzeit bestimmen wir den Energiestatus in unserem Organismus und nähren uns auf allen Ebenen des Seins.

Je regelmäßiger und selbstverständlicher wir eine gute und energiereiche Ernährungsweise in unser Leben integrieren, umso besser können sich die positiven Grundsätze in der körperlichen und geistigen Verfassung ausdrücken.

Neben der richtigen Auswahl und Zubereitung der Speisen ist jedoch die innere Verfassung des Einzelnen von größter Wichtigkeit für die verschiedenen Stoffwechselprozesse. Befindet sich der Esser in einem angespannten, aufgeregten oder abgelenkten Zustand, so ist es dem Verdauungssystem fast unmöglich, alle Nahrungssubstanzen vollständig zu verwerten und in neue Körpergewebe zu transformieren.

Unser heutiges Leben ist geprägt von Zeitdruck, Stress und Sinnesüberflutung. Es gibt selten einen Moment in unserem täglichen Tagesablauf, in dem wir ganz mit uns selbst verschmelzen können und wieder in tiefen Kontakt zu all unseren Persönlichkeitsanteilen und Bedürfnissen treten. Viele meiner Klienten klagen darüber, keine Zeit für sich selbst zu haben, und fühlen sich ständig müde, überfordert und fremdbestimmt. Wenn es uns gelingt, die Zeit des Essens als Meditation und Energieverstärker zu nutzen, können wir auch in unserem überfüllten Lebensablauf immer wieder neuen Frieden, Gelassenheit und Selbstsicherheit finden.

Kraftvolle Rituale aus der vedischen Tradition helfen uns, die Leben spendende Energie von Nahrungsmitteln zur inneren Heilung und äußeren Erneuerung aufzunehmen, und machen für uns den Umgang mit Essen leicht und freudvoll. Wir nutzen die Zeit des Essens zu einem Gebet und nähren damit auf spirituelle Weise den Körper und den Geist. Alle Rituale haben den Zweck, positive Gewohnheiten einzuprägen, die aufbauende Kraft des Moments zu verstärken und uns an die kosmische Kraft in unserer Nahrung zu erinnern. Wir leben nicht allein von biochemisch nachweisbaren Bausteinen, sondern auch von feinstofflicher Energie, Liebe und Licht. Je reiner unsere Gedanken beim Essen sind, umso weniger Nahrung benötigen wir, da wir nun eine optimale Auswertung der eingenommenen Speisen besitzen. Aus diesem Grunde können Menschen, die regelmäßig meditieren, gut mit einer oder zwei kleinen Mahlzeiten am Tag leben. Die restliche Lebensenergie erhalten sie über ihre Meditations- und Atemtechniken.

So kann uns eine reine und bewusste Ernährung in einen Veränderungsprozess einführen. Die reinste Form der ayurvedischen Ernährung ist die sattvische Ernährung. Sie entspricht allen Prinzipien, die für eine spirituelle Entwicklung des Menschen sinnvoll ist, und fördert die Klarheit des Geistes, die Reinheit der Gefühle und die Kraft des Körpers. Hierbei werden die Ernährungskriterien nach den drei Gunas ausgerichtet. Diese Gunas sind universelle Kräfte, aus denen die gesamte manifeste Schöpfung besteht. Auf der physischen Ebene bilden sich analog zu ihnen als verschiedene Kombinationen der fünf Elemente Kräfte oder Prinzipien aus, die als Doshas (Vata, Pitta, Kapha) bezeichnet werden. So wirken die Gunas Sattva, Rajas und Tamas vor allem im feinstofflichen und subtilen Bereich und sind ein wesentlicher Aspekt unserer spirituellen Entwicklung.

> „Sattva-Menschen lieben Speisen, die ihre Lebenskräfte, Stärke und Gesundheit steigern. Solche Speisen machen glücklich und zufrieden. Saftig sind sie, frisch und wohlschmeckend.
>
> Der Rajas-Mensch zieht Speisen vor, die bitter, sauer, salzig, beißend, scharf und sehr heiß sind. Sie verursachen Krankheit, Schmerz und Leid.
>
> Der Tamas-Mensch hingegen bevorzugt Speisen, die abgestanden, schal, faulig, übelriechend und unrein sind. Gern isst er, was andere übrig lassen."[1]

Die sattvische Ernährung wird in der vedischen Tradition vor allem von den Yogis und anderen spirituell Suchenden praktiziert. Sie bildete die Grundlage für das Leben in den Klöstern und Tempeln und schaut auf eine lange Geschichte zurück.

Jede Religon oder spirituelle Gemeinschaft verfügt normalerweise auch über bestimmte Regeln in der Ernährung und Lebensgestaltung, die mit großer Disziplin umgesetzt werden. Denn um den Geist von allen weltlichen Einflüssen zu befreien und negativen Anhaftungen zu entsagen, bedarf es großer Anstrengung und langen Übens der spirituellen und reinigenden Techniken. In den heiligen Schriften war von jeher die unmittelbare Wirkung der Nahrung auf Körper, Geist und Gefühlswelt bekannt, und jede Glaubenslehre gibt ihren Anhängern strenge Ernährungsregeln, die für eine erfolgreiche Meditation und Läuterung erforderlich sind.

Menschen, die ihr Leben Gott geweiht haben, sind aufgrund ihres enthaltsamen Lebens von einem starken inneren Feuer erfüllt. Der Körper ist widerstandsfähig und kraftvoll, und die mentale Gedankenkraft sehr ausdrucksstark. Die regelmäßige und intensive Meditation wirkt wie ein Verstärker auf alle Gedanken und Gefühle, sodass sie durch bewusste Verhaltensänderungen und spirituelle Prozessarbeit transformiert und aufgelöst werden können.

Durch die energiereichen Übungen mit Körper, Atem und Geist wird im Yoga ein unbändiges inneres Feuer entfacht. Leider wird dies oft in eine fanatische Lebens-

1 Bhagavad-Gita, Kap. 17,7-10

weise umgesetzt, was dann die spirituelle Entwicklung im ganzheitlichen Sinne wieder behindert. Um dies zu verhindern, richtet sich der Yogi (unter anderem) nach den Empfehlungen der sattvischen Ernährung.

Von der typischen Ayurveda-Ernährung unterscheidet sich die sattvische Ernährung vor allem durch ihren hohen Anteil an rohen, ungekochten Speisen. Die spirituelle Ernährungsart besteht aus mindestens 50 Prozent rohen Gemüsen, Früchten und Getreideprodukten. Alle tierischen Produkte wie Fleisch, Fisch und Eier sowie anregende Reizstoffe wie Kaffee, schwarzer Tee, Knoblauch und Zwiebeln werden strengstens gemieden, da sie einen schlechten Einfluss auf die Reinheit unseres Geistes haben. So werden viele Gewürze und Nahrungsmittel, die in der ayurvedischen Lehre des Rasayana und Vajikarana Verwendung finden (siehe auch Seite 280 ff.) in der sattvischen Ernährung eher gemieden, da sich eine sinnliche und sexuelle Simulation als weniger förderlich in der Meditation erwiesen hat. Statt dessen isst der Yogi eine sehr reine Nahrung, die frei von allen Zusatzstoffen oder aufwändigen Verarbeitungsformen ist. Die einfachen, weitgehend naturbelassenen und mild gewürzten Speisen besänftigen sein starkes, durch die geistigen Übungen angefachtes Verdauungsfeuer und schenken ihm Kraft und Zufriedenheit.

Praktische Empfehlungen für die sattvische Ernährung

Zu meiden:

1. Vermeide Genusssucht und Gier beim Essen, und achte auf die Reinheit deiner Nahrung und Gesinnung.
2. Vermeide schlechte Gesellschaft und eine negative Atmosphäre beim Essen.
3. Vermeide alle scharfen Gewürze und anregenden Speisen. Hierzu zählen vor allem Zwiebeln, Knoblauch, Lauch, Chili, Pfeffer, Muskat und Meerrettich.
4. Vermeide altes, aufgewärmtes und chemisch behandeltes Essen.
5. Vermeide tote Nahrung und vermeide Fleisch, Fisch, Wurst und Eier.
6. Vermeide alle Reiz- und Suchtmittel wie Kaffee, Alkohol, Nikotin und schwarzen Tee.

Praktische Empfehlungen für die sattvische Ernährung

Zu empfehlen:

1. Lebe maßvoll und überlade deinen Magen nicht.
2. Bevorzuge ausschließlich frische und liebevoll zubereitete Nahrung.
3. Deine Nahrung sollte möglichst rein und einfach zubereitet sein.
   Im vollen Korn von Weizen, Reis, Gerste und Dinkel steckt reine Lebensenergie.
   Ebenso sind alle Gemüse, Früchte und Nüsse ein Geschenk der Natur.
   Von den Hülsenfrüchten ist die Mungobohne die Königin und harmonisiert alle Sinne
   Die frische Milch von Kuh, Ziege oder Schaf hat alle Eigenschaften, die Gott erfreuen.
4. Nimm deine Nahrung weder heiß noch kalt und weder nass noch trocken ein.
5. Beginne und beende jede Mahlzeit mit einem Gebet.

Im Mittelpunkt der spirituellen Yoga-Ernährung steht das Gebet. Jede Mahlzeit wird mit großer Dankbarkeit für Gottes Gaben zubereitet und in Liebe eingenommen. In der sattvischen Ernährung essen wir am liebsten im Schweigen und halten uns streng an die Regel: „Der Magen sollte nur zu zwei Drittel gefüllt werden". Als Maßstab dienen uns hierfür die beiden Handflächen, deren Füllmenge die Menge unseres Speisebreis ausmacht, die während einer Mahlzeit nicht überschritten werden darf.

Oft werden in der sattvischen Ernährung nur zwei Mahlzeiten eingenommen: das Mittagessen gegen 11.30 Uhr und das Abendessen gegen 17.30 Uhr. Als Frühstück wird oft nur ein Ingwerwasser mit drei Pfefferkörnern oder eine Tasse warme Milch mit Ghee empfohlen.

Ein zu üppiges Essen lenkt den Geist ab und bindet übermäßige Aufmerksamkeit an sich, währenddessen die etwas asketischere Lebensweise ein großes spirituelles Potenzial freisetzen kann. Basilikum, Kardamom, Ingwer und alle herben Kräuter harmonisieren das geistige Ungleichgewicht und öffnen uns für die kosmische Energie. Sie sollten regelmäßig der sattvischen Nahrung zugefügt werden.

Auch wenn wir kein strenges Yoga-Leben führen, kann die sattvische Ernährung eine wertvolle Therapie für uns darstellen. Die reine Ernährung befreit uns von psychischen Schlacken und bringt unterdrückte Gefühle an die Oberfläche. Gerade depressive oder traumatisierte Menschen sind oft mit „geistigem Ama" belastet und können mit der sattvischen Ernährung wieder in Kontakt mit sich selbst kommen

und sich von ihren Ängsten, Aggressionen und negativen Emotionen befreien. Sie erfahren neue Lebendigkeit und Klarheit, die ihnen mit Hilfe therapeutischer Anleitung die Kraft geben kann, alte Persönlichkeitsstrukturen abzulegen und neue Verhaltensweisen in das eigene Selbstbild und Leben zu integrieren.

Weniger sinnvoll hingegen ist es, die sattvische Ernährung ohne Anleitung auf Dauer zu praktizieren. Nur die wenigsten Menschen haben bereits den Bewusstseinsstand erreicht, um diese spezielle Ernährungsform langfristig gut zu verdauen. Wir benötigen dazu ein außerordentlich starkes Feuer und viel Lebensenergie. Ist dies nicht vorhanden, so schadet die sattvische Ernährung dem Organismus, da sie zu Verdauungsstörungen, Ama und Auszehrung führen kann. Praktizieren Sie diese Ernährungsform also nur, wenn Sie bereits durch Ihre spirituellen Übungen so viel Energie freigesetzt haben, dass Sie ohne eine gehaltvollere und erdende Nahrung gar nicht mehr wüssten, wohin mit der unbändigen Kraft.

9.1. Rituale aus ayurvedischer Tradition

Neben der sattvischen Ernährung aus der klassischen Yoga-Tradition gibt es in der Ayurveda noch viele weitere Techniken und Empfehlungen, mit denen wir unsere Nahrung mit kosmischer Kraft auftanken können. Auch wenn aufgrund der eigenen Lebenssituation unsere persönliche spirituelle Entwicklung noch nicht an erster Stelle des täglichen Strebens stehen sollte, können wir trotzdem den Wunsch nach einer reinen und bewussten Ernährungsweise verspüren. Mit jedem guten Essen können wir uns von negativen Eindrücken befreien und Liebe, Frieden und Harmonie empfangen. Entscheidend dafür sind die Qualität und Auswahl der Nahrungsmittel sowie Ihre Bewusstheit beim Kochen und Essen. Die ayurvedischen Rituale verstärken die positive Kraft im Essen und helfen uns, die feinstofflichen Energien aufzunehmen.

So kann es schon ein Ritual sein, wenn Sie sich vor dem Essen die Hände waschen und damit vom Staub des Tages befreien. Oder wenn Sie jeden Bissen gründlich kauen und erst wieder sprechen, wenn Ihr Mund leer ist. Sehr schön ist es auch, die Atmosphäre beim Essen mit Kerzenschein, balsamischen Düften und angenehmer Musik zu intensivieren und nun die liebevoll zubereitete Mahlzeit mit einem Gebet zu beginnen und genussvoll in innerem Frieden zu verspeisen. Sehr schlecht für die spirituelle Kraft in der Nahrung sind grelles Licht, laute Musik, Streitgespräche und Zubereitungsformen in der Mikrowelle. Diese wirken zerstörerisch auf die feinstoffliche Lebensenergie, Prana, und belasten Körper und Geist.

Durch das richtige Kochen wird die kosmische Kraft der Nahrung für den Menschen zugänglich. Bereits die Speisezubereitung ist in der Ayurveda ein spiritueller Vorgang. Der ayurvedische Koch übt sich in einer entspannten und konzentrierten Geisteshaltung während des Kochens und verstärkt mit Mantren und Gesängen die positive Kraft der Nahrung. Besonders das fröhliche Singen von spirituellen oder romantischen Liedern wirkt sehr ausgleichend auf die Pitta-Energie und ist damit eine optimale Verstärkung des Feuerelements beim Kochen.

Vor dem Essen sollte die Mahlzeit mit einem Gebet und einem kurzen Moment der Andacht gesegnet werden. Wir danken dem Schöpfer für die Fülle seiner Gaben und bitten um seinen Segen sowie um Gesundheit, Heilung und Wachstum. Nach vedischer Tradition findet dieses Ritual in Form eines gemeinsamen Mantras (Sanskrit-Vers) statt. Doch selbstverständlich ist ein deutsches Tischgebet ebenso wirkungsvoll. Oder Sie halten Ihre Hände kurz über Ihren mit Speisen gefüllten Teller, spüren die Energie der Speisen und danken im Stillen für dieses Mahl. Es geht nicht darum, ein bestimmtes Ritual zu erfüllen oder eine bestimmte Religion auszuüben, sondern einzig um Ihre Bewusstheit und Liebe in diesem Moment. Mit dem Segnen der Nahrung öffnen wir uns der kosmischen Kraft und erfahren eine wohltuende Erneuerung.

Ebenso können wir die gesunden Ernährungsregeln der Ayurveda immer mehr zu einem Ritual werden lassen, das uns ohne große Anstrengung ein Maximum an Lebensenergie und gesunder Stoffwechseltätigkeit schenkt.

Einfache Rituale, die jede Mahlzeit verbessern können:

- Kochen Sie mit Lust und Liebe. Genießen Sie die Düfte in ihrer Küche, singen Sie fröhliche Lieder und freuen Sie sich auf das Essen.
- Trinken Sie vor einer großen Mahlzeit immer einen appetitanregenden Kräutertrunk, und lassen Sie diesen ca. 10 Minuten wirken.
- Nutzen Sie die Zeit bis zum Essen mit einem kleinen Spaziergang und tiefen Atemzügen. Dies regt das Verdauungsfeuer an und stärkt die Verwertung Ihrer Speisen.
- Wenn das Essen auf dem Tisch steht, sammeln Sie sich innerlich mit einem kleinen Gebet und danken Sie für Gottes Gaben.

- Beginnen Sie Ihre Mahlzeit mit den natürlich süßen und warmen Speisen. Die Verdauung der süßen Speisen (wie z. B. Getreide, Teigwaren, süße Gemüse) beginnt bereits im Mund, und Ihr Körper wird in Sekundenschnelle mit neuer Wärme und Energie versorgt. Menschen mit sehr starkem Appetit und einem ausgeprägten Pitta-Dosha dürfen sogar den Nachtisch als Vorspeise essen!

- Nach einigen Löffeln der süßen Speisen folgen die leicht sauren und scharfen Speisen, wie z. B. Gemüsegerichte mit Gewürzen und etwas Tomate, ein Chutney mit Tamarinde oder Ähnlichem, die Sie gemeinsam mit den süßen Speisen verzehren. Achten Sie darauf, dass Sie keine sehr süßen und sehr sauren Nahrungsmittel mischen, denn diese können dann nicht gemeinsam im Magen verdaut werden. Aus diesem Grunde empfiehlt die Ayurveda, alle Nahrungsmittel, die ein sehr saures Verdauungsmilieu benötigen, z. B. Fisch, Fleisch, Milchprodukte, nur mit Reis als Beilage zu kombinieren. Denn Reis ist ein neutrales Getreide, das die Verdauungssäfte nicht zu sehr „versüßt". Essen Sie statt dessen die hochwertigen Proteinträger wie Fisch, Fleisch usw. mit Kartoffeln oder Teigwaren, können die Verdauungsfermente die Nahrungssubstanzen nicht vollständig aufspalten und der Körper reagiert auf diese Stoffwechselschwäche mit Völlegefühl, Müdigkeit und Heißhunger nach Süßem direkt nach dem Essen.

- Beenden Sie Ihre Mahlzeit mit den bitteren und herben Speisen (z. B. etwas Salat). Dies macht den Körper jetzt leicht und regt den gesamten Verdauungsvorgang an. Menschen, die von Natur aus bereits sehr viel Süße im Organismus haben, z. B. Kapha-Konstitutionen, wird geraten, keinen Nachtisch mehr zu essen. Statt dessen ist ein schöner Kräutertee oder etwas schwarzer Tee mit Ingwer und Milch eine sehr gute Alternative. Selbst ein kleiner Kaffee ist aufgrund seiner Bitterstoffe und verdauungsfördernden Wirkung nicht ganz verpönt.

- Gewöhnen Sie sich an, nach dem Essen noch für etwa 10 Minuten entspannt sitzen zu bleiben oder etwas zu ruhen. Das stärkt die Verdauungssäfte und unterstützt die vollständige Resorption der Speisen. Springen wir nach dem Essen direkt auf oder arbeiten wir unmittelbar weiter, so bildet sich Vata-Ama, unverdaute Nahrungsrückstände aufgrund eines angespannten Nervensystems. Dies führt nicht nur zu Blähungen und einem Energieabfall mit Heißhunger ca. 2 Stunden nach dem Essen, sondern ist u. a. auch eine Ursache für alle Beschwerden der Gelenke und des rheumatischen Formenkreises.

Sollte es Ihnen gelingen, eine Mahlzeit am Tag in dieser Weise zu zelebrieren, so haben Sie sich ein Ritual geschaffen, das Sie mit allen notwendigen Aufbaustoffen versorgt und Ihnen täglich neue Lebensenergie schenkt.

9.2. Klassische Sanskrit-Gebete und Mantras

Om. bhūr bhuvaḥ svaḥ tat savitur vareṇyaṃ
bhargo devasya dhīmahi dhiyo yo naḥ pracodayāt

Om. Erde, Himmel, Zwischenraum: In den (all) dies (erstrahlenden),
herrlichen Glanz des Sonnengottes Savitr
versenken wir unseren Geist, damit er ihn erhellen möge

Om. pūrṇam adaḥ pūrṇam idaṃ pūrṇāt pūrṇam udacyate
pūrṇasya pūrṇam ādāya pūrṇam evāvaśiṣyate

Dort ist die Fülle, hier ist die Fülle; aus der Fülle entsteht Fülle;
entnimmt man der Fülle die Fülle, selbst dann bleibt die Fülle übrig.

Om. sahanāvavatu, sahanau bhunaktu, sahavīryaṃ karavāvahai
tejasvināvadhītam astu, mā vidviṣāvahai

Lasst uns zusammen lernen, lasst uns zusammen (die Speisen) genießen,
mögen wir zusammen gekräftigt werden,
möge unser Geist erstrahlen (und) mögen wir uns nicht im Streit ergehen
Om Friede, Friede, Friede

10. Essen für die Seele – Essstörungen ganzheitlich ausgleichen

Wenn Sie nach einer neuen Ernährungsweise suchen, so geht dies weit über eine andere Art der Nahrungszubereitung hinaus. Die tägliche Nahrung ist der ganzheitliche Ausdruck eines Menschen, seiner tiefsten Überzeugungen und Gefühle. Nicht angelesene Ernährungsregeln entscheiden, wie Sie sich ernähren, sondern mit welcher Einstellung Sie sich selbst und Ihr Leben betrachten. Somit bedeutet eine Ernährungsumstellung im ayurvedischen Sinne eine Neuorientierung für Ihre gesamte Lebensweise. Wir müssen lernen, unseren Gefühlen einen neuen Ausdruck zu verleihen, sonst fallen wir automatisch immer wieder in unsere alten Gewohnheiten zurück.

Um neue Ernährungsgewohnheiten langfristig und erfolgreich in das eigeneLeben zu integrieren, ist es notwendig, die Ursache für Verhaltensfehler und Essstörungen zu erkennen. Es reicht nicht, nur vom Verstand heraus die richtige Ernährungsweise zu begreifen, sondern wir müssen unsere neue Ernährungsform emotional willkommen heißen und umsetzen.

Und damit beginnen die meisten Probleme. Denn insgeheim fühlen sich viele Menschen mit ihren schlechten Ernährungsgewohnheiten doch ganz wohl. Sie leiden zwar auf körperlicher Ebene unter Verdauungsstörungen, Übergewicht oder gesundheitlichen Problemen, die grundsätzlich etwas mit unserer schlechten Ernährung zu tun haben. Doch die meisten ungesunden Speisen machen trotz allem ungemein glücklich, zumindest in dem Moment, in dem wir sie zu uns nehmen. Dies hängt vor allem mit den chemischen Reaktionen in den modernen Lebensmitteln zusammen, die ganz bewusst von Food-Designern mit Zusatzstoffen ausgestattet werden, welche die Ausschüttung von Glückshormonen oder Suchtverhalten fördern. Aus diesem Grunde ist der beste Schutz vor Essstörungen und Heißhungerattacken der strikte Verzicht auf unnatürlich hergestellte Fertignahrung. Die Loslösung von Schokolade, Fertigmenüs usw. ist zwar am Anfang schmerzhaft, da wir wie bei jeder Entziehungskur erst einmal durch das Ausbleiben der anregenden Stoffe leiden, doch es gibt keinen anderen Weg, um frei von den abhängig machenden Junk-Food-Gewohnheiten zu werden.

Kaufen Sie alle Süßigkeiten und verarbeiteten Zutaten nur aus ökologischem Anbau, und verwenden Sie viele scharfe Gewürze in Ihren Speisen. Die Gewürze Chili, Ingwer, Kreuzkümmel, Zimt, Nelke und Safran aus der ayurvedischen Küche lösen ähnlich aphrodisierende Glückshormone aus, nur auf ganz gesunde und natürliche Weise.

Der Schlüssel für eine gute Ernährungsweise ist, dass wir immer in Kontakt mit unseren Gefühlen und dem emotionalen Körper, Manomaya Kosha, bleiben. Ein Verlust der emotionalen Nähe und Tiefe im Leben wird oft durch zu viel Essen oder stark kompensierende Nahrungsmittel überdeckt. Die innere Sehnsucht nach Liebe, nach Lebendigkeit und nach spiritueller Tiefe macht uns hungrig auf das Leben. Und werden wir hier nicht gesättigt, so reagieren wir unmittelbar mit unvernünftigen Ernährungsgewohnheiten, die das Mangelgefühl im grobstofflichen Körper (Annamaya Kosha und Pranamaya Kosha) ausgleichen. Auch Essstörungen, wie Magersucht und Bulimie, finden hier ihre Ursache.

Doch wie können wir wieder in Kontakt mit unseren Gefühlen kommen? Es tut weh, sich seinen Ängsten, Sehnsüchten und traumatischen Verletzungen zu stellen, und die Angst davor trieb uns ja in das falsche Essverhalten.

Allein mit Vernunft und guten Vorsätzen (nie mehr esse ich..., ab morgen reagiere ich nicht mehr mit... usw.) ist diesem tiefen Verhaltensmuster nicht beizukommen. Vielmehr bedarf es einer ganzheitlichen Therapie mit psychologischem Ansatz und körperlichen Behandlungen. Der erste Schritt zur Annährung an die eigene Gefühlswelt und Empfindungsfähigkeit ist über die Berührung und Aktivierung der Haut und des Körpers.

In der Ayurveda gibt es eine Vielzahl an Ölmassagen, Snehana, deren sanfte Ausstreichungen Körper berühren und Emotionen erwecken. Über die Haut werden alle Nervenenden und Rezeptoren aktiviert, womit wir wieder in Kontakt mit dem Sinn „fühlen" kommen. Unter warmen Güssen aus Öl und den liebevollen Händen der Ayurveda-Therapeuten fühlen wir uns geliebt und angenommen, so wie wir sind. Mit der Kraft der sanften Berührung können wir den Mut aufbringen, uns zu öffnen und unsere Wünsche, Sehnsüchte und Gefühle wieder zuzulassen.

Das Gesicht, die Brust und vor allem die Lippen werden als Energiezentren für unser Herz angesehen, hier sitzen viele Energiepunkte, Marmas, die das Herz öffnen, unterdrückte Gefühle und Erlebnisse, die einen Selbstwertmangel, Liebesverlust und Gefühlskälte im eigenen Leben ausgelöst haben, öffnen und erwecken. Die dadurch ausgelösten Emotionen können zwar recht schmerzhaft sein, doch es ist lange nicht so schwer, seiner emotionalen Traurigkeit und Leere einmal (auch mit Tränen) Ausdruck zu verleihen, als sie immer tief im Inneren zu vergraben. Durch eine ayurvedische Gesichtsmassage oder Samvahana-Behandlung fühlen wir, wie es ist, wenn der Körper ganz wach, bewusst und von Herzensenergie durchdrungen ist. Und an dieses Körpergefühl müssen wir uns erinnern können, wenn uns wieder Situationen der Leere, Einsamkeit, Langeweile oder Angst im Alltag überfallen.

Der zweite Schritt besteht darin, das neue Körpergefühl und die intensive Herzens-

energie im Alltag beizubehalten. Bleiben Sie in allen Situationen in Kontakt mit Ihrem Herzen, fühlen Sie die Lebendigkeit des Augenblicks und öffnen Sie sich Ihrer Liebesfähigkeit. Egal, ob Sie an der Ampel stehen und warten, in einem langweiligen Meeting sitzen oder Geschirr spülen müssen, nutzen Sie diese Momente, um eine kleine Körperreise in Ihre Brust zu machen, das Herz zu öffnen und tief ein- und auszuatmen. Spüren Sie, wie die Brust warm wird und ein angenehmer Schauer sich vom Herzzentrum aus im ganzen Körper ausbreitet. Zur Unterstützung können Sie dabei auf der Unterlippe sanft kauen oder die Unterlippe mit einem Tropfen Rosenöl sanft benetzen.

Versuchen Sie auch die Begegnung mit anderen Menschen in dieser Gefühlsqualität zu genießen. Schauen Sie Ihrem Partner tief in die Augen, öffnen Sie Ihr Herz und genießen Sie die Kraft und den Mut der Begegnung. Das beständige Training „mit dem Herzen zu leben" schenkt Ihnen einen neuen Reichtum im Leben und erfüllt Sie mit Glück, Leichtigkeit und Frieden. Immer wenn der Strom der inneren Achtsamkeit abbricht und die alten Strukturen überhand nehmen, können wir mit einer Herzensmeditation oder bei einer ayurvedischen Behandlung einen neuen Impuls erfahren.

Der dritte Schritt ist, die feine Kunst des Liebens beim Essen anzuwenden. Früher haben wir gegessen, um unsere Gefühle abzutöten. Jetzt essen wir, um unsere Gefühle zu nähren und zu verstärken.

Gehen Sie hinein in Ihr neues Lebensgefühl, und nehmen Sie Ihre Mahlzeiten in einer liebevollen Atmosphäre und mit einer bewussten inneren Haltung ein. Spüren Sie, wie Sie mit jedem Bissen wacher, offener und energiereicher werden. Gott liebt Sie und spricht durch seine Gaben am Tisch mit Ihnen.

Auch wenn wir für uns selbst oder andere kochen, sollten wir dem Rezept der liebevollen Nahrung folgen. Kochen Sie mit ganzem Herzen, und stellen Sie sich vor, wie die leckeren und abwechslungsreichen Speisen Leib und Seele erfreuen.

Immer wenn wir in alte und schlechte Ernährungsmuster zurückfallen wollen, sollten wir vor dem ersten (schlechten) Bissen innehalten und in Kontakt mit unserem Körper und unserem Herzen treten. Brauche ich jetzt wirklich meine Schokolade, Zigarette, Bier, Kaffee usw...? Oder kann ich meinen Frust und meinen Gefühlsmangel nicht anders in Lebensfreude und Liebe umwandeln?

Halten Sie inne, und versuchen Sie, sich zuerst auf der emotionalen Ebene mit schöner Musik, einem Ölbad, einer liebevollen Berührung oder Begegnung und einem bewussten Atmen zu nähren. Erst wenn Sie sicher sind, dass Sie nicht aus emotionalem Hunger, sondern aus einem körperlichen Bedürfnis heraus essen, können Sie sich Ihrer Mahlzeit zuwenden. Sie werden sehen, dass Ihnen die Lust an Ungesundem vergangen ist und Sie mit Freude Ihre gesunden und lebenspendenden Mahlzeiten genießen können.

Lisa

Lisa ist eine sehr engagierte Frau. Sie ist beruflich als Marketingleiterin in einer großen Werbeagentur sehr erfolgreich, ist allein erziehende Mutter von zwei schulpflichtigen Kindern und verfügt über ein ausgeprägtes gesellschaftliches Leben.

Wenn sie nach ihrem 10-Stunden-Tag in der Agentur nach Hause kommt, widmet sie als verantwortungsvolle Mutter ihre Aufmerksamkeit voll den Kindern, kontrolliert die Hausaufgaben, bereitet schnell etwas zu essen für den nächsten Tag vor und versorgt das Haus. Verständlicherweise findet sie kaum Zeit, um einmal in Ruhe ein Buch zu lesen oder sich einfach zu entspannen.

Jeden Abend gegen 21.00 Uhr kehrt etwas Ruhe in Lisas anstrengenden Tagesablauf ein. Und jetzt fängt Lisa zu ihrem großen Leidwesen an, unkontrolliert zu essen. Sie nascht alles, was der Kühlschrank so hergibt, und bevorzugt Süßigkeiten, Salzgebäck, Käse und Weißmehlprodukte. Es vergeht kaum ein Tag, an dem sie nicht mehrere Tafeln Schokolade, eine Tüte Kartoffelchips und Ähnliches konsumiert. Manchmal isst sie auch ein ganzes Brot mit dicker Auflage. Von Schuldgefühlen geplagt, geht sie anschließend zur Toilette, um die in sich hineingeschlungenen Nahrungsmittel wieder zu erbrechen.

Lisa weiß, dass diese Ess-Brech-Anfälle weder ihrer Verdauung noch ihrer Gesundheit gut tun. Das häufige Erbrechen führt zu einer starken Übersäuerung im Magen- und Speiseröhrenbereich. Sie leidet unter Sodbrennen, Zahnfleischentzündungen und Verdauungsstörungen. Häufig ist ihre Magenschleimhaut entzündet, und sie hat starke Schmerzen.

Immer wieder nimmt sie sich vor, am Abend nichts mehr zu essen. Aus ayurvedischer Sicht leidet Lisa durch ihre stressbetonte Lebensweise und alltägliche Überforderung an einer Erhöhung des Vata- und Pitta-Doshas und einem emotionalen Mangel an Kapha. Deshalb isst sie am späten Abend zur Kapha-Zeit unkontrolliert kapha fördernde Nahrungsmittel, die von ihren Eigenschaften schwer, süß, salzig und fettig sind. Ihre stark leistungsbezogene und selbstverneinende Lebensstruktur führt dann zum Brechverhalten.

Solange Lisa dieses emotionale Defizit an positiver Kapha-Kraft, das sich durch einen Mangel an innerer Ruhe, Gelassenheit, Sicherheit und Fülle ausdrückt, nicht behebt, wird sie ihre schädlichen Ernährungsgewohnheiten nur sehr schwer ändern können.

Doch statt des nächtlichen Überessens könnte sich Lisa am Abend auch eine schöne Ölmassage mit anschließendem Blütenbad gönnen und sich einen ganz gemütlichen Abend mit warmem Tee oder Milch, Musik und Kuscheldecke machen. Dies alles nährt ebenfalls die positive Kapha-Kraft in ihr und gleicht den Stress des Tages aus. Wichtig ist jedoch dabei, dass Lisa ihr abendliches Entspannungsritual beginnt, bevor sie energetisch völlig zusammenbricht.

Wenn wir erst einmal keine Reserven mehr haben, kann uns nichts mehr vor Essattacken schützen. Und nichts schenkt uns so schnell verfügbare Energie wie Essen. Sobald die Nahrung mit ihrem Geschmack die Schleimhäute im Mund berührt, werden durch die angeleierten Stoffwechselprozesse Gefühle, Hormone und Reserveenergien freigesetzt.

Für Lisa ist es unerlässlich zu lernen, ihre Lebensenergie anders einzuteilen und zu schützen. Bereits am Nachmittag und frühen Abend muss sie darauf achten, sich geistig nicht zu überanstrengen, damit die Energiekurve am Abend nicht zu schnell abfällt.

Spätestens gegen 20.00 Uhr sollte Lisa ihre Aufmerksamkeit auf ihr persönliches Wohl lenken und es sich einfach gut gehen lassen. Es ist nachhaltig schädlich, die eigene Weiblichkeit nur auf die Funktionen der Karrierefrau und Mutter zu beschränken. Eine erfüllte Sexualität, die Freude an der inneren und äußeren Schönheit und eine gute Freundin zum vertrauensvollen Austausch sind Seelenbalsam, das für jede Essstörung die beste Therapie darstellt.

10.1. Essstörungen ayurvedisch betrachten und ausgleichen

Eine Essstörung ist eine Störung des natürlichen Essverhaltens. Es handelt sich um zwanghaftes Verhalten, um Gefühle zu kompensieren. Essstörungen sind Ausweichverhalten, Flucht, Hilflosigkeit, Verweigerung und stummer Protest, zugleich aber auch Resignation und Anpassung, Reaktionen auf unbefriedigende Lebensverhältnisse.

Je nachdem, zu welcher Störungsproblematik die betreffende Person neigt und in welchem Maße diese zum Ausdruck kommt, zeugt ein unnatürliches und krankhaftes Essverhalten immer von schwerem Leid auf der emotionalen Ebene. Tiefe Verletzungen, traumatische Erlebnisse oder verdrängte Ängste haben den Zugang zum eigenen Körper und den eigenen Emotionen verloren gehen lassen, und in der emotionalen Ohnmacht und Isolation erscheint das lebensfeindliche Essverhalten als die einzig mögliche Ausdrucksform und Kompensation für Einsamkeit, Kummer, Schmerz und Verletzungen.

Gefühle werden in unserer Gesellschaft häufig nicht gelebt und bewältigt, sondern durch viel Arbeit, Sport, Essen, Alkohol usw. unterdrückt. Nach jahrelanger Ablenkung haben wir keinen direkten Zugang mehr zu unseren Gefühlen. Wir haben uns von unseren innersten Bedürfnissen, Sehnsüchten und Wünschen entfremdet.

Unser Körper ist der Speicher all unserer erlebten Emotionen. Esssüchtige Men-

schen haben oft sehr große Angst vor dem eigenen Körper. Sie lehnen die Möglichkeit zur Kommunikation mit ihrem Körper über die Sprache der Gefühle ab. Sie haben Angst vor ihren Gefühlen, da diese nicht direkt kontrollierbar sind, so wie sie es sich in ihren Verhaltensmustern antrainiert haben.

Doch nicht die Gefühle selbst bewirken Heißhungerattacken, zwanghaftes Essen, Fasten, exzessives Sporttreiben oder exzessive sexuelle Betätigung, sondern der Versuch, die Gefühle zu unterdrücken. Alle Arten zwanghaften Verhaltens bzw. der Sucht stellen einen Versuch dar, Gefühle zu kontrollieren, um das Leben unter Kontrolle zu halten. Essen wird dann als Fluchtweg für unangenehme Gefühle missbraucht. Mit vollem Bauch ist freies Atmen sehr schwierig, aber auch mit leerem Bauch oder der Vorstellung, einen „dicken" Bauch zu haben, ist es nicht gerade leichter.

Durch diese Haltung wird die Lebensenergie, Prana, am Einfließen gehindert, und somit können die Gefühle nicht mehr vollständig wahrgenommen werden. Die Atemtätigkeit wird nicht mehr richtig ausgeübt, und Vata kann aus dem Gleichgewicht geraten.

Um geheilt zu werden, empfiehlt man in der Ayurveda, Gefühle nicht zu bewerten. Es gibt keine guten oder schlechten Gefühle, nur angenehme und unangenehme.

Man muss lernen, Gefühle genau zu definieren, um angemessen zu reagieren. Wenn es uns gelingt, unsere innersten Gefühle bewusst wahrzunehmen und zu verstehen, können wir sie auch positiv transformieren. Werden die angestauten Emotionen und belastendend Lebenssituationen der Vergangenheit jedoch nicht aufgearbeitet, so führen sie langfristig oft zu Krankheiten – in diesem Fall zu Essstörungen.

10.2. Individuelle Therapieansätze bei Essstörungen

Magersucht (Anorexia nervosa)

Sehr viele junge Frauen in der Pubertät, vor allem in oberen sozialen Schichten, leiden unter Verhaltensstrukturen der Magersucht. Die Betroffenen sind meist überdurchschnittlich intelligent und sehr verletzlich, fühlen sich durch die hohen Erwartungen und Leistungsansprüche ihrer Umgebung sehr stark eingeengt und unterdrückt. Glücklicherweise kann die Mehrzahl dieser jungen Frauen ihre emotionale Anspannung und gesellschaftliche Überforderung so weit bearbeiten, dass ihr Essverhalten nicht zu krankhaften Zuständen führt. Man spricht von zehn Prozent letalem Verlauf, das heißt, jedes zehnte Mädchen entwickelt eine krankhafte Magersucht.

Das Krankheitsbild der Anorexia nervosa wird in den asketischen Typ mit aus-

schließlichem Hungern und dem hyperorektischen Typ mit zusätzlichem Erbrechen, mit Laxantien und Diuretika (oft Bulimarexie) eingeteilt.

Magersucht (Anorexia nervosa) ist eine äußerst gefährliche und gesundheitsschädliche Erkrankung, die zu langfristigen Störungen des gesamten Stoffwechsels, des Hormonsystems und der gesunden Gewebsstruktur führen kann.

Die unmittelbaren Symptome einer Magersucht zeigen sich durch Auszehrung (Kachexie), das Ausbleiben der Menstruationsblutung (sekundäre Amenorrhoe), chronische Verstopfung (Obstipation) sowie verringerten Stoffwechsel und Grundumsatz und niedrige Körpertemperatur. Haut und Haare werden trocken und brüchig, ein starker Kalziummangel (Hypokaliämie) stellt sich ein, und die Endglieder neigen aufgrund von Sauerstoffmangel zu bläulicher Färbung (Akrozyanose). Auf der Verhaltensebene entwickeln sich eine motorische Überaktivität, Nervosität und Schlafstörungen, die unter anderem auch mit dem verringerten Hormonhaushalt zusammenhängen.

Auf der psychischen Ebene und in der Pathodynamik führt die idealisierte Vorstellung von einem reduzierten Körpergewicht zu Körperbildstörung, Verleugnung des Krankheitswertes und Verleugnung des Hungers. Mehr als die Hälfte der Frauen leidet unter chronisch depressiven Verstimmungen und Kontaktstörungen.

Als Auslöser wird der gestörte Entwicklungsprozess vom Mädchen zur Frau betrachtet. Da das Mädchen keine emotionale Führung und liebevolle Begleitung durch eine weibliche Bezugsperson (Mutter, große Schwester) hat, fühlt es sich orientierungslos und ohne Vorbild. Eine Intellektualisierung beginnt, die durch die sexuelle Versuchssituation und Umgestaltung der Objektbeziehungen noch gefördert wird. In der Ayurveda wird aus diesem Grund die Nähe von Mutter und heranwachsender Tochter durch gegenseitige Massage, Schönheitspflege und gemeinsame Aufgabenteilung sehr gefördert. Sonst führt die Umgestaltung in der Pubertät zu Angst und Abwehr, die das Ideal eines geschlechtslosen, reinen und autonomen Wesens aufbaut. Eine tief liegende Ablehnung der weiblichen Geschlechtsrolle und Identität drückt sich in der ganzen körperfeindlichen und selbstzerstörerischen Verhaltensweise aus.

Die Enttäuschung und die Abwehr der Mutterfigur in dieser großen Wandlungsphase werden als Kampf gegen das Essen, und damit gegen den Wunsch nach Verschmelzung mit der Mutterfigur (Nahrung = Mutter) geführt.

In dem starken Kampf um Selbstständigkeit und Loslösung können Gefühle oft nur noch als Autoaggression wahrgenommen werden. Denn im auflehnenden Widerstand und in der Wut stellt sich das (trügerische) Gefühl ein, ein Selbst zu haben, Individuum und völlig frei von Abhängigkeit zu sein. In diesem Falle verfangen sich die Betroffenen autistisch in trotzig-oppositioneller und eigensinniger Haltung, die eine Kommunikation und einen persönlichen Zugang fast unmöglich machen. Nar-

zisstische Störungen werden begleitet von depressiven, hysterischen oder zwanghaften Komponenten.

Die ganzheitliche ayurvedische Therapie betrachtet die Behandlung der Magersucht als eine sehr langwierige und psychologisch fundierte Individualtherapie, in der die Patientin körperlich wieder zu neuer Kraft und zu funktionstüchtigen Organen geführt werden muss und psychisch eine einfühlsame und klare Unterstützung durch eine weibliche, erwachsene Frau benötigt. Die Loslösung der betroffenen Patientin von ihrer Verwandtschaft ist therapeutisch notwendig und Grundvoraussetzung für einen erfolgreichen Therapieverlauf, da ein ganzheitliches Wachstum nur mit dem Autonomwerden der Tochter durch eine Ablösung von der Mutter möglich ist.

Bei ausgeprägter Auszehrung (Kachexie) muss zuerst das Körpergewicht wiederhergestellt werden. Aufbauende Nahrungsmittel (Rasayanas), Ghee, Milch, leichte Getreide und stoffwechselanregende Gewürze ermöglichen eine Agni stärkende und Dhatu aufbauende Ernährungsweise. Sobald wieder etwas Gewicht aufgebaut ist und der Körper über eine gewisse Stabilität verfügt, ist es durch sanfte Reinigungstherapien möglich, die nachhaltig geschädigten Körperfunktionen wieder aufzubauen.

In dieser Phase ist es unerlässlich, die Shrotas schonend zu reinigen und eine sanfte Umstimmung der Ernährungsgewohnheiten einzuleiten, in der alle diätetischen Extreme gemieden werden. Als Ergänzung sind Aloe vera zur Entgiftung und Blutstärkung sowie die Einnahme von Rasayanas, v. a. Medhya Rasayana, aber auch Shatavari und Amalaki, sehr empfehlenswert. Nährende Darmeinläufe unterstützen den gesamten Aufbau- und Stoffwechselprozess im Körper.

Für die Ernährungsumstellung sollte, ähnlich einer Kinderernährung, mit sehr leicht verdaulichen und nährenden Speisen begonnen werden. Zarte Cremesüppchen aus Wurzelgemüse, Getreidebrei und stärkende Gewürze wie Kardamom, Koriander und Muskat wirken äußerst stabilisierend und aufbauend. Je stärker Agni und das gesamte Verdauungssystem wird, umso vielseitiger und umfangreicher können die Mahlzeiten werden.

Fressbrechsucht (Bulimia nervosa)

An der Essstörung der Fressbrechsucht (Bulimia nervosa) leiden meistens Frauen zwischen 20 bis 34 Jahren, die überwiegend normal- oder leicht übergewichtig sind. Doch das intensive Wechselspiel von Überessen und anschließendem Erbrechen ist nicht nur sehr kostspielig, sondern hat auch viele gesundheitsschädliche Folgen.

In der Pathodynamik führt die übersteigerte Angst vor Gewichtszunahme zu der unnatürlichen Verhaltensform aus Fressattacken mit anschließendem Erbrechen, dem unkontrollierten Einsatz von Abführmitteln (Laxantien) und Diuretika.

Klassisch teilt man die Bulimikerinnen in zwei Kategorien ein:

Typ 1: Bulimie ohne Phase einer Magersucht

Typ 2: Bulimie mit vorangehender oder intermittierender Anorexie
= Bulimarexie

Durch das häufige Erbrechen kommt es zu einer starken Übersäuerung der Speiseröhre und des Mundraumes und zu einer Zerstörung der Zähne. Die Herzfunktionen können durch Hypokaliämie nachhaltig gestört werden, und der gesamte Stoffwechsel gerät aus dem Gleichgewicht.

Die Patientinnen verspüren starken Leidensdruck und das Gefühl, den circulus vitiosus aus eigener Kraft nicht durchbrechen zu können. Auf dieser Ebene gleichen sich die Ursachen der Bulimia nervosa und Anorexia nervosa, da beiden ein starker psychischer Druck, Opferstrukturen und Zwänge zugrunde liegen. Doch die Bulimia nervosa ist oftmals von exzessivem Suchtverhalten (Tabletten, Alkohol, Zigaretten) begleitet. Die Selbstzerstörungsstrukturen haben ihren Ursprung meist im Missbrauch in der Kindheit, der nicht immer eine sexuelle Komponente haben muss.

Die Bulimia nervosa wird begleitet von sehr unterstrukturierten bis chaotischen Lebens- und Essgewohnheiten und starken Schuldgefühlen über Disziplinmangel, unerfüllte Leistungsansprüche und Misserfolg. Als Psychopharmaka werden häufig Antidepressiva eingesetzt

Fettsucht (Adipositas)

Von der Fettsucht (Adipositas) sind vor allem Frauen (und Männer) betroffen, die den unteren sozialen Schichten angehören. Das übermäßige Essen hat die Bedeutung einer Ersatzbefriedigung, die Trost bei Schmerz, Verlust und Krankheit spendet. Die Nahrung wird als Symbol der Liebe und Geborgenheit betrachtet und schenkt der betroffenen Person alles, wonach sie sich sehnt.

Unangenehme Gefühle jeglicher Art werden im Überessen erstickt und als Abwehr von depressiven Gefühlen, Ängsten, narzisstischen Kränkungen benutzt.

Im Verlauf von drastisch gewichtsreduzierenden Kuren kommt es oft zu depressiven Gefühlen und Ängsten, da im Fettgewebe viele Emotionen der Einsamkeit, Liebeskummer, Frustration und Verzweiflung abgespeichert werden.

Die Fettsucht wird oft begleitet von einem massiv gestörten Körperbild und Körpererleben, das in Selbstdestruktion in Ermangelung nicht erreichbarer anderer Möglichkeiten der Liebeszuwendung endet. Die Betroffenen leiden unter einem nicht einheitlichen Persönlichkeitsbild, das sich in Energielosigkeit, Schwere und Antriebsarmut sowie in einer lebendigen Aktivität mit aggressiven Zügen äußert.

Für viele übergewichtige Menschen ist Essen ein Kompensationsmittel, welches weit über die reine Versorgungsaufgabe hinaus geht. Die Menge und Auswahl unserer Nahrungsmittel wird oft nicht von der Vernunft, sondern von unseren emotionalen Verletzungen und negativen Lebensbedingungen bestimmt. Häufig ist das Essen ein Mechanismus, durch den Gefühle, sexuelle Spannungen oder schmerzhafte Aspekte des Lebens unterdrückt werden. Manche wollen sich durch das Essen nur besser fühlen, andere benutzen es, um sich vor ihren Gefühlen und dem Leben allgemein zu verstecken.

Ein Übermaß an Fettgewebe, Mamsa, kann zu einem wirksamen Panzer vor menschlicher Nähe und Zuwendung werden. In den überschüssigen Fetten werden nicht nur sehr viele Schlacken und Ama gespeichert, sondern auch die negativen Emotionen wie Selbsthass, Schuld, Depressionen, Einsamkeit, Hilflosigkeit, Ärger, Angst vor anderen, Angst vor sich selbst und Selbstmitleid. Das Überessen oder der Verzehr von schlechter, unreiner und zu schwerer Nahrung ist nun ein Weg, um sich zu betäuben und vor dem wahren Leben zu verstecken. Doch auch eine zu asketische und extreme Ernährungsweise lenkt von der eigenen Gesundheit und Lebenserfüllung ab, da sie zu viel Energie, Aufmerksamkeit und lebensverneinende Gedanken fordert.

Nur wenn wir bereit sind, diese Gefühle loszulassen und zu transformieren, wird es möglich, sich von den überschüssigen Fettschichten und Schlackstoffen zu befreien, welche uns vor dem Schmerz unseres eigenen Weltbildes schützen sollen. So ist eine sinnvolle Diät und Gewichtreduzierung immer von einem psychischen Auflösungsprozess begleitet, in dem wir lernen, dass Essen ein Vorgang voller Freude und Liebe zum eigenen Körper und Leben sein kann.

Die tägliche Nahrung reflektiert das Bewußtsein und die innere Einstellung zum Leben. Und das persönliche Essverhalten zeigt den Grad an Harmonie, den wir mit uns selbst, der Welt, den universellen Gesetzen und der göttlichen Schöpfung erreicht haben. Denken wir schlecht von uns und haben wir ein schwaches Selbstwertgefühl, Schuld, Angst und Hass, so ist es langfristig nicht möglich, die Ernährungsweise und das Aussehen zu verändern, ohne diese Gedankenstrukturen aufzugeben.

Viele Menschen essen aus selbstzerstörerischen Gedanken heraus bewusst zu viel. Nicht wenige haben so viel Angst vor ihrem inneren Leben und dem in ihnen wohnendem Licht, dass sie sich davon abwenden und sich lieber mit einer Tafel Schokolade ablenken.

Denn die täglichen Mahlzeiten verbinden uns mit der kosmischen Energie und sollten ein Vorgang sein, dem man sich mit Lebensfreude und Lebendigkeit hingibt.

Ebenso kann ein unkontrolliertes Essen auch durch mangelnde Geschmacksbefriedigung ausgelöst werden. Der Heißhunger drückt einen starken Mineralstoffmangel,

eine Stoffwechselschwäche und eine Unterversorgung der Geschmacksorgane aus. Als Ersatzstoff und Schutz gegen Essanfälle ist die Einnahme von Nahrungsmittelergänzungen wie Spirulina und Gerstengras sehr zu empfehlen.

In unsererer westlichen Welt sind Nahrungsmittel in großen Mengen jederzeit verfügbar, doch die meisten besitzen eine sehr schlechte und denaturalisierte Qualität. Dadurch leidet eine erschreckend große Zahl an Menschen an Übergewicht oder Fettsucht. Alle Konstitutionstypen können übergewichtig werden, obwohl natürlich Kapha-Typen aufgrund ihrer körperlichen Anlagen besonders dazu neigen.

An folgenden Symptomen ist es erkennbar, ob es eine Vata-, Pitta- oder Kapha-Problematik ist:

Vata:	sieht von hinten schlank aus, Fett ist vorne, straffer Ballon-Bauch, hart, oberhalb der Gürtellinie
Pitta:	Oberkörper normal, Taille und Hüfte fett
Kapha:	überall Übergewicht, verteilt sich, nimmt leicht zu

Die Therapie der Fettsucht geht über eine „normale" Diät weit hinaus, da die Ursache primär im psychischen Bereich und nur sekundär im Essen selbst liegt. Sobald die emotionalen Blockaden und Kompensationsstrukturen gelöst werden, kann mit einer gesunden und konstitutionsgerechten Ayurveda-Ernährung ein harmonisches Gewicht hergestellt werden.

Besonders wichtig ist es, das Selbstwertgefühl der Betroffenen zu stärken und eine intensive Begleitung zur geistigen Klärung anzubieten.

Die Kapha-Senkung des Fettabbaus sollte sanft und schrittweise eingeleitet werden, da sonst Vata zu schnell ansteigt und damit das Nervensystem überfordert wird. Die notwendige Stoffwechselaktivität durch Reinigung ist jedoch nur in einem entspannten Nervenzustand möglich. Eine individuelle Kombination aus körperlicher Aktivität, Kapha reduzierender Diät und begleitender Therapie mit Massage, Schwitztherapie und Kräutern unterstützen den Stoffwechsel in seinem natürlichen Ausgleichsprozess.

Da sich im Fettgewebe die Emotionen wie Einsamkeit, Liebeskummer, Traurigkeit und Selbstzweifel speichern, ist eine Gewichtsreduktion oft von emotionalen Schwankungen und psychischen Prozessen begleitet. Diese müssen liebevoll begleitet und therapeutisch geführt werden, da es sonst zu Rückschlägen kommen kann. Das grundlegende Lebensgefühl und die Weltanschauung des Einzelnen benötigen eine spirituelle Transformation, in der positive Lebensbilder von Leichtigkeit und Lebensfreude tief verankert werden.

Ein Überessen findet meist aufgrund mangelnder Geschmacksbefriedigung statt. Der Heißhunger drückt einen starken Mineralstoffmangel, eine Stoffwechselschwäche und eine Unterversorgung der Geschmacksorgane aus. Als Ersatzstoff und Schutz gegen Essanfälle ist die Einnahme von Nahrungsmittelergänzungen sehr zu empfehlen.

Spirulina (bitter, salzig), gut gegen Heißhunger
Gerstengras
Umbau von Fett- in Muskelgewebe benötigt Eiweiß und Mineralien
mangelhafte Bewegung und Stress abbauen
Entspannung hilft beim Abnehmen!

Ganzheitliche Ayurveda-Ernährungsempfehlungen zum Abnehmen

Frühstück (9.30 - 11.00 Uhr)
In der Kapha reduzierenden Diät sollte man so spät wie möglich frühstücken. Ingwerwasser, Kapha-Tee, bittere Tees mit etwas Honig unterstützen den morgendlichen Reinigungsprozess. Als feste Nahrung sind Gerstenbrei oder -suppe (leicht, entzieht Wasser) oder ein wenig Obst wie Ananas, Apfel, Trauben empfehlenswert.

Hauptmahlzeit (beste Zeit 13.00 Uhr)
Das Mittagessen sollte die Hauptmahlzeit sein und nach den allgemeinen Ayurveda-Regeln zur Stoffwechselanregung zubereitet und zusammengestellt werden:

Eiweiß und Kohlehydrate trennen
Milch immer alleine einnehmen
Rohkost und Salat nach der warmen Hauptmahlzeit
Gewürztes als Aperitif vor dem Essen
scharfe Chutneys oder scharfe Soßen mit Kurkuma, Ingwer und Chili (Chili wirkt auf das Hormonsystem wie Schokolade!)
2 bis 3 Mal pro Woche Mung Dal oder Kichererbsen
grüne, bittere und rote Gemüse bevorzugen
alle Desserts und Süßigkeiten eher meiden, statt dessen ein wenig Kaffee, Chai oder schwarzen Tee

Abendessen (17.00 - 19.00 Uhr)
Das Abendessen sollte eine leichte Mahlzeit mit wenig Fett sein. Blattgemüse, Kartoffeln z. B. mit Bockshornkleesamen, Kümmel, Hirse und Gerste sind empfehlenswert.

Später Abend/Nacht
Die „Kapha-Krisenzeit" mit unkontrolliertem Essverhalten und Heißhunger-Anfällen ist in den späten Abendstunden. Begleitende Therapien mit Aromatherapie (Grapefruit, Zypresse, Ylang-Ylang, Rose, Sandelholz), Ölbädern und Massagen sind sehr empfehlenswert.
Bei Heißhunger können lauwarme, fettarme Milch mit Honig, Kurkuma, Kardamom und Muskat oder eine salzige Gemüsebrühe eine Hilfe darstellen.

KERSTIN ROSENBERG

DIE AYURVEDA-KÜCHE

Die Ayurveda-Küche

Die ayurvedische Küche macht das tägliche Kochen zu einem freudvollen und sinnlichen Aspekt im eigenen Leben. Jeden Tag erfahren Sie Kreativität und Lebenslust während der liebevollen Zubereitung herrlich bunter, wohlschmeckender und gesunder Ayurveda-Menüs. Dass man dazu weder besondere Kenntnisse und oft auch nicht mehr Zeit als für ein Fertiggericht benötigt, zeigen Ihnen die Rezepte in den folgenden Kapiteln.

Wenn Sie eine ayurvedische Mahlzeit zubereiten möchten, so beginnen Sie damit, dass Sie sich einen Moment Zeit nehmen und in sich hineinzuspüren, was Sie eigentlich essen möchten. Oder, wenn Sie für mehrere Menschen kochen, wie sich diese Menschen fühlen und was Sie ihnen gerne mit Ihren Speisen schenken möchten. Sehen, riechen und schmecken Sie Ihr Essen im Geiste, und machen Sie sich eine ganz konkrete Vorstellung von Farbe, Konsistenz und Geschmack Ihrer Speisen.

Die präzise Vorstellung des Essens ist wichtig, um den Speisen Energie zu geben. Durch die geistige Kraft und bildhafte Vision des Menüs laden Sie die Gerichte mit feiner Lebensenergie, Prana, auf. So wie ein Künstler zuerst eine konkrete Vision seines Werkes braucht, um daraus ein Meisterwerk zu machen, so haben Sie Ihre Mahlzeit bereits im Geiste vor sich stehen.

Die Ausführung Ihrer Vision ist jetzt nur noch mitwirkende Technik und Handwerkskunst.

Das Wissen um die Doshas und deren Empfehlungen zum Ausgleich helfen Ihnen nun, das Essen nicht nur lecker, sondern auch gesund werden zu lassen.

Welches Dosha möchten Sie mit dieser Mahlzeit am meisten nähren? Was sollte angeregt und was beruhigt werden?

In der Regel sollte ein Mittagessen immer das Pitta nähren, ein Abendessen Vata und Kapha in Ausgleich bringen und das Frühstück Agni anregen. Doch das kann bei Ihnen ganz individuell sein. Ebenso gibt es eine Fülle spezieller Rezepte aus der ayurvedischen Rasayana- und Panchakarma-Küche, die sich durch ihre Zutaten und therapeutische Ausrichtung grundsätzlich voneinander unterscheiden.

Wählen Sie nun die richtigen Gemüse, Gewürze und Menüzusammenstellung für Ihre körperliche und geistige Harmonie aus, und stimmen Sie diese mit Ihrem Einkauf bzw. Ihren Vorräten ab. Wenn Sie z. B. ein erhöhtes Vata haben, da Sie den ganzen Tag sehr intensiv geistig gearbeitet haben, viel reden mussten und einige Stunden hinter einem Bildschirm saßen, so fühlen Sie sich wahrscheinlich ausgelaugt, müde und etwas ruhelos. Sie haben Lust auf eine sämige Kürbissuppe mit frischem Ingwer und Korianderblättern, leckere Spaghetti al pesto mit etwas in Olivenöl zubereitetem Gemüse dazu? Sollten Sie jetzt aber keinen Kürbis zur Verfügung haben, so können Sie statt dessen auch Karotten verwenden, fehlt Ihnen Basilikum für das Pesto, so nehmen Sie Petersilie und verarbeiten diese zu Pesto.

Die Wirkung eines Rezepts hängt nicht allein von den Gemüsen ab, sondern mindestens ebenso wichtig zur Erzeugung einer bestimmten Wirkung sind die Gewürze und die Zubereitungsart.

Wenn Sie Ihr fertiges Ayurveda-Menü im Kopf kreiert haben, kann es jetzt mit dem Kochen losgehen!

Beginnen Sie damit, dass Sie alle Zutaten vorbereiten. Schneiden Sie die Gemüse, weichen Sie das Getreide ein, waschen Sie den Salat.

Entspannen Sie sich dabei und genießen Sie den Umgang mit den frischen Nahrungsmitteln, die Ihnen neue Lebenskraft schenken werden. Während der Vorbereitungen erfahren Sie innere Ruhe und Gelassenheit, und dies ist auch ganz wichtig, um Ihre Verdauungskraft zu mobilisieren. Denn eine gute Verdauung arbeitet nur in einem entspannten Nervenzustand, und dazu müssen wir erst einmal den Alltagsstress loslassen. Diese Kochphase nährt unser Kapha auf harmonische Weise, und auch die beruhigende, stabilisierende und erdende Energie unserer Mahlzeit wird während dessen verstärkt.

Es ist schön, in der Küche zu stehen und allein oder mit guten Freunden Gemüse zu schälen, Getreide einzuweichen, Salat zu waschen und das Essen vorzubereiten. Mit allen Sinnen können wir die aufbauende Kraft und lebendige Freude unseres Essens genießen.

Jetzt wird das Feuer entfacht!

Hier arbeiten wir schnell, präzise und konzentriert. Wir schwelgen in den Gewürzen der ayurvedischen Küche, genießen die bunten Farben unserer Zutaten und erfreuen uns am aromatischen Duft. Während der Zubereitung des Essens erfährt das Pitta-Dosha eine ganzheitliche Erneuerung und das Verdauungsfeuer, Agni, wird angeregt.

Die Hitze des Kochens ist ein alchimistischer Vorgang, in dem die Speisen zu leicht verdaulichen Lebensspendern werden. Hier sollten Sie alle Sinne und Gedanken konzentriert sammeln, um die volle Ausdruckkraft ins Essen zu bringen.

Schalten Sie Ihren Herd an und erhitzen Sie das Ghee in einem schweren Topf. Ghee ist ein Snehana, ein reines Butterfett, das Liebe und Lebensenergie in sich speichert. Geben Sie die Gewürzsamen in das heiße Ghee, und lassen Sie diese kurz aufspringen. Nun kommen (je nach Rezept) fein gehackte Zwiebeln, Chilli, Ingwer oder Knoblauch hinzu. Sind diese angebräunt, werden die gemahlenen Gewürze hinzugefügt. Nun können Sie die Seele Ihres Essen riechen und spüren.

Mischen Sie die Gemüse oder Getreide unter und gießen Sie alles mit etwas Flüssigkeit auf. Anchließend sollte das Gericht in aller Ruhe mit geschlossenem Deckel gar köcheln. Zum Schluss darf abgeschmeckt werden. Probieren Sie ein wenig vom Sud Ihres Gerichtes und prüfen Sie, ob es genauso schmeckt und aussieht, wie Sie es sich vorgestellt haben. Gerne können sie am Ende noch mit frischen Kräutern, Koriander, Zimt, Tamari-Soße oder Zironensaft etwas nachwürzen.

Ein ayurvedisches Menü besteht fast immer aus verschiedenen Speisen, wie z. B. Getreide, Gemüse, Hülsenfrüchten oder Salat.

Beginnen Sie immer mit der Zubereitung der Getreide und Hülsenfrüchte, denn diese benötigen am meisten Zeit, um weich, sämig und saftig zu werden. Anschließend konzentrieren Sie sich ganz auf die Gemüse, sie sind der Höhepunkt Ihres Gaumenschmauses. Den Salat können Sie zuletzt bereiten, während alles andere im Kochtopf gart. Dessert, Chutneys und andere Beilagen werden ebenfalls am Ende oder ganz zu Beginn des Kochens zubereitet.

Wenn alles fertig ist, lassen Sie die gekochten Speisen im geschlossenen Topf noch etwas ruhen. Nehmen Sie sich Zeit, die Küche aufzuräumen und den Tisch schön zu decken. Jetzt können Sie Ihre leckere Mahlzeit mit allen Sinnen voll genießen und diesen Moment als krönenden Höhepunkt Ihres Tages betrachten. Gelingt es uns, eine Mahlzeit in dieser Form zu kochen und einzunehmen, so sind Körper, Geist und Seele auf liebevolle, vitalisierende und erneuernde Weise genährt und versorgt. Heißhunger, Gelüste und ungesunde Gewohnheiten verabschieden sich von allein, da wir unserem Körper nun eine bessere Alternative anbieten.

Mengenangaben in den Rezepten:

Grundsätzlich wird im Ayurveda immer frei „nach Gefühl" gekocht und weniger mit dem Meßbecher. Die im folgenden aufgeführten Rezepte sollen Ihnen als Anregung für die eigene Kochkunst dienen und können gerne abgewandelt und variiert werden.

Alle Rezepte sind – wenn nicht anders angegeben – für vier Personen ausgerichtet. Da ein ayurvedisches Menü jedoch häufig aus mehreren Speisen und Gängen zusammengestellt wird, können die Mengen der einzelnen Rezepte dementsprechend verringert werden.

Ayurvedische Gewürzmischungen und weitere Zutaten

Für die ayurvedische Küche gibt es einige Zutaten und Gewürzmischungen, die fast in jedem Rezept vorkommen. Sie gehören zum festen Bestandteil der ayurvedischen Ernährungskultur und sollten in jedem Haushalt vorhanden sein.

Ganz wichtig für die ayurvedische Zubereitung von Gemüse- und Getreidegerichten ist die Verwendung von reinem Butterfett, dem so genannten Ghee. In ihm werden alle Gewürze zu einem Gewürzsud angebraten, und es dient als Koch- und Bratfett. Ghee ist ein besonders leicht verdauliches und reines Fett, da es durch seine Zubereitungsart keine Eiweißanteile enthält, die beim Erhitzen härten könnten. Ebenso ist es frei von allen chemischen Zusätzen, Konservierungsstoffen und Störfaktoren. Es ist ein wichtiges Grundnahrungsmittel für die tägliche Ayurveda-Küche, die Rasayana-Küche, die sattvische Küche und auch in der kurativen Ayurveda-Heilkost wird es als wertvolles Therapeutikum eingesetzt.

Ebenso wichtig wie Ghee sind auch die ayurvedischen Gewürze. Sie regen den Stoffwechsel an und machen die Speisen leichter verdaulich. Die Gewürze sollten immer möglichst frisch und von guter Qualität sein. Bewahren Sie die wertvollen Samen und Pulver in geschlossenen und getönten Gläsern auf, damit ihre intensive Wirkungsweise nicht verloren geht.

Curry und Garam Masala sind die bekanntesten Gewürzmischungen in der traditionellen indischen Küche. Jede Hausfrau mischt ihr eigenes Curry, das sie am Anfang den Speisen zusetzt, oder ihr eigenes Garam Masala, das seinen aromatisch-erdigen Geschmack am besten entfaltet, wenn es erst zum Schluss in den Gewürzsud gemischt wird. Es gibt viele verschiedene Currymischungen, die einen schärfer, die anderen etwas milder, doch alle basieren auf den Gewürzen Kurkuma, Kreuzkümmel und Methi.

Ich habe Ihnen meine beiden Lieblingsmischungen für Curry und Garam Masala aufgeschrieben, damit Sie sich diese Gewürze selbst herstellen können.

Bei allen Rezepten, in denen Curry oder Garam Masala steht, sollten Sie diese Mischungen verwenden. Oder – falls nicht anders möglich – auf die Fertigmischung aus der Tüte zurückgreifen.

Grundrezept Ghee

Zutaten/Zubehör

500 g Süßrahmbutter

1 Topf mit dickem Boden
1 Mulltuch (Stoffwindel)
1 Metallsieb
1 Glas, 500 ml

1. Die Butter auf kleiner Hitze im Topf schmelzen und sanft köcheln lassen. Wenn notwendig, ab und zu umrühren, damit die Butter nicht anbrennt, sondern gold-klar bleibt.

2. Nach ca. 45 Minuten hat sich der weiße Schaum an der Oberfläche verkrustet.
   Nun das Mulltuch befeuchten und in das Sieb hineinlegen.
   Das flüssige Butterfett darin in das Glas abgießen.

3. Das Ghee kann einige Wochen oder Monate lang im offenen Glas aufbewahrt werden.
   Das Mulltuch sollte sofort nach dem Gebrauch mit Geschirrspülmittel ausgewaschen werden.

Currypulver

Zutaten
für 100 g Gewürzmischung

6 getrocknete Chilischoten
3 TL Koriandersamen
1 TL Senfkörner
2 TL Kreuzkümmelsamen
1 TL schwarze Pfefferkörner
1 TL Bockshornkleesamen
20 Curryblätter
2 EL Kurkuma

1. Chilischoten, Koriander, Senfkörner, Kreuzkümmel, Pfefferkörner, Bockshornklee und Curryblätter in einer elektrischen Kaffeemühle oder Gewürzmühle fein mahlen und in eine Schüssel geben.
2. Kurkuma zu der Mischung geben und gut verrühren. Das Currypulver in ein Gefäß geben und dieses fest verschließen.

Garam Masala

Zutaten

100 g Koriandersamen
50 g Kreuzkümmel
25 g schwarze Pfefferkörner
25 g weiße Pfefferkörner
25 g Zimtstange
25 g grüne Kardamomkapseln
25 g braune Kardamomkapseln
5-6 Lorbeerblätter
20 g Fenchelsamen
10 g Nelken
10 g Muskatpulver

1. Den Backofen auf 100 °C vorheizen.
2. Alle Zutaten, außer dem Muskatpulver, in einer ofenfesten Form mischen. Die Form in den Backofen stellen und die Gewürze 30 Minuten anrösten, ohne dass sie zu braun werden oder anbrennen. Gewürze zum Abkühlen beiseite stellen.
3. Die abgekühlten Gewürze in kleinen Portionen in einem Mörser oder einer elektrischen Kaffeemühle mahlen.
4. Muskatpulver zugeben und alles gut mischen.
5. Masala-Pulver in dicht schließende dunkle Schraubdeckelgläser füllen.

Agni-Trunk

Zutaten pro Person

60 ml Wasser
1 TL Kreuzkümmelsamen
1 große Scheibe Ingwer
4-5 Pfefferkörner
1 MS Salz
1 MS Vollrohrzucker

Zur Verdauungsanregung wird in der Ayurveda empfohlen, vor der Hauptmahlzeit einen Agni-Trunk einzunehmen. Der Gewürz-Cocktail sollte lauwarm 10 Minuten vor dem Essen in kleinen Schlucken getrunken werden.

Alle Zutaten zusammen mischen und 5-10 Minuten köcheln lassen. Leicht abkühlen lassen und in kleinen Schlucken trinken.

Je nach Bedarf kann der Agni-Trunk noch konstitutionsgerecht verändert werden:
Vata: zusätzlich 2 Nelken und 1/2 TL Basilikum
Pitta: zusätzlich 1/2 TL Fenchel und 1/2 TL Koriander
Kapha: zusätzlich 1 TL Bochshornkleesamen und 1/2 TL Basilikum

Das ayurvedische Frühstück

Das Frühstück ist in der Ayurveda eine sehr kleine, warme und leichte Mahlzeit. Sie dient der Anregung des Stoffwechsels und schenkt uns frische Lebensenergie für den ganzen Tag. Statt Brötchen mit Wurst und Käse oder Müsli mit Joghurt essen wir nach der Ayurveda-Lehre am Morgen einen warmen Getreidebrei, etwas gedünstete Früchte und einen Reiscraker mit Ghee und Honig.

Obligatorisch ist die Tasse heißes Wasser oder Ingwerwasser, mit der wir jedes Frühstück beginnen, um Agni so richtig in Schwung zu bringen. Gerade Ingwerwasser wird als eines der wertvollsten Mittel zur Anregung des Stoffwechsel und zum Abbau von Ama angesehen.

Die folgenden Rezepte sollen Ihnen einige Anregungen und Alternativen aufzeigen, wie Sie Ihren Tag auf leichte und dynamische Weise beginnen können. Wenn nicht anders angegeben, wirken sie Agni anregend und Kapha reduzierend.

Vermeiden Sie, soweit es Ihnen möglich ist, den Genuss von Kaffee oder schwarzem Tee am Morgen, denn diese vermindern Ihre natürlichen Reinigungs- und Entsäuerungsprozesse. Die optimale Zeit für Ihren Kaffee ist nach dem Mittagessen, jetzt erfährt Ihr Verdauungssystem dadurch eine anregende Stärkung.

Ingwerwasser

Das Wasser mit dem Ingwer in einem Topf 10 Minuten köcheln lassen, anschließend in eine Thermoskanne füllen und über den Vormittag verteilt trinken.

Ingwerwasser ist ein bekanntes ayurvedisches Therapeutikum zur Anregung der Verdauungskraft und zur Stärkung von Agni. Je nach Konstitution und Stoffwechseltätigkeit sollten in den Morgenstunden zwischen einer Tasse und einem Liter Ingwerwasser getrunken werden.

Zutaten

2 Scheiben frischer Ingwer
1/2 - 3/4 Liter Wasser

Empfehlungen für jedes Dosha:
Vata: *Fügen Sie dem Ingwerwasser 1/2 TL Honig zu.*
Pitta: *Nehmen Sie nur 1 Scheibe Ingwer und ergänzen Sie statt dessen mit 5 grünen Kardamomkapseln.*
Kapha: *Fügen Sie dem Ingwerwasser noch 5 Pfefferkörner zu.*

Getreidebrei

Zutaten pro Person

1 Tasse feine Getreideflocken (Hafer, Reis, Dinkel oder Gerste)
2 1/2 Tassen Wasser
1 MS Salz

Getreideflocken mit kaltem Wasser in einem Topf ansetzen, zum Kochen bringen und 3-5 Minuten unter Rühren köcheln lassen. Je nach Geschmack mit Ahornsirup, Melasse oder Vollrohrzucker abschmecken.

Getreidebrei oder Porridge ist eines der wichtigsten ayurvedischen Frühstücksrezepte. Es entlastet den Stoffwechsel, bindet Säuren und stärkt den Körper. Zusammen mit gedünstetem Obst ist es ein delikates Frühstück, welches besonders zur kalten und windigen Jahreszeit oder bei Stresssituationen äußerst nährend und aufbauend wirkt.

Spezielle Empfehlung für jedes Dosha:

Vata: Besonders gut eignen sich Reis-, Weizen- und Haferflocken. Gerne können Sie den Getreidebrei mit Zimt, Ingwer und Vanille verfeinern und etwas Milch zufügen.

Pitta: Besonders gut eignen sich Reis-, Weizen- und Dinkelflocken. Gerne können Sie den Getreidebrei mit Kardamom und Vanille verfeinern und etwas Ghee zufügen.

Kapha: Gerstenflocken mit etwas Honig sind für Kapha das einzig erlaubte Frühstück.

Gedünstete Früchte

Zutaten pro Person

1 TL Ghee
2 Äpfel, Birnen oder Bananen – je nach Geschmack
1 MS Zimt

Das Obst schälen (oder bei starken Verdauungssäften mit Schale) und in Stücke schneiden. In Ghee andünsten, etwas Wasser zugeben und 3-5 Minuten köcheln lassen.

Gedünstetes Obst ist ein sehr bekömmliches Frühstück. Durch den sanften Dämpfprozess werden in den Früchten die Säure und die Kälte neutralisiert, wodurch sie für alle Doshas sehr verträglich werden.

Würziger Gerstenbrei

Zutaten pro Person

1 Tasse Gerstenflocken
3 Tassen Wasser
1/2 TL Currypulver
1/4 TL Gemüsebrühe, gekörnt
etwas frischer Ingwer

Alle Zutaten mischen, zusammen aufkochen und unter Rühren 10 Minuten köcheln lassen.
Ca. 5 Minuten ruhen lassen und dann genießen.

Spezielle Empfehlungen für jedes Dosha:
Vata: Mit Ghee, Miso oder Butter verfeinern.
Pitta: Lieber süßen Getreidebrei essen.
Kapha: sehr gutes und verträgliches Kapha-Frühstück

Gebackene Bananen mit Kaki-Mus

Zutaten

2 Bananen
2 Kakis
1 Kiwi
1 MS Zimt

1. Bananen schälen und einzeln in Alufolie wickeln. Im vorgeheizten Backofen bei 175 °C 10 Minuten backen.
2. Das Innere der Kakis mit Kiwi und Zimt pürieren.
3. Die Bananen aus der Alufolie nehmen und mit dem Mus dekorieren.

Spezielle Empfehlungen für jedes Dosha:
Vata: äußerst bekömmlich für Vata
Pitta: die Kiwi weglassen.
Kapha: statt Banane lieber Äpfel verwenden.

Buttermilchbrot

Zutaten

1 Kastenform
450 ml Buttermilch
10-20 g Hefe
600 g gemahlener Dinkel oder
200 g Dinkelgries und
400 g Dinkelmehl
1 EL Meersalz
Saft von 1 Zitrone

1. Den Hefeteig wie auf der Packungsanleitung angegeben ansetzen.
2. Alle Zutaten zu einem Teig verkneten und 30 Minuten gehen lassen. Danach in der Kasten form nochmals 1 Stunde gehen lassen, in den Backofen stellen und bei 220 °C ca. 50 Minuten backen.

Dieses leichte Frühstücksbrot ist in geringen Mengen (max. 2 Scheiben) für jedes Dosha verträglich. Es sollte keine Milch dazu getrunken werden.

Frühstückswaffeln aus Haferflocken

Zutaten

400 g Haferflocken (fein)
3 EL Ghee
1/2 TL Backpulver
3 EL Vollrohrzucker
1 Prise Salz
1/2 TL Zimt
ca. 600 ml warmes Wasser

Für alle Doshas sehr gut geeignet.
Empfehlungen für Doshas:
Vata: *mit Butter, Honig oder Marmelade*
Pitta: *mit Ghee und Ahornsirup*
Kapha: *etwas Ingwer- oder Orangenmarmelade*

1. Die Haferflocken mit dem Ghee, dem Backpulver, Zucker, Zimt, Salz und dem lauwarmen Wasser zu einem glatten Teig rühren, 10 Minuten stehen lassen, so dass die Haferflocken aufquellen können. Eventuell noch mehr Wasser hinzufügen. Die Konsistenz des Teiges sollte so sein, dass er vom Löffel läuft.
2. Das Waffeleisen erhitzen, mit etwas Ghee ausstreichen und die Waffeln ausbacken.

Mit diesen Waffeln macht das Frühstücken richtig Spaß! Sie können sie mit Marmelade, Honig oder einfach pur genießen. Die luftig-knusprigen Waffeln sind wie ein Getreidebrei in gebackener Form, schmecken aber um vieles aufregender und vermitteln ein richtiges Sonntagsfrühstücks-Gefühl.

Bratäpfel mit Haferflockenfüllung

Zutaten

2 Äpfel
4 EL Haferflocken
2 TL Ghee
1 EL Akazienhonig
1 MS Vanille
1 MS Anispulver

1. Äpfel waschen, halbieren, das Gehäuse entfernen.
2. Haferflocken, Ghee, Honig und Gewürze zu einem Teig verkneten und damit die Äpfel füllen.
3. Die Apfelhälften in eine feuerfeste Form geben, etwas Wasser auf den Boden der Form geben und im Backofen bei 175 °C 20-25 Minuten backen.

Spezielle Empfehlungen für jedes Dosha:
Vata: Damit das Frühstück nicht zu trocken wird, zusammen mit einer heißen Milch oder etwas gekochtem Getreidebrei einnehmen.
Pitta: Nur süße Äpfel wie Delicius oder Gala verwenden und mit Trockenfrüchten (Rosinen, Aprikosen, Datteln) ergänzen.
Kapha: Statt Haferflocken Gerstenflocken verwenden.

Aprikosen mit Milch und Safran

1. Geben Sie die getrockneten Aprikosen in ein Schälchen, und bedecken Sie diese mit frischer Milch.
2. Fügen Sie etwas Safran hinzu, und lassen Sie die Aprikosen mindestens 2 Stunden (besser noch länger) in der Milch einweichen.
3. Anschließend zu einer Creme pürieren oder die Aprikosen in ganzen Stücken essen.

Dieses Rezept ist ein sehr gutes Rasayana, welches dem Körper Kraft gibt und ihn vitalisiert. Es eignet sich sehr gut als Frühstücksbeigabe (besonders für Vata- und Pitta-Typen) oder als Zwischenmahlzeit bei starkem Energieabfall am Nachmittag.

Zutaten

4-5 getrocknete Aprikosen, ungeschwefelt
1 MS Safran
etwas Milch

Dosha-Empfehlung:
Ein aufbauendes Stärkungsmittel für das 2. Frühstück. Aprikosen fördern die Konzentrationsfähigkeit, innere Stabilität und sind besonders für Vata und Pitta ein wertvolles Nahrungskonzentrat.

Sheera, süßer Grießbrei

1. Den Safran mit 2 EL warmem Wasser in eine kleine Tasse geben und 10 Minuten einweichen.
2. In einem schweren Topf die Butter zerlassen und den Grieß unter ständigem Rühren darin anrösten.
3. Wenn der Grieß goldgelb ist, die Sultaninen zufügen und unterrühren.
4. Die Milch erwärmen und zu dem Grieß geben, gut mischen. Den Zucker einrühren und bei schwacher Hitze mit geschlossenem Deckel leicht simmern lassen. Ab und zu umrühren, bis der Zucker sich ganz aufgelöst hat.
5. Den Safran samt seiner Einweichflüssigkeit, Kardamompulver und die Mandeln zugeben, umrühren und heiß servieren.

Ein leckeres, aber schweres Frühstück, von dem man nicht mehr als eine kleine Hand voll essen sollte.

Zutaten

300 g Grieß
125 g Butter
2 EL Sultaninen
450 ml Milch
200 g Vollrohrzucker
1/8 TL Safranpulver
1/4 TL Kardamompulver
2 EL Mandeln, gestiftelt

Spezielle Empfehlungen für jedes Dosha:
Vata: *1 TL Ingwer zufügen.*
Pitta: *1/2 TL Kardamom mehr verwenden.*
Kapha: *Die Butter durch Ghee ersetzen und statt der Milch nur Wasser verwenden.*

KERSTIN ROSENBERG

Das ayurvedische Mittagessen

Die große Hauptmahlzeit der Ayurveda ist das Mittagessen. Hier schenken wir dem Körper alle Aufbaustoffe, die er sich nur wünschen kann. Mit dem Mittagessen feiern wir ein kleines Fest für alle Sinne, in dem alle Farben, Nahrungsbausteine enthalten sind.

Berufstätige Menschen können selbstverständlich nicht täglich selbst kochen und ein solch ausgewogenes und wohlschmeckendes Mittagessen genießen. Hier bleibt nur das Wochen-ende, um in den ayurvedischen Köstlichkeiten zu schwelgen und Leib und Seele damit zu nähren.

Selbstverständlich können Sie auch das Abendessen zum Mittagessen machen und, falls nicht anders möglich, zwischen 17.00-19.00 Uhr Ihre Hauptmahlzeit nach ayurvedischen Prinzipien einnehmen.

KERSTIN ROSENBERG

Leichtigkeit für jeden Tag: Salat

Salate und Rohkost nehmen nur einen kleinen Teil im ayurvedischen Speiseplan ein. Maximal sollten 1/3 der täglichen Speisen aus ungekochten Nahrungsmitteln bestehen. Eine Ausnahme bilden alle Pitta-Typen, die aufgrund ihres starken inneren Feuers auch einen größeren Rohkostanteil vertragen. Die beste Zeit, die wertvolle Rohkost mit ihren vielen Vitaminen und Enzymen zu verdauen, ist die Mittagszeit. Die verschiedenen Salatvariationen sollten sich aus mehreren Blattsalaten zusammensetzen und mit einem Öldressing angemacht werden, das auch etwas Süßes wie z. B. Honig enthält, um dem bitteren Geschmack der Blattsalate einen harmonischen Geschmacksausgleich entgegenzusetzen.
Nach klassischer Tradition wird der Salat immer erst nach den warmen Speisen gegessen, also als Gang zwischen Hauptgericht und Dessert. Auf diese Weise wurde Agni bereits durch die warmen, gewürzten Speisen angeregt und die Bitterstoffe können besser verdaut werden. Geröstete Nüsse und frische Kräuter können den Salat ergänzen, Obstanteile im Salat sollten lieber vermieden werden.

Bunter Mischsalat

Zutaten

1 kleiner Kopfsalat
1/2 Radicchio
1/4 Gurke
1 kleine Karotte
2 Strauchtomaten
2-3 EL schwarze Oliven
frische Kresse

Für das Dressing
6 EL Olivenöl
2 EL Walnussöl
2 EL Balsamico-Essig
2 EL Obstessig
2 EL Joghurt
1/2 TL Curry
1 EL Hefeflocken
1 TL Kräutersalz
1 TL Schabzigerklee

1. Den Salat waschen und in mundgerechte Stücke zupfen. Die Tomate achteln, die Gurke schälen und in feine Streifen schneiden, die Karotte schälen und fein raspeln.
2. Für das Dressing alle Zutaten mischen und im Mixer verquirlen.
3. Salatblätter mit der Hälfte des Dressings mischen.
4. Die Gurkenscheiben, Tomaten, Karottenraspel, Oliven und Kresse über den angemachten Salat verteilen. Mit dem Rest Soße übergießen.

Eine sehr harmonische Salatmischung, die für Vata, Pitta und Kapha gleichermaßen ausgleichend wirkt.
Spezielle Empfehlungen für jedes Dosha:
Vata: Ersetzen Sie das Walnussöl durch 4 EL Traubenkernöl.
Pitta: Ersetzen Sie den Obstessig durch Zitronensaft, und fügen Sie 1 TL Honig hinzu.
Kapha: Machen Sie die Soße mit schwarzem Pfeffer und Meerrettich noch pikanter.

Grüner Blattsalat mit Knoblauchsauce

1. Salat waschen und abtropfen lassen.
2. Die Avocado halbieren und in feine Streifen schneiden, die Zwiebel fein hacken.
3. Für das Dressing den Knoblauch in etwas Öl anbraten, mit den Zitronensaft, Gewürzen, Avocado und restlichem Öl im Mixer zu einer cremigen Sauce vermischen. Avocadostreifen und gehackte Zwiebel unterheben. 5 Minuten ziehen lassen.
4. Dressing unterheben, mit fein gehackter Petersilie dekorieren.

Ein besonders guter Salat für Vata und Pitta.
Da die Avocado etwas schwerer zu verdauen ist, sollte dieser Salat nicht zusammen mit schweren Hülsenfrüchten, Kohlgemüsen oder sehr fettigen Speisen gegessen werden. Sehr gut passt er zu Reis, Dal und allen Wurzel- und Blattgemüsen.

Zutaten

1/4 Eisbergsalat
1/2 Kopfsalat
1/4 Radicchio
50 g Feldsalat
1 Avocado
Kresse oder andere Keimlinge

Öl-Knoblauch-Dressing

Saft von 1 Zitrone
4 EL Oliven- oder Leinsamenöl
1 MS Liebstöckel, gemahlen
2 Knoblauchzehen
1 kleine Zwiebel
frische Petersilie
Salz

Spezielle Empfehlungen für jedes Dosha:
Vata: Lassen Sie die Zwiebel weg.
Pitta: Verwenden Sie statt der Kresse Mungo-Sprossen.
Kapha: Vermeiden Sie die Avocado, und ersetzen Sie diese durch Radieschen oder Paprika.

Aromatischer Sommersalat

Zutaten

Verschiedene Blattsalatsorten
z. B. Rucola , Kopfsalat,
Frisee, Radicchio
1 Land-Gurke
4-5 Radieschen

Für das Dressing

Frischer Dill und Petersilie
1 TL Senf
1/2 Tasse Apfelsaft
Saft 1 Zitrone
Salz , Pfeffer
Sonnenblumenöl oder Olivenöl

1. Die Blattsalate putzen, waschen und trocken tupfen , Gurken in Zebraform abschälen, Gurken und Radieschen in Scheiben schneiden.
2. Für das Senf-Kräuter-Dressing die gewaschenen und grob zerkleinerten Kräuter in einem Mixerglas zusammen mit einem guten Teelöffel Senf pürieren und Öl nach und nach zugeben.
3. Eine halbe Tasse Apfelsaft und den Saft einer Zitrone zugeben, mit Salz , Pfeffer abschmecken.

Dieser Salat ist durch seine milde Soße besonders verträglich. Er wirkt ausgleichend auf Vata und Kapha.

Spezielle Empfehlungen für jedes Dosha:
Vata: Verwenden Sie vor allem Kopfsalat, Eisbergsalat und Portulak.
Pitta: Bereiten Sie das Dressing ohne Zitrone und mit nur 1/2 TL Senf.
Kapha: Ersetzen Sie die Gurke durch bittere Blattsalate wie Chicorée oder Radicchio.

Salat mit gerösteten Sonnenblumenkernen

Zutaten

1/2 Kopf roter Eichblattsalat
1 Chicorée
1 Bund Rucola
4 EL Sonnenblumenkerne
2 EL Sojasauce
Saft von 1 Zitrone
2 EL Apfeldicksaft
1 TL Honig
3 EL Olivenöl
2 EL Rotweinessig
Pfeffer, Salz
frische Kräuter wie Schnittlauch, Kresse, Basilikum

1. Die Sonnenblumenkerne unter Rühren in einer Pfanne leicht bräunen lassen und mit 2 EL Sojasauce ablöschen. Vom Herd nehmen und auskühlen lassen.
2. Den Salat in mundgerechte Stücke zupfen.
3. Aus Zitronensaft, Apfeldicksaft, Honig, Olivenöl, Essig, Pfeffer und Salz ein Dressing herstellen.
4. Das Dressing über den Salat geben, die gehackten Kräuter untermischen, und erst ganz zum Schluss die gerösteten Sonnenblumenkerne zufügen, damit sie knusprig bleiben.

Die Zutaten des ausgewogenen Salatrezeptes machen die Mischung auch für Vata sehr verträglich.

Griechischer Bauernsalat mit Ziegenkäse

Zutaten

2 Chicorée
3 Tomaten
je 1 grüne, gelbe, rote Paprika
1/3 Salatgurke
50 g Ziegenkäse
schwarze Oliven nach Geschmack
Saft von 1/2 Zitrone
1/2 Joghurt (ca. 75 g)
1 EL Olivenöl
frisch geschnittenes Basilikum
1/2 TL Schabzigerklee
1 MS Paprikapulver
1 MS Senfsamen, gemahlen
Salz, Pfeffer

1. Chicorée und Tomaten in ca. 1 cm breite Scheiben schneiden, Paprikas, Gurke und Ziegenkäse in Würfel schneiden.
2. Oliven, Ziegenkäse und Gemüse mischen.
3. Zutaten der Salatsoße mischen und über die Rohkost geben.

Der Genuss von Käse stellt in der Ayurveda-Lehre immer eine Ausnahme dar. So ist auch dieses leckere Salatrezept nur für Vata und Pitta geeignet und sollte zusammen mit einem scharfen Gemüse, süßlichem Chutney und leichtem Reis gegessen werden.

KERSTIN ROSENBERG

Auf 1000 und eine Art: Reis

In der klassischen Ayurveda-Küche wird fast jeden Mittag Reis gegessen. Denn Reis ist die beste Beilage zu eiweißhaltigen Nahrungsmitteln wie Hülsenfrüchte, Milchprodukte oder Fleisch, die ja aus stoffwechselbedingten Gründen zur Pitta-Hauptzeit am Mittag am besten verdaut werden.

Unter den vielen verschiedenen Reissorten (Basmati, Patna, Roter Reis, Vollkorn usw.) ist es manchmal gar nicht so einfach, die richtige zu wählen. In der ayurvedischen Heil- und Panchakarma-Küche verwenden wir grundsätzlich den Basmati-Reis, da der weiße Reis aus dem Hochland des Himalaya besonders leicht verdaulich ist und den Reinigungsprozess unterstützt. Ebenso eignet er sich hervorragend als Beilage zu schweren Gerichten wie z. B. Kohlgemüse, Kichererbsen, Fisch oder Fleisch.

Doch auch die hiesig wachsenden Reissorten wie z. B. der typische Risotto-Reis aus Italien oder ein guter Vollkornreis sind für uns sehr vertäglich.

So sollten wir bei unserem ayurvedischen Mittagessen mit verschiedenen Reissorten variieren. Und im Zweifelsfalle sind Basmati- und Patna-Reis immer eine gute Wahl.

Reis-Pulao

Zutaten

3 kleine Tassen Basmati-Reis
1 Stück frischer Ingwer
1 kleine Zwiebel
2 Möhren
1 kleine Stange Lauch
2 Paprikaschoten, rot und gelb
100 g Erbsen
1 frische Chilischote
3 EL Ghee
1 Sträußchen frischer Koriander
3 Sterne Sternanis
1 TL Kreuzkümmel
20 Kardamomsamen
2 MS Kurkuma
Salz und Pfeffer

Reis-Pulao ist ein gemischtes Reisgericht mit Gemüse und Gewürzen, welches viele Zubereitungsvariationen kennt. Es kann als Beilage zu Hülsenfrüchten, Salat, Milchprodukten, Huhn oder Fisch gegessen sowie als einfaches Hauptgericht gereicht werden.

1. In etwas Ghee die grob gestoßenen Kreuzkümmelsamen, Kardamomsamen und den ganzen Sternanis anrösten, bis es zu knistern beginnt.
2. Nun den fein gewürfelten Ingwer und die Chilischote hinzufügen.
3. Die Zwiebeln und das klein gewürfelte Gemüse hinzufügen, alles kurz zusammen andünsten und dann mit der doppelten Menge Wasser ablöschen.

Orangenreis „Narangi Chawal"

Zutaten

500 g Basmati-Reis
Samen von 3 Kardamomkapseln
6 Nelken
1 Zimtstange
2 Zwiebeln
100 g Cashewnüsse
2 EL Rosinen
frisch geriebene Schale von 1/2 Orange
1 TL Salz
3 Orangen auf 600 ml aufgefüllt

1. Ghee in einem großen Topf auf mittlerer Hitze erhitzen und die Gewürze darin anrösten. Zwiebeln dazugeben und goldbraun anbraten. Nüsse und Rosinen ebenfalls anbraten.
2. Den Reis zugeben und alles gut umrühren. Die Orangenschale und das Salz hinzufügen und mit dem Orangensaft ablöschen und umrühren. Aufkochen lassen und bei kleinster Hitze ca. 20-25 Minuten aufquellen lassen.

Der Geschmack nach Orange wird durch die frisch abgeriebene Schale der Frucht unterstützt. Immer nur ungespritzte Früchte verwenden und auch diese vor Verwendung heiß abwaschen, denn die Frucht könnte gewachst sein. Schalenabrieb sofort weiterverwenden, die ätherischen Öle verflüchtigen sich rasch.

Spezielle Empfehlungen für jedes Dosha:
Vata: Verwenden Sie nur 1/2 Zwiebel.
Pitta: Verwenden Sie nur 3 Nelken und 1/2 Zimtstange.
Kapha: Lassen Sie die Cashewnüsse weg.

Mandelreis mit Rosinen und Aprikosen

Zutaten

500 g Basmati-Reis
1/4 TL Safranpulver
80 g Ghee
1 große Zwiebel, fein gehackt
Samen von 3-4 Kardamomkapseln
1 Zimtstange
6-8 Nelken
600 ml heißes Wasser
1/2 TL schwarzer Pfeffer, gemahlen
50 g Mandelstifte, angeröstet
3 EL Rosinen
10 getrocknete ungeschwefelte Aprikosen
1 TL Salz

1. Den Reis gut waschen, 30 Minuten in Wasser einweichen und dann gut abtropfen lassen.
2. Safranpulver in einer kleinen Tasse mit einem Esslöffel warmem Wasser auflösen.
3. Ghee in einem schweren Topf erhitzen, die fein gehackte Zwiebel hineingeben und goldbraun anbraten. Kardamomsamen, Zimtstangen und Nelken zugeben und anrösten.
4. Den Reis dazugeben, umrühren und mit dem heißen Wasser auffüllen. Die restlichen Zutaten hinzufügen, einrühren und alles zum Kochen bringen. Die Hitze reduzieren, den Reis salzen und zugedeckt ca. 25 Minuten dämpfen, bis er gar ist. Vor dem Servieren mit einer Gabel auflockern.

Durch die ausgewählten Gewürze und Aprikosen ist dieser Reis ein sehr gutes Vata-Tonikum und kann von allen Vata- und Pitta-Konstitutionen hervorragend mit Gemüse, Salat und Eiweißbeilagen kombiniert werden.

Chilango-Reis

Zutaten

2 Tassen Patna-Reis
4 1/2 Tassen kaltes Wasser
2 Tassen Erbsen
1 Tasse Kürbiskerne
1 Knoblauchzehe
4 EL Sonnenblumenöl
Salz

1. Die Knoblauchzehe und die Kürbiskerne fein hacken und zusammen im Sonnenblumenöl anbraten.
2. Die Erbsen und den Basmati-Reis zugeben und kurz mit anbraten. Anschließend mit Wasser auffüllen und leicht kochen lassen, bis das Wasser verkocht ist.

Ein leichtes und aromatisches Reisrezept, das für jede Konstitution sehr verträglich ist.
Die Erbsen und Kürbiskerne harmonisieren Kapha, und der Knoblauch besänftigt Vata.

Safran-Risotto

Zutaten

2 Tassen Risotto-Reis
1 EL Ghee
1 rote Zwiebel
1 rote Chili
1 dicke Scheibe frischer Ingwer
2 TL Gemüsebrühe
1 TL Koriandersamen
1 TL Kurkuma
3 Nelken
1/2 TL Safranfäden
5 Tassen Wasser
1/2 TL Salz
2 EL Frischkäse, Schmand oder Mascarpone
frischer Rosmarin und/oder Salbei

1. Zwiebel, Chilischote und Ingwer in ganz feine Streifen schneiden. Die Safranfäden in etwas Wasser einweichen.
2. Das Ghee in einem Topf erhitzen, Nelken, Koriandersamen, Zwiebeln, Chili und Ingwer zufügen und leicht anbräunen.
3. Den Reis untermischen und unter ständigem Rühren etwas glasig werden lassen.
4. Wasser aufgießen, Gemüsebrühe, Salz und Kurkuma dazugeben und den Risotto zum Köcheln bringen. Den Topf mit Deckel schließen und sanft simmern lassen, bis das Wasser verdunstet ist.
5. Die eingelegten Safranfäden und den Frischkäse unterrühren. Mit etwas Pfeffer abschmecken.
6. Frische Kräuter fein hacken und vorsichtig dazugeben. Sofort servieren.

Der Safran-Risotto kann auch mit Weißwein gekocht werden (1/2 Wasser und 1/2 Wein). So wird er zu einem Rasayana-Rezept, das besonders aphrodisierend wirkt und eine vitalisierende Stärke in lauen Sommernächten verspricht.

Der saftige Reis schmilzt mit jedem Bissen im Mund und hat eine besonders besänftigende Wirkung auf Vata und Pitta. Kapha-Konstitutionen sollten ihn lieber ohne Sahne bzw. Mascarpone zubereiten.

Kürbis-Risotto

Zutaten

2 Tassen Langkornreis
400 g Kürbis
1 EL Olivenöl
1 TL Gemüsebrühe-Granulat
400 ml Wasser
(oder 200 ml Wasser und 200 ml Weißwein)
1 Scheibe Ingwer
1/2 TL Koriandersamen
3 Nelken
1/2 TL Kurkuma
1 MS Muskatnuss
50 ml Sahne
Salz und Pfeffer

1. Den Kürbis schälen, entkernen und in kleine Würfel schneiden.
2. Das Olivenöl in einem Topf erhitzen, gemörserte Koriandersamen, Nelken und fein geschnittenen Ingwer hineingeben und kurz anrösten.
3. Den Reis zufügen und untermischen. Leicht anbraten, bis er glasig wird. Nun die Kürbiswürfel dazugeben.
4. Mit Wasser und evt. etwas Weißwein, Gemüsebrühe-Granulat, Kurkuma ablöschen, und der Risotto köcheln lassen.
5. Wenn die Flüssigkeit verkocht ist, die Sahne zufügen und mit Muskat, Salz und Pfeffer abschmecken.

Dosha-Tipp:
Das ausgewogene Rezept mit feiner Geschmackskomponente ist optimal für Vata- und Pitta-Typen. Kapha-Typen sollten die Sahne durch Wasser oder Gemüsebrühe ersetzen.

Bunter Risotto mit Gemüse

Zutaten

1 EL Ghee
4 1/2 Tassen Wasser
2 Tassen Risotto-Reis
1 rote Zwiebel
1 Knoblauchzehe
1 rote Paprika
1/2 gelbe Paprika
1/2 Zucchini
100 g grüne Erbsen
3 Nelken
1/2 TL Kreuzkümmelsamen
1/2 TL Kurkuma
1 TL Currymischung
1/2 TL Thymian
1 TL Balsamico-Essig
40 ml Sahne
1 EL Parmesankäse
Salz

1. Die Zwiebel und Knoblauchzehe schälen und in dünne Streifen/Halbringe schneiden. Die Paprikas und Zucchini waschen und in feine Streifen schneiden.
2. Das Ghee in einer Kasserolle erhitzen, die Nelken und Kreuzkümmelsamen anrösten. Zwiebeln und Knoblauch hinzufügen und kurz anbräunen lassen.
3. Kurkuma und Currymischung dazugeben, unterrühren. Nun das Gemüse ebenfalls in die Kasserolle geben und anbraten.
4. Den Risotto-Reis dazugeben und das Wasser auffüllen. Etwas salzen und 25 Minuten köcheln lassen.
5. Die Sahne und den Thymian untermischen und kurz mitköcheln lassen.
6. Nun den Herd ausschalten, Balsamico und geriebenen Parmesankäse über den Risotto geben, vorsichtig unterrühren und im geschlossenen Topf noch ca. 5 Minuten auf der ausgeschalteten Herdplatte nachziehen lassen.

Spezielle Empfehlungen für jedes Dosha:
Vata: Die Paprika durch Aubergine und Karotte ersetzen.
Pitta: Die Nelken durch Kardamomkapseln ersetzen.
Kapha: Sahne und Parmesan weglassen und statt dessen ein bisschen Gemüsebrühe zufügen.

Gelbe Reisbällchen

Zutaten

2 Tassen roter Reis
2 EL Leinsamen
1/2 TL Chilipulver
1 TL Kurkuma
1 TL Currygewürzmischung
1/2 TL Korianderpulver
1/2 TL Kräuter der Provence
1 MS Garam Masala-Mischung
Salz

1. Den roten Reis mit den Leinsamen in 4 1/2 Tassen Wasser weich kochen. Mit dem Pürierstab etwas zerkleinern und abkühlen lassen.
2. Gewürze mit etwas Salz hinzufügen.
3. Die lauwarme Masse zu Bällchen formen und diese auf einem gefetteten Backblech bei 175 °C 30 Minuten im Backofen backen.

Die scharfen Reisbällchen sind eine sehr gute Kapha-Beilage. Der rote Reis ist für eine Kapha-Konstitution sehr verträglich. Ebenso vorteilhaft ist die scharfe und leicht trockene Konzistenz der Reisbällchen.
Sie passen hervorragend zu Auberginen, Spinat und Okra-Gemüse.

Gebackener Reis

Zutaten

2 Tassen Basmati-Reis
etwas Salz
3 EL Olivenöl
2 Knoblauchzehen
1 Gemüsebrühwürfel
1/2 TL Kreuzkümmelsamen
1/2 TL Koriander, gemahlen
1/4 TL Bockshornklee, gemahlen
1/2 TL Liebstöckel, getrocknet
1-2 TL Sojasoße

1. Den Reis in 4 1/2 Tassen Wasser mit etwas Salz weich kochen.
2. Das Olivenöl in einer Pfanne erhitzen, Kreuzkümmelsamen und fein geschnittenen Knoblauch zufügen.
3. Den Gemüsebrühwürfel ebenfalls ins heiße Fett geben und unter rühren etwas auflösen. Nun die restlichen Gewürze zufügen, kurz anrösten.
4. Den gekochten Reis in den Gewürzsud geben, gut mischen und kurz anbraten.
5. Mit etwas Sojasoße abschmecken und sofort servieren.

Der wohlschmeckende salzig-pikante Geschmack dieser Reiskreation ist optimal auf die Bedürfnisse von Vata und Kapha abgestimmt.

Gewürzte Reisbällchen mit Oliven

Zutaten

2 Tassen Basmati-Reis
2 Tomaten
2 Knoblauchzehen
1 rote Chilischote
100 g Oliven ohne Stein
1 TL Kreuzkümmelsamen
12 TL Currypulver
1 TL Gemüsebrühe-Granulat
2 EL Tamari-Soße
1/2 Bund Basilikum
Salz
4 1/2 Tassen Wasser

1. Den Basmati-Reis in 4 1/2 Tassen Wasser mit etwas Salz weich kochen.
2. Die Tomaten, Oliven, Knoblauch, Chilischote und Basilikum im Mixer fein hacken.
3. 2 EL Olivenöl erhitzen, die Kreuzkümmelsamen zufügen, dann Currypulver und Gemüsebrühe zufügen. Unter Rühren kurz anrösten und die gehackte Tomaten-Oliven-Masse untermengen. 4-5 Minuten bei mittlerer Hitze köcheln lassen, dann den fertig gekochten Reis untermengen. Alles gut mischen und mit Tamari-Soße abschmecken.
4. Mit einem Eisportionierer zu Bällchen formen, auf eine Platte legen und servieren.

Dass Reis nicht immer indisch schmecken muss, zeigen diese mediterran zubereiteten Reisbällchen. Ihre aromatisch-würzige Zubereitungsart passt hervorragend zu allen Sommergemüsen, Joghurt und Käse. Gerne können Sie noch mehr Oliven oder Chili hinzufügen, um den Geschmack zu intensivieren und damit mehr aus ihnen zu machen als nur eine Beilage.

Spezielle Empfehlungen für jedes Dosha:
Vata: Bestreichen Sie die Reisbällchen vor dem Servieren noch mit etwas Ghee oder Olivenöl.
Pitta: Ersetzen Sie die Tomaten durch 1/2 rote Paprika.
Kapha: Würzen Sie ruhig etwas schärfer mit Chili und Pfeffer.

KERSTIN ROSENBERG

Kraft und Lebensstärke mi jeder Bohne: Hülsenfrücht

Die ideale Zufuhr an Aufbaustoffen und Eiweißen gewinnen wir über Hülsenfrüchte.
Zusammen mit Reis oder anderen Getreiden versorgen sie den Organismus mit allen notwendigen Aminosäuren, die normalerweise nur in tierischem Eiweiß vorhanden sind.

Da in der indischen Tradition ayurvedische Ernährung immer mit vegetarischer Ernährung verbunden wird, gehören die Hülsenfrüchte zusammen mit Nüssen und Milchprodukten zu den Grundnahrungsmitteln der täglichen Ernährung.

Die am leichtesten verträgliche Hülsenfrucht ist der so genannte Mung Dal, geschälte, halbierte Mungbohnen. Die gelben linsenförmigen Hülsenfrüchte sind die einzigen, die keine Vata erhöhende Wirkung haben. Das heißt, sie sind für jeden Konstitutionstyp geeignet und werden auch in der Heil-Ernährung und Schonkost des Ayurveda verwendet. Neben den Mungbohnen, die als „die Königin aller Hülsenfrüchte“ bezeichnet werden, stehen auch Kichererbsen (Channa Dal), rote Linsen und schwarze Bohnen (Urad Dal) auf der Liste der wertvollen Hülsenfrüchte.

Zutaten

1 1/2 Tassen Mung Dal, gelbe Linsen
1 Zwiebel
1 Peperoni
1 Knoblauchzehe
2 TL Ghee
1 TL Kreuzkümmelsamen
1 MS Asafoetida (Hing)
1/2 TL Kurkuma
1 TL Koriander
1/2 TL Garam masala
1 TL Salz
etwas Zitronensaft zum Abschmecken
3 1/3 Tassen Wasser

Mung Dal

1. Das Ghee in einem schweren Topf erhitzen und die Kreuzkümmelsamen darin anrösten. Asafoetida und Kurkuma hinzufügen.
2. Die Zwiebel, Peperoni und Knoblauchzehe fein hacken, zu den Gewürzen geben und anbraten.
3. Die Linsen waschen und mit dem Gewürzfotnie vermengen, kurz anschmoren lassen, dann den Topf mit 3 1/2 Tassen Wasser auffüllen. Salz hinzufügen, umrühren und aufkochen lassen.
4. Sobald die Linsen kochen, die Hitze zurückschalten und den Dal auf kleiner Flamme köcheln lassen, bis das Wasser verkocht ist.
5. Nun den Dal umrühren (so wird er sämig) und mit der Garam Masala-Mischung, Koriander und Zitronensaft abschmecken.

Mung Dal nennt man halbierte und geschälte Mungbohnen, welche in der ayurvedischen Küche zu einer schmackhaften und kraftspendenden Bei-lage verarbeitet werden. Grüne Mungbohnen sind wertvolle Eiweiß- und Kalziumträger. Sie werden in Indien regelmäßig als Fleischersatz gegessen.
Von den vielen traditionellen Zubereitungsarten habe ich Ihnen eine leichte und schmackhafte zum Ausprobieren herausgesucht.

Die Zubereitungsweise ist für alle Doshas leicht verträglich und wirkt nährend für jedes Körpergewebe.

Channa Dal

Zutaten

350 g geschälte und halbierte Kichererbsen
2 Zwiebeln
2 Tomaten
2 EL Ghee
1 Scheibe frischer Ingwer
1 EL Kreuzkümmelsamen
1 MS Hing
1 EL Kardamomkapseln
1 Zimtstange
1 TL Currymischung
1 TL Koriander
1 MS Garam Masala

1. Die Kichererbsen über Nacht in Wasser einweichen. Am nächsten Tag ca. 1 Stunde in genügend Wasser weich kochen.
2. Das Ghee in einem Topf erhitzen und alle Gewürze darin andünsten. Den Ingwer dazu fein hacken oder reiben und die Zimtstange zweimal durchbrechen.
3. Nach 2-3 Minuten die gehackten Zwiebeln und fein geschnittenen Tomaten dazugeben und mitdünsten.
4. Die weichen Kichererbsen in diesen Sud geben und alles zusammen nochmals 20 Minuten köcheln lassen.

Mildes Dal-Gericht

Zutaten

250 g Mungbohnen
3 EL Ghee
1 Stück frischer Ingwer
1 Zwiebel
1 Knoblauchzehe
2 Chilischoten
1 EL Koriandersamen
1 EL Kreuzkümmelsamen
1 TL Methisamen
1/2 TL Kurkuma
1 EL mildes Curry
1 Prise Curryblätter
Salz und Pfeffer

1. Die Mungbohnen am besten 1 Stunde vorher einweichen, dann das Einweichwasser wegschütten, die Bohnen nochmals waschen und abgießen.
2. Im heißen Ghee die grob gemörserten Koriander-, Methi- und Kreuzkümmelsamen anrösten, bis sie knacken, dann den fein gewürfelten Ingwer, den Knoblauch, die Chilischote und die Zwiebel mit anbraten. Kurkuma, Curry und Curryblätter hinzufügen.
3. Anschließend die Bohnen dazutun und mit ca. dreifacher Wassermenge ablöschen, Salz hinzufügen und auf mittlerer Flamme ca. 45 Minuten köcheln lassen.
4. Am Ende nochmals etwas Wasser hinzufügen, evtl. teilweise mit dem Pürierstab pürieren (macht die Konsistenz und den Geschmack etwas feiner) und den frischen Koriander und frisch gemahlenen Pfeffer hinzufügen.

Die ausgewogene Gewürzmischung macht diese Dal-Variation schmackhaft und für jedes Dosha gut verträglich.

Dal aus roten Linsen

1. Zwiebel, Knoblauch und Ingwer im Ghee leicht anbraten, auf die eine Seite des Topfes schieben. Auf der anderen Seite die Gewürze ca. 1 Minute erhitzen. Nun die gewaschenen Linsen dazugeben und mit den Gewürzen vermischen.
2. Mit der dreifachen Menge Wasser aufgießen und zum Kochen bringen. Nun nicht mehr umrühren und auf kleinster Flamme ca. 20 Minuten gar köcheln lassen.
3. Mit Zitrone und gehacktem Koriander, Pfeffer und Salz abschmecken.

Rote Linsen wirken von Natur aus leicht Vata erhöhend. Aus diesem Grunde sollten sie von Vata-Konstitutionen nur in kleinen Mengen gegessen werden.

Spezielle Empfehlungen für jedes Dosha:
Vata: Dem Kochwasser 1/4 TL Hing zufügen.
Pitta: Das Rezept ist für Pitta hervoragend geeignet und benötigt keine Ergänzung.
Kapha: Die leichten roten Linsen können mit 1/4 TL Chili und 1/4 TL gemahlenen Bockshornkleesamen erhitzend und anregend wirken.

Zutaten

200 g rote Linsen
1 EL Ghee
1 Zwiebel
1 Knoblauchzehe
1 Stück frischer Ingwer
1 TL Kreuzkümmel, gemahlen
1 TL Koriander, gemahlen
1 Lorbeerblatt
2 Nelken
1/2 TL Kurkuma
1/2 TL Garam Masala
etwas Zitronensaft
frischer grüner Koriander
Pfeffer und Salz

Zutaten

200 g Urad Dal
200 g Spinat
1 Tomate
1 Zwiebel
2 Knoblauchzehen
1 Chilischote
1 TL Fenchelsamen
1 TL Kreuzkümmelsamen
1 Scheibe Ingwer
1 MS Hing
1/2 TL Kurkurma
1 TL Currymischung
1/2 TL Garam Masla
2 TL Methiblätter
1 TL Salz

Urad Dal mit Spinat

1. Urad Dal und den Spinat waschen und abtropfen lassen. Zwiebel, Knoblauch, Ingwer und Chilischote fein hacken.
2. Das Ghee in einem Topf erhitzen und die Kreuzkümmel- und Fenchelsamen kurz anrösten.
3. Nun die fein geschnittene Zwiebel, Knoblauch, Ingwer und Chilischote dazugeben und anbräunen.
4. Die Tomate in Würfel schneiden und den gebräunten Zwiebeln zufügen. Nun den Gewürzsud mit Hing, Kurkuma und Curry ergänzen und die Tomate etwas einkochen lassen.
5. Den Spinat zufügen und unter Rühren so weit andünsten, dass sich sein Volumen verringert. Nun Urad Dal untermischen.
6. Mit 450 ml Wasser aufgießen und zum Kochen bringen.
7. So lange köcheln, bis die ganze Flüssigkeit verdunstet ist. Dann umrühren, mit Salz, Garam Masala und Methiblättern abschmecken.
8. Je nach Geschmack kann auch noch mehr Chili, Knoblauch oder Ingwer zugefügt werden.

Urad Dal ist eine sehr wertvolle Hülsenfrucht, die sehr Kapha aufbauend und Pitta stärkend wirkt. Sie ist als wirkungsvolles Aphrodisiakum bekannt und wird deshalb gerne zur sexuellen Stärkung gegessen.
Je schärfer sie gegessen wird, umso intensiver ist die Wirkung spürbar.

Scharfes Kichererbsen-Curry

Zutaten

200 g ganze Kichererbsen
2 EL Ghee
1 Zwiebel
1 EL frischer Ingwer, gerieben
2 Knoblauchzehen
1-2 rote Chilischoten, entkernt
1/2 TL Kurkuma
1 TL Koriander, gemahlen
1 TL Garam Masala
1 TL Kreuzkümmel, gemahlen
6 Curryblätter
1 TL Currypulver
2 große reife Tomaten
1/2 Bund frischer Koriander, gehackt
Saft von 1/2 Zitrone

1. Die Kichererbsen in reichlich Wasser mindestens 10 Stunden einweichen, Wasser wegschütten und die Kichererbsen in neuem Wasser ohne Salz ca. 60-80 Minuten fast gar kochen lassen.
2. In einem kleineren Topf den Gewürzsud zubereiten. Ghee in den Topf geben und darin die gehackte Zwiebel, Ingwer, Knoblauch und Chili andünsten. Auf die eine Seite des Topfes schieben.
3. Nach etwa einer Minute alle anderen Gewürze auf die andere Seite des Topfes geben und 1 Minute mitdünsten lassen.
4. Die gehäuteten und klein gehackten Tomaten in die Gewürzmischung geben. Diesen Gewürzsud ca. 10 Minuten köcheln lassen.
5. Von den Kichererbsen so viel Kochwasser abgießen, dass sie noch halb bedeckt sind, nun den Tomaten-Gewürzsud dazugeben und nochmals etwa 10-15 Minuten durchziehen lassen, erst jetzt mit Pfeffer und Salz abschmecken.
6. Ganz zum Schluss den Koriander und den Zitronensaft dazugeben.

Kichererbsen wirken sehr stärkend und aphrodisierend. Eine Überlieferung besagt, dass es den Mönchen früher streng untersagt war, Channa Dal zu verzehren. Die schweren Hülsenfrüchte sind vor allem für Kapha gut verträglich, können aber in geringen Mengen auch von Pitta und Vata genossen werden.

KERSTIN ROSENBERG

Klassische Gemüsegerichte der Ayurveda-Küche

Mit diesen Rezepten möchte ich Ihnen die traditionellen Gemüsegerichte aus der indischen Ayurveda-Küche vorstellen.

Die Lieblingsgemüse der Inder sind Spinat, Auberginen und Blumenkohl. Hierzu gibt es unzählige Rezepte und Variationen. Hinzu kommen noch Okra, Kürbis und einige sehr exotische Gemüse aus den verschiedenen Regionen des Landes, die hier so gut wie unbekannt sind.

Alle Arten von Gemüse werden in der ayurvedischen Küche generell in einem Gewürzsud gegart. Dieser verleiht den Speisen nicht nur einen aromatischen und harmonischen Geschmack, sondern entfaltet in seiner Zusammensetzung auch verdauungsfördernde und Dosha ausgleichende Heilwirkungen. Für Vata betonte Menschen ist es wichtig, täglich frisch gekochte Gemüse, welche weich, saftig und mit milden Gewürzen zubreitet wurden, zu verspeisen.

Pitta-Menschen dürfen viel rohes und knackig gegartes Gemüse zu sich nehmen. Sie sollten sehr scharfe Gewürze und Soßen dazu meiden.

Für Kapha-Menschen stellt Gemüse immer einen Hauptbestandteil der täglichen Mahlzeiten dar. Werden diese mit vielen stoffwechselanregenden Gewürzen und frischen Kräutern zubereitet, so zeigen sie unmittelbar ihre belebende und vitalisierende Wirkung.

Die folgenden Gemüsegerichte zeigen verschiedene Zubereitungsarten der traditionellen Ayurveda-Küche aus Nord- und Südindien und sind auch für den hiesigen Esser äußerst wohlschmeckend und bekömmlich. Die Zubereitungsarten mit etwas mehr feurigen Gewürzen und Samen ist sehr anregend für den Stoffwechsel und unterstützt die Verdauung der vielseitigen Speisen und reichhaltigen Menüs zur Mittagszeit.

Zutaten

400 g Auberginen
1 frische Chilischote
1 Stück frischer Ingwer
2 mittelgroße Tomaten
5 EL Senföl oder Sonnenblumenöl
2 TL Paprikapulver, edelsüß
3 EL Joghurt
1 TL Kreuzkümmelpulver
1 TL Kurkumapulver
1/2 TL Chilipulver
2 TL schwarze Senfsamen, frisch gemahlen
etwas Sesamöl
Salz

Auberginen in Senfsauce

1. Auberginen waschen, abtrocknen, vom Stielansatz befreien und in etwa 1 cm dicke Scheiben schneiden. Diese auf ein mit Ghee bestrichenes Backblech legen, mit reichlich Salz und 1/2 TL Kurkuma einreiben und etwa 10 Minuten ruhen lassen. Anschließend 20 Minuten im Backofen backen.
2. Inzwischen Chilischote waschen, vom Stielansatz befreien und klein schneiden. Ingwer schälen und auf der Gemüsereibe fein reiben. Tomaten waschen und vierteln.
3. Sonnenblumen- oder Senföl in einer Pfanne erhitzen. Chilischote, Chilipulver, 1/2 TL Kurkuma, den Kreuzkümmel, Paprika und Ingwer dazugeben. Bei schwacher Hitze etwa 5 Minuten unter ständigem Rühren anbraten. Tomaten und Joghurt hinzufügen, gut verrühren und alles etwa 3 Minuten schmoren, bis eine dunkelbraune Sauce entsteht. 100 ml Wasser dazugießen und zum Kochen bringen.
4. Gemahlene Senfsamen und Auberginenscheiben in die Sauce legen. Salz dazugeben und bei schwacher Hitze zugedeckt etwa 5 Minuten köcheln lassen.

Auberginen sind von Natur aus erhitzend und ölig. So stellen sie das ideale Vata-Gemüse dar. Die klassische Zubereitung der Auberginen in Senfsoße unterstützt diese Wirkung noch.

Indisches Auberginengemüse

Zutaten

2 mittelgroße Auberginen
1 EL Sesamöl fürs Backblech
1/2 TL Salz
3 Tomaten
1 EL Ghee
1 TL Senfkörner
1 Zwiebel
1 Scheibe frischer Ingwer, 1 cm dick
1/2 TL Thymian
1/2 TL Chillipulver
1 TL Kurkuma
1/2 TL Koriander, gemahlen
150 ml Wasser
1 EL Tomatenmark
Salz und Pfeffer
etwas frischer Koriander

1. Die Auberginen in Würfel schneiden, mit 1/2 TL Salz bestreuen und auf einem mit Öl bestrichenem Backblech für 15 Minuten bei 175 Grad im Backofen vorbacken. Die Auberginen sind nun leicht gebräunt und weich.
2. Das Ghee in einem Topf erhitzen, die Senfsamen zufügen und aufspringen lassen.
3. Nun die gehackte Zwiebel anbraten, feingeschnittenen Ingwer, Chili, Koriander, Kurkuma und Thymian zufügen.
4. Die Tomate würfeln und zu dem Gewürzsud geben, kurz aufkochen lassen und etwas Salz zufügen.
5. Die vorgebackenen Auberginen untermischen, das Wasser aufgießen und Tomatenmark zufügen. Nochmals für 15 Minuten köcheln lassen.
6. Nun mit Pfeffer, Salz und frischem Koriander abschmecken.

Dieses delikate Auberginengericht wirkt ausgleichend für Vata und Kapha und ist durch die Zugabe von Kurkuma und Koriander in geringen Mengen auch für Pitta recht verträglich.

Blumenkohl-Kartoffel-Curry

Zutaten

1 Blumenkohl
2 kleine Kartoffeln
1 kleine Zwiebel
3 Tomaten
1 EL Ghee
1 TL Kreuzkümmelsamen
1/2 TL Ajwansamen
1/2 TL Kurkuma
1/2 TL Curry
1/4 TL Garam Masala
1/2 TL Koriander
1/4 TL Ingwerpulver
2 EL Joghurt
Salz und Pfeffer nach Geschmack

1. Den Blumenkohl waschen und in Röschen teilen, die Kartoffeln schälen und in Würfel schneiden.
2. Die Zwiebel fein hacken und mit den Kreuzkümmel- und Ajwansamen in Ghee anbräunen. Kurkuma und Currypulver hinzufügen.
3. Die Tomaten vierteln, mit dem Gewürzsud mischen und aufköcheln lassen. Nun etwas Salz, den Blumenkohl und die Kartoffelstücke dazugeben, alles gut umrühren und bei geschlossenem Topf 10 Minuten garen lassen.
5. Sobald die Kartoffeln weich sind, Joghurt, Koriander, Ingwerpulver und Garam Masala unter das Gemüse mischen. Mit Pfeffer und Salz abschmecken und 5 Minuten mit geschlossenem Deckel durchziehen lassen.

Ein klassisches Blumenkohlgemüse, das sehr gut für Pitta und Kapha geeignet ist. Durch die Zugabe von 1 Messerspitze Hing und 1/4 TL Galgant wird es auch für Vata verträglich.

Spinat mit Paneer

Zutaten

200 g fester Paneer
5 EL Sonnenblumenöl
800 g frischer Spinat
1 Zwiebel
2 Knoblauchzehen
1 Stück frischer Ingwer
2 TL Methiblätter, getrocknet (falls vorhanden)
2 TL Korianderpulver
1 TL Kurkumapulver
2 TL Kreuzkümmelpulver
1/2 TL Chilipulver
1 MS Muskatnuss
Salz
1/2 TL Vollrohrzucker
100 g Sahne

Paneer ist ein orginal indischer Frischkäse, der ganz einfach herzustellen ist. Er ist sehr leicht verdaulich und hat eine süße Qualität. Dadurch belastet er weder die Verdauungswege noch die Körperkanäle und wird auch in der ayurvedischen Küche (die normalerweise kein Freund von Käse ist) empfohlen.

1. Paneer in 1 cm große Würfel schneiden. Öl in einer Pfanne erhitzen unter Rühren in etwa 4 Minuten leicht braun anbraten. Herausnehmen und beiseite stellen. Öl in der Pfanne lassen.
2. Den frischen Spinat putzen, waschen, abtropfen lassen und nach Belieben klein schneiden.
3. Die Zwiebel schälen, längs halbieren und in Halbringe schneiden. Knoblauch schälen und zerdrücken. Ingwer schälen und fein reiben.
3. Zwiebel, Knoblauch und Ingwer im restlichen Öl bei mittlerer Hitze in 3-5 Minuten goldbraun anbraten. Koriander, Kurkuma, Kreuzkümmel und Chilipulver hinzufügen und etwa 2 Minuten rösten. Gehackten Spinat dazugeben und zugedeckt bei mittlerer Hitze etwa 10 Minuten garen.
4. Reichlich Salz, etwas Vollrohrzucker und die Methiblätter zum Spinat geben und vermischen. Sahne und gebratene Paneer-Würfel dazugeben und weitere 5 Minuten zugedeckt bei schwacher Hitze dünsten. Mit Reis oder Chapati warm servieren.

Paneer

Zutaten

2 l Milch
6 EL Zitronensaft

1. Die Milch in einem großen Topf zum Kochen bringen und löffelweise Zitronensaft zugeben.
2. Köcheln lassen, bis sich feste Stücke absetzen, durch ein Tuch abseihen und zum Abtropfen mit einem Gewicht beschweren.
3. Alles ca. 2 Stunden abtropfen lassen und stürzen.

Die süßliche Konsistenz des Paneer ist der optimale Ausgleich für die bitteren Wirkstoffe des Spinats. So harmonisiert und nährt diese Mischung jedes Dosha.

Spinat mit Kartoffeln und Erbsen

Zutaten

500 g Blattspinat
2 EL Ghee
200 g Zwiebeln
4-5 Kartoffeln
1 Scheibe frischer Ingwer
4 EL Wasser
1 TL Kreuzkümmelpulver
1/2 TL Kurkumapulver
100 g Erbsen, tiefgefroren
1 1/2 grüne Peperoni, fein gehackt
1/2 TL Garam Masala
Salz

1. Den Spinat waschen, abtropfen lassen und in kochendem Wasser 5 Minuten blanchieren.
2. Die Zwiebeln fein hacken, den Ingwer fein reiben und die Kartoffeln schälen und in 1,5 cm große Würfel schneiden.
3. Das Ghee in einer Pfanne heiß werden lassen. Die Zwiebeln mit dem Kreuzkümmel goldbraun anbraten.
4. Kartoffeln, Erbsen und Wasser zufügen, alles gut umrühren und zugedeckt, auf niedriger Hitze, 10-15 Minuten köcheln lassen.

Ein aromatisches Spinatgericht für Vata und Pitta.

Spinat mit Zwiebeln

Zutaten

800 g frischer Spinat
2 mittelgroße Zwiebeln
1 Stück frischer Ingwer
2 Knoblauchzehen
4 EL Ghee
1 TL Kreuzkümmelpulver
1 TL Kurkumapulver
1/2 TL Chilipulver
1 TL Korianderpulver
1 EL Methiblätter, getrocknet
1 MS Muskatblüte
100 g Kokosmilch
Salz

1. Frischen Spinat gründlich putzen, waschen und abtropfen lassen. Nach Belieben klein schneiden.
2. Zwiebeln schälen und in dünne Ringe schneiden. Ingwer schälen und fein reiben. Knoblauch schälen und durch die Presse zum Ingwer drücken.
3. Ghee in einer Pfanne erhitzen. Zwiebeln hineingeben und bei mittlerer Hitze dunkelbraun anbraten. Ingwer und Knoblauch dazugeben und etwa 1/2 Minute anbraten.
4. Chilipulver, Kreuzkümmel, Kurkuma und Koriander hinzufügen und bei starker Hitze etwa 1 Minute rösten. Spinat portionsweise in die Pfanne geben. Wenn er nach etwa 1/2 Minute zusammengefallen ist, die nächste Portion hinzufügen. Reichlich Salz dazugeben. Das Gericht bei mittlerer Hitze zugedeckt etwa 15 Minuten köcheln lassen.
5. Zum Schluss Methiblätter, Kokosmilch und etwas Muskatblüte vorsichtig unterrühren.

Der scharfe Spinat ist ein Kapha-Genuss für Leib und Seele.

Kürbis mit Kichererbsen

Zutaten

50 g Channa Dal (braune Kichererbsen)
1 kg Riesenkürbis
3 mittelgroße Kartoffeln, festkochend
2 Zwiebeln
2 Knoblauchzehen
3 EL Ghee
1 TL Kreuzkümmel
1 TL Paprikapulver, edelsüß
1 TL Vollrohrzucker
1 TL Kurkumapulver
1/2 TL Chilipulver
1 TL Korianderpulver
2 TL Garam Masala
Salz

1. Braune Kichererbsen in 1/4 l Wasser über Nacht einweichen.
2. Kürbis waschen, schälen und in 3 cm große Würfel schneiden. Kartoffeln waschen, schälen und in etwa 2,5 cm große Würfel schneiden. Zwiebel schälen, längs halbieren und in feine Halbringe schneiden. Knoblauch schälen und durchpressen.
3. Ghee in einem Topf erhitzen, Kreuzkümmelsamen hineingeben und bei mittlerer Hitze hellbraun anrösten. Zwiebeln und Knoblauch hinzufügen und unter Rühren mitbraten, bis die Zwiebeln dunkelbraun sind. Die Kartoffelstücke hinzufügen und etwa 2 Minuten unter ständigem Rühren anbraten.
4. Gemahlene Gewürze nach und nach hinzufügen und etwa 2 Minuten rösten. Kichererbsen, 1/4 l Wasser, reichlich Salz und Vollrohrzucker hineingeben und bei mittlerer Hitze zugedeckt etwa 5 Minuten kochen lassen. Kürbis dazugeben und weitere 5-7 Minuten zugedeckt kochen, bis alles gar ist. Zwischendurch umrühren.
5. Kurz vor dem Servieren mit Garam Masala abschmecken.

Dieses interessante und sättigende Gericht ist durch seine ausgewogene Zusammensetzung für jedes Dosha gut verträglich und ein hervorragendes Pitta-Therapeutikum.

Zutaten

1 kleiner Kopf Blumenkohl
500 g grüne Bohnen
3 Karotten
2 Zwiebeln
2 TL Ghee
2 TL Salz, Pfeffer
frisch geschnittene Petersilie
grüner Pfeffer
1 TL Cayenne-Pfeffer
1 TL Kurkuma
1 TL Koriander
1 Knoblauchzehe
Saft von 1/2 Zitrone

Indisches Mischgemüse

1. Fein geschnittene Zwiebeln in Ghee kurz andünsten.
2. Kurkuma, Koriander, Cayenne-Pfeffer, frischen Pfeffer und Knoblauch unterrühren und kurz anrösten.
3. Das gewaschene und geschnittene Gemüse mit dem Salz hineingeben, umrühren und zugedeckt dünsten lassen, bis sich etwas Flüssigkeit aus dem Gemüse gebildet hat. Eventuell etwas Wasser zufügen.
4. Bei niedriger Temperatur zugedeckt weitere 15 Minuten kochen lassen.
5. Das Gemüse mit Petersilie dekorieren.

Ein liebliches Gemüsegericht für die Pitta- und Kapha-Konstitution. Es kann auch aus einer weiteren sehr delikaten Gemüsemischung wie Kohlrabi, Stangensellerie, Brokkoli und rotem Paprika bestehen. In diesem Fall ist es vor allem für Pitta gut verträglich.

Gemüse-Curry in Kokosmilch

Zutaten

2 mittelgroße Karotten
200 g Bohnen
1 kleiner Blumenkohl
1 rote Paprikaschote
2 EL Sesamöl
2 Frühlingszwiebeln
1 Dose Kokosmilch
1 Stängel Zitronengras
1 rote Chilischote, entkernt
1 Stück frischer Ingwer, gerieben
2 Knoblauchzehen
1 TL Curry
1 TL Kreuzkümmel, gemahlen
Saft von 1 Limette
Salz, Zucker, Pfeffer
frischer grüner Koriander

1. Die Karotten, Blumenkohl, Bohnen und Paprika in mundgerechte Stücke zerteilen. Alle Gemüse werden in dem Kokos-Gewürzsud gegart.
2. Dazu das Öl in einen Topf geben, die Frühlingszwiebeln in Ringe schneiden und darin erhitzen, dann Chili, Knoblauch, Ingwer, Curry und Kreuzkümmel dazugeben, Zitronengras zusammenknoten – kann am Ende wieder herausgefischt werden. Sofort die ganze Dose Kokosmilch zu den Gewürzen geben. (Wer keine Kokosmilch zur Hand hat, kann auch Kokosflocken mit heißem Wasser überbrühen, eine Stunde ziehen lassen und dann ausdrücken.)
3. Wenn der Gewürzsud kocht, zuerst die Karotten mitkochen, etwa 10 Minuten, dann die Bohnen, den Blumenkohl und zum Schluss die Paprika. Falls notwendig, noch etwas Wasser zufügen.
4. Mit Salz, Pfeffer und etwas Zucker abschmecken, vor dem Servieren noch den Limettensaft und dann frischen Koriander dazugeben.

Eine milde Gemüsemischung für Vata und Pitta.

Okragemüse

Zutaten

500 g Okra
1 EL Ghee
3 Tomaten
1 Zwiebel
1 Knoblauchzehe
1 Chilischote
5 Kardamomkapseln
2 TL Curryblätter (falls vorhanden)
2 TL Senfsamen
1/2 TL Kurkuma
1 TL Curry
1/2 TL Koriander, gemahlen
1/2 TL Garam Masala
Salz
frisches Koriandergrün
fein geschnittene Ingwerstreifen

1. Die Okras waschen und am Ansatz abschneiden. Die Okraschote selbst sollte dabei vollkommen heil bleiben (auch keine Spitze entfernen), sonst wird sie beim Kochen ganz schleimig.
2. Die Tomaten achteln, die Zwiebel in Halbringe schneiden, Knoblauch und Chilischoten in feine Streifen schneiden.
3. Das Ghee erhitzen. Kardamomkapseln, Senfsamen und Curryblätter hineingeben.
4. Die Zwiebelringe zufügen und leicht anbräunen, Knoblauch und Chillischote hinzufügen.
5. Nun die Tomaten untermengen, kurz aufkochen lassen, Kurkuma, Curry und Salz zufügen.
6. Wenn sich ein schöner Tomatensud gebildet hat, die Okraschoten hinzugeben und vermischen. Eventuell etwas Wasser zufügen.
7. Die Okras ca. 20 Minuten köcheln lassen, sodass sie weich sind, aber noch ihre Form behalten.
8. Mit Koriander, Garam Masala abschmecken und mit frisch gehacktem Koriandergrün und fein geschnittenen Ingwerstreifen dekorieren.

Okras gehören zu den gesündesten Gemüsen der ayurvedischen Küche. Mit ihren bitteren und leicht schleimigen Eigenschaften werden sie als wirkungsvolles Heilmittel bei Gallenbeschwerden, Übersäuerung und Stoffwechselstörungen eingesetzt. Sie sind ein ausdrücklich empfohlenes Therapeutikum für Pitta, können aber auch von Vata-Konstitutionen gegessen werden.

Indisches Weißkohlgemüse

Zutaten

350 g Weißkohl
200 g Kartoffeln
150 g tiefgefrorene Erbsen
2 EL Essig
1 EL Ghee
1/4 TL Bockshornklee
1/2 TL Kreuzkümmelsamen
1/4 TL Kurkuma
1/2 TL Chilipulver
1 TL Korianderpulver
1/2 TL Garam masala

1. Den Weißkohl fein schneiden, die Kartoffeln schälen und in ca. 1,5 cm große Würfel schneiden. Zusammen mit den Erbsen in einer Schüssel vermengen und 1 TL Salz und Essig hinzufügen. 10 Minuten durchziehen lassen, dann das Gemüse in ein großes Sieb geben und unter fließendem Wasser gut waschen.
2. Das Ghee in einem Topf erhitzen, den Bockshornklee und die Kreuzkümmelsamen kurz darin anrösten, Kurkuma und Chillipulver zufügen.
3. Die Weißkohlmischung in den Gewürzsud geben, etwas salzen und gut umrühren. Bei schwacher Hitze zugedeckt 20 Minuten gar werden lassen.
4. Mit Koriander und Garam Masala abschmecken und heiß servieren.

Kohlgemüse ist sehr gut für Kapha, besonders zusammen mit den stoffwechselanregenden Gewürzen, wie sie in diesem Rezept angegeben sind.

Es muss nicht immer vegetarisch sein ...

Ob man für eine gesunde Ernährung grundsätzlich immer auf Fisch, Fleisch, Eier und Geflügel verzichten muss, ist eine der großen Diskussionspunkte der modernen Ernährungslehre. Auch in der Ayurveda werden dazu verschiedene Betrachtungsweisen angeführt. Grundsätzlich beinhalten die alten ayurvedischen Schriften sehr präzise Auflistungen über die aufbauende und stärkende Qualität der verschiedenen tierischen Eiweißquellen. Für Menschen, die durch harte Arbeit auf der körperlichen oder mentalen Ebene einen großen Bedarf an stärkender Nahrung haben, wird der Genuss von etwas Gefügel oder Fleisch ausdrücklich empfohlen. Die tierischen Eiweiße schenken dem Körper sehr viel Erde, was ihn stark, ausdauernd und stabil macht. Für die geistige Entwicklung hingegen wird der Verzehr von Fleisch als sehr hinderlich angesehen.

So leben eigentlich alle traditionell aufgewachsenen Ayurveda-Ärzte aus Indien, die ich kenne, als strenge Vegetarier, die weder Fisch noch Fleisch, Geflügel oder Eier in der Nahrung akzeptieren. Von Kindheit an sind sie aufgrund ihrer religiösen Erziehung und ihres spirituellen Lebenswandels ohne Fleisch aufgewachsen und könnten sich niemals vorstellen, etwas Totes vom Tier zu essen. Doch auch der strengste Vegetarier darf im Ayurveda Milch, Butter und Ghee zu sich nehmen, da diese rein sattvisch sind und keinerlei negative Wirkungen auf die geistige Verfassung haben.

Für den modernen westlichen Menschen empfiehlt die Ayurveda nur bedingt eine streng vegetarische Ernährungsweise. Eine fleischlose Kost muss nicht automatisch immer gesünder sein als eine ausgewogene Mischkost. Im Gegenteil, viele körperliche Störungen können durch aktuten Eiweiß- und Mineralstoffmangel ausgelöst werden, der durch eine unsachgemäße vegetarische Ernährung entstehen kann.

Wenn Sie aus religiösen und spirituellen Gründen als Vegetarier leben möchten, so ist dies sehr begrüßenswert. In diesem Fall sollten Sie unbedingt täglich eine vollwertige Mahlzeit mit Hülsenfrüchten und Getreide zu sich nehmen. Zusätzlich benötigen Sie ausreichend Nüsse, Samen und Milchprodukte.

Sind Sie jedoch von Ihrer Kindheit an eine gemischte Ernährung mit Fisch, Fleisch und Geflügel gewöhnt, so dürfen Sie dies auch beibehalten. Es sei denn, Sie leiden unter Krankheiten und Beschwerden, die einen völligen Fleischverzicht erfordern.

Wichtig für die gute Verwertung der schwer verdaulichen tierischen Eiweiße ist die richtige Zubereitung und Kombination der Speisen. Essen Sie das Fleisch, den Fisch oder die Eier nur mit sehr leichten Nahrungsmitteln wie Gemüse, Salat und Reis zusammen, und vermeiden Sie die Kombination mit Kartoffeln, süßen Getreiden (alle außer Reis), viel Fett und Sahne. Besonders die Mischung von Fleisch, Fisch und Milch wird als giftig angesehen und erzeugt direkt Ama in den Gedärmen.

Von allen tierischen Eiweißen wird Geflügel aus biologischer Zucht am meisten empfohlen. Zusammen mit einem frischen Gemüse, etwas Reis und scharfem Chutney ist es sehr gut zu verdauen. Fisch und Eier gehören eher zur zweiten Kategorie der empfehlenswerten Eiweiße. Ganz zum Schluss kommen die schweren Fleischsorten wie Wild und Schwein. Achten Sie beim Einkauf von Fleisch und Fisch unbedingt auf die Frische und Herkunft der Produkte. Gerade diese schwer verdaulichen Nahrungsmittel müssen die beste Qualität und biologische Verarbeitung aufweisen, um Ama-Bildung und Stoffwechselstörungen nach dem Verzehr vorzubeugen.

Ebenso entscheiden die Zubereitungsart und Menüzusammenstellung über die Wirkung der tierischen Produkte. Mischen Sie niemals verschiedene Fleischsorten untereinander, und kombinieren Sie Geflügel oder Fisch ausschließlich mit Gemüse, Salat und Reis. Scharfe Gewürze, etwas Zitronensaft oder Essig und bittere Kräuter unterstützen den Verdauungsvorgang.

Hühnchencurry in Mangosauce

Zutaten

6 Hühnchenbrustfilets
1 EL Ghee
1 Zwiebel
1 Scheibe frischer Ingwer
1 EL Curryblätter
1 EL Senfsamen
3 Nelken
1/2 TL Kurkuma
1 TL Curry
1 TL Koriander, gemahlen
1/2 TL Garam masala
2 frische reife Mangos
50 ml Reismilch oder Kokosmilch
Pfeffer und Salz

1. Das Hühnchenbrustfilet in mundgerechte Stücke schneiden. Zwiebel und Ingwer fein hacken.
2. Ghee in einem Topf erhitzen und die Senfsamen, Nelken und Curryblätter darin anrösten. Zwiebeln und Ingwer hinzufügen. Dann mit Kurkuma und Curry den Gewürzsud abrunden.
3. Das geschnittene Hühnchenfilet im Gewürzsud anbraten und rundum bräunen. Etwas Salz zufügen und ca. 10 Minuten im eigenen Saft köcheln.
4. Die Mangos schälen, das Fruchtfleisch pürieren und mit der Reismilch unter das Hühnchenfleisch mischen. Weitere 10 Minuten lang köcheln lassen.
5. Mit Koriander, Garam Masala, Pfeffer und Salz abschmecken.

Das milde und fruchtige Hühnchencurry nährt das Kapha-Dosha und wirkt so ausgleichend für Pitta und Vata. Kapha-Konstitutionen können durch die Zugabe von Chili, Ingwer und Bockshornkleeblättern mehr Feuer und Leichtigkeit hineingeben.

Scharfes Hühnchencurry

Zutaten

1 Zwiebel
2 Knoblauchzehen
1 Chilischote
3 Nelken
3 Kardamomkapseln
1 TL Curryblätter
2 Tomaten
1 kleine Karotte
1/2 grüne Paprika
5 Hühnchenbrustfilets
1 TL Chicken Masala (indisches Hühnchen-Curry-Gewürz)
1 MS Hing
1/2 TL Garam masala
1/2 TL Kurkuma
1 große Scheibe frischer Ingwer

1. Das Hühnchenbrustfilet in mundgerechte Stücke schneiden. Die Zwiebeln fein hacken, Chilischoten und Knoblauch in feine Streifen schneiden und das Gemüse ebenfalls in kleine Würfel oder feine Streifen schneiden.
2. Ghee erhitzen, Nelken, Kardamom und Curryblätter darin kurz anrösten und die Zwiebeln hinzufügen. Die klein geschnittenen Chilischoten und den Knoblauch hinzufügen und anrösten.
3. Die gewürfelten Tomaten, Kurkuma, Hing und das Hühnchen-Curry-Gewürz hinzufügen.
4. Das gewürfelte Hühnchenbrustfilet zufügen und anbraten. Das fein geschnittene Gemüse untermischen und gemeinsam köcheln lassen.
5. Zum Schluss mit etwas Salz, Garam Masala und frischem Ingwer abschmecken. Etwas frischen Koriander fein hacken und darübergeben.

Eine pikante Curryvariation für die Vata-Konstitution. Pitta- und Kapha-Typen sollten nur wenig davon genießen.

Knoblauch-Huhn vom Blech

Zutaten

800 g Hähnchenschenkel
8-10 Knoblauchzehen
1 frische rote Chilischote
3 mittelgroße grüne Paprikaschoten
1 kleiner Zweig Rosmarin
2 TL Butterfett
Salz

1. Hähnchenschenkel waschen, trocken tupfen, auf ein mit Butterfett eingeriebenes Backblech legen.
2. Knoblauch schälen, eine Zehe fein hacken. Chilischote aufritzen, entkernen, in feine Ringe schneiden.
3. Gehackten Knoblauch, Chili, 1 EL Rosmarinnadeln, Salz und zerlassenes Butterfett verrühren. Die Hähnchenschenkel damit bestreichen.
4. Übrige Knoblauchzehen auf dem Blech verteilen. Bei 200 °C ca. 20 Minuten braten.
   Die Paprika putzen, waschen und in breite Streifen schneiden. Mit dem restlichen Rosmarin zwischen den Hähnchenschenkeln verteilen, weitere 25 Minuten braten.

Ein aromatisches Hühnchengericht, das auch Kindern sehr gut schmeckt. Es ist für jedes Dosha verträglich.

Indisches Fischragout

Zutaten

1 große Fleischtomate, gewürfelt
1 Zwiebel, gehackt
1 scharfe Peperoni, in schmale Streifen geschnitten
2 Knoblauchzehen, in dünne Scheiben geschnitten
1-2 TL Butterfett
1 gestr. TL Senfkörner
1/4 Bockshornkleesamen
1 MS Kurkuma
1 MS Kreuzkümmel, gemahlen
1 TL Salz
frisch gemahlener Pfeffer
800 g Fischfilet (z. B. Rotbarsch oder Kabeljau, möglich ist auch eine Hälfte Lachsfilet), in breite Streifen geschnitten

1. Butterfett zerlassen, Zwiebeln glasig dünsten. Gewürze und Salz hinzufügen und kurz mitdünsten.
2. Tomaten hineingeben und im offenen Topf einmal aufkochen lassen.
3. Fisch dazugeben, bei niedriger Temperatur ca. 15 Minuten garen. Mit Salz und Zitronensaft abschmecken.

Fisch ist durch seine kalte Qualität generell nicht so empfehlenswert für Vata und Kapha. Durch die Zugabe von Chili, Ingwer und Senfsamen wird er für jedes Dosha gut verträglich.

KERSTIN ROSENBERG

Harmonie in Geschmack und Farbe: Chutneys

Chutneys sind die Krönung der ayurvedischen Kochkunst. Durch die harmonische Abstimmung der sechs Geschmacksrichtungen erhält ein Chutney nicht nur seinen delikaten Geschmack, sondern setzt dem ganzen ayurvedischen Menü noch die Krone auf.

Mit seinem Geschmack, seiner Konsistenz und seiner Farbe befriedigt es alle Sinne und macht die Speisen besser bekömmlich. Die abwechslungsreichen Chutneys werden aus Früchten, Kräutern, Nüssen und Gemüse zubereitet und können mit ganzen Zutaten, gewürfelt oder püriert serviert werden.

Selbst das einfachste Essen kann mit einem guten Chutney eine Delikatesse werden. Um Ihre ayurvedische Ernährung etwas vielseitiger zu gestalten, sollten Sie mindestens 1-2 Mal in der Woche ein neues Chutney ausprobieren. Die leckeren Rezepturen lassen sich problemlos für einige Tage im Kühlschrank aufbewahren und können daher sehr gut vorbereitet und auch mitgenommen werden.

Klassisches Mango-Chutney

Zutaten

2 Mangos
1 kleine Zwiebel
1 EL Sonnenblumenöl
4 Pimentkörner
2 Nelken
1 TL Senfsamen
2 Chilischoten
1 große Scheibe Ingwerwurzel
1 TL Curry
1/4 TL Garam Masala
1/2 Bund frischer Koriander
1/2 TL Salz
1 TL Honig

1. Die Mangos schälen, das Fleisch vom Kern lösen und in Würfel schneiden.
2. Das Öl erhitzen, die Senfsamen, aufgestoßenen Pimentkörner und Nelken hinzufügen.
3. Zwiebel, Chili und Ingwer fein hacken und zu den Gewürzen geben. Unter Rühren leicht anbräunen. Curry zufügen.
4. Das Mangofruchtfleisch unterrühren und 3-4 Minuten köcheln lassen.
5. Vom Herd nehmen und mit Salz, Honig, Garam Masala und frischem Koriander abschmecken und verfeinern.

Das Mango-Chutney ist durch seine süß-fruchtige und aufbauende Qualität für alle Doshas und Dhatus nährend. Es wird als Geschmacksausgleich für salzige und scharfe Gerichte gereicht.

Koriander-Chutney

Die Kräuter waschen und mit allen Zutaten im Mixer fein pürieren.

Koriander-Chutney ist besonders gut für Pitta-Konstitutionen, kann aber auch von Vata- und Kapha-Typen gegessen werden.

Zutaten

2 Bund frischer Koriander
2 grüne Peperoni
2 Knoblauchzehen
Saft von 1 Zitrone
50 ml Olivenöl
1 TL Honig
2 EL Joghurt
1/2TL Kreuzkümmel, gemahlen
1/2 TL Koriander, gemahlen
Salz

Scharfes Tomaten-Chutney

1. Die Tomaten in kochendem Wasser blanchieren, mit kaltem Wasser abschrecken und schälen.
2. Das Olivenöl in einem Topf erhitzen, die Senfsamen darin aufspringen lassen, gehackte Zwiebel, Knoblauch und Chilischoten zufügen und anbräunen lassen.
3. Kurkuma und Piment zufügen. Die Tomaten achteln und in den Gewürzsud geben. Etwas Salz, Zucker und Obstessig untermischen und für 30-40 Minuten köcheln lassen.
4. Den Ingwer in feine Streifen schneiden und dem Tomaten-Chutney zufügen. Mit Tamari oder Balsamico und etwas Muskatnuss abschmecken und mit etwas frisch gehacktem Basilikum dekorieren.

Ein scharfer Anheizer, der von Pitta lieber gemieden werden sollte.

Zutaten

2 EL Olivenöl
8 reife Tomaten
1 Zwiebel
2 Knoblauchzehen
3-4 rote Chilischoten (je nach Geschmack)
1 TL Senfsamen
1 TL Kurkuma
1/4 TL Piment, gemahlen
1/2 TL Salz
2 EL Vollrohrzucker
1 EL Obstessig
1 EL Tamari-Soße oder Balsamico-Essig
1 Scheibe frischer Ingwer
1 Prise Muskatnuss, gemahlen
etwas frisches Basilikum

Zutaten

5 Äpfel
1 EL Ghee
2 Chilischoten
1 große Scheibe Ingwerwurzel
1 TL Senfsamen
1 TL Koriandersamen
1 TL Tamarinde
1/2 TL Currypulver
1 MS Garam masala
1 MS Zimt
1 MS Salz

Apfel-Chutney

1. Die Äpfel schälen und in kleine Stücke schneiden.
2. Die Chilischoten ganz fein hacken und den Ingwer fein reiben.
3. Ghee im Topf erhitzen. Senfsamen und gemörserten Koriandersamen kurze Zeit in das heiße Ghee geben.
4. Ingwer und Chili dazugeben und anbräunen.
5. Die Äpfel untermischen, etwas Salz, Wasser, Curry und Tamarinde zufügen. Für 10-15 Minuten sanft köcheln lassen.
6. Zum Schluss mit Garam Masala und Zimt abschmecken. Sollten die Äpfel sehr sauer sein, kann auch etwas Honig dazu gegeben werden.

Apfel-Chutney ist in unseren Breitengraden besonders bekömmlich, da der Apfel ein König unter den hiesigen Früchten darstellt. Er ist süß und herb von Geschmack und besitzt verjüngende und aufbauende Wirkstoffe.

Spezielle Empfehlungen für jedes Dosha:
Vata: Bereiten Sie das Chutney mit den Gewürzen Nelke, Zimt und Chili zu.
Pitta: Ersetzen Sie die Tamarinde durch 1 TL Akazienhonig.
Kapha: Fügen Sie noch 1/2 TL gemahlenes Ingwerpulver hinzu.

Minz-Chutney

Zutaten

2 Bund frische Minze
1 grüne Chilischote
1 Tomate
1 TL Vollrohrzucker
1 TL Salz
1 MS Kardamom
1 MS Kreuzkümmel, gemahlen
150 g Joghurt, natur

Die Minze waschen und die Blättchen abzupfen. Mit den anderen Zutaten in einen Mixer geben und fein pürieren. Je nach Geschmack kann man das Chutney auch schärfer machen, indem man mehr Chili zugibt.

Minz-Chutney ist eine typische Abrundung für ein Hitze ausgleichendes Menü, denn Minze und Joghurt wirken kühlend und befeuchtend. Sie können mit einem Minz-Chutney Ihren von feurig-scharfen Speisen erhitzten Gaumen löschen oder Pitta-Ansammlungen im Organismus ausgleichen. Sollten Sie also einen feurigen Pitta-Typen in Ihrer Umgebung haben, dann schenken Sie ihm doch mit einem selbst gemachten Minz-Chutney Freude, Gelassenheit und Sinnesgenuss.

Dattel-Chutney

Zutaten

250 g getrocknete Datteln
2 TL Ghee
1 Chilischote
1 großes Stück frischer Ingwer
1 TL Koriandersamen
1 MS Zimtpulver
1 MS Nelkenpulver
1/2 TL Salz
Saft von 1 Zitrone
etwas frischer Koriander

1. Die getrockneten Datteln vierteln und in etwas Wasser mit Zitrone einweichen.
2. Das Ghee in einem Topf erhitzen, Koriandersamen anmörsern und hinzufügen.
3. Jetzt die klein geschnittene Chili und Ingwer zufügen und anbräunen.
4. Die eingeweichten Trockenfrüchte untermischen, etwa 3 Minuten köcheln lassen. Den Koriander fein hacken und mit dem Salz, Zimt- und Nelkenpulver zum Chutney geben.
5. Eventuell noch mit etwas Chilipulver, Ingwerpulver oder Zitronensaft abschmecken.

Datteln sind in der Ayurveda für ihre Vata ausgleichende, nährende und aufbauende Qualität bekannt. Besonders gut wirken sie auf den Knochenstoffwechsel und werden deshalb als Therapeutikum für die Wechseljahre der Frau empfohlen. Das Dattel-Chutney ist wohltuend für die Vata-Qualität in Körper und Geist.

Aprikosen-Chutney

Zutaten

200 g getrocknete Aprikosen
1 EL Ghee
1 Zimtstange
6-8 Pimentkörner
1 TL Koriandersamen
2 Chilischoten
1 große Scheibe frischer Ingwer
1 TL Currypulver
Saft von 1 Zitrone
1/2 TL Salz
1 MS Nelkenpulver oder Muskat
1/2 Bund frische Minze

1. Die getrockneten Aprikosen in Wüfel schneiden und in etwas Wasser einlegen.
2. Ghee erhitzen, die Koriandersamen, Pimentkörner und Zimtstange (1-2 Mal gebrochen) hineingeben. Fein geschnittene Chilischoten und Curry zufügen.
3. Die eingeweichten Aprikosen zum Gewürzsud geben, umrühren und ca. 5 Minten köcheln lassen. Mit Zitronensaft, Salz, etwas Nelke oder Muskat und frischer Minze abschmecken.

Ein gehaltvolles Chutney für Pitta und Vata.

Kokosnuss-Chutney

Zutaten

2 EL Kokosnusscreme
100 g Kokosflocken
2 TL Ghee
3 EL Reismehl
1 Zwiebel
1-2 Chilischoten
Salz
3 rote Paprika
1 TL Koriander, gemahlen
1/2 TL Kurkuma
1/2 TL Curry
1 Knoblauchzehen
etwas Zitronensaft

1. Kokoscreme in 2 TL Ghee erhitzen, die Gewürze, Ingwer, Chilischote und Zwiebeln klein geschnitten hinzugeben und unter Rühren andünsten.
2. Kokosflocken und 250 ml Wasser zugeben und alles aufkochen lassen. Die Paprika würfeln und in den Kokossud geben, dünsten lassen. Mit dem Pürierstab pürieren und das Reismehl zum Andicken unterrühren. Mit einer gepressten Knoblauchzehe, etwas Zitronensaft und Salz abschmecken. Mit frischem Koriander garnieren.

Das milde Chutney wirkt besänftigend und wird gerne zu einem scharfen Essen gereicht. Es gleicht Pitta aus und erfreut Vata.

Papaya-Mango-Chutney

Zutaten

4 getrocknete, ungeschwefelte Aprikosen
1 Papaya
2 Mangos
Saft von 1 Zitrone
Saft von 1 Orange
2 frische rote Chilischoten
2 TL Ghee
1 TL frischer Ingwer
2 EL Rohrzucker
1/2 TL schwarzer Pfeffer
1/2 TL Kardamom
1/2 TL Kreuzkümmel
1/2 TL Kurkuma
1/2 TL getrockneter Ingwer

1. Papaya und Mangos schälen und in kleine Stücke schneiden.
2. Die Orange und Zitrone auspressen und den Saft in einen Topf geben.
3. Die Gewürze und die gewürfelten Mangos und Papayas dazugeben. Das Ganze 10 Minuten köcheln lassen. Zum Schluss eventl. mit 2 EL Rohrzucker und etwas Salz abschmecken.

Ein fruchtig-exotischer Sinnesgenuss, der alle drei Doshas erfreut.

Scharfes Ananas-Chutney

Zutaten

2 frische Ananas
Saft von 1 Zitrone
2 rote Chilischoten
6 EL Kokoscreme
5 EL Jaggery-Zucker
6 EL Wasser
2 TL Ghee
1 EL frischer Ingwer
1 EL Reismehl
1 TL Bockshornkleeblätter
1 TL gemahlener Ingwer
1 TL braune Senfkörner
1 TL Koriandersamen
1 TL Nelken
1 TL Kreuzkümmel, ganz
1 TL Kardamom
1 TL schwarzer Pfeffer
6 MS gemahlener Safran
etwas Salz

1. Die frischen Ananas klein schneiden und pürieren, Zitronensaft zugeben.
2. Chili in Ghee anrösten, Gewürze zugeben und dann die pürierten Ananas sowie Zucker hinzufügen.
3. Das Wasser und die Kokoscreme erhitzen und das Ganze miteinander vermischen und kochen, bis es weich ist.

Der kulinarische Höhepunkt einer Kapha ausgleichenden Mahlzeit.

Feuriges Chili-Relish

Zutaten

2 rote Paprika
2 Chilischoten
1 Tomate
40 ml Olivenöl
1 Knoblauchzehe
1 TL Curry
Salz
etwas frischer Koriander

Alle Zutaten im Mixer fein hacken.

Als Chutney, scharfen Brotaufstrich oder als Beilage zu Reis und Gemüse servieren.

Dieses Chutney macht jedes Essen für Kapha-Typen zu einer befriedigenden Mahlzeit.

Scharfes Gurken-Tomaten-Chutney mit Joghurt

1. Die Zwiebel mit Knoblauch und Zitronensaft pürieren.
2. Die Gurken und Tomaten in kleine Stücke schneiden (oder auch pürieren).
3. Mit dem Rest der Gewürze und dem Joghurt vermischen.

Ein kühlendes Sommerchutney zur Besänftigung von großer Hitze im Innen und Außen.

Zutaten

2 große Gurken
2 Tomaten
1 Gemüsezwiebel
2 Knoblauchzehen
Saft von 1 Zitrone
Salz
2 frische grüne Chilischoten
1 Bund Koriander
evtl. frischer Ingwer
1 cl Olivenöl
500 g Joghurt

Raita

Die Kartoffel schälen, klein würfeln und mit dem Joghurt mischen. Die oben genannten Gewürze unterrühren und ca. 15 Minuten durchziehen lassen. Als Beilage zu Reis und Gemüse servieren.

Raita ist ein mild gewürzter Joghurt mit Gurkenstückchen und wird als typische Beilage zu Reis- und Gemüsegerichten gereicht. Raita wirkt neutralisierend, nährend und leicht kühlend auf den Körper und gleicht das Verdauungsfeuer aus. Traditionell wird Raita mit etwas Kreuzkümmel, Pfeffer, Salz und frischem Koriander gewürzt.
Dies ist sehr wohlschmeckend und macht das Milcheiweiß im Joghurt leichter verdaulich.
Kapha-Typen sollten davon nur sehr wenig genießen, Pitta mittelmäßig und Vata ganz nach Wunsch.

Zutaten

250 g Joghurt
1 gekochte Kartoffel
1/2 TL Kreuzkümmel, gemahlen
1/4 TL Kurkuma
1 MS Koriander, gemahlen
1/4 TL Pfeffer
1/4 TL Salz
frischer Koriander

KERSTIN ROSENBERG

Süße Köstlichkeiten für Leib und Seele: Desserts

Ein kleiner Nachtisch gehört in der Ayurveda zu jedem guten Mittagessen. Der süße Geschmack harmonisiert das Pitta-Dosha und ist somit besonders wohltuend, wenn die Sonne im Zenit des Himmels steht. Menschen mit einem ausgeprägten Pitta-Dosha sollten den Nachtisch immer zuerst essen (vor dem Hauptmenü), während Kapha-Menschen ganz auf ihn verzichten können.

Die meisten ayurvedischen Nachtische sind Rasayana, süße Verführungen, die Leib und Seele stärken. Die hochwertigen Inhaltsstoffe der verwendeten Nüsse, Samen, Getreide und Milchprodukte sind ein Vitalstoffkonzentrat, das eine lang anhaltende befriedigende Wirkung zeigt. Da die ayurvedischen Desserts aus so wertvollen Zutaten hergestellt sind, benötigen wir nur eine kleine Menge, um den vollen Genuss zu erfahren. Im Normalfall ist ein kleines Schälchen oder ein Bällchen in der Größe einer kleinen Eiskugel vollkommen ausreichend. Mehr davon ist oft zu viel des Guten.

Die in diesem Kapitel vorgestellten Süßigkeiten sind zum einem klassische Desserts der indisch-ayurvedischen Kochkunst, zum anderen auch eigene und langjährig erprobte Rezepte. Eine weitere Auswahl an leckeren und gesunden Naschereien finden Sie im Kapitel der Rasayana-Küche und der Ayurveda-Kinderküche.

Firni – indischer Mandel-Reispudding

Zutaten

50 g Mandeln
150 ml Sahne
25 g Butter
100 g Vollrohrzucker
3 EL Reismehl
200 ml Milch oder Reismilch
1/2 TL Kardamom
1 EL Blütenwasser
etwas gehackte Mandeln und Pistazien zur Dekoration

1. Die Mandeln in etwas Wasser erhitzen, abkühlen lassen und schälen. Geschälte Mandeln in einem Topf mit Wasser bedecken und nochmals aufkochen. 10 Minuten ziehen lassen.
2. Die Mandeln mit dem Wasser in einem Mixer zu einer Mandelmilch fein pürieren. Milch, Reismehl und Kardamom unterrühren.
3. Die Butter in einem Topf schmelzen und mit der Sahne und dem Zucker verrühren, kurz aufkochen lassen.
4. Die Mandel-Reismehl-Mischung in die erhitzte Sahne geben und unter ständigem Rühren zum Kochen bringen. Mit Blütenwasser abschmecken und etwas andicken lassen.
5. In Dessertschälchen füllen und mit etwas gehackten Pistatienkernen und Mandelstiften dekorieren.

Ein delikates Dessert, das durch seine Leichtigkeit und den feinen Geschmack besticht. Für jede Konstitution sehr gut verträglich und für Pitta und Vata auch als doppelte Portion erlaubt.

Süße Polentaküchlein

Zutaten

700 ml Wasser
2 Nelken
3 Kardamomkapseln
250 g Maisgrieß (Polenta)
1/2 TL Zimt
1 TL Koriander
1 TL Ingwerpulver
1 MS Bourbon-Vanille
abgeriebene Schale von 1/2 Zitrone
1 EL Zitronensaft
3 EL Honig
1 TL Butter
2 EL Ahornsirup

1. Wasser mit Nelken und dem Inhalt der Kardamomkapseln erhitzen.
2. Maisgrieß in das Wasser rühren. Gewürze und Zitronenschale hinzufügen.
3. Unter ständigem Rühren aufkochen lassen. Bei niedriger Temperatur 30 Minuten kochen lassen, bis die Körnchen weich sind.
4. Zitronensaft, Honig und Butter unterrühren und noch 15 Minuten auf der ausgeschalteten Kochplatte stehen lassen.
5. In 4 kleine Schüsseln füllen und erkalten lassen.
6. Zum Servieren die Küchlein stürzen und mit einer Soße aus Ahornsirup und etwas Zitronensaft übergießen.

Die meisten Nachtische sind für Kapha eher ungeeignet. Doch die süßen Polentaküchlein belasten Kapha nicht und können auch bei einem schwachen Agni genossen werden.

Halbgefrorenes Zimtparfait mit glasierten Pinienkernen

Zutaten

100 g Mascarpone
100 g süße Sahne
100 g Joghurt
50 g Agavendicksaft
1 TL Zimt, gemahlen
1 TL Zimtrinde, geraspelt
1/2 TL Kardamom, gemahlen
1 TL Rosenwasser
30 g Pinienkerne
20 g Butter
30 g Vollrohrzucker

1. Alle Zutaten mit dem Mixer gut vermischen und aufschlagen. In eine Form füllen und ca. 1-2 Stunden in die Tiefkühltruhe stellen.
2. Vor dem Servieren 15 Minuten antauen lassen und mit dem Eisportionierer verteilen.
3. Für die glasierten Pinienkerne die Butter in einem Topf schmelzen, den Zucker zufügen und unter Rühren karamelisieren lassen. Die Pinienkerne untermischen und leicht anschmoren.
4. Über das Zimtparfait verteilen. Eventuell noch mit ein paar frischen Früchten servieren.

Eine süße Verführung, die für Pitta am verträglichsten ist.

Süße Reisbällchen

Zutaten

3 EL Haferflocken
150 g gekochter Reis
2 gekochte Karotten
1/2 TL Kardamom
1 TL Vanille
1/2 TL Zimt
4-5 EL Honig
Kokosflocken zum Ausrollen

1. Weich gekochten Reis und Karotten zusammen ganz fein pürieren, Gewürze, Haferflocken und Honig unterrühren.
2. Zu kleinen Bällchen formen (Vorsicht klebt!) und in Kokosflocken wenden.
3. Auf einem gefetteten Backblech verteilen und bei 150 °C 30 Minuten lang backen.

Dieser „gesunde" Nachtisch ist für jedes Dosha als Nachtisch oder süßer Zwischensnack erlaubt. Durch seine gute Verträglichkeit kann er auch im Rahmen von Ayurveda-Kuren, der aufbauenden Panchakarma-Kost oder in der sattvischen Ernährung genossen werden.

Rhabarber-Crumble

Zutaten

1 kg Rhabarber
etwas Wasser
500 g Hafermehl, fein
180 g Butter
4 EL Dinkelmehl
2 x 2 EL Honig
100 g Ursüße
1 TL Zimt

1. Rhabarber waschen, in Stücke schneiden und mit etwas Wasser und 2 EL Honig in einer Auflaufform ca. 20 Minuten vorbacken. So erhält der Rhabarber die richtige Konsistenz.
2. Mehl, Butter, Ursüße, Honig und Zimt mischen und zu einem Streuselteig verkneten. Gleichmäßig auf den vorgebackenen Rhabarber verteilen und nochmals bei 200 °C 25-30 Minuten im Ofen backen.
3. Die fertige Crumble-Masse mit einem Löffel in kleine Schalen teilen.

Eine interessante und abwechslungsreiche Dessertvariation, die besonders wohlschmeckend für Vata und Kapha ist.

Kokosnuss- und Mandelkonfekt

Zutaten

125 g Butter
200 g frische Kokosraspel
200 g Mandeln, geschält und gemahlen
350 g feiner Shakara-Zucker
150 g Wasser
250 g Magermilchpulver
100 ml Vollmilch
75 ml Sahne
Saft von 3/4 Zitrone
1/2 TL Kardamompulver
1-2 EL gemahlene Mandeln zum Garnieren

1. Ein Kuchenblech mit wenig Butter einstreichen.
2. Die restliche Butter in einem Topf bei mäßiger Hitze langsam zerlassen. Die Kokosraspel und Mandeln einrühren, anrösten, bis sie leicht gebräunt sind.
3. Zur gleichen Zeit in einem anderen Topf Zucker und Wasser langsam zum Kochen bringen.
4. In die Kokosraspel-Mandel-Mischung zuerst das Magermilchpulver, dann in die Milch und die Sahne einrühren.
5. Nun in den kochenden Zuckersirup den Zitronensaft hineingießen und nochmals aufkochen. Den Sirup zur Kokosraspel-Mandel-Mischung gießen und alles gut durchrühren. Den Topf vom Herd nehmen.
6. Das Kardamompulver einrühren. Die Masse gleichmäßig ca. 1,5 cm dick auf dem Kuchenblech verteilen und mit einem angefeuchteten Spachtel glätten. Mit gemahlenen Mandeln bestreuen und 3-4 Stunden abkühlen lassen.
7. In ca. 2,5 cm x 2,5 cm große Stücke schneiden.

Eine Delikatesse für Vata und Pitta.

Kokospudding

Zutaten

1 EL Butter
100 g Kokospaste oder eingeweichte Kokosflocken
150 ml Kokosmilch
4 EL Reismehl
300 ml Milch
1 Vanilleschote
50 g Palmzucker
1 TL Kardamom
1/2 TL Lebkuchengewürz
1 MS Muskat
1 EL Rosenwasser
etwas gehackte Pistazienkerne zur Dekoration

1. Die Butter in einen schweren Kochtopf geben und schmelzen lassen. Kokospaste, Palmzucker und Kokosmilch zufügen und unter Rühren erhitzen.
2. Die Milch, das Reismehl und Gewürze zufügen und alles zusammen unter ständigem Rühren aufkochen. Mit etwas Rosenwasser abschmecken.
3. In Portionsschälchen umfüllen, kalt stellen und zum Servieren mit gehackten Pistazien garnieren.

Ein leichter Pudding, der auch nach einer schweren Mahlzeit mit Fleisch oder Fisch sehr gut gegessen werden kann. Er ist für jedes Dosha gut verträglich.

Weiße Orangenmousse

Zutaten

4 Orangen
1 EL Ghee
2 EL Sharkara-Zucker
1/2 TL Anis
1/2 TL Zimt
1/4 TL Vanille
1 TL Reismehl
200 ml süße Sahne

1. Die Orangen auspressen und das Fruchtmark auskratzen.
2. Das Ghee in einem Topf erhitzen, die Gewürze, Sharkara-Zucker und Orangensaft und -mark zufügen. Gut umrühren und etwas einkochen. Zur Seite stellen und abkühlen lassen.
3. Die Sahne steif schlagen. Kurz bevor sie ganz fest ist, das Reismehl dazugeben und fertig schlagen.
4. Die Orangenessenz vorsichtig unter die geschlagene Sahne heben, in Dessertschälchen füllen und ganz nach eigenem Geschmack mit Orangenfilets oder gehackten Pistazien dekorieren.

Möhren-Halwa

Zutaten

400 g Möhren
3 EL Ghee
2 EL Mandelstifte oder -scheiben
2 EL Weizengrieß
2 EL Rosinen
300 ml Milch
3 EL Zucker
1 TL Kardamompulver

1. Möhren waschen, schälen und fein raspeln. 2 EL Ghee in einem Topf erhitzen, geraspelte Möhren hineingeben. Bei mittlerer Hitze offen etwa 20 Minuten kochen lassen. Dabei häufig umrühren, damit die Möhren gleichmäßig garen und nicht anbrennen.
2. Inzwischen in einer kleinen Pfanne 1 EL Ghee schmelzen lassen. Mandeln und Grieß hineingeben und etwa 5 Minuten rösten. Pfanne vom Herd nehmen.
3. Rosinen waschen und trocken tupfen. In einem großen Topf Milch mit Zucker und Rosinen zum Kochen bringen. Möhrenmasse und Mandel-Grieß-Masse hinzufügen und alles bei mittlerer Hitze unter ständigem Rühren etwa 15 Minuten kochen lassen, bis die Halwa eindickt. Zum Schluss Kardamom dazugeben und verrühren. Am besten lauwarm servieren.

Ein wirklich gehaltvoller Leckerbissen, der vor allem von Vata-Typen heiß und innig geliebt wird.

Kichererbsenwaffeln mit Mango-Sahne

Zutaten

200 g Kichererbsenmehl
100 g Dinkelmehl
100 g Weizenmehl
150 g Vollrohrzucker oder Agavendicksaft
100 g Ghee
1 TL Backpulver
ca. 125 ml Milch
1 TL Ingwerpulver
1 MS Kurkuma
1 MS Nelke
1 TL Kardamom
1 TL Zimt
1 Zitrone
1 Scheibe frischer Ingwer
1 Prise Salz

1. Das Mehl mit dem Backpulver mischen, flüssiges Ghee, Milch, Wasser, Zucker und Gewürze untermischen und alles zu einem glatten, flüssigen Teig verrühren.
2. Den frischen Ingwer fein raspeln und gemeinsam mit dem Zitronensaft und der Schale unter den Teig mischen. Mindestens 20 Minuten ruhen lassen. Falls der Teig zu fest sein sollte, noch etwas Wasser dazugeben.
3. Das Waffeleisen erhitzen und jeweils eine Schöpfkelle des sämigen Teigs im gebutterten Waffeleisen ausbacken.

Mango-Sahne

Zutaten

1 Becher süße Sahne
200 ml Mangopüree (aus dem Naturkostladen)
1 EL Rosenwasser
4 EL Ahornsirup
2 EL Reismehl
1 TL Vanille
1 reife Mango

1. Die Sahne mit dem Handrührer aufschlagen, bis sie cremig wird. Nun das Mangopüree, den Ahornsirup, das Reismehl und die Gewürze unterrühren, bis die Sahnemasse fest ist.
2. Die frische Mango in feine Würfel schneiden. Als Dekoration für die Waffeln mit Mango-Sahne verwenden.

Mohnparfait mit warmer Quittenmousse

Zutaten Mohnparfait

150 ml Milch
1 Vanillestange
50 g Mohnsamen
50 g heller Honig
200 ml Rahm
1 EL Reismehl

Zutaten Quittenmousse

2-3 Quitten
1 Zimtstange
2 Nelken
1 MS Muskatblüte
1 MS Ingwerpulver
50 g Vollrohrzucker
1-2 TL Apfelpektin
100 ml Orangensaft

1. Für das Parfait die Milch zusammen mit der Vanillestange und den Mohnsamen aufkochen. 10 Minuten köcheln lassen, bis sie fast vollständig verdampft ist. Den Honig darunter mischen und die Mohnmasse auskühlen lassen.
2. Den Rahm steif schlagen und etwas Reismehl unterziehen. Kurz weiterrühren und dann sorgfältig unter die erkaltete Mohnmasse geben. In kleine Förmchen füllen und das Parfait gefrieren lassen.
3. Für die Quittenmousse die Quitten schälen, entkernen und vierteln. Mit etwas Wasser bedecken, die Zimtstange, Nelken und Zucker zufügen und weich kochen.
4. Wenn die Quitten weich sind, diese mit der Gabel oder einem Rührer etwas zerdrücken. Das Apfelpektin in etwas Orangensaft auflösen, unter das Quittenmousse mischen und nochmals aufkochen lassen. Mit Muskatblüte und Ingwerpulver abschmecken und etwas abkühlen lassen.
5. Vor dem Servieren die tiefgefrorenen Parfaitförmchen kurz in heißes Wasser eintauchen und auf ein Brett stürzen. Einen Moment zurück in den Tiefkühler geben.
6. Die Parfaits mit einem Spachtel auf die Teller setzen und mit der warmen Quittenmousse anrichten.

Ein echtes Highlight unter den aufbauenden Rasayana-Nachtischen des Ayurveda. Die aphrodisierende Wirkung des Mohns und die vitalisierende Frische der Quitte ergeben eine einmalige Komposition, mit der man jedes Vata- und Pitta-Herz erfreuen kann.

KERSTIN ROSENBERG

Das ayurvedische Abendessen

Der Schwerpunkt für unsere gesunde Ernährung am Abend liegt in der Entspannung und Harmonisierung aller Körperfunktionen. Mit einem leckeren und wohltuenden Essen gehen wir von dem anstrengenden Tagesgeschäft in die Entspannung und Regeneration des Abends über. Wir füllen die erschöpften Energiedepots neu auf und stärken unsere Lebenskraft.

Das Abendessen dient in der Ayurveda dem Ausgleich von Vata und Kapha. Da am Abend das Verdauungsfeuer eher schwach ist und der Körper durch die Aktivitäten des Tages bereits viel Kraft verloren hat, sollten wir nun eine warme, nährende und energiespendende Mahlzeit einnehmen. Das Essen sollte so früh wie möglich und keinesfalls später als 20.00 Uhr eingenommen werden. Am besten werden nun alle süßen Speisen und kohlenhydrathaltigen Nahrungsmittel verdaut. Auf sehr scharfe oder anregende Speisen oder Gewürze können wir verzichten, ebenso ist Fleisch oder Fisch am Abend nicht förderlich. Es sei denn, Sie haben noch eine „heiße" Nacht vor sich und möchten sich mit wirkungsvollen Aphrodisiaka stärken. Doch diese Rezepte finden Sie im Kapitel der Rasayana-Küche ab Seite 280 ff.

Das „normale" ayurvedische Abendessen besteht eher aus mild gewürzten Speisen mit mediterranem Flair. Nudeln, Kartoffeln, saftige Gemüse vom Blech und leckere Getreidegerichte werden zwar nach ayurvedischen Prinzipien zubereitet und kombiniert, doch ihr Geschmack kann ganz dem hiesigen Gaumen und Gusto angepasst werden.

Die ayurvedische Ernährungslehre empfiehlt, Gemüse, Früchte und Grundnahrungsmittel aus der eigenen Region zu bevorzugen. Die energetische Synergie zwischen Mensch, Tier und Pflanze funktioniert am besten, wenn die Elemente am gleichen Platz genährt werden und Mikro- und Makrokosmos sich austauschen können.

Aus diesem Grunde sollten wir unsere Nahrungsmittel den Jahreszeiten und dem Angebot vom Wochenmarkt anpassen und die typischen Gemüse aus unserer unmittelbaren Umgebung so oft wie möglich im täglichen Speiseplan berücksichtigen.

In den kargen Jahreszeiten ist es aus ayurvedischer Sicht sinnvoll, auch auf sonnengereifte Südfrüchte und Gemüse zurückzugreifen. Denn durch einseitige Ernährung mit ausschließlich hiesigem Wintergemüse können in der heutigen Zeit leicht Mangelerscheinungen durch zu vitalstoffarme und zu schwere (damit schlecht verwertbare) Nahrungsmittel entstehen. Sollten Sie jedoch allen Kohlgemüsen den Vorrang geben, so werden diese durch die ayurvedische Art der sorgsamen Zubereitung sehr viel besser verträglich. Doch die wenigsten Menschen können Kohlgemüse am Abend gut verwerten. Deshalb sollten wir diese besser zur verdauungsstarken Mittagszeit essen.

KERSTIN ROSENBERG

Wohlige Wärme nach einem langen Tag: Suppen

Am Abend sollte laut der ayurvedischen Ernährungslehre immer eine Suppe gegessen werden. Dies gilt besonders für die Vata-Konstitution, ist aber auch für jeden anderen Stoffwechsel sehr empfehlenswert. Eine Suppe am Abend schenkt dem Körper Ruhe, Stärkung und Entspannung. Wurzelgemüse und Kartoffeln wirken hier sehr ausgleichend und helfen dem Stoffwechsel bei der inneren Reinigung und Entsäuerung.

Die cremigen Gemüsesuppen, klaren Brühen und kräftigen Getreideeintöpfe gleichen alle belastenden Stressfaktoren des Tages aus und schenken Wärme, Kraft und Ruhe.

Somit sind sie die ideale Ernährung für jeden gestressten Vata-Typ und auch alle anderen Menschen, deren Vata durch die übermäßigen Aktiviäten des Tages ansteigt.

Die „ayurvedische Abendsuppe" ist eine sehr wohlschmeckende und schnell zu kochende Gemüsesuppe, die besonders wohltuend auf den Stoffwechsel wirkt. Sie unterstützt den Organismus in der Ausleitung von Säuren und bildet eine wertvolle Grundlage für den gesamten Zellaufbau.

Doch auch alle anderen Ayurveda-Suppen sind eine echte Bereicherung für den gesunden Speiseplan. Sie werden aus frischen Gemüsen, Getreide und Kräutern zubereitet. Für die schnelle Küche können wir auch die Reste des Mittagessens in einer leckeren Suppe verwerten.

Ayurvedische Abendsuppe

1. Die Zwiebel und das Gemüse klein schneiden.
2. Das Ghee in einem Topf erhitzen und die Bockshornkleesamen kurz anrösten.
3. Gehackte Zwiebeln zufügen, anbräunen lassen und nun das restliche Suppengemüse unterrühren.
4. Mit dem Ingwerwasser (oder ausgekochter Gemüsebrühe) ablöschen und ca. 25 Minuten köcheln lassen.
5. Nun mit Kreuzkümmel, Paprikapulver, Obstessig, Muskat, Pfeffer und Salz abschmecken. Evtl. noch frische Kräuter dazugeben und servieren.

Ein Standardrezept, das für jede Konstitution ausgleichend und besänftigend wirkt. Die Suppe ist durch ihre entsäuernde Wirkung besonders wohltuend für Pitta und gleicht auch ein erhöhtes Vata aus.

Zutaten

1 EL Ghee
1 Zwiebel
750 ml Ingwerwasser oder ausgekochte Gemüsebrühe
500 g Gemüse, z. B. Karotten, Sellerie, Bohnen, Lauch
1/2 TL Bockshornkleesamen
1 TL Kreuzkümmelpulver
1/2 TL Paprikapulver, edelsüß
Salz und Pfeffer
1 MS Muskat
1 TL Zitronensaft
1/2 TL Obstessig

Kürbissuppe

Zutaten

1 EL Ghee
1 Hokaidokürbis, ca. 1kg
2 Kartoffeln
1 Stange Lauch
1/2 Knolle Sellerie
1 säuerlicher Apfel
1 TL Curry
1 Dose Kokosmilch
1 Stängel Zitronengras
frische Kräuter

1. Kürbis, Kartoffeln, Lauch, Sellerie und Apfel in kleine Stücke schneiden. Das Zitronengras vierteln. Jedes Viertel in der Mitte mit einem Knoten zusammenhalten.
2. Im Ghee zuerst den Lauch andünsten, dann das Curry, das zusammengeknotete Zitronengras und das übrige Gemüse. Alles zusammen einige Minuten andünsten lassen.
3. Mit der Kokosmilch und so viel Wasser ablöschen, dass das Gemüse gut bedeckt ist. Alles etwa 20 Minuten kochen lassen.
4. Wenn das Gemüse gar ist, das Zitronengras herausfischen. Man kann die Suppe pürieren, bis sie ganz fein ist, oder man püriert nur etwas und lässt ein paar Stücke darin, oder man lässt sie, wie sie ist.
5. Mit Pfeffer und Salz abschmecken und mit frischen Kräutern garnieren.

Die optimale Vata-Suppe für raue Herbst- und Wintertage.

Gemischte Linsensuppe mit frischen Kräutern

Zutaten

1 1/2 l Wasser
150 g schwarze Linsen
150 g gelbe Linsen
5 Zwiebeln
1 TL Ghee
1 Bund Suppengrün
1-2 Gemüsebrühwürfel
1 TL Salz
1 Bund glatte Petersilie
1 Bund Thymian
gemahlener Koriander
etwas Zitronensaft

1. Die Zwiebel fein würfeln und in Ghee braten. Die gewaschenen Linsen, das Salz und das frische Suppengrün dazugeben und mit etwa 1 1/2 l Wasser auffüllen.
2. Die Linsen bei milder Hitze 45-50 Minuten weich kochen. Dann mit fein gehackter Petersilie, Thymian, Pfeffer und Koriander mischen.
3. Die Suppe von der Herdplatte nehmen und nochmals ca. 10 Minuten ziehen lassen, so entfalten die frischen Kräuter ihr volles Aroma. Eventuell mit etwas Salz und Zitronensaft nachwürzen.

Die würzige Suppe schenkt neue Lebenskraft und ist für Kapha und Pitta besonder gut verträglich.

Pastinakencremesuppe

Zutaten

3 Pastinaken
1 Stange Lauch
1 EL Ghee
2 TL Fenchelsamen
1 TL Kreuzkümmelsamen
1/2 TL Currypulver
1 TL Ingwerpulver
1 1/2 l ausgekochte Gemüsebrühe
1 MS Muskat
Pfeffer und Salz
frische Petersilie

1. Die Pastinaken und den Lauch waschen, schälen und klein schneiden. Gemeinsam mit der Gemüsebrühe weich kochen und pürieren.
2. In einem Extra-Topf das Ghee erhitzen, die fein gemörserten Fenchel- und Kreuzkümmelsamen hinzufügen.
3. Wenn die Samen im Ghee springen, die anderen Gewürze untermengen und unter ständigem Rühren etwas anrösten.
4. Das bereits gekochte Gemüsepüree hinzufügen, mit Pfeffer, Salz und 1 MS Muskat abschmecken und mit frisch gehackter Petersilie dekorieren.

Die delikate Suppe besticht durch ihre fein-cremige Konsistenz und den harmonischen Geschmack von Pastinake und Fenchelsamen.
Sie ist für Pitta und Vata ein Hochgenuss und gleicht alle Belastungen des Tages aus.

Helle Wurzelcremesuppe

Zutaten

1 große Fenchelknolle
1/4 Sellerieknolle
2 Lauchstangen
2 Kartoffeln
1 Zwiebel
1 EL Ghee
1/2 TL Kreuzkümmelsamen
1/2 TL Senfsamen
1 TL Gemüsebrühe, gekörnt
1 TL Garam Masala
1 EL Tamari-Sauce
1 Scheibe frischer Ingwer
1/2 Sträußchen frische Petersilie oder Koriander
Pfeffer und Salz

1. Das Gemüse waschen, schälen und würfeln.
2. Das Ghee erhitzen, Senf- und Kreuzkümmelsamen hinzufügen. Die Zwiebel fein hacken und hinzufügen. Leicht anbräunen lassen.
3. Die Gemüsebrühe zufügen und kurz anrösten. Dann das Gemüse unterrühren und mit 1 Liter Wasser auffüllen. Bei geschlossenem Deckel köcheln lassen.
4. Wenn das Gemüse weich ist, mit dem Mixer fein pürieren. Nun mit Garam Masala, Tamari, Pfeffer und Salz abschmecken.
5. Den frischen Ingwer in feine Streifen schneiden und die Kräuter hacken. Über die fertige Suppe geben.

Eine milde Suppe, die das Kapha-Dosha im Geiste nährt und Vata im Körper besänftigt.

KERSTIN ROSENBERG

Spaghetti, Penne und Lasagne auf ayurvedische Art: Pasta

Kein Nahrungsmittel macht uns so glücklich wie Nudeln. Die leckeren Teigwaren aus Hartweizen oder Dinkel nähren alle Sinne und gehören bei vielen Menschen zum absoluten Lieblingsgericht.

In der Ayurveda sollten wir stets darauf achten, dass wir Nudeln ohne Ei verwenden und keine Käsesoßen dazu reichen. Denn durch den Käse werden die Teigwaren sehr schwer verdaulich. Besser sind leichte Gemüsesoßen und Pesto aus Kräutern und Öl.

Ein Pasta-Gericht am Abend ist schnell gekocht und vereint den Geschmack aller Familienmitglieder am Abendbrottisch. Von klassischer Tomatensoße sollten wir lieber absehen, denn die Tomaten sind mit ihrer blockierenden Wirkung auf die Körperkanäle nun besonders schädlich. Als Alternative eignet sich hervorragend eine rote Soße aus pürierten Paprikas.

Eine weitere Rezeptauswahl an leckeren Nudelgerichten finden Sie im Kapitel „Bunte Kinderküche“.

Penne mit jungen Artischocken

Zutaten

6-8 kleine Artischocken
2 Frühlingsschalotten
1 Fleischtomate
2 Knoblauchzehen
1 TL Fenchelsamen
1 Chilischote
1/2 TL Currypulver
1 TL Gemüsebrühe-Granulat
Pfeffer und Salz
etwas Wasser
3 EL Olivenöl
frisches Basilikum
frischer Thymian
auf Wunsch etwas Sojasoße oder Rotwein zum Abschmecken
ca. 350 g Penne ohne Ei

1. Die äußere Haut der Schalotten entfernen und das Innere in feine Streifen schneiden. Chili und Knoblauch in feine Streifen schneiden.
2. Die Artischocken putzen, indem der untere Stil, die äußeren Blätter und die harten Spitzen der inneren Blätter entfernt werden, sodass nur das Herz mit den zarten Artischockenblättern übrig bleibt. Die Fleischtomate halbieren und in feine Streifen schneiden.
3. Das Olivenöl in einer Pfanne erhitzen, Fenchelsamen hinzugeben und kurz anrösten.
4. Die vorbereiteten Schalotten, Knoblauch und Chili zufügen und anbräunen. Tomatenscheiben, Gemüsebrühe und Curry zufügen, umrühren und etwas köcheln lassen.
5. Die frischen Artischockenherzen vierteln und in den Gewürzsud geben. Kurz anbraten, dann etwas Wasser aufgießen und sanft köcheln lassen.
6. Nach ca. 15-20 Minuten sind die Artischocken schön weich gekocht. Jetzt mit Pfeffer, Salz und frischen Kräutern verfeinern. Je nach Geschmack kann auch noch mit etwas Sojasoße oder Rotwein abgeschmeckt werden.
7. Parallel zum Gemüse die Nudeln kochen, und wenn diese fertig sind, dem Gemüsesud untermischen.

Artischocken sind eines meiner persönlichen Lieblingsgemüse. Das süß-herbe Gemüse ist sehr gut für Kapha und Pitta und macht damit auch Nudeln besser verträglich für diese Konstitutionen. Ausgeprägte Kapha-Typen können statt Nudeln aus Hartweizengrieß auch Hirse- oder Buchweizennudeln verwenden.

Spaghetti mit Thai-Gemüse

Zutaten

300 g Spaghetti
3 EL Olivenöl
1 rote Zwiebel
1 Chilischote
1 Scheibe frischer Ingwer
1/2 TL Koriandersamen
1/2 TL Currypulver
1/2 TL Ingwerpulver
2 EL Sojasoße
1/2 rote Paprika
2 Zwiebelschalotten
1 kleine Zucchini
1 Karotte
10 Bohnen
50 g Sojabohnensprossen
1 kleiner Radicchio
1 MS Galgant, gemahlen
etwas Zitronengras

1. Das Gemüse waschen, falls nötig, schälen und in feine Streifen schneiden.
2. Das Öl in einer Pfanne erhitzen, die Koriandersamen hinzufügen und anrösten.
3. Zwiebel, Chilischote und Ingwerwurzel in feine Streifen schneiden und in der Pfanne anbräunen.
4. Die feinen Gemüsestreifen (außer Radicchio) zufügen und unter Rühren anbraten.
5. Etwas Wasser, Curry, Ingwerpulver und Salz unterrühren und alles knackig dünsten.
6. Den Radicchio dazugeben, 5 Minuten dünsten und zum Schluss mit Sojasoße, Galgant und etwas Zitronengras abschmecken.
6. Die Spaghetti parallel dazu kochen, abgießen und mit dem Gemüse mischen.

Eine delikate Pastakreation, die jedes Dosha befrieden kann.

Zutaten

500 g Hartweizenspaghetti

Für das Pesto
2 Bund Rucola
3 Knoblauchzehen
2 Chilischoten
1 EL Hefeflocken
1 1/2 TL Salz
1 EL Tamari-Soße
200 ml Olivenöl

Spaghetti mit Rucola-Pesto

1. Den Rucola waschen und von seinen ganz harten Stielen befreien.
2. Alle Zutaten im Mixer mischen und fein hacken. Falls das Pesto zu trocken sein sollte, geben Sie ruhig noch etwas Öl hinzu.
3. Die Spaghetti in genügend Salzwasser kochen und anschließend mit dem Pesto mischen. Falls noch Pesto übrig sein sollte, können Sie es bedenkenlos in einem verschlossenen Glas im Kühlschrank aufbewahren.

Rucola ist ein sehr gutes Blattgemüse, um Pitta und Kapha auszugleichen. Das Rucola-Pesto ist durch seine anregende Leichtigkeit eine sehr gute Pasta-Soße für Kapha, kann aber auch von Pitta und Vata gegessen werden.
Vata-Konstitutionen ersetzen diese gegen die gleiche Menge Pinienkerne .

Als Alternative können Sie auch einmal ein Petersilien-Erdnuss-Pesto probieren. Dieses ist sehr viel gehaltvoller und eignet sich vor allem für ein gesundes Pasta-Gericht, das Pitta und Agni zum Ausgleich bringt. Da Erdnüsse für Vata nicht so gut sind, können Vata-Konstitutionen diese gegen die gleiche Menge Pinienkerne ersetzen.

Zutaten
Petersilie-Erdnuss-Pesto

50 ml Olivenöl
1 Bund glatte Petersilie
2 Knoblauchzehen
1 Chilischote
1 dünne Scheibe frischer Ingwer
3-4 EL Erdnussmus
Saft von 1/2 Zitone
1 TL Salz
etwas Pfeffer

Petersilie-Erdnuss-Pesto

Alle Zutaten im Mixer pürieren und unter die heißen Nudeln geben.

Farfalle mit Kürbis und Pinienkernen

Zutaten

ca. 350 g Farfalle
2 EL Ghee
500 g Kürbis
1 rote Zwiebel
1 große Scheibe Ingwer
1 rote Chilischote
1/2 TL Koriandersamen
1/4 TL Ingwerpulver
1/4 TL Garam Masala
3 EL Pinienkerne
1 EL Walnusskerne
1/2 Bund Blattpetersilie
30 ml Sahne
250 ml Gemüsebrühe
1 MS Muskatnuss
etwas Zitronensaft
Salz

1. Einen großen Topf mit Wasser aufstellen, zum Kochen bringen und die Nudeln darin kochen.
2. Für die Soße die Zwiebel in feine Halbringe schneiden und den Kürbis schälen und würfeln.
3. Das Ghee in einer Pfanne erhitzen. Die Koriandersamen grob mörsern und im Ghee anrösten. Zwiebeln und geraspelten Ingwer dazugeben und anbräunen.
4. Den in Würfel geschnittenen Kürbis in die Pfanne geben und im Gewürzsud wenden. Mit Gemüsebrühe aufgießen, zusätzlich etwas salzen und 10 Minuten köcheln lassen.
5. Die Hitze reduzieren und das Ingwerpulver, die Garam Masala-Mischung, die Pinienkerne und die gehackten Walnusskerne dazugeben.
   Im geschlossenen Topf weitere 5 Minuten simmern lassen.
6. Mit Sahne, Zitronensaft, Muskatnuss und gehackter Petersilie verfeinern und mit den fertigen Farfalle servieren.

Die milde Süße dieses Pasta-Gerichts schenkt Lebensfreude und Kraft für Vata und Pitta.

Tagliatelle mit Spinat

Zutaten

ca. 350 g Hartweizen-Tagliatelle oder Spaghetti
350 g Spinat
2 Strauchtomaten
1 EL Tomatenmark
1 Zwiebel
1 Scheibe frischer Ingwer
1 Knoblauchzehe
1/4 TL Chilipulver
1/2 TL Currymischung
2 EL schwarze Oliven
etwas Ölivenöl

1. Den Spinat waschen, die Zwiebel und Knoblauchzehe schälen und fein hacken. Tomaten waschen und würfeln. Parallel dazu die Pasta kochen.
2. In einer großen Pfanne etwas Olivenöl erhitzen, Zwiebeln und Knoblauch darin anbraten. Dann den Spinat zufügen und leicht köcheln lassen.
3. Sobald der Spinat sein Volumen verringert hat, die Tomaten, Chilipulver, Curry und geriebenen Ingwer dazugeben und untermischen. Mit einer halben Tasse Wasser und dem Tomatenmark auffüllen und ca. 10 Minuten köcheln lassen.
4. Die schwarzen Oliven, Pfeffer und Salz dazugeben.
5. Die fertige Gemüsesoße mit der gekochten Pasta mischen und direkt servieren.

Ein bekömmliches Nudelgericht, das uns die Sonne, das Meer und den Duft des Südens ins Haus holt. Besonders gut verträglich für Pitta und Kapha.

Gemüse-Lasagne

Zutaten
1 Packung Lasagneplatten ohne Vorkochen
250 g Karotten oder Kürbis in dünnen Scheiben
250 g Zucchini in dünnen Scheiben
250 g Blattspinat
100-150 g frische Sojakeime
1 Dose Kokosmilch
1 Becher Sahne
1 TL Curry
1 Stängel Zitronengras, gehackt
1 rote Chilischote, gehackt
1 EL Reismehl
200 g Bio-Räuchertofu in Scheiben
Salz und Pfeffer

1. Gemüse getrennt voneinander in wenig Wasser blanchieren. Beginnen Sie mit den Karotten oder dem Kürbis, die 10 Minuten blanchiert werden sollten, danach im selben Wasser die Zucchini 5 Minuten, den Spinat und die Keime jeweils 2 Minuten.
2. Anschließend das Kochwasser mit Sahne und Kokosmilch mischen und die anderen Gewürze dazugeben. Die Soße mit Reismehl andicken.
3. Nun abwechselnd die Lasagneplatten, Gemüse und Soße in eine feuerfesten Form schichten. Zum Schluss den Räuchertofu darauf verteilen und 30-40 Minuten bei 180 °C Grad überbacken.

Eine exotische Nudelkreation für alle Sinne und Doshas.

Die tolle Knolle:

Kartoffelgerichte

Kartoffeln sind in unserem Lebensraum ein echtes Kultgemüse. Wir lieben die Kartoffel wegen ihres aromatischen Geschmackes und ihrer vielseitigen Verwendungsmöglichkeiten. Gebacken, gekocht, als Gratin oder als Eintopf mit den entsprechenden Gewürzen und Zubereitungsarten lässt sich aus dem einfachen Erdapfel eine wohlschmeckende Delikatesse zaubern.

Besonders empfehlenswert ist der Genuss von leichten Kartoffelgerichten ohne Sahne oder Käse am Abend, da nun die süße und wärmende Wirkung der Kartoffel besonders nährend und stoffwechselausgleichend ist. Alle überschüssigen Säuren werden gebunden, und der Körper erhält ein Konzentrat an aufbauenden Nährsubstraten mit Vitaminen, Mineralien und Spurenelementen. Stoffwechselanregende Gewürze wie Kreuzkümmel, Bockshornklee, Fenchel, Hing oder Koriander machen die Kartoffel leicht verdaulich und unterstützen ihren feinen Geschmack.

Da die Kartoffel ein sehr basisches Nahrungsmittel ist, bindet sie saure Verdauungssäfte im gesamten Magen-Darm-Trakt. Dies ist therapeutisch gesehen sehr gut, da sie als Heilmittel bei allen Säure-Beschwerden des Verdauungstrakts wie Sodbrennen, Magenbrennen, Entzündungen usw. eingesetzt werden kann. Andererseits verhindert die Kartoffel die Verdauung von eiweißhaltigen Speisen. So können Fisch, Fleisch, Eier und Käse zusammen mit Kartoffeln nicht so gut verwertet werden und Ama kann entstehen. Essen Sie deshalb die Kartoffel lieber mit Gemüse, Salat und Hülsenfrüchten und meiden Sie die typische Eiweiß-Kartoffel-Kombination, die wir aus der herkömmlichen Hausmannskost kennen.

Sesamkartoffeln

Zutaten

ca. 500 g Kartoffeln
2 EL Ghee
1 TL Fenchelsamen
1/2 TL Methisamen
1/2 TL Paprikapulver
2 TL Salz
50 g Sesamsamen

1. Die Kartoffeln schälen und halbieren. Wenn sie sehr groß sind, dann vierteln.
2. Ein Backblech mit Ghee bestreichen. Die Fenchel- und Methisamen mörsern und mit Salz und dem Sesam mischen. Auf dem Backblech eine dicke Schicht mit Sesam verteilen.
3. Die Kartoffeln darauf legen, mit etwas Ghee bestreichen und im Backofen 30- 40 Minuten bei 180 °C backen.

Sesamkartoffeln sind reich an Vitaminen, Mineralien und Aufbaustoffen und werden vor allem für Vata und Pitta empfohlen.

Ofenkartoffeln

Zutaten

ca. 500 g etwa gleich große Kartoffeln
1 Zwiebel, gehackt
1 Knoblauchzehe, gehackt
1 EL Ghee oder Sesamöl
1 TL Kurkuma
1 TL Kreuzkümmel, gemahlen
1 TL Koriander, gemahlen
1 Prise Muskatblüte (Macis)
1 Prise Chilipulver
1 EL Sesamsaat oder Gomasio
1 TL Rosmarinnadeln
1 EL Sojasauce
Pfeffer und Salz
frischer Dill

1. Die rohen Kartoffeln schälen und der Länge nach vierteln. Mit allen anderen Zutaten gleichmäßig vermischen und 10 Minuten stehen lassen, bis sich etwas Feuchtigkeit gebildet hat.
2. Die gewürzten Kartoffeln auf ein gefettetes Backblech geben und ca. 30- 40 Minuten bei 180 °C backen. Hin und wieder wenden, damit sie gleichmäßig gar und gebräunt werden.
3. Die fertig gebackenen Kartoffeln mit reichlich frischem Dill bestreuen.

Ein ausgleichendes Kartoffelgericht, das alle Gemüter und Doshas erfreut.

Scharfes Kartoffel-Rasa

Zutaten

6-8 dicke festkochende Kartoffeln
1 Stück frischer Ingwer
2 frische Chilischoten
1 Zwiebel
2 Knoblauchzehen
4 EL Sonnenblumenöl
1 TL Fenchelsamen
1/2 TL Schwarzkümmel
1 TL Methisamen
1 TL Kurkuma
1/2 TL Curry, mild
2 EL Methiblätter, getrocknet
1 TL Oregano, getrocknet
1 MS Garam Masala
Salz und Pfeffer

1. Kartoffeln schälen und in ca 1,5 cm dicke Würfel schneiden.
2. Sonnenblumenöl (oder Ghee) erhitzen, die grob gemörserten Fenchel-, Schwarzkümmel- und Methisamen darin anbraten, bis sie knacken, den klein gewürfelten Ingwer und Chili mit anbraten.
3. Die Zwiebeln und die zerriebenen Knoblauchzehen zufügen, das Kurkuma- und Currypulver kurz mit anrösten, mit einer Tasse Wasser ablöschen und die Kartoffeln untermischen.
4. Kartoffeln im Gewürzsud köcheln lassen und ab und zu umrühren. Zum Schluss Methiblätter, Oregano, Garam Masala, Pfeffer und Salz unterrühren und 5 Minuten im geschlossenen Topf ziehen lassen.

Das pikante Kartoffelgericht wird in Indien auch als gehaltvolles Frühstück serviert und ist besonders gut für Kapha.

Kartoffelgratin

Zutaten

8-10 Kartoffeln
3 Stangen Lauch
1 Zwiebel
600 ml Milch
200 ml Wasser
1 TL Ghee
Pfeffer, Salz
3 Knoblauchzehen
1 TL Thymian
1 TL Kreuzkümmel

1. Kartoffeln schälen und in sehr feine Scheiben schneiden, z. B. mit dem Kartoffelschäler oder dem Gurkenhobel.
2. Lauch in ca. 2 cm große Ringe schneiden und mit der gehackten Zwiebel, dem Thymian und Kreuzkümmel in Ghee weich dünsten.
3. Die Milch mit Wasser, dem gepressten Knoblauch, Pfeffer und Salz zu einer Soße vermischen.
4. Eine ungefettete Auflaufform wechselweise mit Kartoffeln, Lauch und Sahnesoße füllen und den Auflauf bei 200 °C mindestens 1 Stunde backen.

Das gehaltvolle Gratin ist vor allem für Vata und Pitta zu empfehlen. Sehr gut passt er zu allen Kohl- oder Blattgemüsen. In dieser Kombination ist der leckere Kartoffelauflauf vor allem für Pitta gut verträglich.

Samosas – Indische Kartoffeltaschen mit Minz-Chutney

Zutaten

Teig
300 g gesiebtes Dinkel- oder Kichererbsenmehl
1 1/2 TL Salz
3-5 EL Olivenöl
ca. 1/2 Tasse Wasser

Füllung
100 g tiefgekühlte Erbsen
ca. 350 g Kartoffeln
1 1/2 TL Kreuzkümmelsamen
1 TL Curry
1/4 TL Cayenne-Pfeffer
1/2 TL Ingwerpulver
1/2 TL Kurkuma
1/2 TL Garam Masala
1/2 TL Korianderpulver
2 TL Oregano, getrocknet oder frischer Koriander
1 TL Salz

1. Die Kartoffeln weich kochen, schälen und mit den Erbsen und Gewürzen vermischen, die Kartoffeln dabei etwas zerdrücken.
2. Das Mehl, Salz und Öl mit den Fingerspitzen zu einer flockigen Masse zerreiben und mit etwas Wasser zu einem festen Teig kneten.
3. Den Teig in kleine Bällchen teilen und diese zu Kreisen von ca. 10 cm Durchmesser ausrollen. Diese Teigfladen halbieren.
4. Die gerade Seite der halbkreisförmigen Teigfladen mit Wasser anfeuchten und den Halbkreis zu einem kegelförmigen Hütchen falten, indem die gerade Seite des Halbkreises an ihrer Mitte eingeknickt wird und die so entstehenden beiden geraden Seitenstücke zusammengedrückt werden.
5. In die kegelförmigen Teigtaschen die Kartoffelmasse füllen und den oberen, runden Teigrand ebenfalls anfeuchten und schließen.
6. Teigtaschen auf einem eingefetteten Backblech im vorgeheitzten Ofen bei 200 °C ca. 30 Minuten backen (bis sie oben braun werden), umdrehen und weitere 10 Minuten backen. Die Samosas sind fertig, wenn sie rundherum angebräunt sind und sich beim Beklopfen hohl anhören.

Diese indischen Kartoffeltaschen sind zwar recht zeitaufwendig, doch unvergleichlich lecker. Sie sind in dieser Zubereitungsart für jeden Konstitutionstypen verträglich. Passen Sie bei Pitta jedoch ein bisschen mit der Schärfe auf.

Minz-Chutney

1 Bund Minze
100 ml Sahne
1 grüne Peperoni
2 TL Vollrohrzucker
1/2 TL Garam Masala
1 EL Zitronensaft
etwas Salz

Alle Zutaten gemeinsam im Mixer pürieren.

KERSTIN ROSENBERG

Nahrung von Mutter Erde: Getreide

Das volle Korn des Getreides gehört zu den Hauptnahrungsmitteln des Menschen. Die Früchte der Erde schenken uns Wärme, Stärke und Ausdauer für Körper und Geist.

In der Ayurveda werden vor allem die leichten Getreidearten wie Reis, Gerste, Quinoa, Dinkel oder Mais bevorzugt, da diese von Agni sehr gut verbrannt werden. Die Getreide werden ausschließlich im gut gekochten Zustand verzehrt, da rohes Getreide in der Regel eine Überlastung für das Verdauungssystem darstellt.

In der klassischen Ayurveda-Küche werden Getreide „plain", also oft ohne Gewürze und ohne Salz, gekocht. Sie stellen im reichhaltigen Menü die geschmackliche Neutralisierung zwischen den intensiv gewürzten Gemüsen und Chutneys dar. Oder es werden frische Fladenbrote aus Weizen, Roggen, Dinkel- oder Hafermehl gebacken, die ebenfalls eine milde und harmonisierende Beilage für die scharfen und anregenden Beilagen darstellen.

Selbstverständlich können Sie Ihre Getreidebeilagen ebenfalls nur aus Körnern und Wasser herstellen. Wenn Sie die Getreide kochen möchten, dann benötigen Sie immer einen Teil Getreide und 2 1/2 Teile Wasser. Sie waschen das Getreide gründlich, setzen es mit dem kalten Wasser im Topf auf, lassen es aufkochen und dann bei geringerer Hitze ausquellen. Oder Sie backen ein leckeres Chapati (frisches Fladenbrot) aus dem Getreide. Hier wird ebenfalls nur etwas Wasser mit dem gemahlenen Getreide gemischt, kleine Fladen werden ausgerollt und auf der heißen Herdplatte direkt gebacken.

Die folgenden Rezepte sind leckere und mild gewürzte Getreidegerichte, die Sie als Hauptspeise mit einer kleinen Gemüsebeilage, einer Suppe oder einem Salat zubereiten können.

Viele meiner Patienten und Seminarteilnehmer kochen am Abend immer ein solches Getreidegericht und nehmen sich (falls etwas übrig bleibt) den Rest als kleine Getreidebratlinge mit, um diese beim nächsten Mittagessen am Arbeitsplatz zu verzehren. Oder Sie essen es mit etwas Rohkost zusammen als kalten Salat.

Bulgur mit bunten Kräutern

Zutaten

2 Tassen Bulgur
4 Tassen Wasser
2 TL Ghee
2 Frühlingszwiebeln
2 Knoblauchzehen
1 TL Kräutersalz
1 TL Currymischung
frische Kräuter (Petersilie, Thymian, Basilikum und/oder Zitronenmelisse)

1. Die Frühlingszwiebeln und den Knoblauch schälen und ganz fein hacken.
2. Das Ghee in einem Topf erhitzen und gehackte Frühlingszwiebeln und Knoblauch darin anbraten.
3. Bulgur und Curry dazugeben und unter Rühren leicht glasig werden lassen.
4. Mit Wasser aufgießen, salzen und im geschlossenen Topf zum Kochen bringen.
5. Die Hitze reduzieren und ausquellen lassen.
6. Die Kräuter waschen und fein hacken. Vorsichtig unter den fertigen Bulgur heben.

Couscous

Zutaten

2 Tassen Cous-Cous
3 1/2 Tassen Wasser
1TL Salz
3 EL Cashewkerne
2 EL Ghee
1 EL Pinienkerne
1 EL Pistazien
1 kleine Karotte
1 TL Honig
1/2 TL Ingwerpulver
1/2 TL Garam Masala

1. Das Couscous mit etwas Salz in kaltem Wasser aufsetzen, zum Köcheln bringen und dann den Herd ausschalten und das Couscous ausquellen lassen.
2. Die Karotte schälen und in kleine Würfel schneiden.
3. Das Ghee in einer Pfanne erhitzen, die kleinen Karottenwürfel, Cashewnüsse, Pinienkerne und Pistazien darin anrösten. Honig, Ingwerpulver und Garam Masala untermischen und alles zusammen nochmals 5 Minuten rösten. Mit frischem Koriander oder Blattpetersilie mischen.
4. Das fertige Couscous in eine Schüssel geben und die glasierten Nüsse und Kräuter als Dekoration darübergeben.

Hirsebällchen

Zutaten

2 Tassen Hirse
5 Tassen Wasser
1 EL Gemüsebrühe, gekörnt
4 große Kartoffeln
1 Zwiebel
1 Chilischote
2 EL Ghee
1 TL Kreuzkümmelsamen
1 TL Curry
1/2 TL Koriander
1/2 TL Garam Masala
2 TL Thymian, getrocknet
1 TL Oregano, getrocknet
1 EL Sojasoße
Pfeffer und Salz

1. Die zwei Tassen Hirse in fünf Tassen Wasser und Gemüsebrühe weich kochen und abkühlen lassen.
2. Die Kartoffeln kochen, schälen und mit einer Kartoffelpresse oder einem Stampfer pürieren.
3. Die Zwiebel und die Chilischote ganz fein hacken. Das Ghee in einer Pfanne erhitzen, Kreuzkümmelsamen hinzugeben und anrösten. Nun die fein gehackte Zwiebel und die Chilischote darin anbräunen.
4. Curry, Koriander, Garam Masala, Thymian und Oregano zufügen und alles als Gewürzsud kurz braten.
5. Nun die Hirse, den Kartoffelbrei und den Gewürzsud mischen, mit einem Esslöffel Sojasoße, Pfeffer und Salz abschmecken. Aus der Masse mit einem Eisportionierer oder der Hand kleine Bällchen (etwas die Größe von Golfbällen) formen, auf ein gefettes Backblech legen und bei 195 °C 30 Minuten backen.

Quinoa-Pulao

Zutaten

250 g Quinoa
500 ml Wasser
2 TL Ghee
1 Paprika, grün
1 Karotte
3 Nelken
1/2 TL Ajwansamen
1 MS Chilipulver
Salz und Pfeffer
etwas frischer Koriander

1. Karotte schälen und mit der Paprika klein würfeln.
2. Das Ghee in einem Topf erhitzen und die Nelken und Ajwansamen kurz anrösten.
3. Quinoa einstreuen und unter Rühren etwas glasig anbraten und das Gemüse zufügen.
4. Mit dem Wasser ablöschen und aufkochen lassen. Ca. 30 Minuten quellen lassen, mit Salz und Pfeffer abschmecken und zum Servieren mit frischem Koriander garnieren.

Als glutenfreies Getreide ist Quinoa sehr verträglich und leicht verdaulich. Es hat einen hohen Eiweißgehalt und schmeckt besonders gut zu Rote Bete, Spinat und allen kräftig gewürzten Gemüsen.

KERSTIN ROSENBERG

Sanfte Gemüsegerichte für jeden Geschmack

Ein sanftes ayurvedisches Abendessen darf auch einmal nur aus Gemüse mit Ghee bestehen. Besonders gut verträglich sind am Abend alle leichten und milden Gemüse wie Fenchel, Karotten, Kürbis oder Zucchini. Je nach Konstitution können aber auch die etwas schwereren Gemüse wie Paprika, Kohl oder Bohnen gut verdaut werden.

Da am Abend das Verdauungsfeuer etwas kleiner ist, sollten alle Gemüse schön weich gekocht werden und Salat oder Rohkost eher die Ausnahme darstellen.

Je stärker Sie Ihre Gemüsegerichte würzen, umso aktiver werden Sie. Sollten Sie also eine ruhige Nacht bevorzugen, so vermeiden Sie viel Chili oder Knoblauch und verwenden statt dessen lieber Ajwan, Fenchel und Muskat. Auch ein Schuss Sahne zum Abschmecken ist erlaubt.

Alle unter diesem Kapitel zusammengestellten Gemüsegerichte sind durch ihre harmonische und ausgleichende Zubereitung für jeden Konstitutionstypen geeignet und können durch die speziellen Dosha-Empfehlungen noch verfeinert werden.

Aromatische Buschbohnen mit Basilikum

Zutaten

1 kg frische Buschbohnen

2 Zwiebeln
2-3 Knoblauchzehen
2 TL Ghee
2 TL Basilikum, getrocknet
1/2 TL Ingwerpulver
Zitronensaft
1 MS Garam Masala
1 MS Curry
1 MS Cayenne-Pfeffer
1/2 TL Pfeffer
2 TL Salz
1/2 Tasse Wasser

1. Knoblauchzehen und Zwiebeln klein hacken und in einem schweren Topf in Ghee kurz anrösten.
2. Gewürze und Salz den Bohnen zufügen und bei niedriger Hitze dünsten, bis sie gar sind.
3. Gemüse mit Zitronensaft und etwas Ghee abschmecken und noch einmal 5 Minuten im geschlossenen Topf ziehen lassen.

Spezielle Empfehlungen für jedes Dosha:
Vata: Fügen Sie noch 1/2 TL Ajwan und 1/2 TL Kreuzkümmelsamen hinzu.
Pitta: Fügen Sie jeweils 1/4 TL gemahlene Koriander- und Fenchelsamen hinzu.
Kapha: Ergänzen Sie das Rezept mit frischen oder getrockneten Kräutern wie Thymian, Rosmarin und Oregano.

Brokkoli mit getrockneten Tomaten und Rosinen

Zutaten

2 Brokkoli
5-10 getrocknete Tomaten
2 TL Ghee
1/2 Gemüsezwiebel
2 Knoblauchzehen
1,5 TL Thymian, getrocknet
1/2 TL Kurkuma
1 TL Schwarzkümmelsamen, im Mörser gestoßen
1 TL Meersalz
1 EL hellen Balsamico-Essig
60 ml Wasser (nach Bedarf)
3 EL Rotwein
2 EL Rosinen

1. Den Brokkoli waschen und in Röschen zerteilen, die getrockneten Tomaten in feine Streifen und die Gemüsezwiebel in Halbringe schneiden. Den Knoblauch fein hacken.
2. Die Gewürze mörsern und in Ghee anrösten. Getrocknete Tomaten, Zwiebeln, Knoblauch und Brokkoli hinzugeben. Eventuell noch etwas Wasser zufügen.
3. Zum Schluss die Rosinen, Balsamico-Essig und Rotwein dazugeben und 5 Minuten durchziehen lassen.

Ein erfrischendes, anregendes Gemüsegericht für den sinnlichen Kapha-Gaumen.

Spezielle Empfehlungen für jedes Dosha:
Vata: Ersetzen Sie die Hälfte der getrockneten Tomaten durch schwarze Oliven.
Pitta: Ersetzen Sie die Hälfte der getrockneten Tomaten durch getrocknete Aprikosen.
Kapha: Ergänzen Sie das Rezept durch 1/4 TL Chilipulver und 1/2 TL Ingwerpulver.

Zutaten

2 TL Ghee
1 Blumenkohl
2 Tomaten
1 Zwiebel
1 Scheibe frischer Ingwer
5 Nelken
1 TL Senfsamen
1 TL Kurkuma
1 TL Curry
1 TL Koriander, gemahlen
1/2 TL Garam Masala
1 TL Salz
100 g Schafskäse

Blumenkohl mit Schafskäse

1. Das Ghee in einem Topf erhitzen, die Nelken und die Senfsamen darin anrösten.
2. Die Zwiebel fein hacken und im Ghee anrösten. Fein geraspelten Ingwer, Curry, Kurkuma und Koriander hinzufügen und etwas anrösten.
3. Die Tomaten würfeln und in den Gewürzsud geben. Anschließend den Blumenkohl in kleine Röschen zerlegen und ebenfalls in den Topf geben. Etwas Wasser aufgießen und köcheln lassen.
4. Wenn der Blumenkohl bissfest gegart ist, den Schafskäse in Würfel schneiden und unter das Gemüse mischen.
5. Einmal aufkochen lassen, mit Garam Masala abschmecken und etwas durchziehen lassen.

Spezielle Empfehlungen für jedes Dosha:
Vata: Ergänzen Sie das Gericht mit 1 MS Hing und 1/4 TL Galgant.
Pitta: Ersetzen Sie die Tomaten durch 1/2 klein geschnittene rote Paprika.
Kapha: Ersetzen Sie den Schafskäse durch Ziegenkäse.

Fenchelgemüse mit buntem Paprika und Pinienkernen

1. Den Fenchel waschen und achteln. Die Paprika in kleine Würfel schneiden und die Chili fein hacken.
2. Die Gewürze und Pinienkerne in Ghee anrösten und die restlichen Gewürze nach und nach dazugeben.
3. Das Gemüse hinzufügen und im Gewürzsud anbraten. Dann langsam mit Buttermilch auffüllen und ca. 20 Minuten köcheln lassen.
4. Zum Schluss mit frischem Basilikum, Ingwer und Pfeffer abschmecken.

Spezielle Empfehlungen für jedes Dosha:

Vata: Ersetzen Sie die Paprika durch 2 kleine Karotten.

Pitta: Ersetzen Sie die Buttermilch durch dünne Kokosmilch.

Kapha: Ergänzen Sie das Gericht mit etwas geriebenem Meerrettich.

Zutaten

3 kleine Fenchelknollen
1/2 grüne Paprika
1/2 rote Paprika
1 frische grüne Chilischote
1 TL schwarze Senfkörner
1 TL Ajwan
1/2 TL Kristallsalz
1 MS Hing
80 g Pinienkerne
2 EL Ghee
100 g Buttermilch
1/2 TL Tamarinde
etwas Zitronen- und Orangensaft
2 TL frischer Basilikum
1 MS schwarzer Pfeffer, gemahlen
1 Scheibe frischer Ingwer

Schwarzwurzel in Curryrahm

Zutaten

500 g Schwarzwurzeln
1 Zwiebel
1-2 EL Dinkelmehl
6 EL süße Sahne
500 ml Gemüsebrühe
1 TL Curry
1/2 TL Koriander
1/2 TL Kreuzkümmel
1 TL Oregano
1-2 TL Salz

1. Die Schwarzwurzeln unter fließendem Wasser schälen, in ca. 5 cm lange Stücke schneiden und diese in 1/2 Liter Gemüsebrühe weich dünsten.
2. Die Gewürze, Sahne und Dinkelmehl vermischen und unter die Schwarzwurzeln mengen. Kurz aufkochen lassen, damit sich die Soße bindet.
3. Eventuell mit etwas Zitronensaft und Muskatnuss abschmecken.

Spezielle Empfehlungen für jedes Dosha:

Vata: Ersetzen Sie die Hälfte der Schwarzwurzeln durch Kürbis oder grünen Spargel, und geben Sie noch 1/4 TL Muskatblüte hinzu.

Pitta: Ergänzen Sie das Rezept mit 1/2 Bund frischem Koriander, den Sie am Ende fein gehackt untermischen.

Kapha: Ersetzen Sie das Dinkelmehl durch Reismehl, die Sahne durch Wasser und geben Sie noch 1/2 TL grünen Pfeffer hinzu.

Rote Bete mit Meerrettich

Zutaten

3 Rote Bete
1 EL Ghee
1 rote Zwiebel
1 Scheibe frischer Ingwer
1/2 TL Koriandersamen
1/2 TL Kurkuma
1-2 EL Meerrettich, fein geraspelt (je nach Geschmack)
1 TL Balsamico-Essig
1/4 TL Garam Masala
30 ml Sahne
50 ml Wasser
1/2 TL Salz
frischer Koriander

1. Die Rote Bete schälen und in mundgerechte Stücke schneiden. Die Zwiebel und den Ingwer fein hacken.
2. Das Ghee in einem Topf erhitzen und die angemörserten Koriandersamen darin anbrutzeln. Fein gehackte Zwiebeln und Ingwer hinzufügen und glasig dünsten.
3. Die Rote Bete, Kurkuma und Salz hinzufügen, mit dem Zwiebelsud vermischen. Etwas Wasser zufügen und ca. 15 Minuten köcheln lassen.
4. Das gekochte Gemüse mit Meerrettich, Sahne, Balsamico und Garam Masala abschmecken, etwas frischen Koriander dazugeben und 5 Minuten im geschlossenen Topf ziehen lassen.

Gefüllte Sellerierollen mit Mais überbacken

Zutaten

1 Sellerieknolle
3 Stangen Lauch
1 Gemüsebrühwürfel
400 g Gemüsemais
Salz und Pfeffer
1/2 Paprikaschote
1 TL Curry
1 TL Senf
frischer Dill oder Koriander

1. Sellerieknolle schälen und mit der Brotmaschine in 1/2 cm dicke Scheiben schneiden. Diese in Gemüsebrühe 8 Minuten dünsten. Anschließend in kaltem Wasser abschrecken.
2. Lauch in ca. 5-7 cm lange Stücke schneiden (dem Durchmesser der Selleriescheiben entsprechend) und dann ebenfalls in der Gemüsebrühe dünsten.
3. Die Maissoße zubereiten, indem Sie den Mais in etwas Wasser, Curry und Salz weich kochen und mit der 1/2 rohen Paprikaschote, dem Senf, Pfeffer und den frischen Kräutern fein pürieren.
4. Die erkalteten Selleriescheiben auf der Arbeitsfläche auslegen und mit jeweils 2 EL Maissoße bestreichen. Vorsichtig ein gedünstetes Lauchstück darin einrollen.
5. Alle Sellerieröllchen in eine Auflaufform hintereinander legen und zum Schluss mit Maissoße übergießen. 30 Minuten bei 175 °C im Backofen backen.

Ein sehr leichtes und bekömmliches Gemüsegericht, das besonders dekorativ ist und eine tolle Vorspeise oder Gemüsebeilage darstellt. Der Sellerie wirkt sehr ausleitend und entschlackend. In dieser Zubereitungsweise ist er für jedes Dosha hervorragend zu verdauen.

Gemüsepfanne „Chinese style"

Zutaten

2 kleine Lauchstangen
2 Karotten
1 Tomate
1 Radicchio
1 große Scheibe Ingwer
1 Knoblauchzehe
1 TL Currypulver
2 EL Sojasoße
1 TL Akazienhonig
2 EL Sonnenblumenöl

1. Den Lauch waschen und in ca. 1 cm breite Ringe schneiden, die Karotten schälen und in schmale Streifen schneiden.
2. Öl in einer Pfanne oder einem Wok erhitzen, Lauch und Karotten hinzugeben und anschmoren lassen.
3. Knoblauch, Zwiebeln und Tomate in feine Streifen schneiden und unter das Gemüse rühren.
4. Den Radicchio halbieren und in ca. 1,5 cm breite Streifen schneiden. Der Gemüsepfanne zufügen und mit Sojasoße und Curry ablöschen. Alles mischen und bei mittlerer Hitze für 10 Minuten schmoren lassen.
5. Mit etwas Honig abschmecken. Je nach Wunsch können auch noch frische Kräuter wie Koriander, Basilikum oder Dill dazugegeben werden.

Die ausgewogene Zusammenstellung dieser bunten Gemüsevariation enthält alle Geschmacksrichtungen und befriedigt aus diesem Grunde alle Doshas. Schmeckt vorzüglich zu Getreide oder Nudeln.

Südfranzösische Gemüsepfanne

Zutaten

1 Gemüsezwiebel
1 EL Ghee
2 große Paprika, gelb und rot
2 grüne Paprika
2 Auberginen
2 größere Zucchini
1 TL Thymian
1/2 TL Basilikum
2 TL Salz
1/4 TL Cayenne-Pfeffer
1/4 Paprikapulver, edelsüß
2 Knoblauchzehen
2 EL Olivenöl

1. Zwiebel schälen und in grobe Würfel schneiden. Mit Thymian und Salz würzen und in Ghee anbraten.
2. Paprika, Auberginen und Zucchini in Würfel schneiden, zu den Zwiebeln geben, mit dem Cayenne-Pfeffer, Paprikapulver, Basilikum und Knoblauch würzen.
3. Gemüse etwas anschmoren lassen und 15 Minuten garen.
4. Mit etwas Salz und 2 EL Olivenöl nachwürzen.

Mischgemüse vom Blech

Zutaten

Für das Mischgemüse vom Blech eignen sich:

Karotten
Rote Beete
Kohlrabi
Sellerie
grüne Bohnen
Brokkoli
Blumenkohl
Pilze
Paprika
Zucchini
Frühlingszwiebeln

Dieses Rezept ist ganz einfach und eignet sich hervorragend für ein schnelles und bekömmliches Abendessen. Einer ayurvedischen Empfehlung nach sollten wir einmal pro Woche am Abend einfach nur Gemüse mit Ghee zu uns nehmen. Dies harmonisiert die Doshas, entlastet den Verdauungsapparat und unterstützt die Entsäuerung.

1. Das Gemüse waschen, schälen und in mundgroße Stücke schneiden.
2. Das Backblech dick mit Ghee einstreichen, Kreuzkümmelsamen, Schwarzkümmelsamen und Salz darauf streuen.
3. Nun das gemischte Gemüse gleichmäßig auf dem Blech verteilen, mit etwas Ghee beträufeln.
4. Im Backofen bei 175 °C 45 Minuten backen. Falls Sie sehr trockene Gemüse ausgewählt haben sollten, können Sie auch etwas Wasser über das Gemüse geben, dann wird es weicher und saftiger.

Spezielle Empfehlungen für jedes Dosha:
Vata: Sehr gut eignen sich Karotten, Rote Bete und Zucchini.
Pitta: Sehr gut eignen sich Sellerie, Kartoffeln, Zucchini und Brokkoli.
Kapha: Sehr gut eignen sich Frühlingszwiebeln, Blumenkohl, Bohnen und Paprika.

Brotaufstriche

In der klassischen Ayurveda-Küche gibt es das typische belegte Brot nicht. Die indischen Brote sind frisch gebackene Fladen, die zu Gemüse und Chutney verzehrt verden. Und doch findet unsere Bakkkunst in der ganzen Welt Anerkennung. Die breite Palette an vollwertigen Backwaren ist ein Stuck Ess- und Lebenskultur, die speziell aus unserer hiesigen Ernährungsweise nicht wegzudenken ist.

Doch Wurst und Käse sind wahrlich nicht die bekömmlichsten Brotauflagen, da diese Kombinationen schwer verdaulich und toxisch wirken können. Ich möchte Ihnen mit den folgenden Brotaufstrichen einige ayurvedische Alternativen für ein abwechslungsreiches Abendbrot vorstellen. Bitte vermeiden Sie die sehr schweren Vollkornbrote mit ganzen Körnern und Kernen. Verwenden Sie statt dessen lieber geschrotetes Mehl und getoastetes Brot. Oder Sie versuchen einmal ein echt indisches Chapati vom heimischen Herd.

Pilzbutter

1 TL Ghee
300 g Steinpilzchampignons
50 g Butter
1 Chilischote
2 Knoblauchzehen
5 EL Hefeflocken
1 TL Curry
1 TL Salz
frische Petersilie und
Rosmarin

Die Pilze in etwas Ghee anbraten und abkühlen lassen. Dann im Mixer mit allen weiteren Zutaten pürieren.

Olivenpaste

200 g Oliven ohne Stein
50 ml Olivenöl
2 Chilischoten
1 Knoblauchzehe
1 Tomate
etwas Salz
frischer Thymian und/oder Basilikum
Alle Zutaten zu einer feinen Paste mixen.

Avocadocreme

2 reife Avocados
150 g Quark oder Frischkäse
Saft von 1 Zitrone
1/2 TL Paprikapulver
1 MS Muskatnuss
frische Kresse
Das Avocadofruchtfleisch mit Quark, Zitronensaft und Gewürzen pürieren. Frische Kresse darübergeben.

Artischockendip

6 eingelegte Artischockenherzen
2 Knoblauchzehen
1 Scheibe frischer Ingwer
3 EL Olivenöl
1 TL Sojasoße
1 TL Salz
etwas frisch gemahlener Pfeffer
1 Bund frisches Basilikum
Alle Zutaten im Mixer zu einer cremigen Paste verrühren.

Sonnenblumenkernpaste

2 große Tassen Sonnenblumenkerne
125 g Butter
3 EL Senf
1 Zwiebel
1 Knoblauchzehe
Majoran
Salz, Pfeffer
Gemüsebrühe
frische Petersilie

Sonnenblumenkerne im Mixer zerkleinern, den Senf dazutun. Die fein gewürfelte Zwiebel und den zerdrückten Knoblauch in Butter gut anbraten. Mit einer Tasse Wasser ablöschen, Gemüsebrühe einrühren, aufkochen und über die Sonnenblumenkerne geben, verrühren, Gewürze dazugeben, mit Salz abschmekken, frische gehackte Petersilie darunterrühren und kurz kalt stellen.

Tomaten-Basilikum-Relish

3 reife Fleischtomaten
1 Bund Basilikum
1 Knoblauchzehe
2 EL Olivenöl
1 TL Tamari-Soße
1 TL Curry
Pfeffer und Salz

Alle Zutaten im Mixer
grob hacken und etwas durchziehen lassen.

Auberginensalat

1 EL Ghee
2 Tomaten
1 Zwiebel
2 Auberginen
1/2 TL Salz
1 TL Majoran
1/2 TL Pfeffer
3 gepresste Knoblauchzehen
200 g Schafskäse
frischer Dill

Das Ghee in einem Topf erhitzen und die gewürfelten Tomaten und Zwiebeln darin anbraten.
Die in Würfel geschnittenen Auberginen, den Majoran und das Salz in den Tomatensud geben. Bei mittlerer Hitze und geschlossenem Deckel
20 Minuten garen.
Die Auberginen etwas abkühlen lassen und mit Schafskäse, Knoblauch, Pfeffer und frischem Dill fein hacken oder pürieren.
Kalt als Beilage zu Reis, Gemüse oder Salat servieren.

Hefebutter

250 g Butter
50 g Quark
100 g Hefeflocken
1/2 rote Paprikaschote
1 TL Ingwer, gemahlen
1 TL Sojasoße
frischer Schnittlauch

Die Butter leicht anwärmen und mit Quark und Hefeflocken verquirlen. Die rote Paprikaschote und Schnittlauch fein hacken und mit Sojasoße und Ingwerpulver unter die Hefebutter mischen.

KERSTIN ROSENBERG

Die Rasayana-Küche: Verführerische Desserts und aphrodisierende Naschereien

Die große Kunst der ayurvedischen Lehre der Verjüngung und Jugendlichkeit, *Rasayana*, und einer harmonischen Sexualität, *Vajikarana*, besteht darin, jeden Menschen durch die eigene Kraft eines aktiven Stoff-wechsels zu einem hervorragenden Zustand der Körperfunktionen und Gewebe zu führen. Dies zeigt sich vor allem in der aufbauenden Rasayana-Küche, die uns mit ihren kraftvollen Snacks, süßen Nachtischen und scharfen Leckereien mit allen Sinnen verführt.

Getreide, Proteine und Fette waren schon immer unsere Grundnahrungsmittel. Sie schenken uns Kraft und Ausdauer. Ein gutes Brot aus frisch gemahlenem Getreide, wertvolle Milchprodukte, Öle, Nüsse und Hülsenfrüchte gehören zu den wichtigsten Nahrungsmitteln der nährenden Stärkungsküche des Ayurveda, denn sie liefern die Bausteine, aus denen unser Gewebe entsteht.

Wichtig ist die Sache mit den Grundnahrungsmitteln vor allem für die Vielzahl der Menschen, die heute kaum oder möglichst wenig Fleisch konsumieren wollen. Sie lassen das Fleisch, den Lieferanten des Grundnahrungsmittels Protein, einfach weg und essen weiter wie bisher. Und das kann fatale Folgen haben. Meine Erfahrung ist, dass mehr ungesunde Vegetarier in meine Praxis finden als Leute, die sich konventionell ernähren. Schauen wir jedoch in die traditionsbewussten Küchen, die wenig Fleisch essen, so entdecken wir, dass die Vegetarier in Indien täglich ein- bis zweimal Linsengerichte und Joghurt essen. In Südamerika gibt es Bohnen in jeder Form, und unsere Großeltern haben mit Linsen und Bohnengerichten sowie mit Milchprodukten die fleischlosen Tage ausgefüllt. Auch die ayurvedische Küche muss nicht fleischlos sein. Gerade im Rasayana und Vajikarana wird der Genuss von Geflügel, Eiern und ausgewählten tierischen Produkten ausdrücklich empfohlen, da sie die sexuelle Kraft und körperliche Ausdauer sehr positiv beeinflussen.

Rasayanas dienen in der ayurvedischen Ernährungstherapie als gesundes Aufbaumittel für den Körper und als geistig anregende und Zufriedenheit schenkende Nahrungskonzentrate.

Als Rasayanas werden in der Ayurveda alle Nahrungsmittel, Gewürze und Substanzen bezeichnet, die ein Konzentrat an Lebensenergie enthalten, das Hormonsystem stimulieren und besonders aufbauend für die einzelnen Körpergewebe sind. Traditionell werden die Nahrungsmittel auf schonende Weise liebevoll und mundgerecht zubereitet und nach körperlicher oder geistiger Auszehrung in kleinen Mengen eingenommen.

So können wir diese gehaltvollen Leckereien immer dann genießen, wenn sich unsere Kräfte erschöpft haben: nach einem anstrengenden, stressvollen Arbeitstag, nach einem aufreibenden Streit oder ganz im eigentlichen Sinne der Rasayana-Küche, als Aphrodisiakum, nach einer sexuellen Begegnung, um die verlorenen Säfte möglichst schnell wieder zu erneuern.

Zu den wichtigsten Rasayana-Lebensmitteln gehören Milch, Ghee, Honig, Safran und Mandeln. Diese sind die Grundlage für phantastische Nachtische und leckere Süßigkeiten, die Leib und Seele erfreuen können. Doch auch die anderen wertvollen Nahrungsmittel wie z. B. Kichererbsen, Avocado, Mango, Aprikosen, Datteln und Weizen können zu wundervollen Verführungen mit süßer und nährender Komponente verarbeitet werden.

Die Vajikarana-Küche dient mehr der Anregung und Stimulation der Libido. Die klassischen Aphrodisiaka wie Knoblauch, Zwiebeln und Chili werden zu scharfen und scharf machenden Snacks angerichtet. Auch Fleisch, Fisch sowie anregende Früchte und Gewürze werden in der aphrodisierenden Lust-Küche des Ayurveda sehr geschätzt. So sollten wir die Vajikarana-Rezepte zur Stimulation der sexuellen Aktivitäten und die Rasayana-Rezepte zur Erholung und Regeneration genießen.

Die folgenden Rezepte bestehen fast ausschließlich aus Rasayana-Zutaten und versorgen Sie mit jedem Bissen mit aufbauender Lebenskraft. Doch auch wenn alles verführerisch gut schmeckt, essen Sie nicht zu viel davon. Denn Rasayanas sind Nahrungskonzentrate, die in zu großen Mengen eingenommen den Organismus schwer und träge machen können. Nutzen Sie lieber die nun gewonnene Lebensenergie, um sich mit anderen Sinnesfreuden zu verwöhnen…

Alle Rasayana-Rezepte sind Kapha aufbauend und deshalb für Vata- und Pitta-Konstitutionen sehr gut geeignet. Wer von Natur aus schon viel Kapha mitbringt, sollte lieber nur sehr wenig davon essen. Empfehlenswert und wohltuend für ein dominantes Kapha-Dosha sind die anregenden Kaffee- und Teerezepturen des Rasayanas. Diese können von Kapha-Konstitutionen anstatt der Rasayana-Süßigkeiten zum Nachtisch oder als Energiespender zwischendurch genossen werden.

Kokoskonfekt

Zutaten

100 g Weizengrieß
50 g Mandelmehl
20 g Reismehl
50 ml Kaffee
3 EL Ghee
5-6 EL Vollrohrzucker
1 TL Vanillepulver
1 TL Kardamom
1/2 TL Zimt
1/2 TL Ingwerpulver
1 EL Rosenwasser
200 ml Milch
100 g Kokosflocken

1. Das Ghee in einem Topf erhitzen, den Weizengrieß, das Mandelmehl und das Reismehl darin anrösten.
2. Den Kaffee, die Milch, den Zucker und die Gewürze zufügen, aufköcheln lassen und unter Rühren zu einem festen Brei verarbeiten.
3. Die Konfektmasse vom Herd nehmen und etwas abkühlen lassen.
4. Auf einem Teller die Kokosflocken ausstreuen. Nun aus der Konfektmasse kleine Bällchen formen und diese in Kokosflocken wälzen.

Feine Nussbällchen

Zutaten

100 g Cashewnüsse
20 g Pistazien
20 g geschälte Mandeln
20 g getrocknete Aprikosen
20 g Akazienhonig
1 TL Zimt
1 MS Koriander
1 MS Anis
1 MS Muskatnuss
150 ml Milch

1. Alle Zutaten mischen, mit Milch bedecken und für ca. 1 Stunde einweichen lassen.
2. Im Mixer fein pürieren.
3. Zu kleinen Bällchen formen und bei Bedarf auf einem Teller mit gemahlenen Mandeln und Pistazien ausrollen.

Feigen mit Minz-Quark

Zutaten

10 frische Feigen
100 g Ziegenquark
100 g Magerquark
1/4 Bund Minze
2 EL Honig
1 MS Anis
30 g Pinienkerne

1. Die Feigen waschen und vierteln.
2. Den Quark mit dem Honig, der fein gehackten Minze und dem Anis mischen.
3. Mit den Feigen schön auf einem Dessertteller anrichten und mit Pinienkernen und Minzblättchen dekorieren.

Aprikosen-Dessert

Zutaten

100 g getrocknete Aprikosen
50 g geschälte Mandeln
1 EL Ahornsirup
2 EL Rosenwasser
1 TL Kardamom
1/4 TL Ingwerpulver
etwas Wasser

1. Alle Zutaten mischen und mit Wasser bedecken.
2. Ca. 1 Stunde einweichen lassen und anschließend im Mixer fein pürieren.
3. Mit einem Eisportonierer zu Kugeln formen und auf Dessertschälchen geben.
4. Mit klein geschittenen Aprikosen und Mandelsplittern dekorieren.

Mandelcreme mit Mango-Papayasalat

Zutaten

5 EL Mandeln
2 EL Cashewnüsse
Saft von 1 Orange
1 MS Zimt
1 Naturjoghurt
1 Mango
1 Papaya

1. Mandeln einweichen und schälen. Mandeln und Nüsse ganz fein mahlen.
   Mit Orangensaft und Zimt vermengen.
2. Auf Desserttellern je die Hälfte des Joghurts verteilen, die Filetscheiben kreisförmig anordnen und mit 1 EL Mandelcreme in der Mitte dekorieren.

Safran-Pudding

Zutaten

1 Tasse Milchreis
3 Tassen Milch
100 ml Sahne
3 El Ghee
5-6 EL Vollrohrzucker
50 g Reismehl
1 TL Safranfäden
2 EL Rosenwasser
1 MS Ingwerpulver
1 MS Nelkenpulver
2-3 EL Akazienhonig
einige Pistazien
5 Datteln

1. Ghee in einem großen Topf erhitzen, Zucker zufügen und unter Rühren auflösen.
2. Milchreis kurz darin anrösten, mit kalter Milch aufgießen und zum Köcheln bringen. Bei kleiner Hitze den Reis weich kochen.
3. Nun Reismehl, Gewürze und Sahne untermischen, unter ständigem Rühren aufkochen. Anschließend ausquellen lassen. Honig untermischen.
4. Die Puddingmasse mit dem Mixer fein pürieren und in Dessertschälchen füllen.
5. Datteln in feine Streifen schneiden, die Pistazien fein hacken und zur Dekoration des Safranpuddings verwenden.

Kürbis-Halva mit glasierten Mandeln

Zutaten

750 ml Milch (oder 375 ml Sahne und 375 ml Wasser)
200 g Rohrzucker
250 g Grieß
1/2 Hokaidokürbis
2 TL Kardamom
1 EL Rosenwasser
1/2 TL Zimt
1/4 TL Koriander
1/2 TL Ingwerpulver
1 Orange
50 g Butter
2 EL Vollrohrzucker
30 g Mandelstifte

1. Den Hokaidokürbis entkernen, schälen und in kleine Würfel schneiden. Die Kürbisstückchen in einen Topf mit etwas Wasser geben und weich kochen. Mit dem Mixer fein pürieren.
2. In einem schweren Topf die Milch erhitzen, den Zucker hinzufügen und darin auflösen. Den Grieß, 2-3 EL Butter und die Gewürze dazugeben und sanft köcheln lassen. Ab und zu umrühren.
3. Das Kürbismus untermischen und die ganze Masse gemeinsam köcheln lassen, bis ein fester Brei entstanden ist. Eventuell noch etwas mehr Grieß zufügen, um das Halva besser zu binden.
4. Zum Schluss mit dem Saft einer Orange und etwas Muskatnuss abschmecken. In eine Form oder Dessertschälchen füllen.
5. 2 EL Butter in einem kleinen Topf erhitzen, 2 EL Vollrohrzucker hinzufügen und rühren, bis sich ein flüssiges Karamel gebildet hat. Die Mandelstifte zufügen und darin anbräunen. Über das Kürbishalva verteilen.

Ayurvedischer Liebestrank

Milch wird in einem Mixer mit ein paar Cashewkernen, Mandeln und/oder Pistazien schaumig geschlagen und dann erwärmt. Etwas Kardamom, getrockneten Ingwer und Honig zufügen.
Diese Milch heizt an kühlen Abenden von innen, entspannt und beruhigt die Nerven. Sie verschafft ein wohliges Gefühl im Magen, macht aber etwas schläfrig und steigert gleichzeitig die Libido.

Naschereien für heiße Nächte

Zutaten

200 g Sesamsamen
1 MS Vanille
1 MS Zimt, gemahlen
1 MS Gewürznelken, gemahlen
1 EL Datteln, gehackt
1 EL Feigen, gehackt oder Rosinen

Die Sesamsamen werden in einer Pfanne ohne Fett ganz leicht geröstet und in einer elektrischen Kaffeemühle zu Brei geschlagen. Diese Masse vermischt man mit der Vanille, dem Zimt und den Gewürznelken. Dazu kommen noch die klein gehackte Datteln und Feigen oder Rosinen.
Aus dieser Masse werden kleine Bällchen geformt, die während einiger Stunden im Eisschrank fest werden.

Sesam enthält viele Salze und Vitamine, die besonders auf die Geschlechtsdrüsen wirken. Sesamsamen wurden bereits im alten Ägypten verehrt und häufig für stimulierende Speisen verwendet.

Anregende Kaffeespezialitäten und stärkende Teerezepte

Kaffee ist im Ayurveda ein anregendes Therapeutikum, das in kleinen Mengen eingenommen die Gefäße erweitert, die Libido stärkt und alle Sinne schärft.

Indischer Milchkaffee

Zutaten für 4 Tassen

1/2 l Milch
1/2 l Wasser
6 TL Kaffeepulver, fein gemahlen
4 TL Vollrohrzucker
1/2 TL Kardamompulver
1 MS Safranpulver

1. Die Milch und das Wasser in einem Topf zum Kochen bringen.
2. Kaffeepulver zugeben und nochmals aufkochen. Zucker und die Gewürze zugeben und 5 Minuten köcheln lassen.
3. Abseihen und heiß servieren.

Indischer Gewürzkaffee

1. Wasser, die Gewürze und das Kaffeepulver in einem Topf zum Kochen bringen.
2. 5-10 Minuten köcheln lassen, anschließend abseihen und mit Rosenwasser verfeinern.
3. Je nach Geschmack mit Milch oder Zucker servieren.

Zutaten

1 l Wasser
6-8 TL Kaffeepulver
6-8 Kardamomkapseln
6 Nelken
1 Zimtstange
1 EL Rosenwasser

Chai, indischer Yogi-Tee

Chai ist die indische Bezeichnung für einen Tee mit Milch. Der ayurvedische Chai wird mit wärmenden Gewürzen wie Zimt, Ingwer, Kardamom, Anis sowie Milch und Vollrohrzucker zubereitet. Je nach Geschmack und Wirkungsweise können auch Sahne und schwarzer Tee hinzugefügt werden. Chai ist der ideale Tee für kalte Wintertage oder als Energiespender am Nachmittag. Seine warmen, aufbauenden und beruhigenden Eigenschaften machen ihn zu einem echten Stärkungselixier, das Körper, Geist und Seele gleichermaßen nährt.
Das folgende Rezept ist meine Lieblingsmischung. Es kann nach Belieben verändert oder ergänzt werden.

1. Die Milch mit dem Yogi-Tee, den Gewürzen und dem Vollrohrzucker in einem Topf zum Kochen bringen und 10 Minuten leicht köcheln lassen.
2. Den schwarzen Tee hinzufügen und mit einem Liter heißem Wasser aufgießen.
3. Je nach Geschmack 3-5 Minuten ziehen lassen und dann absieben.

Falls Sie keine fertige Yogi-Teemischung im Hause haben, können Sie sich die Gewürze auch selbst zusammenstellen. Nehmen sie Zimtstangen, Nelken, Kardamom und Ingwer zu gleichen Teilen, mörsern Sie diese grob – fertig ist der Yogi-Tee.

Zutaten

1 l Wasser
4 EL Rohrzucker
2 EL Yogitee, klassisch
3 Nelken
1 Zimtstange
10 Kardamomkapseln
2 Sternanis
200 ml Milch
2 TL schwarzer Tee (evtl. mit Vanille-Geschmack)

KERSTIN ROSENBERG

Die Panchakarma-Küche:

sanfte Heilkost für die Ayurveda-Ku

In der Ayurveda ist die richtige Ernährung die Grundlage einer jeden Therapie und Heilung. Die individuelle Ernährungstherapie der Ayurveda ermöglicht eine optimale und effektive Behandlungsweise, in der die einzelnen Nahrungmittel, Gewürze und Zubereitungsarten unmittelbar auf die Stoffwechselfunktionen und Krankheitsbilder abgestimmt werden.

Die wichtigsten unterstützenden Ernährungsempfehlungen zur Entgiftung und Heilung werden in der Ayurveda innerhalb von Panchakarma-Kuren oder ganzheitlichen Ernährungsumstellungen praktiziert. Je nach Krankheitsbild und Dosha-typischer Störung gibt es grundlegende Diätempfehlungen, die jeden Organismus entlasten und in seinem natürlichen Regenerationsprozess fördern.

Die ayurvedische Heilkost dient der Entsäuerung und Gewebsentschlackung. Sie unterscheidet sich von der „normalen" ayurvedischen Küche dadurch, dass alle intensiven Reize vermieden werden und der Ernährungsschwerpunkt in der Ausleitung und Harmonisierung des Körpers liegt.

Für eine reinigende Schonkost ist es unerlässlich einige schwer verdauliche oder reizende Nahrungsmittel zu vermeiden. So ist zum Beispiel vom Genuss aller sauren Speisen wie Zitrusfrüchte, Tomaten, Milchprodukte und Essig abzuraten, und auch Fleisch, Fisch, Eier, Sahne oder Käse gehören keinesfalls auf den Speiseplan während einer Ayurveda-Kur. Sehr scharfe und anregende Gewürze wie Chili, Knoblauch, Zwiebeln und Pfeffer stören das energetische Gleichgewicht und den inneren Frieden. Auf sie verzichtet man ebenfalls in der ayurvedischen Schonkost.

In der ayurvedischen Gesundheitsküche ernähren wir uns vor allem von süßen und bitteren Gemüsen, Reis, Dal, Ghee und leicht verdaulichen Getreiden. Als Gewürze eignen sich alle Agni anregenden Gewürze wie z.B. Ingwer, Koriander, Kurkuma und Kreuzkümmel. Alle Speisen sollten gut gekocht und saftig zubereitet werden. Kalte Speisen und Getränke werden gemieden, ebenso schwere Vollkornprodukte und Hülsenfrüchte. Je leichter ein Gericht zu verdauen ist, umso mehr Energie kann der Organismus daraus gewinnen. Dafür ist aber auch die Menge der Nahrungseinnahme entscheidend. Je kleiner unsere Portionen sind, umso besser können wir entschlacken!

Besonders empfehlenswerte Nahrungsmittel sind alle süßen und leicht verdaulichen Gemüse wie Kürbis, Karotte, Rote Bete, Fenchel, Pastinake, Zucchini und Gurke. Blattgemüse und etwas schwerere Gemüse wie Aubergine, Paprika, Bohnen sind in kleinen Mengen bedingt erlaubt.

Leichte Getreide wie Reis, Gerste, Bulgur und Quinoa können gegessen werden. Reis ist aber sicherlich das wichtigste und am besten verträglichste Getreide in der Panchakarma-Kur. Hier bevorzugen wir in diesem Fall den Basmati-Reis, da dieser sehr sanft wirkt und so gut wie keine Verdauungskraft benötigt. Als Hülsenfrucht ist nur die geschälte Mungbohne und der geschälte Urad Dal erlaubt, da sie keine Vata erhöhenden Faktoren enthalten. Ansonsten dürfen die entgiftenden Speisen noch mit Ghee und milden Gewürzen verfeinert werden.

Diese gezielte Diät und Reduktionskost ist die beste Methode, um Toxine und Schlacken aus dem Körper zu vertreiben und das Verdauungssystem zu optimieren. Krankheiten aller Art können mit der richtigen Ernährung ausgeglichen und gelindert werden, und so ist eine individuelle Ernährungstherapie ein wichtiges Instrument der ayurvedischen Medizin.

Für jeden zu meiden

Alle scharfen und erhitzenden Gewürze wie Chili, Peperoni, Pfeffer, getrockneter Ingwer, Zimt, Senfsamen, Muskat, Hing, Meerrettich vermeiden.

Alle sauren Früchte, Gemüse und Speisen wie Zitrusfrüchte, Tomaten, Rhabarber, Ananas, Pflaumen, Joghurt, Käse, Essig strengstens vermeiden.

Alle Arten von tierischem Eiweiß wie Fisch, Fleisch, Eier, Milchprodukte und Käse vermeiden.

Alle schweren Gemüse wie Kohl, Pilze und Zwiebeln sowie schweren Fette wie Sahne und zu viel Öl vermeiden.

Alle kalten Speisen wie Salat, Rohkost, Milchprodukte stark reduzieren.

Für jeden zu bevorzugen

Alle süßen und warmen Speisen wie süße Früchte, Wurzelgemüse, Getreide, hochwertige Öle, Nüsse, Dal bevorzugen.

Alle anregenden und stärkenden Gewürze wie Kreuzkümmel, frischer Ingwer, Koriander, Safran, Kardamom und frische Kräuter (insbesondere Basilikum, Dill und Petersilie) bevorzugen.

Alle saftigen und gekochten Speisen wie Suppen, Eintöpfe, gedünstete Früchte, frisch zubereitete Gemüsegerichte bevorzugen.

Muss individuell abgestimmt werden

Alle bitteren Gemüse und Gewürze wie Spinat, Mangold, Chicorée, Endivien, Kurkuma, Bockshornklee nur in geringen Mengen essen bzw. bei ausdrücklicher Indikation des persönlichen Beschwerdebildes.

Die Panchakarma-Küche

Dass die gesunde Schonkost der Ayurveda aber auch ganz lecker schmecken kann, beweisen die nachfolgenden Rezepte. Wichtig für die Zubereitung von reinen und heilenden Speisen sind die innere Haltung und geistige Kraft des ayurvedischen Kochs. Die reine Gesinnung des Kochs, die saubere Atmosphäre in der Küche und die hochwertigen Nahrungsmittel aus ökologischem Anbau machen jede Mahlzeit zu einem wirkungsvollen Therapeutikum, das hilft überschüssige Säuren, Toxine und Ablagerungen auszuscheiden.

Eine ayurvedische Panchakarma-Kur wird in drei Phasen eingeteilt, in denen die Nahrung jeweils individuell auf die Behandlungsweisen abgestimmt wird. Der leitende Ayurveda-Arzt und die Therapeuten achten sehr auf die strikte Einhaltung der Panchakarma-Diät, denn von ihr hängt u. a. das Gelingen der Therapie ab. Am Anfang der Panchakarma-Kur wird Agni gefördert, die Reinigung vorbereitet und der Körper stabilisert, um die intensiven Ausleitungstechniken gut zu bewältigen.

Während der Ausleitung, den fünf Karma-Techniken, wird mehr oder weniger gefastet und nur etwas Suppe gegessen. In der dritten Kurphase soll der Körper nun wieder gestärkt werden und wird mit aufbauenden Nahrungsmitteln, wirkungsvollen Heilkräutern und erneuernden Therapien in seiner Heilung gefördert.

Ernährungsempfehlungen für die einzelnen Kurphasen

1. Kurphase der inneren und äußeren Ölung:

- Mildes Essen ohne Chili, Knoblauch und mit wenig Salz.
- Die Menge immer weiter drosseln.
- Frühstück: immer weiter drosseln (nach 3 Tagen keine Früchte mehr).
- Mittag: Reis, Dal, Gemüse, kleiner Nachtisch.
- Abends: Reis-Dal-Suppe, Gemüse, leichtes Getreide, etwas Kartoffeln.

2. Kurphase der Ausleitung

- Fastenspeise mit Reisbrei und ganz flüssiger Dal-Suppe.

3. Kurphase des Aufbaus

- Langsam wieder die Nahrungsvielfalt und die Verdauungskraft steigern.
- Langsam die Nahrungsmenge steigern.
- Grundplan wie bei Einleitungsphase mit zusätzlichen Gemüsen wie Blumenkohl, Blattspinat, Mangold und Artischocke.

Rezepte

Mit der folgenden Rezeptauswahl möchte ich Ihnen einige Ideen und leckere Menüvorschläge für eine gesunde und heilende Ayurveda-Kost vorstellen. Trotz einiger Einschränkungen können Sie damit ihren Entgiftungsprozess mit wohlschmeckenden und abwechlungsreichen Speisen forcieren und begleiten. Die speziellen Rezepturen und Gerichte können im Rahmen von Ayurveda-Reinigungskuren oder für heilsame Entgiftungstage zu Hause angewendet werden.

Alle Panchakarma-Rezepte sind für jedes Dosha ausgleichend und können von allen Konstitutionstypen gegessen werden. Es sei denn, es liegt eine medizinische Kontraindikation vor, die aufgrund des persönlichen Krankheitsbildes hervorgerufen wurde. In diesem Fall wird der verantwortliche Ayurveda-Arzt eine spezielle Diät zusammenstellen.

Khicharis

Khicharis sind Reis-Dal-Suppen und stellen eines der wichtigsten Gerichte für eine sanfte Entschlackung in der Ayurveda dar. Es gibt unzählige Rezepturen, wie die Khicharis zubereitet werden können. Durch Reis-Dal-Suppen werden die Gedärme sanft gereinigt und der Organismus erhält neue Lebensenergie ohne großen Verdauungsvorgang. Sie können in verschiedenen Zubereitungsarten während der gesamten Panchakarma-Kur gegessen werden, zeigen aber eine besonders gute Wirkung in den Aufbautagen der letzten Kurphase.

Verwenden Sie für den Khichari immer nur Basmati-Reis und Mung-Dal (halbierte, geschälte Mungbohnen), es sei denn in dem Rezept werden speziell andere Zutaten angegeben. Nur diese Zutaten entfalten die leichte und heilende Kraft, ohne die Doshas zu stören.

Einfache Reis-Dal-Suppe

Zutaten

100 g Basmati-Reis
50 g gelbe Mungbohnen
1 TL Ghee
1 dünne Scheibe frischer Ingwer
1/2 TL Kreuzkümmelsamen
1/2 TL Ajwan
1/2 TL Garam masala

1. Den Reis und die Mungbohnen unter fließendem Wasser waschen.
2. Das Ghee in einemTopf erhitzen und die Gewürze hinzufügen, kurz anrösten.
3. Nun 600 ml Wasser aufgießen und zum Köcheln bringen.
4. Die Reis-Dal-Mischung in das kochende Wasser geben, umrühren und im geschlossenen Kochtopf 40 Minuten sanft köcheln lassen.
5. Das Salz zufügen und die Reis-Dal-Suppe gut umrühren. Nach Wunsch mit noch etwas mehr Kreuzkümmel, Garam Masala und frischem Koriander abschmecken.

Klassische Reis-Dal-Suppe

Zutaten

8 Tassen Wasser
1 1/2 Tassen weißer Basmati-Reis
1/2 Tasse gespaltene, gelbe Mungbohnen
1 TL Steinsalz (in Pulverform)
1/2 TL Ajwan-Samen
1/2 TL Koriandersamen
1/2 TL Kreuzkümmelsamen
2 EL reines Ghee

1. Das Wasser in einem großen, schweren Topf aus rostfreiem Stahl zum Kochen bringen. Den Reis und die Bohnen waschen und zusammen mit dem Salz in das kochende Wasser geben. Im geschlossenen Topf 25 Minuten köcheln lassen.
2. Die Samen in einer kleinen gusseisernen Pfanne einige Minuten lang bei geringer Hitze anrösten und anschließend mörsern.
3. Das Ghee in derselben Pfanne erhitzen, die gemörserten Gewürze zufügen und anrösten. Der Reis-Bohnen-Mischung zufügen.
4. Die Mischung bei geringer Hitze weitere 10 Minuten lang kochen, vom Herd nehmen und 10 Minuten ziehen lassen.

Khichari mit Gemüse

Zutaten

100 g Basmati-Reis
50 g gelbe Mungbohnen
1 Karotte
1/2 Fenchelknolle
2 TL Ghee
1 dünne Scheibe frischer Ingwer
1 TL Kreuzkümmelsamen
1 MS Chili
1/2 Koriander, gemahlen
1/2 TL Kurkuma
1/2 TL Salz
1 TL Zitronensaft
frischer Basilikum

1. Den Reis und die Mungbohnen unter fließendem Wasser waschen. Die Gemüse schälen und in kleine Würfel schneiden.
2. Das Ghee in einem Topf erhitzen und die Gewürze hinzufügen, kurz anrösten.
3. Nun das Gemüse kurz anbraten und die Reis-Dal-Mischung zufügen.
4. Anschließend 500 ml Wasser aufgießen, umrühren und zum Köcheln bringen.
5. Das Salz zufügen und den Khichari im geschlossenen Kochtopf 30 Minuten sanft köcheln lassen. Sobald es anfängt zu kochen, bitte nicht mehr umrühren, sonst wird die Suppe nicht sämig!
6. Sobald die Flüssigkeit weit gehend verkocht ist, mit etwas Zitronensaft abschmecken und frischen Basilikum zufügen.

Sanfte Gemüsegerichte

Diese milden Gemüsegerichte sind die Grundlage der ayurvedischen Heilkost während der Einleitungsphase und den Aufbautagen der Panchakarma-Kur.
Sie werden zusammen mit Basmati-Reis und Mung Dal gereicht.

Schmorgurken

Schmorgurken sind eines der Lieblingsgemüse in der ayurvedischen Schonkost. Sie sind leicht, feucht und nährend. Besonders nach einer Ausleitung, Einläufen usw. sind Schmorgurken sehr wohltuend und innerlich schmeichelnd.
Für das folgende Rezept können Sie spezielle Schmorgurken oder normale Salatgurken verwenden. Bitte schälen Sie die Gurken gründlich, und entfernen Sie die inneren Kerne.

Zutaten

2 TL Ghee
2 Gurken
1 Tl Ajwan
1 Scheibe Ingwer
1/2 TL Kurkuma
frischer Basilikum
1 MS Koriander, gemahlen
Salz

1. Ghee in einem Topf erhitzen und die Ajwansamen darin anrösten. Fein geschnittenen Ingwer und Kurkuma zufügen.
2. Die Gurken geschält, entkernt und gewürfelt dazugeben und umrühren.
3. Etwas salzen, damit sie Wasser ziehen, und bei milder Hitze sanft köcheln lassen.
4. Nach ca. 20 Minuten mit frisch gehacktem Basilikum und gemahlenem Koriander abschmecken. Eventuell noch etwas nachsalzen.

Grüner Spargel mit Karotten

Zutaten

1 Bund grüner Spargel
500 g Karotten
1 TL Kurkuma
1 Scheibe frischer Ingwer
1 TL Basilikum
1/ TL Salz
1 MS langer Pfeffer
2 TL Ghee
eventuell etwas Wasser

1. Die Karotten und den Spargel putzen und schneiden.
2. Das Ghee erwärmen, den fein geraspelten Ingwer, Kurkuma und die restlichen Gewürze anrösten.
3. Die Karotten und Spargel zugeben und mit Wasser auffüllen.
4. 15 Minuten sanft schmoren lassen, Basilikum und etwas Salz zufügen.

Okra-Gemüse aus dem Backofen

Zutaten

500 g Okra
2 große Kartoffeln
3-4 EL Kokosflocken
1 EL Ghee
1/2 TL Kreuzkümmel, gemahlen
1/2 TL Kurkuma, gemahlen
1/2 TL Currymischung
1 TL Granatapfelkerne, gemahlen
1 TL Methiblätter, getrocknet
1 TL Steinsalz
1/2 Tasse Wasser

1. Die Okras waschen und von ihrem Stiel so viel abschneiden, dass die Kuppe noch erhalten bleibt. Die Kartoffeln schälen und in Würfel schneiden.
2. Ghee, Kokosflocken und alle Gewürze mit Salz und etwas Wasser zu einer Marinade verrühren.
3. Die Okras, die Kartoffeln und die Marinade mischen und in einer feuerfesten Form ca. 35-40 Minuten im Backofen bei 175 °C backen.

Rote Bete

Zutaten

2 TL Ghee
2 Knollen Rote Bete
1/2 TL Koriandersamen
3 Pimentkörner
1 Nelke
1 TL Ingwerpulver
1/2 TL Kurkuma
1 MS Garam Masala
1/2 TL Granatapfelkerne, gemahlen (wenn verfügbar)
1/2 Salz

Rote Bete wirken besonders blut- und darmreinigend. Sie machen Ihren Stuhl locker und entfernen somit alte, abgelagerte Darmreste. Besonders wertvoll sind Rote Bete für kraftlose und überlastete Menschen, da sie durch ihren hohen Eisengehalt bei der Neubildung aller Körpergewebe eine sehr förderliche Wirkung haben.

1. Die Rote Bete schälen und in kleine Würfel schneiden.
2. Ghee in einem schweren Topf erhitzen, Koriandersamen, Pimentkörner, Nelke und Kurkuma zufügen.
3. Die Rote Bete untermischen, mit etwas Wasser begießen und köcheln lassen.
4. Nach ca. 25 Minuten Salz, Ingwerpulver, Garam Masala und Granatapfelkerne dazugeben und nochmals 10 Minuten durchziehen lassen.

Mildes Fenchelgemüse

Zutaten

1 EL Ghee
2 Fenchelknollen
1 TL Kreuzkümmelsamen
1/2 TL Fenchelsamen
1 MS Hing
1/2 TL Curry
1 MS langer Pfeffer
1 Tl Kräutersalz
1 TL Thymian

Fenchel ist ein sehr mildes und süßes Gemüse, das in keiner Reinigungskur fehlen sollte. Es harmonisiert die geistigen Kräfte und gleicht Vata aus. Damit ist Fenchel eine gute Ergänzung zu allen ausleitenden und bitteren Gemüsen, wie z. B. Spinat oder Chicorée.

1. Ghee sanft erhitzen, Kreuzkümmel- und Fenchelsamen darin anrösten. Hing, Curry zufügen, mit etwas Wasser aufgießen.
2. Fenchel vierteln, Strunk und und harte Schale entfernen. Die zarten Fenchelviertel in den Gewürzsud geben, Kräutersalz zufügen und alles sanft köcheln lassen.
3. Mit etwas Thymian und Pfeffer (am besten langer Pfeffer) abschmecken.
   Nochmals 5 Minuten durchziehen lassen.

Kürbis

Zutaten

500 g Kürbis
1 El Ghee
1 TL Koriandersamen
1 TL Bockshornkleesamen
1TL Methisamen
1 große Scheibe Ingwer
1 TL Curry mild
1/2 TL Salz
1 EL Tamari-Soße
3-4 EL Apfelsaft
1 TL Mangopulver
frischer Koriander

Kürbis ist ein sehr wertvolles Gemüse zum Ausgleich des Stoffwechsels. Er harmonisiert alle drei Doshas, wirkt sehr nährend, süß und stärkend, ohne den Organismus zu belasten.

1. Den Kürbis in mundgerechte Stücke schneiden.
2. Die Koriander- und Bockshornkleesamen fein mörsern und im Ghee anrösten. Curry und fein geschnittenen Ingwer zufügen und kurz anrösten.
3. Den Gewürzsud mit dem Kürbis mischen und mit etwas Tamari-Soße, Apfelsaft, Mangopulver und Salz marinieren. 1 Stunde durchziehen lassen.
4. Den marinierten Kürbis auf ein Backblech legen und im Backofen bei 175 °C weich backen.
5. Mit frischem Koriandergrün bestreuen und servieren.

Indisches Mischgemüse mit Kartoffeln

Zutaten

2 große Kartoffeln
2 große Karotten
1 Zucchini
200 g grüne Bohnen
(falls erlaubt, sonst einfach weglassen)
1 1/2 EL Ghee
2 TL Salz
3 Nelken
1/2 TL Ajwansamen
1 TL Koriander, gemahlen
1/2 TL Kreuzkümmel, gemahlen
1/4 TL Zimt
1 TL Grantapfelkerne

1. Kartoffeln und Karotten schälen und in kleine Würfel schneiden. Zucchini waschen und in größere Würfel schneiden. Bohnen waschen und ca. 1/2 cm breit schräg schnipseln.
2. Das Ghee zerlassen und Nelke, Ajwan, Koriander und Kreuzkümmel darin anbräunen.
3. Das Gemüse hineingeben, etwas Wasser aufgießen und alles gut verrühren.
4. Bei niedriger Temperatur ca. 25 Minuten nicht zu weich garen.
6. Mit etwas Zimt, gemahlenen Granatapfelkernen und Petersilie abschmecken, gleichmäßig unterrühren, eventuell nachsalzen.

Zarte Ingwermöhren

Zutaten

750 g Möhren
2-3 fingerlange Stücke frischer Ingwer
1 EL Ghee
3 Nelken
1 TL Koriandersamen
1 TL Kreuzkümmelsamen
1/2 TL Pefferkörner
Salz
frischer Koriander

1. Die Möhren schälen und in Scheiben oder Stifte schneiden. Den Ingwer ebenfalls schälen, fein raspeln oder würfeln.
2. Die Gewürze mit Salz im Mörser zerkleinern und im heißen Ghee anbraten, bis sie knacken.
3. Dann den Ingwer hinzufügen und braten, bis er leicht zu bräunen beginnt.
4. Die Möhrenstücke zufügen und kurz mit braten. Mit etwa einer Tasse Wasser ablöschen und gar köcheln lassen.
5. Zum Schluss den frischen klein geschnittenen Koriander unterheben und auch darüberstreuen.

Spezielle Rezepte für die Ausleitungstage

Leichter Reisbrei

Zutaten pro Person

1 Tasse Reisflocken
2 1/2 Tassen Wasser
1 MS Steinsalz

Die Reisflocken mit dem Wasser mischen und aufkochen. Das Salz unterrühren und 5 Minuten köcheln lassen. Im geschlossenen Topf 10 Minuten ruhen lassen und dann verzehren.

Reissuppe

Zutaten für vier Portionen

2 Tassen brauner Rundkornreis mit etwas längeren Körnern
6 Tassen Wasser
1 TL Kreuzkümmelsamen
1 TL Koriandersamen

1. Waschen Sie den Reis, und rösten Sie ihn bei geringer Hitze ohne Öl in einer gusseisernen Pfanne 15 Minuten lang oder so lange, bis der Reis trocken und goldgelb ist.
2. Mit einem Holzspatel den Reis wenden, um zu verhindern, dass er ansetzt oder anbrennt.
3. Das Wasser in einem mittelgroßen Topf aus rostfreiem Stahl zum Kochen bringen. Den gerösteten Reis hinzugeben, und das Ganze bei geringer Hitze im geschlossenen Topf 45 Minuten köcheln lassen.
4. Die Koriander- und Kreuzkümmelsamen ohne Öl einige Minuten lang in einer kleinen Pfanne anrösten und mörsern. Dann zu der gekochten Reisgrütze hinzugeben.
5. Die Mischung weitere 15 Minuten lang kochen lassen. Nehmen Sie den Topf vom Herd, und lassen Sie den Topfinhalt 10 Minuten lang ungestört ziehen, bevor Sie die Grütze servieren.

Dünne Reisgrütze

Zutaten für zwei Portionen

5 Tassen Wasser
1 Tasse weißer Basmati-Reis
1 TL reines Ghee
1/2 TL Steinsalz (in Pulverform)
1/2 TL Kreuzkümmelsamen
1/2 TL Ajwan-Samen

1. Wasser in einem großen Topf aus rostfreiem Stahl zum Kochen bringen. Den Reis waschen und ins kochende Wasser geben.
2. Decken Sie den Topf zu, und köcheln Sie das Ganze bei geringer Hitze 20 Minuten lang.
3. Das Ghee in einer kleinen gusseisernen Pfanne erhitzen, die Samen einige Minuten anrösten, bis sie goldgelb sind. Die Samenmischung mit dem Salz in die Reisgrütze geben, kurz umrühren und den Reis weitere 20 Minuten lang kochen lassen, bis die Reiskörner vollkommen aufgebrochen sind.
4. Den Topf vom Herd nehmen, und die Grütze vor dem Servieren 10 Minuten abkühlen lassen.

Reisporridge

Zutaten für zwei Portionen

4 Tassen Wasser
1 Tasse brauner Basmati-Reis
1/4 Tasse ganze Mungbohnen
1/4 TL Pippali-Pulver
1/4 TL schwarzer Pfeffer, gemahlen
1/4 TL Steinsalz (in Pulverform)
1 TL reines Ghee
1 EL brauner Zucker

Dieses Rezept wird vor allem zur Verwendung nach Virechana (Abführen) empfohlen.

1. Wasser zum Kochen bringen, Reis, Mungbohnen, Pippali, schwarzen Pfeffer und Salz hinzufügen. Den Topf zudecken und 25 Minuten köcheln lassen.
2. Ghee bei geringer Hitze in einer kleinen gusseisernen Pfanne erhitzen und den Zucker hinzufügen. Lassen Sie die Mischung bei geringer Hitze einige Minuten lang ziehen, bis Blasen entstehen.
3. Nun die Mischung dem Reis-Mungo-Porridge hinzufügen und weitere 30 Minuten bei geringer Hitze kochen lassen, bis der Brei zu einem dickflüssigen Porridge geworden ist.
4. Nehmen Sie den Topf vom Herd, und lassen Sie den Porridge 15 Minuten ziehen, bevor Sie ihn servieren.

Zutaten für zwei Portionen

8 Tassen Wasser
1 Tasse Milch
1 Tasse Perlgraupen
1/4 Tasse brauner Rundkornreis
1 TL Steinsalz (in Pulverform)
1/2 TL Kardamomsamen
1/4 TL Koriandersamen
1/2 TL Ajwan-Samen
1 TL reines Ghee
1 TL frische, gehackte Minze

Graupensuppe

1. Wasser und Milch in einem großen, schweren Suppentopf mischen und zum Kochen bringen. Die Graupen und den Reis waschen und mit dem Salz in das kochende Wasser geben.
   Im geschlossenen Topf das Ganze bei mittlerer Hitze 35 Minuten lang köcheln.
2. Die Samen ohne Öl in einer kleineren guss-eisernen Pfanne bei geringer Hitze 3 Minuten lang anrösten und zu einem groben Pulver mörsern.
3. Das Ghee in derselben Pfanne erwärmen und zusammen mit den gemahlenen Gewürzen in die Graupen- und Reissuppe geben. Die Suppe weitere 20 Minuten lang bei geringer Hitze kochen lassen (bis die Graupen sehr weich sind).
4. Den Topf vom Herd nehmen und die gehackte Minze hinzufügen. Decken Sie die Suppe zu, und lassen Sie sie 15 Minuten lang ziehen, bevor Sie sie servieren.

Leichte Gemüsesuppe

Zutaten für zwei Portionen

1 TL Tamarindenpaste
8 Tassen Wasser
1/2 Tasse gespaltene Mungbohnen
2 Tassen Okra, in dünne Scheiben geschnitten
1 EL reines Ghee
1 TL Steinsalz (in Pulverform)
1/4 TL Kurkuma
1/2 TL Kreuzkümmelpulver
1 TL Ingwerpulver
1/4 TL Pippali-Pulver

1. Das Wasser in einem großen, schweren Suppentopf zum Kochen bringen.
2. Die Mungbohnen waschen und zusammen mit den Okraschoten und dem Salz in das kochende Wasser geben, im geschlossenen Topf 45 Minuten köcheln lassen.
3. Das Ghee in einer kleinen gusseisernen Pfanne erhitzen, die gemahlenen Gewürze anrösten und sofort in die Suppenmischung geben.
   Die Tamarinde ebenfall zufügen und alles gut mischen.
4. Die Suppe weitere 15 Minuten lang kochen lassen. Anschließend vom Herd nehmen und 10 Minuten lang ziehen lassen.

Anmerkung:
Die Okraschoten können durch dieselbe Menge Spargel, Stangenbohnen, Karotten, Lotoswurzeln, Zucchini und Gartenkürbis ersetzt werden. Außerdem kann zur Abwechslung auch eine drittel Tasse jedes dieser Gemüse verwendet werden.

KERSTIN ROSENBERG

Die sattvische Küche:
reine Ernährung für den Geist

Die sattvische Diät versorgt den Körper mit spiritueller Kraft, feinstofflicher Energie und geistiger Vitalität. Sie ist eine sehr reine Ernährungsweise, die für Menschen mit einem hohen Bewusstsein, guter Gesundheit und starken Verdauungssäften konzipiert ist. Ebenso kann es sehr sinnvoll sein, die sattvische Ernährung während der Reinigungsphasen im Jahreszyklus oder in Zeiten intensiver Selbsterfahrung und spiritueller Übungen zu praktizieren. Die Grundnahrungsmittel der sattvischen Diät sind süß und beruhigend, sie harmonisieren Körper und Geist und befreien uns von negativen Emotionen. Besonders gut ist diese Ernährungsart für alle Pitta- und Vata-Typen bzw. bei Störungen dieser Doshas.

Wenn Sie nach innerer und äußerer Reinheit streben, können Sie ohne Bedenken die sanften Rezepte der Panchakarma-Küche und die lichtvollen Rezepte der sattvischen Küche mischen. Der grundlegende Unterschied zwischen diesen beiden Ernährungsausrichtungen ist lediglich, dass wir in der sattvischen Ernährung von einem starken Verdauungsfeuer ausgehen und einen großen Anteil an Rohkost und frischen Früchten zu uns nehmen und in der Panchakarma-Ernährung ausschließlich gekocht gegessen wird, da Agni sehr geschwächt ist.

Als weitere Erweiterung der Rezeptvorschläge eignen sich alle Gemüse und Hülsenfrüchte, die ohne Zwiebeln, Knoblauch und Chili zubereitet werden. Achten Sie bitte auch auf die ganzheitlichen Empfehlungen der spirituellen Ethik und Lebenskunde der Ayurveda (siehe auch Kapitel „Essen als Ritual" S. 145 ff).

Wichtig für diese Art der Ernährung ist Ihre liebevolle Energie und innere Bewusstheit beim Kochen und Essen. Gerade weil Sie jetzt mit der Auswahl von Gewürzen, Gemüsen und anderen Nahrungsmitteln sehr eingeschränkt sind, ist die liebevolle und gekonnte Zubereitung wichtig. So wie man auf einem weißen Hemd jeden Flecken sieht, schmeckt und spürt man bei einem reinen Essen jeden Störfaktor. Nach klassischer Tradition haben sich die Ayurveda-Köche vor dem Kochen mit einem Bad und einer Meditation auf die lebenspendende Kraft der Nahrung konzentriert und während des Kochens mit Singen und liebevoller Kraft den Geschmack und die Wirkung ihrer Speisen verstärkt.

Dies lässt sich heute nur schwer umsetzen. Doch wenn Sie die heilende Kraft der Nahrung während des Kochens voll entfalten möchten, so müssen Sie sich Zeit und Muße beim Zubereiten Ihrer Speisen nehmen. Zelebrieren Sie genussvoll die schmackhaften und gekonnt gewürzten Menüs, und vermeiden Sie Stress, Ärger oder negative Gedanken, während Sie kochen.

Widerstehen Sie der Versuchung, während des Kochens etwas von den Speisen zu probieren, denn das mindert Ihre geistige Kraft. Ein guter Ayurveda-Koch kocht mit allen Sinnen, doch kostet er seine Speisen nicht, da dies seine anderen Sinne trüben würde. Stellen Sie sich den Geschmack Ihrer Speisen so präzise und deutlich wie nur möglich im Geiste vor, und legen Sie Ihre ganze Kreativität und Liebe in die Auswahl der Gewürze und Nahrungsmittel. Auf diese Weise machen Sie das einfachste Essen zu einem kraftvollen Instrument zur Reinigung Ihres Körpers und Ihres Geistes.

Mit der sattvischen Ernährung öffnen Sie sich energetisch für alle feinstofflichen Eindrücke aus der Außenwelt, aber auch aus Ihrer eigenen Gefühls- und Gedankenwelt. Eine enthaltsame Kur, das Vermeiden von schlechter Umgebung, negativen Gedanken, aufbrausenden Emotionen und ungesunden Gewohnheiten ist die Grundlage für eine erfolgreiche Umsetzung der sattvischen Ernährung und bedeutet einen tiefen therapeutischen Einschnitt in unser „normales" Leben.

Öffnen Sie sich mit jeder sattvischen Mahlzeit dem kosmischen Licht aus der Nahrung, so werden Sie mit allem genährt, was Leib und Seele wünschen. Sie gewinnen einen neuen Zugang zur spirituellen Natur und verbinden sich auf tiefster Ebene mit Gottes Schöpfung.

Die betont einfachen Speisen der sattvischen Ernährung sind ausgleichend für alle Doshas und können von allen Konstitutionstypen gegessen werden. Die kleine Auswahl der wohlschmeckenden Grundrezepte soll Ihnen ein Beispiel für die sattvische Ernährung geben, die Sie auch mit anderen Zutaten variieren können. Agni muss sich in einem guten Zustand befinden, um die lebendige Nahrung ohne Verdauungsstörungen gut zu verdauen.

Milch mit Kardamom und Mandeln

Zutaten

1 l frische Milch
4 TL Zucker
1/4 TL Kardamompulver
1/8 TL Safranpulver
1/4 TL Muskatnuss, frisch gerieben
2 EL Pistazien, fein gehackt
2 EL Mandeln, geschält, in Stifte geschnitten

1. Die Milch in einem Topf zum Kochen bringen. Vom Herd nehmen, Safran, Kardamom, Muskatpulver und Zucker einführen und 1-2 Minuten stehen lassen.
2. Auf 4 Tassen verteilen, mit Pistazien und Mandeln garnieren, heiß servieren.

Heiße Milch ist das klassische Frühstück der sattvischen Ernährung. Die Alternative besteht aus einem Ingwerwasser mit etwas Kreuzkümmelsamen. Dies regt ganz besonders gut das innere Feuer an.

Karottensalat

Zutaten

400 g Karotten
4 EL Olivenöl
Saft 1 Zitrone
5 EL süße Sahne
1 TL Schabzigerklee
1/2 TL Senfsamen
1/2 TL Currymischung
Salz

1. Die Senfsamen ganz fein mörsern und mit allen restlichen Zutaten für das Dressing mischen.
2. Die Karotten schaben, grob raspeln und mit dem Dressing 10 Minuten durchziehen lassen.

Roter Rohkostsalat

Zutaten

2 Knollen Rote Bete
4 Karotten
6-8 EL Olivenöl
Saft von 1 Zitrone
1 TL Honig
1/2 Bund Dill
Pfeffer und Salz

1. Rote Bete und Karotten schälen und fein reiben oder hacken.
2. Aus Olivenöl, Zitronensaft, Honig, gehacktem Dill, Pfeffer und Salz eine Marinade bereiten und unter die geriebene Rohkost mischen. Mindestens 30 Minuten durchziehen lassen.

Spargelsalat

Zutaten

1 Bund weißer Spargel
2 TL Shakari-Zucker
1 TL Steinsalz
1/2 Zitrone
1 TL Apfelessig
1 TL Balsamico-Essig
5 EL Olivenöl
1/2 Bund Basilikum
1/2 TL Methisamen, gemahlen
1/2 TL Ingwerpulver

1. Die Spargel schälen. Einen Topf mit Wasser füllen, die Spargelschalen mit Salz, Zucker und einer halben Zitrone 30 Minuten auskochen.
2. Den ausgekochten Spargelsud in einen anderen Topf abgießen und darin die Spargel knackig abkochen. Anschließend die Spargel aus dem Topf nehmen und etwas kühlen lassen.
3. Für die Marinade Olivenöl, Essig, gemahlenen Methi, Ingwerpulver und Basilikum in einen Mixer geben und pürieren. Dann 30-50 ml von dem Spargelsud untermischen.
4. Den lauwarmen Spargel in Stücke schneiden und mit der Marinade mischen.

Rohkostplatte mit Artischocken-Dip

Zutaten

500 g Gemüse-Rohkost (bunter Paprika, Karotten, Gurken, Staudensellerie, Blumenkohl)
100 g Artischocken, eingelegt
1 Bund Basilikum
100 g Frischkäse oder Joghurt
1/4 TL Kreuzkümmel, gemahlen
Salz und Pfeffer

Das Rohkostgemüse putzen und in mundgerechten Stücken auf einer Platte kreisförmig anrichten.
Die Artischocken mit dem Basilikum und Frischkäse im Mixer pürieren und mit Kreuzkümmel, Salz und Pfeffer abschmecken.
Den Dip im Zentrum des Gemüseringes anrichten.

Linsensuppe mit roten Linsen

1. Die Linsen waschen und in kaltem Wasser etwas einweichen, die Kartoffeln, Karotte und Lauchstange schälen und große Stücke schneiden.
2. Die Gewürzsamen mörsern, das Ghee in einem Topf erhitzen und die Samen darin aufspringen lassen. Kurkuma und Kreuzkümmel dem Fond zufügen. Dann das gewürfelte Gemüse zufügen und etwas anschmoren.
3. Die roten Linsen abgießen und in den Topf geben, kurz unterrühren und mit 600 ml Wasser übergießen. Etws Salz zufügen und die Suppe 30 Minuten auf niedriger Flamme köcheln lassen.
4. Mit dem Mixer pürieren und mit Garam Masala und etwas Obstessig abschmecken.

Zutaten

2 TL Ghee
1/2 TL Koriandersamen
1/2 TL Senfsamen
2 Kartoffeln
1 kleine Karotte
1 kleine Stange Porree
150 g rote Linsen
1/2 TL Kurkuma
1/2 TL Kreuzkümmel
1/4 TL Garam Masala
1 TL Salz
1 EL Obstessig

Reis-Linsen-Gemüse-Eintopf

1. Den Blumenkohl in Röschen von etwa 3 cm Durchmesser schneiden, diese waschen, schälen und in etwa 3 cm große Würfel schneiden.
2. In einem Topf 2 EL Ghee erhitzen. Zwiebeln darin bei mittlerer Hitze unter Rühren dunkelbraun anbraten. Lorbeerblätter, Kurkuma, Kreuzkümmel, Paprika und Chilipulver hinzufügen und bei mittlerer Hitze etwa 2 Minuten anbraten.
4. Reis, Linsen, Kartoffeln, Blumenkohl und Blattspinat dazugeben und alles gut verrühren. Reichlich Salz und 1 1/2 l Wasser dazugeben. Wenn es zu kochen zu beginnt, die Hitze reduzieren und das Gericht zugedeckt bei schwacher Hitze etwa 25 Minuten köcheln lassen, bis alles gar ist.
5. In einer kleinen Pfanne 1 EL Ghee schmelzen lassen und über das fertige Gericht gießen. Garam Masala darüber streuen.

Zutaten

1/2 Blumenkohl
1 Kartoffel, festkochend
130 g Blattspinat
1 Stück frischer Ingwer
2 EL Ghee
3 Lorbeerblätter
1 1/2 TL Paprikapulver, edelsüß
2 EL Joghurt
1 TL Kreuzkümmelpulver
1 TL Kurkumapulver
1/4 TL Chilipulver
100 g Basmati-Reis
100 g Masur Dal (rote Linsen)
1 TL Garam Masala
Salz

Zutaten

4 Tassen kaltes Wasser
2 Basmati-Reis
1 MS schwarzes Salz
2 TL Kristallsalz
1 TL Kreuzkümmelsamen
5 Nelken

Basilikum-Chutney
3 Tomaten
1 großer Bund Basilikum
2 EL Olivenöl
1/2 TL Salz
1/2 TL Pfeffer
1 EL Methiblätter
1 TL Zucker
1 MS Kardamom
100g Joghurt

Weißer Reis mit Basilikum-Chutney

1. Den Basmati-Reis waschen und abgießen.
2. Ghee erhitzen, Nelken, Kreuzkümmel und schwarzes Salz darin anrösten und gewaschenen Basmati-Reis zugeben.
3. Den Reis kurz mit anbraten, dann Wasser zufügen und zum Schluss das Kristallsalz dazugeben.

Basilikum-Chutney

1. Die Tomaten waschen und vierteln, und das Basilikum waschen und abzupfen.
2. Alle Zutaten in den Mixer geben und pürieren.

Basilikum ist eine der heiligen Pflanzen Indiens. Es schenkt Harmonie in Körper und Geist und gehört neben Kardamom, Brahmi und Safran zu den wichtigsten sattvischen Kräutern.

Ghee-Reis mit Blumenkohl im Kokosmantel

Zutaten

Ghee-Reis
1 1/2 Tassen Vollkornreis
4 1/2 Tassen Wasser
1 EL Ghee
1 TL Steinsalz
4 EL frischer Portulak

1. Den Reis gründlich waschen und mit kaltem Wasser aufsetzen. Das Salz zufügen und zum Kochen bringen.
2. Im geschlossenen Topf 30-35 Minuten köcheln lassen, bis das gesamte Wasser verdampft ist. Das Ghee untermischen und im geschlossenen Topf 5 Minuten stehen lassen.
3. Den Portulak waschen und fein hacken, über den Reis geben und sofort mit dem Gemüse verspeisen.

Die Blätter des Portulak ähneln in Geschmack und Form sehr dem indischen Brahmi, einer Heilpflanze der Ayurveda, die besonders gut bei geistigen Störungen und Depressionen eingesetzt wird.
Es ist mir nicht bekannt, ob Portulak die gleiche Wirkung aufweist wie Brahmi, doch die Ähnlichkeit ist so auffällig, dass die sattvische Küche in Europa eine Vorliebe für Portulak hegt.

Blumenkohl im Kokosmantel

Zutaten

1 Blumenkohl
1 EL Ghee
1 TL Kreuzkümmelsamen
2 TL Curryblätter
(kann weggelassen werden, falls nicht vorhanden)
1/2 TL Koriander, gemahlen
1/2 TL Kurkuma
frischer Ingwer
3 Nelken
50 g Kokosflocken
1/4 TL Garam Masala
ein Spritzer Zitronensaft

1. Den Blumenkohl in Röschen teilen und waschen.
2. Ghee in einem Topf erhitzen. Kreuzkümmelsamen, Curryblätter und Nelken hinzugeben.
3. Dann den gemahlenen Koriander, Kurkuma und den frischen Ingwer (geraspelt oder in feine Würfel geschnitten) unter Rühren im Ghee leicht anrösten. 1/4 Tasse Wasser aufgießen, salzen und den Blumenkohl zufügen und köcheln lassen.
4. Wenn der Blumenkohl gar ist (nach ca. 10 -15 Minuten), die Kokosflocken untermischen und mit etwas Garam Masala und einem Spritzer Zitronensaft abschmecken.

Zutaten
Bunter Getreideeintopf

1 1/2 Tassen Getreide (wie Reis, Hirse, Dinkel- oder Grünkernschrot)
3 1/2 Tassen Wasser
2 TL Ghee
150 g grüne Bohnen
1 kleiner Kohlrabi
1 große Karotte
1/2 TL Koriandersamen
1 TL Schwarzkümmelsamen
1/2 TL Kurkuma
1/4 TL Galgant
1/2 Bund Basilikum
1 TL Steinsalz

Bunter Getreideeintopf mit Paprika-Gurken-Gemüse

1. Das Getreide und das Gemüse waschen und in kleine Würfel schneiden.
2. Das Ghee in einem Topf erhitzen, die gemörserten Koriandersamen und Schwarzkümmelsamen darin anrösten.
3. Das Gemüse zufügen und etwas anbraten. Das Getreide untermischen und mit 3 1/2 Tassen Wasser aufgießen.
4. Kurkuma und Salz zufügen und zum Kochen bringen. Bei kleiner Flamme für 30 Minuten köcheln und ausquellen lassen.
5. Am Schluss mit Galgant und frischem Basilikum abschmecken.

Paprika-Gurken-Gemüse

Zutaten

2 gelbe Paprika
1 rote Paprika
1 Gurke
2 TL Ghee
50 g Kokosflocken
1 große Scheibe Ingwer
1 TL Ajwansamen
1/2 TL Kurkuma
1/2 TL Kreuzkümmel, gemahlen
1/2 Steinsalz
etwas frischer Dill
1 TL Zitronensaft

1. Die Paprika halbieren, die Kerne entfernen, waschen und in Würfel schneiden. Die Gurke schälen, halbieren, die Kerne entfernen und in Halbringe schneiden. Die Kokosflocken in etwas Wasser einweichen.
2. Das Ghee in einem Topf erhitzen, die Ajwansamen, Kurkuma und Kreuzkümmel darin kurz anrösten.
3. Die eingeweichten Kokosflocken dazugeben und mit den Gewürzen 5 Minuten weich garen. Das Gemüse untermischen, salzen und im geschlossenen Topf 15 Minuten sanft köcheln lassen.
4. Mit frischem Dill und 1 TL Zitronensaft verfeinern.

KERSTIN ROSENBERG

Genussvoll abnehmen mit Ayurveda

Unser allgemeiner Schönheitsmaßstab wird in der Regel mit dem Maßband und der Waage gemessen. „Schön sein“ bedeutet in unserer Kultur normalerweise, eine schlanke Figur und ein straffes, jugendliches Gewebe zu haben. Dies ist für viele Konstitutionstypen nur mit einer richtigen Ernährung und typgerechten Körperpflege zu erreichen und zu halten.

Doch nicht jeder, der sich selbst als zu dick betrachtet, ist dies auch aus ayurvedischer Sicht. Entsprechend Ihrer persönlichen Konstitution dürfen Sie gerne ein paar Reserven auf den Knochen haben und die wohlgeformte Fülle eines gesunden Körpers ausdrücken. Gerade Menschen mit einem starken Kapha-Anteil sind von Natur aus kräftiger gebaut und werden auch mit üppigeren Körperformen in ihrer ganzen Schönheit gesehen.

In der Ayurveda lehrt man, dass jeder Stoffwechsel seine individuellen Eigenarten hat. So nehmen manche Menschen z. B. bei Stress zu (der Stoffwechsel ist überlastet) und andere nehmen bei Stress ab (der Stoffwechsel ist überaktiv). Manche können Essen, was sie wollen, ohne zuzunehmen, und andere werden schon vom Zuschauen dick.

Wie der Körper auf die Nahrung reagiert, ist abhängig von den Funktionen des Agnis und der Dominanz der Doshas. So ist eine gesunde und bleibende Gewichtsreduktion nicht durch eine Diät zu erreichen, sondern nur durch eine ausgewogene und individuell abgestimmte Ernährungsweise. Der Körper sollte nicht mehr als maximal 500 g Fettgewebe pro Woche abbauen, da er sonst das neue Gewicht nicht halten kann. Körperliche Bewegung und die geistige Auseinandersetzung mit den psychischen Ursachen für die Gewichtsprobleme sind eine sinnvolle und notwendige Begleitung. Kommt es zu den so genannten Kurkrisen während einer gewichtsreduzierenden Ernährung, ist es nicht sinnvoll die Diät abzubrechen! Denn die Krise zeigt an, dass bereits ein tief greifender Reinigungsprozess auf physischer wie psychischer Ebene im Gange ist, und dieser sollte jetzt weitergeführt werden. Es ist jedoch empfehlenswert, eine kurze und kontrollierte Rückkehr in die alten Ernährungsgewohnheiten zu unternehmen, um die Intensität des Reinigungsprozesses etwas zu drosseln.

Die wichtigsten allgemeinen Ernährungsempfehlungen zum Gewichtsausgleich:

- Essen Sie drei regelmäßige Mahlzeiten am Tag, und vermeiden Sie Zwischenmahlzeiten.
- Essen Sie täglich viel frisches Gemüse und bevorzugen Sie warme Speisen.
- Trennen Sie innerhalb einer Mahlzeit eiweiß- und kohlenhydrathaltige Nahrungsmittel voneinander.
- Nehmen Sie nur ein leichtes Frühstück ein, und trinken Sie viel warmes Wasser oder Kräutertee am Vormittag.
- Vermeiden Sie Zucker, Käse, Fleisch, Wurst und frittierte Speisen.
- Essen Sie nur wenig Salz und am besten Steinsalz.
- Treiben Sie regelmäßig Sport, aber nicht direkt nach den Mahlzeiten.
- Essen Sie abends nicht nach 19.00 Uhr.
- Verwenden Sie hilfreiche Gewürze wie Chili, Ingwer, Hing, Senfsamen, Knoblauch und Zimt in der Ayurveda-Küche.
- Unterstützen Sie Ihren Stoffwechsel mit anregenden Kräutern wie Berberitze, Triphala oder Trikatu.
- Schenken Sie sich täglich etwas Ruhe, denn Entspannung hilft beim Abnehmen.
- Gerste, Mungobohnen und Chili sind die besten „Fettverbrenner" und sollten möglichst oft in den Speiseplan integriert werden.

Dass eine gewichtsreduzierende Ayurveda-Diät sehr schmackhaft und befriedigend sein kann, zeigen die nachfolgenden Rezepte. Mit den gesunden Gemüsegerichten und vitalisierenden Rezeptvorschlägen dürfen Sie sich so richtig satt essen und das Leben auf leckere Weise genießen.

Es geht nicht darum, dass Sie die nächsten 2-3 Wochen auf alles verzichten und schnell abnehmen, um anschließend wieder bei normaler Kost zuzunehmen. Vielmehr möchte ich Sie für eine neue Lebensweise und Kochkunst begeistern, die Ihrem Körper und Wohlbefinden auf allen Ebenen des Seins gut tut. Und das Einpendeln

Ihres gesunden Idealgewichts wird nur eine von vielen positiven Wirkungen der ayurvedischen Ernährungsumstellung sein.

Alle Rezepte und Menüvorschläge bewirken eine körperliche Kapha-Reduktion und einen psychischen Ausgleich von Kapha. Somit sind sie optimal zum Abbau von Mamsa-Fettgewebe geeignet und bewirken einen sichtbaren Kapha-Abbau. Sollten Sie viele Wasseransammlungen im Körper haben, so lassen Sie einfach die Tomaten weg und ersetzen Sie diese durch ein wenig Wasser.

Kapha-Konstitutionen können die angegebenen Rezepte generell in ihren Speiseplan einbauen, auch ohne abzunehmen zu wollen. Für alle anderen Konstitutionstypen sind die Speisen so lange geeignet, wie der Kapha-Überschuss die ursprüngliche Dosha-Konstellation überdeckt. Wenn Sie eine längere Ayurveda-Diät machen möchten, können Sie die folgenden Rezepte mit allen Kapha geeigneten Speisen aus der herkömmlichen Ayurveda-Küche für jeden Tag ergänzen.

Artischocke mit feurigem Paprika-Chutney

Zutaten

2 Artischocken
2 rote Paprika
1 Tomate
2 Chilischoten
2 TL Sonnenblumenöl
1 Scheibe frische Ingwerwurzel
1 TL Fenchelsamen
1/2 TL Kurkuma
1 MS Hing
1 TL Currymischung
1/2 TL Koriander, gemahlen
1/2 TL Salz
100 ml Wasser
1 EL Balsamico-Essig
etwas Pfeffer und
Kreuzkümmel, gemahlen

1. Die Artischocken vom Stiel befreien und in einem mit Wasser gefüllten Topf zum Kochen bringen. Nach ca. 30 Minuten (je nach Größe) sind sie gar und können unter kaltem Wasser abgeschreckt werden.
2. Paprika und Tomate waschen und in kleine Würfel schneiden. Dann die Chilischoten halbieren und mit dem Ingwer in feine Streifen schneiden.
3. Etwas Sonnenblumenöl in einem kleinenTopf erhitzen, die Fenchelsamen kurz darin anrösten, Chili und Ingwer zufügen.
4. Die Tomate untermischen, und sobald sich etwas Flüssigkeit gebildet hat, die gemahlenen Gewürze und das Salz hinzugeben.
5. Die Paprikawürfel unter den Gewürzsud rühren, etwas Wasser aufgießen und köcheln lassen.
6. Sobald die Paprika weich sind, mit Balsamico-Essig und etwas Pfeffer und gemahlenem Kreuzkümmel abschmecken. Etwas abkühlen lassen und als Dip zu den gekochten Artischocken genießen.

Bohnenröllchen im roten Chicorée-mantel mit Avocado-Mango-Dip

Zutaten

400 g grüne Buschbohnen
1 Chicorée rosso oder Radicchio
1 EL Balsamico-Essig
1/2 EL Akazienhonig
Saft von 1 Zitrone
1 TL Koriandersamen, gemahlen
1/2 TL Salz
1/2 Glas Wasser

1. Die Bohnen von ihren Stielenden befreien und in kochendem Wasser blanchieren.
2. Die Blätter des Chicorée rosso einzeln waschen und abtropfen lassen.
3. In einer Pfanne etwas Olivenöl erhitzen und die Chicoréeblätter hinzugeben.
   Aus Balsamico-Essig, Akazienhonig, Zitronensaft, Koriander und etwas Wasser eine Marinade machen und diese über das Gemüse geben.
   5 Minuten köcheln lassen und vom Herd nehmen. Etwas salzen und abkühlen lassen.
4. 6-8 Bohnen bündeln und die eine Hälfte mit einem roten Chicoréeblatt umwickeln.
   Alle Bohnen auf diese Weise zu kleinen Röllchen verarbeiten.
5. Mit dem Avocado-Mango-Dip dekorativ auf einer großen Platte oder Vorspeisentellern anrichten.

Avocado-Mango-Dip

Zutaten

1 reife Avocado
1 reife Mango
1 feste Eiertomate
1 Scheibe frischer Ingwer
100 g Joghurt Natur
Saft von 1/2 Limone
1 TL Sojasoße
1 MS Chilipulver
etwas frischer Portulak

1. Das Fruchtfleisch der Avocado, Mango und Tomate in kleine Würfel schneiden.
2. Joghurt, Limonensaft, Sojasoße, Chilipulver, Salz und etwas fein geschnittenen Ingwer zu einer Soße verrühren und mit den Früchten mischen.
3. Etwas durchziehen lassen und mit frischem Portulak dekorieren.

Bunte Gartensuppe mit Gerste

Zutaten

100 g Gerstengraupen, geschrotet
1 Stange Lauch
1 Karotte
1/4 Sellerieknolle
4 Spargelstangen
2 EL Gemüsebrühe, gekörnt
1 TL Ghee
1 TL Kreuzkümmel
2 TL Obstessig
1 TL Paprikapulver, edelsüß
Pfeffer und Salz
frische Petersilie

Gerste ist eines der besten Getreide, um Kapha auszugleichen. Sie ist leicht, trocken und reduziert die überschüssigen Kapha-Gewebe. Damit ist Gerste auch ein ideales Getreide zum Abnehmen. In der leckeren Gartensuppe ist die Gerste mit Wurzelgemüsen kombiniert, die entgiftend und ausleitend wirken. Je nach Geschmack können Sie die Suppe etwas dicker als Eintopf oder etwas dünner als Suppe zubereiten. Gemeinsam mit den knusprigen Gewürzwaffeln stellt die bunte Gerstensuppe eine vollständige und alle Sinne befriedigende Mahlzeit dar.

1. Das Gemüse waschen, putzen und in mundgerechte Streifen und Würfel schneiden.
2. Das Ghee erhitzen und die geschroteten Gerstengraupen darin anrösten. Die gekörnte Gemüsebrühe zufügen, umrühren und mit etwas Wasser auffüllen. Aufkochen lassen.
3. Das Gemüse hineingeben, etwas Salz zufügen und köcheln lassen.
4. Nach ca. 25 Minuten sollte die Suppe fertig sein. Jetzt noch mit Kreuzkümmel, Paprikapulver, Obstessig, Pfeffer und frischer Petersillie abschmecken.

Roter Reis mit gedünstetem Chicorée

Zutaten

2 Tassen Patna-Reis
2 TL Ghee
2 Tomaten
2 Chilischoten
1 TL Bockshornkleesamen
1 L Kreuzkümmelsamen
2 TL Schwarzkümmelsamen
1/2 TL Kurkuma
1/2 TL Garam Masala
100 g Pinienkerne
Salz
5 Tassen Wasser
Koriandergrün

1. Ghee in einem Topf erhitzen. Die Kreuzkümmel- und Bockshornkleesamen zufügen und anrösten.
2. Den Reis hinzugeben und im Ghee etwas anbraten.
3. Die Tomaten und Chilischoten im Mixer pürieren und in den Topf geben, mit Kurkuma und Schwarzkümmelsamen untermischen.
   Das Wasser aufgießen und Salz hinzufügen.
4. Kurz bevor das gesamte Wasser im Topf verkocht ist, die Pinienkerne und Garam Masala untermischen, den Herd ausschalten und mit der Restwärme den Reis fertig garen.
5. Mit Koriandergrün dekorieren und mit dem gedünsteten Chicorée anrichten.

Gedünsteter Chicorée

Zutaten

3 Chicorée
1 Gemüsezwiebel
1 Knoblauchzehe
2 Chilischoten
1 El Sesamöl
1/2 TL Kreuzkümmelsamen
1/2 TL Kurkuma
1 TL Currymischung
1 TL Tymian, getrocknet
1 TL Basilikum, frisch oder getrocknet
Sojasoße
etwas Salz und Pfeffer

1. Chicorée von seinen äußersten Blättern befreien, halbieren und in kochendem Wasser 10 Minuten blanchieren. Anschließend im kalten Wasser abschrecken und in eine feuerfeste Form geben.
2. Die Zwiebel in Halbringe, den Knoblauch und die Chilischoten in feine Streifen schneiden.
3. Sesamöl in einer Pfanne erhitzen, die Kreuzkümmelsamen kurz anrösten und nun Zwiebeln, Knoblauch und Chili zufügen. Kurz anbräunen lassen.
4. Kurkuma, Currymischung und Kräuter untermischen, rühren, bis die Zwiebeln angebräunt sind. Mit Sojasoße, Pfeffer und etwas Salz abschmecken.
5. Die gebratenen Zwiebeln mit dem ganzen Gewürzsud über den Chicorée geben und alles 15 Minuten im Backofen bei 175 °C backen.

Diese Mahlzeit können Sie mit einem Koriander-Chutney und/oder einem scharfen Kichererbsencurry zu einem Menü erweitern. Die vitalisierenden Speisen schenken Ihnen Leichtigkeit und Lebensfreude.

Gebratener Radicchio mit Polentaschnitten

Zutaten für die Polenta

750 g Maispolenta
1 1/2 l Wasser
2 TL Salz
1 EL Thymian, getrocknet
1 EL Paprikapulver, edelsüß (alternativ Chilischote)
1 1/2 TL Cayennepfeffer
2 Knoblauchzehen
Ölivenöl

1. Ghee in einem Topf erwärmen und alle Zutaten, bis auf Knoblauch und Olivenöl, zum Kochen bringen.
2. Die hohe Hitze halten und die Polenta ständig rühren, bis eine feste Masse entstanden ist, die sich vom Topfboden löst.
3. Die Polenta auf einem gefetteten Blech verteilen, erkalten lassen und in Stücke schneiden.

Gebratener Radicchio

Zutaten für den Radicchio

2 Radicchio
2 Knoblauchzehen
1 rote Zwiebel
1 Chilischote
1 TL Fenchelsamen
20 ml Tamari-Soße
20 ml Balsamico-Essig
20 ml Agavendicksaft
1/2 TL Ingwerpulver
Saft von 1 Zitrone
etwas Olivenöl

1. Den Radicchio waschen, die äußersten Blätter entfernen und vierteln.
2. Zwiebeln, Knoblauch und Chili fein hacken.
3. Tamari, Balsamico, Ingwerpulver und Zitronensaft zu einer Marinade vermischen.
4. Eine Pfanne mit etwas Olivenöl erhitzen, die Zwiebel mit den Fenchelsamen, Knoblauch und Chili darin anbraten.
5. Die Radicchio-Viertel hineinlegen und die eine Seite anbräunen. Dann den Radicchio vorsichtig wenden und die zweite Seite anbräunen.
6. Mit der Marinade übergießen und kurz köcheln lassen.
7. Je ein Radicchio-Viertel auf eine Scheibe Polenta legen und direkt verzehren.

Gebratener Radicchio ist eines meiner Lieblingsgemüse. Es ist unglaublich, dass so etwas Leckeres auch noch gesund und schlank macht. Essen Sie den Radicchio immer ganz frisch zubereitet, dann behält er sein volles Aroma. Sehr gut können Sie ein Minz-Chutney damit kombinieren.

Mangoldgemüse mit Gewürzwaffeln

Zutaten
Mangold indische Art

600 g Mangold
1 EL Ghee
2 TL Panch-Purem-Gewürzmischung
1 Chilischote, grün
1 Scheibe frischer Ingwer
1/2 TL Kurkuma
1 TL Curry
2 Tomaten (oder Mangomark)
Salz und Pfeffer

1. Den Mangold waschen und schneiden.
2. Das Ghee in einem Topf erhitzen und die Panch-Purem-Samen anrösten.
3. Nun die Zwiebel hacken, zufügen und anbräunen. Klein geschnittene Chilischote, Ingwer, Kurkuma und Curry untermischen.
4. Die Tomaten achteln und in den Gewürzsud geben. Sobald die Tomate etwas Flüssigkeit gebildet hat, den Mangold in den Topf geben und gut verrühren. Etwas Wasser aufgießen und 20 Minuten köcheln lassen.
5. Mit Pfeffer, Salz und etwas gemahlenem Koriander abschmecken.

Gewürzwaffeln

Zutaten für die Waffeln

2 Tassen Gerstenmehl
1 Tasse Weizenvollkornmehl
1 Tasse Mung-Dal, gemahlen
1/2 Tasse Kichererbsenmehl
1 1/2 Tasse warmes Wasser
1 Tasse Mineralwasser
6 EL Joghurt
2 TL Ghee
2 EL Petersilie
1 EL Fenchelsamen
1 EL Koriandersamen
1 TL Rosmarin
2 TL Ajwan
2 TL Kreuzkümmel
1/2 TL Bockshornkleesamen, gemahlen
1 TL Kurkuma
1 TL Asafoetida
1 Prise Rohrzucker, Steinsalz

1. Alle Zutaten mischen und 15 Minuten ruhen lassen.
2. Das Waffeleisen etwas einölen und den Teig auf Stufe 4 bis 5 zu Gewürzwaffeln ausbacken.

Junge Artischockenherzen mit Hirse

1. Die Artischocken vom Stiel, den Blattspitzen und den äußeren harten Blättern gründlich befreien und die Artischockenherzen vierteln.
2. Das Olivenöl erhitzen, die Fenchel- und Koriandersamen darin anrösten. Dann die gehackten Zwiebeln, die in feine Scheiben geschnittenen Knoblauchzehen und Chilischoten hinzugeben und kurz anbräunen. Dann die Artischocken hinzufügen und anbräunen.
3. Die Tomaten in Scheiben schneiden und zu den Artischocken geben. Mit Curry, Thymian und Salz abschmecken. Etwas Wasser aufgießen und das Gemüse ca. 20 Minuten köcheln lassen.
5. Mit gemahlenem Pfeffer und frischem Basilikum abschmecken und zu dem folgenden Hirsegericht oder zu Reis, Buchweizen- oder Hirsenudeln genießen.

Zutaten für das Gemüse

8-10 kleine, junge Artischocken
2 Tomaten
1/2 Gemüsezwiebeln
1 Chilischote
2 Knoblauchzehen
1 TL Fenchelsamen
1/2 TL Koriandersamen
1 TL Currymischung
3 EL Olivenöl
1 TL Thymian, getrocknet
frisches Basilikum
Pfeffer und Salz

Buntes Hirsegericht

1. Das Ghee erhitzen, die Kreuzkümmelsamen anrösten, die gewaschene Hirse und das geraspelte Gemüse zufügen und unterrühren.
2. Das kalte Wasser aufgießen, die Gewürze beimischen und die Hirse ca. 20 Minuten köcheln lassen.
   Zum Schluss noch etwas im geschlossenen Topf ausquellen lassen.

Hirse und Gerste sind die besten Getreidesorten zum Ausgleich von Kapha, da sie warm und trocken sind. Richtig zubereitet, schmecken sie äußerst lecker und stellen eine ideale Beilage zu allen Gemüsegerichten dar.

Zutaten für das Hirsegericht

1 TL Ghee
1/2 TL Kreuzkümmelsamen
200 g Hirse
1/2 Tasse geraspeltes Gemüse (z. B. Zucchini, Karotten, Bohnen)
1 TL Curry
1/2 TL Gemüsebrühe, gekörnt
1/2 TL Garam Masala
Salz

KERSTIN ROSENBERG

Die Ayurveda-Kinderküche

Die bunte Ayurveda-Kinderküche verwöhnt unsere Kleinsten mit allem, was das Herz begehrt. Sie versucht, gesunde Alternativen für die Lieblingsgerichte unserer Kinder zu schaffen und eine positive Einstellung zu qualitätiv hochwertigem Essen aufzubauen.

Die Erfahrung zeigt uns, dass die Ausrichtung der ayurvedischen Kinderernährung sehr stark an die eigene Kultur gebunden ist. Indische Kinder möchten am liebsten typisch Indisches essen, italienische Kinder typische Gerichte aus ihrer Region und deutsche Kinder mögen auch die guten alten Klassiker aus Großmutters Zeiten. Und Nudeln, Pizza, Eiscreme und Schokolade mögen Kinder auf der ganzen Welt.

In der folgenden Rezeptsammlung habe ich Ihnen eine kleine Auswahl von Rezepten zusammengetragen, die meine drei Kinder am liebsten essen und die auch eine echte Alternative zu dem verführerischen Fastfood darstellen. Wenn meine Kinder wissen, dass ich für sie ayurvedisch koche, bringen sie sogar oft Freunde mit nach Hause, um diese an ihrem guten Essen teilhaben lassen. Die ayurvedischen Speisen sind bunt, aufregend und kreativ, sie unterstützen Kinder in ihrer natürlichen Entwicklung und schenken neue Freude beim Essen. Eine erfahrene Köchin kann ganz ohne große Mühe innerhalb von 30 Minuten ein leckeres Ayurveda-Menü für ihre ganze Familie zaubern und dabei alle einzelnen Familienmitglieder noch mit kleinen Extras berücksichtigen.

Lassen Sie sich von den folgenden Kochrezepten in Ihrer eigenen Kreativität anregen, und überlegen Sie selbst, wie Sie vielleicht die Lieblingsgerichte Ihrer Familie nach ayurvedischen Prinzipien noch etwas gesünder gestalten können. Viel Spaß dabei!

Bunte Paprikasuppe

Zutaten

2 rote Paprikaschoten
2 gelbe Paprikaschoten
2 grüne Paprikaschoten
Salz
Thymian oder Basilikum, frisch
1 EL Ghee
1/2 TL Paprikapulver, edelsüß
1/4 TL Fenchelsamen, gemahlen
1/2 TL Currymischung
1/2 TL Kurkuma
1/4 TL Koriander, gemahlen
2 TL Zitronensaft

1. Rote, grüne und gelbe Paprika getrennt mit je 1 1/2 Tassen Wasser, Salz und etwas Ghee weich kochen.
2. Die roten Paprika mit Paprikapulver und Fenchelsamen würzen und fein pürieren.
3. Die grünen Paprika mit Curry und Kurkuma würzen und fein pürieren.
4. Die gelben Paprika mit Zitronensaft und Koriander vermischen und fein pürieren.
5. Jeweils einen Schöpflöffel von jedem Püree auf einen Teller geben. Nun können sich die Kinder mit einer Gabel die einzelnen Farben ineinander ziehen.
6. Eventuell etwas frischen Thymian oder Basilikum fein hacken und über die Suppe streuen.

Dinkelburger

Zutaten

1 Tasse Dinkelschrot
1 Tasse Grünkernschrot
4 1/2 Tassen Wasser
2 TL Ghee
1 Zwiebel
1 Knoblauchzehe
1/2 TL Currymischung
1/4 TL Koriander, gemahlen
1 MS Cayenne-Pfeffer
1 TL Basilikum
1 1/2 TL Salz

1. Die Zwiebel in Würfel schneiden und in Ghee anbraten.
2. Getreideschrot dazugeben und unter ständigem Rühren anrösten.
3. Mit Wasser ablöschen und Gewürze hineinrühren.
4. Bei niedriger Temperatur im geschlossenen Topf 30 Minuten weich kochen.
5. Gekochten Grünkernschrot abkühlen lassen.
6. Bratlinge formen und in einer schweren Pfanne oder auf einem Backblech in Ghee von beiden Seiten braun braten.

Jeweils einen Getreidebratling mit etwas Salat, Gurke, Tomate und vegetarischer Remoulade auf ein Hamburger-Brötchen geben, fertig ist der Dinkelburger.

Penne mit feiner Gemüserahmsoße

Zutaten

ca. 350 g Penne aus Hartweizengrieß
2 kleine Stangen Sellerie
4 Karotten
1 Kohlrabi
1 TL Currymischung
1 TL Liebstöckel
1 Gemüsebrühwürfel
ca. 50 ml Sahne
Salz

1. Die Gemüse schälen, waschen und in Stücke schneiden.
2. Mit den Gewürzen und etwas Wasser weich kochen, dann fein pürieren.
3. Mit Salz, etwas Sahne und eventuell frischer Petersilie abschmecken.
4. Parallel zur Soße die Nudeln weich kochen und anschließend alles mischen.

Spaghetti mit roter Zauber-Soße

Zutaten

ca. 350 g Dinkel-Spaghetti
3 rote Paprika
1 gelbe Paprika
1 rote Zwiebel
1 Knoblauchzehe
1 TL Oregano, getrocknet
1/2 TL Thymian, getrocknet
1/2 TL Currymischung
1 TL Salz
1 EL Balsamico-Essig
2 EL Olivenöl
1 MS Pfeffer
200 ml Wasser

1. Die Paprika waschen und vierteln, die Zwiebeln und Knoblauchzehe schälen und vierteln. Zusammen mit den Kräutern, Curry und Salz in einen Topf geben, mit Wasser auffüllen und weich kochen.
2. Parallel dazu das Spaghetti-Wasser aufsetzen und die Nudeln kochen.
3. Die fertig gekochten Paprika als Soße pürieren. Mit Balsamico, Olivenöl und etwas gemahlenem Pfeffer abschmecken.
4. Mit den fertigen Nudeln mischen.

Paprikasoße ist eine sehr gute Alternative zu einer Tomatensoße. Sie schmeckt süß und fruchtig und hat keine negativen Auswirkungen auf den Stoffwechsel und die Körperkanäle, wie es bei übermäßigem Genuss von Tomaten der Fall sein kann. Entsprechend den individuellen Vorlieben des kleinen Essers können noch angebratene Gemüsewürfel oder Kräuter in die Soße gegeben werden.

Rosenkohl mit Kartoffelpüree

Zutaten für das Gemüse

1 kg Rosenkohl
1 Zwiebel
1 EL Ghee
1 TL Salz
1/2 Tasse Wasser
1/2 TL Honig
1/4 TL weißer Pfeffer, gemahlen

Rosenkohl à la crème

1. Zwiebel in Würfel schneiden und in Ghee mit dem Salz anbraten.
2. Den geputzten Rosenkohl und Honig zu den Zwiebeln geben, mit Wasser aufgießen, mit Pfeffer würzen und 15 Minuten köcheln lassen.
3. Rosenkohl mit der Mais-Kerbel-Soße übergießen.

Mais-Kerbel-Soße

300 g Gemüsemais (frisch oder tiefgekühlt)
2 rote Paprika
2 Tassen Wasser
1/2 TL scharfes Paprikapulver
Pfeffer, Salz
1 TL Liebstöckel
1/2 TL Curry
1/2 TL Senfsamen, gemahlen
1 TL Senf
1/2 gepresste Knoblauchzehe
frischer Koriander oder Dill
Saft von 1 Zitrone

Mais-Kerbel-Soße

1. Mais und gewürfelte Paprika mit Paprikapulver, Liebstöckel, Pfeffer und Salz 20 Minuten in Wasser kochen.
2. Gemüse mit Curry, Senfsamen, Senf, Knoblauch und fein gehackten Kräutern pürieren und mit Zitronensaft abschmecken.

Zutaten für das Püree

2-3 große Kartoffeln
1/2 Sellerieknolle
1 TL Ghee
1 MS Cayenne-Pfeffer
1/4 TL Muskatnuss
1/2 TL Salz

Kartoffel-Sellerie-Püree

1. Die geschälten Kartoffeln und den Sellerie weich kochen und zusammen mit dem Ghee und den Gewürzen pürieren.
2. Den Backofen auf 200 °C vorheitzen und das Püree in einer Auflaufform überbacken.

Spinat-Blätterteig-Pastete in pikanter Sesamsoße

Zutaten

300 g Blätterteig, gefroren
2 Zwiebeln
300 g Spinat, gedünstet
2 TL Ghee
1/2 TL Ajwan, gemahlen
1 TL Thymian
2 Knoblauchzehen, gepresst
Salz, Pfeffer

1. Die Zwiebeln hacken und in Ghee andünsten, den Spinat, Knoblauch und die Gewürze hinzugeben und 10 Minuten dünsten lassen.
2. Die Scheiben des gefrorenen Blätterteigs etwa auf doppelte Größe ausrollen und mit 3 Teigtaschen den Boden einer mit Ghee bestrichenen Form oder eines Kuchenblechs auslegen.
3. Den angedünsteten Spinat auf dem Teig verteilen, noch einmal mit Salz, Pfeffer und Knoblauch nach Geschmack nachwürzen.
4. Den Spinat mit den restlichen Teigtaschen bedecken und die Pastete 15 Minuten stehen lassen.
5. Den Backofen auf 225 °C vorheizen. Die Gemüsepastete 30 Minuten backen.
6. Mit pikanter Erdnusssoße servieren.

Pikante Sesamsoße

Zutaten für die Soße

1 EL Ghee
1 kleine Zwiebel
1 kleine Scheibe Ingwer
1/2 Chilischote
1/4 TL Koriander, gemahlen
1/4 TL Kurkuma, gemahlen
1 TL Currypulver, gemahlen
2 Stangen Zitronengras oder 1/2 Bund glatte Petersilie
2 rote Paprika
100 g Kokosmilch
50-60 g Sesammus
1 MS Ingwerpulver
Pfeffer, Salz

1. Ghee, Zwiebel, Ingwer, Chili, Curry, Kurkuma und Zitronengras im Mixer zu einer Paste verrühren.
2. Die Parikaschoten vierteln, von den Kernen befreien und in etwas Wasser weich kochen. Paprika ebenfalls pürieren.
3. Die Gewürzpaste in einem Topf anbraten, Kokosmilch, Sesammus und Paprikapüree zufügen und 10 Minuten köcheln lassen.
4. Mit Salz, Pfeffer und etwas gemahlenem Ingwer abschmecken.

Brokkolibäume auf Kartoffelbergen im Karottenmeer

Zutaten

1 Brokkoli
6-7 Kartoffeln
4 Karotten
1 TL Salz
1 MS Muskatnuss, gemahlen
1 MS Ingwerpulver
1 TL Sojasoße
1 TL Hefeflocken
2 Tassen Wasser
4-6 EL Sahne

1. Die Kartoffeln schälen und in Würfel schneiden. 20 Minuten in Salzwasser kochen.
2. Parallel dazu die Karotten schälen, in Stücke schneiden und mit etwas Wasser weich kochen. Den Brokkoli in Röschen zerteilen und in einem weiteren Topf in kochendem Wasser ca. 10 Minuten blanchieren.
3. Die sämig gekochten Kartoffelwürfel pürieren, etwas Sahne zufügen und je nach Geschmack mit etwas Muskatnuss abschmecken.
4. Die Karotten mit etwas Ingwerpulver, Hefeflocken und Sojasoße mischen und pürieren.
5. Nun auf einem Teller zuerst eine Schöpfkelle „Karottenmeer" verteilen, dann die „Kartoffelberge" daraufsetzen und zum Schluss die „Brokkolibäume" pflanzen.

Gesunde Nachtische für kleine Schleckermäuler

Karottenpudding

1. Die Karotten putzen, zerkleinern und zusammen mit etwas Zucker in 200 ml Wasser weich dünsten. Anschließend im Mixer fein pürieren.
2. Die Sahne oder Milch erhitzen, das Puddingpulver, die Gewürze und etwas Rohrzucker darin auflösen und zum Köcheln bringen.
3. Die pürierten Karotten zufügen und unter Rühren aufkochen lassen. Mit Rosenwasser abschmecken und in Dessertschälchen umfüllen. Mit etwas geschlagener Sahne oder gehackten Pistazienkernen garnieren.

Zutaten

300 g Karotten
200 ml Wasser
2 EL Rohrzucker
1 Päckchen Vanillepudding
200 ml Sahne oder Milch
1 TL Kardamom, gemahlen
1/2 TL Zimt
1/2 TL Ingwerpulver
1 MS Muskat
1 MS Safran
Rosenwasser
Rohrzucker

Schoko-Mousse

1. Das Ghee in einen Topf geben und erhitzen. Die Schokolade dazugeben und bei niedriger Hitze zum Schmelzen bringen. Milch, Gewürze und Reismehl unterrühren und unter ständigem Rühren 5 Minuten köcheln lassen. Abkühlen lassen.
2. Die Sahne mit dem Handrührer steif schlagen. Kurz bevor die Sahne fest ist, Agavendicksaft oder Ahornsirup dazugeben und kurz weiterrühren, bis die Sahne steif ist.
3. Die geschlagene Sahne vorsichtig unter die Schokocreme heben und in Dessertschälchen füllen. Mit etwas Kokos- oder Schokostreusseln dekorieren.

Zutaten

1 TL Ghee
1 Tafel Bio-Schokolade
170 ml Milch
3 EL Reismehl
1/4 TL Vanillepulver
1/4 TL Zimtpulver
1 MS Ingwerpulver
200 g Sahne
2 EL Agavendicksaft oder Ahornsirup

Götterspeise aus Maranta-Stärke

Zutaten

4 gestrichene EL Maranta-Stärke
4 Tassen kaltes Wasser
4 gehäufte TL Rote-Bete-Pulver, gefriergetrocknet
1/4 TL Kardamom
1 TL Bourbon-Vanille
Saft von 1/2 Zitrone
2 EL Honig
2 EL Ahornsirup

1. Maranta-Stärke, Rote-Bete-Pulver und Gewürze im kalten Wasser gleichmäßig verrühren.
2. Masse unter ständigem Rühren zum Kochen bringen und 1 Minute kochen lassen.
3. Honig, Ahornsirup und Zitronensaft unter die Masse rühren.
   In einer Glasschüssel erkalten lassen.

Honigkuchen

Zutaten

500 g Dinkelmehl
1/2 Päckchen Weinstein-Backpulver
250 g Ursüße
30 g Agavendicksaft
20 g Akazienhonig
100 g Butter
100 ml Sahne
2 TL Leinsamen
250 ml Wasser
2 TL Salz
Schale von 1 Zitrone
1 EL Carobapulver
1 EL Spekulatiusgewürz
3 ml Biobine

1. Dinkelmehl, Backpulver, Carobapulver, Spekulatiusgewürz und Salz vermischen.
2. Ursüße, Agavendicksaft und Zitronenschale zusammen mit der Butter in einem Topf schmelzen lassen und zu einer flüssigen Masse verrühren.
3. Den Leinsamen in etwas Wasser aufkochen. Leinsamenschleim, Biobine, die Sahne und das Wasser zu der Ursüße-Buttermasse geben. Die flüssige Masse vorsichtig unter das Mehlgemisch rühren. Gut verteilen.
4. Den glatten Teig in eine gefettete Kastenform füllen und ca. 70 Minuten im Ofer bei 180 °C backen.
5. Akazienhonig über den fertigen Kuchen laufen lassen.

Alphabetisches Rezeptverzeichnis

A

B

C

D

E

F

G

H

I

J

K

Hans Heinrich Rhyner (geb. 1951) gilt als führender, weltweit anerkannter Ayurveda-Experte und europäischer Pionier der ersten Stunde, sowohl im Ursprungsland Indien wie in Europa. Dem gebürtigen Schweizer geht es um Anpassung und Integrierung der klassischen Ayurveda mit ihrem spirituellen und ganzheitlichen Verständnis im Westen. Sein Wissen ist äußerst authentisch, lebte er doch über 20 Jahre in Indien, wo er seine Studien mit dem Doktorat in Alternativmedizin und in Philosophie abschloss.
Seit 1992 ordiniert er in seiner Schweizer Praxis für Ayurveda-Medizin im Kanton Appenzell Ausserrhoden. In der Praxis werden Konsultationen, Intensivtherapien und ambulante Kuren abgehalten, sowie ayurvedische Heilmittel aus der eigenen Hausapotheke verkauft und verschickt.
Interessierte Kunden können in Wien und auf Mallorca Konsultationstermine wahrnehmen.
Er ist Autor vieler erfolgreicher Fachbücher zum Thema Ayurveda, Yoga und Vastu, der indischen Bau- und Wohnkunst.

Von Hans H. Rhyner außerdem erhältlich:
Das Neue Ayurveda Praxis-Handbuch
ISBN 978-3-03819-049-3

Aktivitäten, Programme, Produkte mit oder von Dr. Hans H. Rhyner:

SCHWEIZ
Schweizer Praxis für Ayurveda Medizin
CH - 9053 Teufen, Alte Haslenstrasse 10
Phone +41 / (0) 71 245 42 42
www.ayurveda-rhyner.ch

Vereinsarbeit weltweit:
Association of Ayurveda Practioners world wide
CH - 9053 Teufen, Alte Haslenstrasse 10
www.aapww.ch

SPANIEN
Mallorca Ayurveda - De vez en cuando
ES - 07519 Maria de la Salut
Carrer de Sa Raval 176
Cita telefónica
Info/Termine: www.ayurveda-rhyner.com

ÖSTERREICH
Wiener Ayurveda Dependance
AT - 1010 Wien
Naglergasse 3
Phone +43 / (0)1 532 01 73
Info/Termine: www.ayurveda-rhyner.com

Österreich Zentrale & Bio Manufaktur und Produktversand
AT - 2134 Waltersdorf 28 , Staatz
Phone +43 / (0) 2524 41112
www.ayurveda-rhyner.com

Internationaler Ayurvedaversand für Therapeuten & Händler
AT - 2134 Waltersdorf 28, Staatz
Phone +43 / (0) 2524 41112
www.ayurveda-rhyner-therapeutenshop.eu

Kontaktmail: info@ayurveda-rhyner.com

Kerstin Rosenberg ist eine international bekannte Ayurveda-Expertin, Dozentin und Autorin. Sie verfügt über langjährige Praxis- und Unterrichtserfahrung in ayurvedischer Ernährung und -Psychologie und bildet seit über 20 Jahren Ayurveda-Ernährungsberater und -Therapeuten in verschiedenen Ländern Europas aus. Als erfolgreiche Buchautorin hat sie bereits über 10 Ayurveda-Bücher zu den Schwerpunkten Ayurveda für Frauen, Ayurveda für Kinder, Manualtherapie, Ayurveda-Ernährung und -Kochkunst sowie ein Ayurveda-Reinigungs- und Wohlfühlprogramm veröffentlicht.
Gemeinsam mit ihrem Mann leitet sie die renommierte Europäische Akademie für Ayurveda mit eigenem Seminar- und Kurzentrum in Birstein und Zweigstellen in Berlin, Zürich und Wien.
Als Ayurveda-Köchin genießt sie großes Ansehen für den von ihr kreierten Küchenstil, der die traditionelle Ayurveda-Küche mit ihrem diätetischen Wissen um die Heilkraft der Nahrung mit einer modernen, mediterran inspirierten Vitalküche mit regionalen Produkten vereint. Seit 2012 bietet sie auch eine eigene Produktlinie mit ayurvedischen Kaffee- und Teerezepturen, Säften und Gewürzmischungen in hochwertigster Bio-Qualität an und bloggt aktuelle Ernährungstipps und Rezepte auf www.rosenberg-ayurmed.com

Adressen:

Ayurveda-Ausbildungen und Seminare
Europäische Akademie für Ayurveda
Forsthausstraße 6
63633 Birstein
www.ayurveda-akademie.org

Ayurveda-Kuren
Rosenberg Gesundheits- und Kurzentrum
Forsthausstraße 6
63633 Birstein
www.rosenberg-ayurveda.de

Ayurveda-Produkte
Ayurvedische Gewürze, Kräuter, Öle, Tees und Kaffee nach traditioneller Mischung oder Rezeptur von Kerstin Rosenberg können bestellt werden über www.rosenberg-ayurmed.com

Berufsverband
Der VEAT – Verband Europäischer Ayurveda-Mediziner und Therapeuten e.V. – bietet für alle Interessierten viele Informationen rund um Ayurveda und eine umfassende Adressenliste mit qualifizierten Ayurveda-Medizinern und -Therapeuten in ihrer Nähe unter www.ayurveda-verband.eu an.

KÖNIGSFURT
URANIA

Originalausgabe
9. Auflage 2018
ISBN-Nr. 978-3-908652-16-8

Umschlaggestaltung: Antje Betken
Satz: artwork – Agentur Walter Holl, Aachen
Druck: Finidr s.r.o.
Printed in EU
Product Manager: Silvie Bachmann
www.koenigsfurt-urania.com

Hinweis
Die Informationen in diesem Buch sind nicht dazu gedacht, einen Arzt zu ersetzen. Das Material soll der Bildung und Selbsthilfe, einer besseren Gesundheitspflege sowie der Gesunderhaltung dienen. Autoren und Verleger sind in keiner Weise für irgendwelche medizinischen Ansprüche im Zusammenhang mit dem hier vorgestellten Material verantwortlich.

Bildquellen:
Ulli Seer
Bilder auf den Seiten: 2, 166, 172, 173, 176, 182, 190, 192, 200, 208, 224, 230, 234, 244, 250, 266, 280, 321, 324
© Martin Lehotkay - Fotolia.com
Bild Seite 9
Europäische Akademie für Ayurveda
Bilder auf den Seiten: 6, 11, 27, 171, 174,187, 188, 193, 199, 203, 211, 212, 219, 222, 226, 229, 233, 236, 240, 241, 242, 248, 255, 268, 271, 273, 276, 277, 287, 296, 304, 314
Silvie Bachmann
Bilder auf den Seiten: 184, 186, 196, 209, 246, 254, 258, 262, 279, 288, 310
Privat
Bilder auf den Seiten: 10, 11